Politik
Wirtschaft
Gesellschaft

Sekundarstufe I
ab 7. Schuljahr

Herausgeber: Dieter Grosser

Autoren: Uwe Andersen, Peter Fehl, Dieter Grosser, Heinrich Höfer, Udo Kempf, Manfred Koschig, Gerd Krüger, Heinrich Oberreuter, Horst W. Opaschowski, Hans-W. Schünemann, Peter Senkpiel, Hans-Jürgen Tibken, Walter Tillmann, Irmgard Vogt, Manfred Witte

westermann

Die Autoren und ihre Beiträge:

Prof. Dr. Uwe Andersen	Entwicklungsländer
Dr. Peter Fehl	Familie (gemeinsam mit Manfred Koschig)
Prof. Dr. Dieter Grosser	Herausgeber Sozialstaat, Unterkapitel 1 Wirtschaft, Unterkapitel 3, 4 DDR EG
Dr. Heinrich Höfer	Wirtschaft, Unterkapitel 1, 2 (gemeinsam mit Dr. Manfred Witte)
Dr. Udo Kempf	Rechtsstaat, Unterkapitel 3
Manfred Koschig	Familie (gemeinsam mit Dr. Peter Fehl) Sozialstaat, außer Unterkapitel 1 Frieden
Gerd Krüger	Freizeit, außer Unterkapitel 1 (gemeinsam mit Prof. Dr. Horst W. Opaschowski)
Prof. Dr. Heinrich Oberreuter	Demokratie
Prof. Dr. Horst W. Opaschowski	Freizeit, außer Unterkapitel 1 (gemeinsam mit Gerd Krüger)
Dr. Hans-W. Schünemann	Rechtsstaat, Unterkapitel 1, 2
Peter Senkpiel	Schule, Unterkapitel 3 Schule, Unterkapitel 4 (gemeinsam mit Hans-Jürgen Tibken) Freizeit, Unterkapitel 1
Hans-Jürgen Tibken	Schule, Unterkapitel 2 Schule, Unterkapitel 4 (gemeinsam mit Peter Senkpiel) Massenmedien Arbeitnehmer
Walter Tillmann	Schule, Unterkapitel 1 Umwelt Gemeinde
Dr. Irmgard Vogt	Vorurteile
Dr. Manfred Witte	Wirtschaft 1, 2 (gemeinsam mit Dr. Heinrich Höfer)

Bildnachweis

P. Almasy-Bavaria, Gauting (1) – K. Amthor-Bavaria, Gauting (1) – E. Bach-Mauritius, Mittenwald (2) – Bavaria, München (1) – Bertram-Luftbild, München-Riem (freig. Reg. v. Obb. G 4/26613) – Bob-Mauritius, Mittenwald (1) – U. Brandes, Braunschweig (1) – B. Brunnert, Braunschweig (1) – H. Buchner-ZEFA, Düsseldorf (1) – H. Buresch, Braunschweig (2) – CDU – Köln (2) – CSU – München (1) – J. Damm, Schorndorf (1) – Delta-Verlag, Stuttgart (1) – dpa-Farbbild, Frankfurt/M. (13) – FDP – Düsseldorf (1) – M. Frank, Gelsenkirchen (freig. Reg.-Präs. in Münster, Nr. 6230/76) – K. D. Fröhlich-ZEFA, Düsseldorf (1) – B. Frommann, Braunschweig (1) – K. Greiser, Hamburg (1) – Hackenberg-Mauritius, Mittenwald (1) – R. Hahn, Stuttgart (1) – H. Haitzinger, München (1) – Hamilton-Bavaria, Gauting (1) – A. Heine-Stillmark, Karlsruhe (1) – Verlag Hessischer Jugendring, Wiesbaden (1) - IG Bau-Steine-Erden, Frankfurt/M. (1) – IG Chemie-Papier-Keramik, Frankfurt/M. (1) – IRONIMUS, Wien (1) – Jahreszeiten-ZEFA, Düsseldorf (1) – Jensen-Mauritius, Mittenwald (1) – B. Kappelmeyer-ZEFA, Düsseldorf (1) – Kempkens-Mauritius, Mittenwald (1) – U. Kment-Bavaria, Gauting (1) – H. Köhler, Ahrensburg (2) – P. Leger/EG-Magazin, Bonn (2) – A. Locher, Zürich (2) – Lüttge-Mauritius, Mittenwald (1) – Matwijow-Mauritius, Mittenwald (1) – Mauritius, Mittenwald (1) – L. Murschetz, München (1) – H. D. Neumann, Braunschweig (4) – Pielert (2) – Bildarchiv Preußischer Kulturbesitz, Berlin (6) – Dr. Reinbacher-Bavaria, Gauting (2) – K. Rose-Bavaria, Gauting (1) – H. Schlobach, Königslutter (8) – H. Schmied-Mauritius, Mittenwald (1) – T. Schneiders-ZEFA, Düsseldorf (1) – K. Scholz-dpa-Farbbild, Frankfurt/M. (1) – P. Senkpiel, Sittensen (2) – SPD – Bonn (1) – DER SPIEGEL, Hamburg (1) – STERN, Hamburg (1) – T. Trost-ZEITmagazin, Hamburg (1) – W. Winse-ZEITmagazin, Hamburg (1) – M. Thonig-Mauritius, Mittenwald (1) – W. Tillmann, Ennigerloh (1) – Westermann-Archiv, Braunschweig (15) – J. Wolter, Lohmar (3) – Zeitbild-Bavaria, Gauting (1) – ZEITmagazin, Hamburg (1) – ZEFA, Düsseldorf (2) – Ziesmann-Mauritius, Mittenwald (1) –

© Georg Westermann Verlag
Druckerei und Kartographische Anstalt GmbH & Co.,
Braunschweig 1979
Verlagslektor: H.-H. Schwarzer, Assistentin: C. Kühling
Layout und Herstellung: K. Brunnert
Umschlagentwurf: H. D. Neumann
Kartographie: Kart.-Ing. J. Zwick, Gießen
Graphiken: artbox, Studio für Grafik-Design P. Lowin, H. Walter, Bremen
Gesamtherstellung: westermann druck, Braunschweig 1981

ISBN 3-14-**11 1012**-3

Inhalt

	Seite
Vorwort	4
Eine Bitte der Autoren	4
Praktische Hinweise	4

Familie — 5

	Seite
Was die Familie für das Kind leisten kann	6
Kinder und Erwachsene	8
Rollenkonflikte in der Familie	11
Männer und Frauen – gleichberechtigt?	12
Familie früher und heute	14

Schule — 15

Schulordnung	16
Unterricht	18
Schulreform	20
Aktuelle Ereignisse im Unterricht: Beispiel Terroranschläge	22

Freizeit — 27

Schüler geben Auskunft über ihre Freizeit	28
Jugendfreizeitstätte	30
Freizeit, Schule und Arbeit	32
Freizeit und Konsum	36
Sport und Spiel	38
Freizeit ist auch Zeit für Politik	40
Planung einer Diskothekveranstaltung (Projekt)	42

Umwelt — 43

Ursachen der Umweltbelastung	44
Müll	46
Wasserverschmutzung	48
Luftverschmutzung	51
Lärm	54
Kernkraftwerke	56

Vorurteile — 59

Rassenvorurteile	60
Andere sehen uns	62
Wir sehen andere	64

Massenmedien — 65

Aufgaben der Massenmedien	66
Zeitungen, Zeitungen, Zeitungen	68
Politische Interessen – auch bei Journalisten	70
Wie abhängig sind ‚unabhängige' Zeitungen?	72
Meinungsbeeinflussung durch das Wort	74
Meinungsbeeinflussung durch das Bild	76

Arbeitnehmer — 77

Gewerkschaften: Vereint sind Arbeitnehmer stark	78
Das regelt der Tarifvertrag	81
Ein neuer Tarifvertrag wird ausgehandelt	82
Der Betriebsrat	86
Gleicher Lohn für gleiche Arbeit	88

Gemeinde — 89

Gemeinden und ihre Aufgaben	90
Ein neuer Busbahnhof für Fahrschüler (Planspiel)	92

Demokratie — 99

Demokratische Herrschaft	100
Das Volk entscheidet: Wahlen in der Demokratie	102
Parteien werben um Wählerstimmen	105
Kontrolle und Mitbestimmung	110

Rechtsstaat — 113

Staatliche Verwaltung (Beispiel Schule)	114
Jugendgerichtsbarkeit	115
Grundrechte und Menschenrechte	118

Sozialstaat — 121

Gleiche Chancen für alle – aber wie?	122
Armut in Deutschland	124
Das Netz der sozialen Sicherheit	127
Arbeitslosigkeit früher und heute	130
Ausbildungsbeihilfen	134

Wirtschaft — 135

Marktwirtschaft und Zentralverwaltungswirtschaft	136
Marktmacht, Werbung und Verbraucher	140
Ursachen der Arbeitslosigkeit	143
Soziale Marktwirtschaft im Streit der Meinungen	147

DDR — 149

Die deutsche Teilung	150
Die Lehren von Karl Marx und ihre Wirkungen	154
Sozialistische Wirklichkeit in der DDR: Wirtschaft	157
Sozialistische Wirklichkeit in der DDR: Erziehung und Schule	160
Sozialistische Wirklichkeit in der DDR: Führung durch die SED	162

EG — 163

Staaten in Europa schließen sich zusammen	164
Erfolge und Mißerfolge der EG	167
Wer bestimmt in der EG?	171
Die Zukunft der EG	172

Entwicklungsländer — 173

Kennzeichen der Entwicklungsländer	174
Ursachen für Unterentwicklung im Streit der Meinungen	178
Entwicklungshilfe	180
Die ‚neue Weltwirtschaftsordnung' – ein Ausweg?	183

Frieden — 187

Das Gesicht des Krieges	188
Frieden durch Abschreckung?	190
Frieden durch Vertragspolitik?	192
Frieden durch übernationale Zusammenschlüsse?	194
Wehrdienst und Zivildienst	196
Soziale Verteidigung	198

Register	199

Vorwort

Eine Bitte der Autoren an die Schüler, die dieses Buch benutzen:

Dieses Buch haben Lehrer und Wissenschaftler geschrieben, die sich mit Politik beschäftigen, weil sie davon überzeugt sind, daß Politik für uns alle wichtig ist. In wenigen Jahren wirst Du wahlberechtigter Bürger der Bundesrepublik Deutschland sein. Dann hast Du das Recht mitzubestimmen, wer an die Regierung kommt. Wenn Du glaubst, daß eine Regierung Fehler macht, kannst Du bei den Wahlen gegen sie stimmen. Du kannst in Parteien mitarbeiten, um Deine politischen Ziele zu fördern, und Dich mit anderen in Verbänden zusammenschließen, um für Deine eigenen Interessen einzutreten.

Vielleicht sagst Du heute: „Politik interessiert mich nicht. Sport oder ein Abenteuer-Film im Fernsehen sind doch viel aufregender." Doch wenn Du nicht lernst, Politik zu verstehen, kannst Du später Deine Rechte als Staatsbürger auch nicht so ausüben, daß Dir das wirklich etwas nützt. Dann besteht die Gefahr, daß Du Dir von Politikern, Zeitungs- und Fernsehleuten, auch von Schulbuchschreibern, vielleicht auch von Lehrern, alles mögliche einreden läßt, was in Wirklichkeit nicht stimmt.

Mit diesem Buch wollen wir Dir helfen, Dir ein eigenes Urteil über Politik zu bilden. Vor allem sollst Du erst einmal merken, daß Politik interessant und wichtig ist. Ob wir in zehn Jahren, wenn Du dringend Geld verdienen mußt, genügend Arbeitsplätze haben oder ob dann Arbeitslosigkeit herrscht, hängt auch von Politik ab. Zum Beispiel davon, daß jetzt die Wähler und die Politiker die richtigen politischen Entscheidungen über die Wirtschaft treffen. Ob wir dann vor der Polizei Angst haben müssen, weil die Regierung jeden, der anders denkt als sie, verhaften lassen kann, oder ob wir die Regierung kritisieren und abwählen können, hängt von der Politik ab. Ob es gelingt, den Frieden wenigstens in Europa zu erhalten, oder ob eines Tages ein 3. Weltkrieg vielleicht uns alle umbringen wird, ist eine Frage der richtigen oder falschen Politik.

In der Demokratie kannst Du als Staatsbürger selber mitentscheiden, welche Politik gemacht werden soll. Auch von Dir hängt es also ab, ob und wie wir in den nächsten Jahrzehnten leben werden.

Mit diesem Buch wollen wir Dir aber auch helfen, daß Du Dich im Umgang mit anderen Menschen zurechtfindest: in Deiner Familie, der Schule, der Freizeit, mit Eltern, Geschwistern, Lehrern, mit deutschen und ausländischen Mitschülern und Freunden.

Auch das hat politische Bedeutung: Eine der wichtigsten Regeln freiheitlicher Politik besteht darin, seine Meinung zu sagen und seine Interessen zu vertreten und dabei zugleich die Meinungen und Interessen der anderen zu achten. Das aber muß schon in Familie, Schule und Freundeskreis gelernt werden.

Vielleicht kann Dir das Buch dabei helfen. Vielleicht erscheint Dir aber auch manches als schwierig, langweilig, unvollständig oder sogar falsch. In beiden Fällen werden sich Autoren und Verlag freuen, wenn Du uns Deine Meinung dazu – am besten über den Verlag – mitteilen wirst.

Die Autoren und der Verlag

Praktische Hinweise für die Benutzer dieses Buches:

Das Lernen mit diesem Unterrichtswerk soll durch eine klare Gliederung erleichtert werden. So sind die 16 Großkapitel in Unterkapitel eingeteilt. Der Einstieg eines jeden Unterkapitels besteht entweder aus Text (halbfett gedruckt) oder aus Abbildungen bzw. einer Abbildung oder aus Text und Abbildung(en) zusammen. Im darauf folgenden Informationsteil sind Autorentexte, Zitate, Tabellen, Dokumente, Fotos, Karikaturen und Grafiken als Materialangebot zusammengestellt. Bei politisch umstrittenen Themen hätten die Autoren gern noch mehr Originalquellen vorgestellt. Dies war aber nicht immer möglich. Originalquellen sind meist schwer verständlich und zu umfangreich. Außerdem veralten sie oft schnell, d. h., sie verlieren an Aktualität. Daher geben die Autoren in mehreren Arbeitsaufträgen Hinweise, wie Schüler selber aktuelles Material zu wichtigen Streitpunkten sammeln können. Ein Aufgabenteil schließt jedes Unterkapitel ab. In einigen Unterkapiteln gibt es auch zwei und mehrere Aufgabenblöcke nach den entsprechenden Informationsteilen.

Einstieg und Informationsteil können als Richtschnur des Unterrichts benutzt oder auch nur zur Materialauswahl verwendet werden – mit allen möglichen Zwischenstufen. Noch mehr sollen die Aufgaben als Angebot zur Auswahl durch Lehrer und Schüler gesehen werden. Besonders schwierige Arbeitsaufträge sind mit D (für ‚Differenzierung') gekennzeichnet. Die Autoren halten es für richtig, bei den Arbeitsaufträgen nur selten Vorschläge zu Einzel-, Partner- oder Gruppenarbeit oder anderen Formen des Unterrichts zu machen. Schüler und Lehrer sollen darüber selber entscheiden können.

Im Informationsteil – ausnahmsweise auch in Aufgaben – werden wichtige Begriffe durch kursive Schrift hervorgehoben. Diese Begriffe sind in das Register am Ende des Buches aufgenommen. Die Seitenangaben des Registers geben darüber Auskunft, wo der entsprechende Begriff im Buch entweder im Autorentext geklärt wird oder sich bei Durcharbeitung des Unterkapitels erschließen läßt.

Familie

Was die Familie für das Kind leisten kann

Amala und Kamala

Im Oktober 1920 entdeckt ein Missionar nahe bei dem indischen Dorf Godamuri eine Wolfshöhle, die außer von den Wolfseltern und drei jungen Wölfen angeblich noch von zwei kleinen „Ungeheuern" bewohnt ist, zwei kleinen Mädchen, deren Gesichter sich hinter einer wirren Mähne verbergen. Sie laufen auf allen Vieren, lassen die Zunge aus dem Mund hängen, heulen heftig und sperren gelegentlich ihre Kiefer drohend auf. Der Missionar schätzt das Alter der Kinder auf eineinhalb und achteinhalb Jahre. Er nimmt die beiden mit nach Hause, um sie zu pflegen. Die ältere nennt er Kamala, die jüngere Amala. Zunächst sind beide ausgesprochen lichtscheu und tagblind, hocken tagsüber reglos vor einer Wand. Erst nachts erwachen sie aus dieser Erstarrung, heulen manchmal laut auf, stöhnen und versuchen wiederholt zu entfliehen. Flüssigkeit lecken sie auf, Nahrung nehmen sie mit hängendem Kopf in hockender Stellung ein. Amala stirbt 1921.

Kamala streckt zehn Monate nach ihrem Auffinden zum erstenmal die Hand aus, nach 16 Monaten richtet sie sich zum erstenmal von den Knien auf, nach vier Jahren lernt sie gehen.

Nach neun Monaten nimmt Kamala erstmals einen Keks und wird überhaupt langsam zutraulicher, nach drei Jahren weint sie, wenn ihre Pflegerin sie verläßt und führt Freudentänze auf, wenn sie wiederkommt.

Auch die Intelligenz des Mädchens taucht allmählich aus dem Nebel empor. Zunächst besitzt es nur zwei Wörter, nach vier Jahren verfügt es über 30 Wörter, erkennt und benennt seine persönlichen Sachen. Am Ende ihres Lebens kann Kamala sich mit Ärzten, die sie behandeln, sogar leidlich verständigen. Sie stirbt im November 1929 an einer Nierenentzündung.

(Erzählt nach: A. Gesell, Wolfchild and Human Child; in Malson u. a., Die wilden Kinder; Frankfurt/M. 1974)

Diese Geschichte wird heute stark angezweifelt, denn kaum jemand kann sich z. B. vorstellen, daß Wölfe kleine Kinder „aufziehen" und nicht auffressen. Andererseits veranschaulicht das geschilderte Schicksal von Amala und Kamala, wie sehr der Mensch zu seiner Entwicklung die enge Beziehung zu anderen Menschen braucht, da er ohne sie buchstäblich verkümmert. Darum wurde diese Geschichte im Buch aufgenommen, obwohl ihr Wahrheitsgehalt angezweifelt werden muß.

Aufgaben der Familie

In unserer Gesellschaft kommt der *Familie* die wichtige Aufgabe zu, dafür zu sorgen, daß aus dem hilflosen Kleinkind ein selbständiger Erwachsener wird (vgl. Abb. 1): Ungefähr ein Viertel seines Lebens bleibt der Mensch normalerweise in seiner Familie, in die er geboren wurde. Von ihr wird er ernährt, geschützt und gepflegt. Hier lernt er sprechen und mit anderen Menschen zusammenleben. Er lernt, etwas für gut oder schlecht, für richtig oder falsch zu halten, eigene Standpunkte zu vertreten und andere zu übernehmen.

Hilfen durch den Staat

Der Staat will sicherstellen, daß alle Familien diese Aufgaben erfüllen: Im Grundgesetz der Bundesrepublik Deutschland heißt es im Artikel 6:

„(1) Ehe und Familie stehen unter dem besonderen Schutz der staatlichen Ordnung.

(2) Pflege und Erziehung der Kinder sind das natürliche Recht der Eltern und die zuvörderst ihnen obliegende Pflicht. Über ihre Betätigung wacht die staatliche Gemeinschaft.

(3) Gegen den Willen der Erziehungsberechtigten dürfen Kinder nur aufgrund eines Gesetzes von der Familie getrennt werden, wenn die Erziehungsberechtigten versagen oder wenn die Kinder aus anderen Gründen zu verwahrlosen drohen."

Grenzen staatlicher Maßnahmen

Wenn auch der Staat die Rechte der Kinder auf Ernährung, Schutz und Pflege durch seine Gesetze garantiert, so kann er dennoch kaum einwirken auf die Grundvoraussetzungen dafür, daß sich ein Kind möglichst gut entwickelt. Vergleiche zwischen Kindern, die in Heimen aufwachsen, und Kindern in Familienerziehung haben ergeben, daß es mit Ernährung, Schutz und Pflege eines Kindes nicht getan ist und sich so noch lange nicht ein selbständiger Erwachsener entwickelt. Die Untersuchungen vieler Wissenschaftler weisen darauf hin.

Abb. 1: Familie

Abb. 2: Heim

Kinder in Heimen

Der amerikanische Wissenschaftler René Spitz untersuchte, durch zufällige Beobachtungen bei seiner Arbeit als Kinderarzt angeregt, 164 Kinder vor allem während ihres ersten Lebensjahres, zum Teil auch darüber hinaus. Die Kinder waren in zwei Heimen untergebracht. Das eine war ein Säuglingsheim in einem Frauengefängnis, in dem viele ledige Mütter inhaftiert waren; das andere war ein Findelheim in einer Großstadt, in dem Waisenkinder und Kinder, deren Mütter sie nicht selbst versorgen konnten, untergebracht waren. Ernährung, Pflege, Kleidung und ärztliche Betreuung der Kinder waren in beiden Heimen gleich gut, es gab jedoch zwei entscheidende Unterschiede:

– Im Säuglingsheim des Gefängnisses wurden die Kinder von ihren Müttern voll versorgt, gepflegt und gefüttert. Im Findelheim wurden die Kinder nur in den ersten drei Monaten von ihren Müttern versorgt, sofern sie Mütter hatten. Dann wurden sie in große Räume verlegt, wo nun eine Kinderschwester mindestens je acht Kleinkinder zu betreuen hatte. René Spitz betont: *„Die Schwestern kümmerten sich sehr liebevoll um die ihnen anvertrauten Kinder."*

– Der zweite Unterschied bestand in der Unterbringung der Kinder: Im Säuglingsheim waren die Bettchen ringsum verglast, so daß die Kinder zu den anderen Kindern und zu den Erwachsenen hinübersehen konnten. Im Findelhaus dagegen war es üblich, Betttücher über die Seitengitter zu hängen, so daß die Kinder voneinander abgetrennt waren. Erst wenn sie stehen konnten, gelang es ihnen, zu anderen Kindern hinüberzuschauen.

Über die Ergebnisse seiner Untersuchungen schreibt Spitz folgendes:
„Im Findelhaus sprechen auf der Station der Kinder zwischen 18 Monaten und 2½ Jahren nur zwei von 26 Kindern ein paar Worte. Die gleichen Kinder können auch laufen; ein drittes Kind fängt gerade damit an. Fast keines der Kinder kann allein essen; sie sind noch nicht sauber, und alle nässen noch ein.

Das Bild, das die ältesten Kinder im Säuglingsheim – 8 bis 12 Monate alt – bieten, steht hierzu in krassem Gegensatz. Das Problem ist hier nicht, ob die Kinder gegen Ende des ersten Lebensjahres laufen oder sprechen können; bei diesen 10 Monate alten Kindern ist es ein Problem, wie man die Neugier und Unternehmungslust der gesunden Dreikäsehochs eindämmen soll. Sie klettern an den Gitterstäben ihrer Bettchen hoch, wie Südseeinsulaner auf Palmen klettern ... Sie lallen eifrig vor sich hin, und manche sprechen wirklich schon ein oder zwei Wörter. Alle aber verstehen die Bedeutung einfacher sozialer Gebärden. Wenn man sie aus den Bettchen nimmt, können sie mit Unterstützung laufen, einige können es auch schon allein."

Inzwischen kennt man die Ursachen für diese Entwicklungsstörungen, wie sie bei Kindern auftreten, die ohne Mutter oder eine andere feste *Bezugsperson* aufwachsen. Bezugsperson heißt eine Person, die ein Kind so betreut, daß es sich geborgen fühlt und dabei Maßstäbe gewinnt, sich und die Umwelt einzuschätzen.

Kinder brauchen „Nestwärme" und eine feste Bezugsperson! Oft müssen sich Kinder, die in Heimen aufwachsen, nach mehreren Pflegemüttern richten, die jeweils anders auf die Äußerungen der Kinder reagieren. Die Kinder werden dadurch unsicher und kontaktscheu. Oft fehlt darüber hinaus den Pflegemüttern in den Heimen die Zeit, sich um alle Kinder in gleicher Weise zu kümmern. Daher entwickeln sich Heimkinder körperlich, in ihrer Intelligenz, im Sprechen und in ihrem Verhalten zu anderen Menschen langsamer und schlechter.

1 Kamala verhielt sich, solange sie mit Wölfen zusammenlebte, anders als später in einer menschlichen Umwelt. Stellt die wesentlichen Veränderungen zusammen! Unterscheidet dabei Bewegungsverhalten (Motorik), Gefühlsregungen und Sprachverhalten / Intelligenz.

D 2 Vergleicht den Entwicklungsstand der achtjährigen Kamala mit dem eines zweijährigen Kleinkindes, das in einer Familie lebt, indem Ihr entsprechende Hinweise aus der Untersuchung von René Spitz entnehmt und gegebenenfalls Tabellen und Angaben in Büchern über die Entwicklung eines Kleinkindes auswertet!

3 Diskutiert, ob man die Kinder in der Untersuchung von René Spitz, die im Kinderheim des Frauengefängnisses aufwuchsen, mit Kindern in Familienerziehung vergleichen kann!

D 4 Erläutert mit Hilfe der Texte die Behauptung: *„Jeder Mensch braucht zu seiner körperlichen, geistigen und seelischen Entwicklung die liebevolle Zuwendung einer Bezugsperson!"*

5 René Spitz nennt das Leben der Kinder im Findelheim *„Einzelhaft in den Bettchen"*.
Sammelt Vorschläge und diskutiert, wie man ein gutes Heim für Kinder gestalten könnte, die ohne Eltern aufwachsen müssen!

6 Abb. 2 zeigt Kinder, die ohne Mutter oder eine andere feste Bezugsperson aufwachsen müssen.
Vergleicht diese Abbildung mit Abb. 1.

Kinder und Erwachsene

Abb. 1: Kinder heute (Zeit-Magazin 10/1976, S. 31)

Abb. 1 und 2 werden Euch wahrscheinlich veranlaßt haben, zu überlegen oder miteinander zu diskutieren, worin sie sich unterscheiden und warum sie sich unterscheiden. Ihr könnt den Bildern entnehmen, daß man früher Kinder anders beurteilte als heute. Kinder wurden zum Beispiel auch wie Erwachsene bestraft, und Ihr kennt vielleicht Berichte und Bilder, die zeigen, wie hart früher Kinder arbeiten mußten.
Heute kennt man die große Bedeutung der Kindheit für die Entwicklung der menschlichen Person. Man hat herausgefunden, daß viele wichtige Anlagen und Begabungen zu einer ganz bestimmten Zeit innerhalb der Kindheit geweckt werden müssen, wenn sich das Kind zu einem selbständigen Erwachsenen entwickeln soll.

Schutz der Kinder durch den Staat

Der Staat will daher durch Gesetze sicherstellen, daß die Kinder innerhalb und außerhalb der Familie geschützt sind. Wenn heute ein Kind z. B. stiehlt, so darf es nicht wie ein Erwachsener bestraft werden. Man billigt ihm zu, daß es in einem Alter unter 14 Jahren noch nicht die volle Bedeutung seiner Tat übersehen und verstehen kann. Daher wird das Kind noch nicht für seine Tat verantwortlich gemacht. Dies legt § 1 des *Jugendgerichtsgesetzes* fest. Auch der Jugendliche darf erst dann für eine Straftat verantwortlich gemacht werden, wenn ein Jugendgericht geprüft hat, ob der Jugendliche geistig und sittlich so weit entwickelt ist, daß er das Unrecht seiner Tat überhaupt einsehen kann. Über das Jugendstrafrecht könnt Ihr auf S. 115–117 mehr erfahren.
Genügend Zeit zum Spielen, Lernen und Erholen will das *Jugendarbeitsschutzgesetz* sichern. Der Zweck dieses Gesetzes ist es, Kinderarbeit ganz zu beseitigen und die Arbeitszeit Jugendlicher genau einzugrenzen:

„Die Beschäftigung von Kindern [unter 14 Jahren] ist grundsätzlich verboten."
(Jugendarbeitsschutzgesetz § 7)
„Die Arbeitszeit der Jugendlichen [14 bis 18 Jahre] ist auf 8 Stunden täglich, 40 Stunden wöchentlich bzw. [über 16 Jahre] 44 Stunden begrenzt."
(Jugendarbeitsschutzgesetz § 10)

Rechte der Kinder – Rechte der Erwachsenen

In der Familie gibt es häufig Konflikte, wenn Rechte der Kinder und Ansprüche der Erwachsenen aufeinandertreffen. Dazu folgendes Beispiel: *„Warum kommst du erst jetzt nach Hause?"* fragt die Mutter, als Dieter (12 Jahre) entgegen der Absprache erst um 19 Uhr das Haus betritt. *„Kann man sich gar nicht auf dich verlassen? Deine Schularbeiten hast du noch nicht gemacht, und für die Mathematikarbeit wolltest du noch üben!"* tadelt die Mutter.
„Immer müßt ihr mich beaufsichtigen wie ein kleines Kind", beklagt sich Dieter, *„ich werde meine Aufgaben schon noch machen, außerdem ist es nicht viel!"*
Dieter verschwindet in sein Zimmer, und bald darauf ertönt laut sein Radio. Der Vater stürzt in Dieters Zimmer: *„Kann man denn nie seine Ruhe haben? Ich komme müde von der Arbeit nach Hause und muß mir diesen Lärm anhören! Außerdem werden bei uns keine Schularbeiten gemacht, während das Radio läuft!"*
„Ich muß doch am besten wissen, ob mich die Musik beim Arbeiten stört oder nicht", schimpft Dieter, *„und außerdem, was kann ich dafür, daß mein Zimmer unmittelbar neben dem Wohnzimmer liegt?"*

Abb. 2: Kinder im 17. Jh. (Zeit-Magazin 10/1976, S. 30; der spätere Kurfürst Max Emanuel und seine Schwester gemalt von H. Gascar))

Nachdem eine Stunde später diese Auseinandersetzung bereits vergessen ist, entschließt sich Dieter, einen schon lange durchgedachten Plan zu äußern: *„Ich habe eine große Bitte: Könnte ich nicht ein großes Bücherregal und einen richtigen Schreibtisch bekommen? Ich bin die Möbel, die ich seit meiner Babyzeit habe, endgültig leid!"*

„Und wohin sollen wir den großen Kleiderschrank stellen, der in deinem Zimmer steht?" fragen die Eltern.

„Der Schrank kann im Flur stehen, dann habe ich mehr Platz und kann endlich einmal alle meine Freunde einladen", ruft Dieter.

„Das geht nicht", entgegnet die Mutter, *„der Schrank würde die Diele verschandeln, und außerdem reicht unser Geld nicht, um dir ein neues Jugendzimmer einzurichten!"*

„Für eure eigenen Interessen gebt ihr Geld aus!" protestiert Dieter, *„erst kürzlich habt ihr euch die Polstergarnitur für das Wohnzimmer gekauft, nur ich muß immer zurückstehen! Ihr habt außerdem die schönsten und größten Räume der Wohnung! Ihr könntet durchaus euer Schlafzimmer mit meinem Zimmer tauschen, aber mein Zimmer ist euch ja nicht gut genug!"*

„Unsere Schlafzimmermöbel passen gar nicht in dein Zimmer", ruft erregt die Mutter . . .

Dieter hat neuen Streit mit seinen Eltern.

1 Sucht Begründungen, warum heute Kinder nicht mehr so oft als „kleine Erwachsene" gesehen werden.
Überlegt und besprecht Fälle, wo dies aber auch heute noch geschieht.

2 Stellt die Argumente von Dieter und seinen Eltern zusammen und beurteilt sie!

D 3 Versucht, die Geschichte von Dieter und seinen Eltern zu spielen. Ihr könnt Euch auch andere Situa-

Abb. 3

An die Mieter des Hauses Kasernenstr. 8

Aus gegebenem Anlaß sieht sich die Eigentümer-Gemeinschaft veranlaßt, nochmals besonders auf die folgenden im Mietvertrag festgelegten Bestimmungen hinzuweisen:

1 Jeglicher Lärm im Treppenhaus und auf den Fluren ist zu vermeiden. Die Mieter sind verpflichtet, besonders ihre Kinder darauf hinzuweisen, aber auch ihre Besucher.
2 Es ist besonders auf generelle Zimmerlautstärke zu achten; in den vorgeschriebenen Mittags-, Nacht- und Wochenendzeiten ist dies vor allem bezüglich lauter Haushaltsgeräte (Waschmaschinen usw.) und bei Ausführung von Reparaturen (Bohrmaschinen!) zu berücksichtigen.
3 Das Abstellen von Kinderwagen, Rollern, Kettcars u. ä. in Treppenhaus oder Flur ist verboten.
4 Fahrräder sind im dafür vorgesehenen Fahrradständer unterzubringen. Die Mitnahme in die Wohnung ist nicht erlaubt.
5 Der Wäscheplatz ist nur in den dafür vorgesehenen Zeiten zum Wäschetrocknen bzw. Teppichklopfen für die Bewohner freigegeben. Er ist kein Spielplatz.
6 Die Gartenanlagen und der Rasen um das Haus dürfen nur mit Genehmigung der Eigentümer betreten werden.
7 Der Platz um die Mülleimer ist pfleglich sauberzuhalten.
8 Die Mieter haften für Beschädigungen der Gemeinschaftseinrichtungen (auch für ihre Kinder).

Der Hausverwalter im Namen der Eigentümer

Abb. 4

tionen ausdenken, wo Dieter und seine Eltern verschiedene Wünsche haben. Ersinnt auch für diese Wünsche eine Lösung, die von Dieter und seinen Eltern annehmbar ist.
Vielleicht denkt Ihr Euch auch Geschichten aus, in denen ein Mädchen und seine Eltern oder eine Familie mit mehreren Kindern solche Probleme zu lösen haben.

4 Abb. 3 zeigt den Grundriß der Wohnung, in der Dieter mit seinen Eltern wohnt.
Nehmt zu Dieters Vorschlag Stellung, sein Zimmer mit dem Schlafzimmer seiner Eltern zu tauschen!

D 5 Zeichnet Grundrisse von Wohnungen, die besser als im oben geschilderten Fall die Interessen von Kindern und Eltern berücksichtigen!

6 Abb. 4 zeigt einen Auszug aus der Hausordnung, nach der sich Dieter und seine Eltern richten müssen.
Entwerft Gegenvorschläge in der Klasse.

7 Obwohl der Staat darüber wacht, daß die Eltern es mit Pflege und Erziehung ihrer Kinder genau nehmen, gibt es Fälle wie in Abb. 5.
Entnehmt der Meldung Möglichkeiten, die der Staat hat, um die Rechte der Kinder zu schützen! Schildert und beurteilt auch die Schwierigkeiten für ein Eingreifen des Staates! Berücksichtigt dabei auch den auf Seite 6 wiedergegebenen Text aus dem Grundgesetz!
Überlegt, warum es manchmal auch für Bekannte und Nachbarn schwierig ist, bei Kindesmißhandlungen einzugreifen!

Polizei holt verwahrloste Kinder aus Wohnung – Anzeige
Vier völlig verwahrloste und unterernährte Kinder im Alter von neun, fünf, vier und zwei Jahren wurden von Beamten der Kriminalpolizei und des Stadtjugendamtes aus einer Wohnung in Lochhausen geholt und in ein Heim gebracht. Die Eltern der Geschwister, ein 29jähriger Versicherungsvertreter und seine 37jährige Frau, wurden wegen Verletzung der Fürsorgepflicht angezeigt. Die Eltern hatten die Kinder tagsüber in einem unmöblierten Zimmer mit Betonfußboden eingesperrt, ihnen die Kleider weggenommen und sie allein gelassen. Sie hatten ferner die Jalousien geschlossen, damit niemand den Zustand der Kleinen sehen könne. Schließlich hatten Nachbarn mitbekommen, was in der Wohnung vor sich ging und das Jugendamt verständigt.

Abb. 5: Süddeutsche Zeitung, 15. 12. 1977

Rollenkonflikte in der Familie

Das Abendessen ist vorüber. Vater sitzt mit der Zeitung noch am Tisch. Mutter und Karin erledigen den Abwasch. Karins Zwillingsbruder Dieter repariert ein Schloß am Küchenschrank. Die Schulhefte mit den erledigten Hausaufgaben liegen zur Kontrolle durch die Mutter bereit.
Eine friedliche Szene aus dem Familienleben der zwölfjährigen Zwillingsgeschwister?

Das geschilderte einträchtige Zusammensein ist nur scheinbar; in Wirklichkeit herrscht „dicke Luft". Die beiden Kinder bemühen sich durch eifriges Mitarbeiten im Haushalt, ihre Eltern versöhnlich zu stimmen. Was war geschehen?
Dieter hatte vorgestern seinen Nebenmann Klaus bei einer Klassenarbeit abschreiben lassen. Bei der Korrektur hatte der Lehrer auffällige Ähnlichkeiten in den Arbeiten von Dieter und Klaus festgestellt und den beiden mitgeteilt, daß ein solches Abschreiben ein Betrugsversuch sei und daß er die Eltern der beiden von dem Vorfall in Kenntnis setzen müsse.
„Ich habe zwar Verständnis dafür, daß Du Deinem Klassenkameraden helfen wolltest – ein Junge muß kameradschaftlich sein –", meinte der Vater, als er mit Dieter über den Brief der Schule sprach, „aber das geht einfach zu weit: als Schüler hast Du Dich an die Regeln der Schulordnung zu halten! Merk Dir das!"
Dann kam Vater auf den gestrigen Abend zu sprechen, an dem Karins Eltern in heller Aufregung auf ihre Tochter gewartet hatten, die versprochen hatte, spätestens um 20 Uhr von der Geburtstagsparty ihrer Klassenkameradin Inge zurück zu sein. Es war 21.30 Uhr, als Karin endlich kam. Darauf zurückkommend meinte der Vater: „Es geht einfach nicht, daß Mädchen in Deinem Alter so lange wegbleiben. Wenn Mutter und ich uns nicht auf Dich verlassen können, darfst Du eben nicht mehr auf solche Partys! Damit Du merkst, wie ernst uns das ist, bleibst Du eben beim nächsten Mal zu Haus!"
So also waren die Gespräche während des der anfangs geschilderten Szene vorausgegangenen Abendessens verlaufen.

Karin und Dieter spielen Rollen

Karins und Dieters Eltern haben offensichtlich bestimmte Erwartungen, wie sich ihre Tochter und ihr Sohn verhalten sollen. Die Summe aller *Verhaltens-*

Abb. 1

erwartungen an ihre Tochter oder an ihren Sohn in der Familie nennt man *Rolle*.
Karin und Dieter hatten in den geschilderten Beispielen ihre Rollen als Sohn oder Tochter nicht immer zur Zufriedenheit ihrer Eltern gespielt. Für ihr Verhalten, das die Eltern tadelten, hatten die beiden Kinder ihre Gründe: Eltern, Lehrer und Freunde stellten verschiedene Verhaltenserwartungen an sie. Klaus erwartete von Dieter ein anderes Verhalten als die Eltern oder der Lehrer, die Freundinnen erwarteten etwas anderes von Karin als ihre Eltern.
Da die Eltern andere Verhaltenserwartungen an Karin hatten als die Freundinnen, geriet Karin in einen *Rollenkonflikt*. Auch Dieter stand in einem Rollen-

konflikt zwischen den widersprüchlichen Erwartungen seiner Eltern und seines Tischnachbarn in der Schule.

Rollen werden nicht immer freiwillig gespielt

Wenn Karin und Dieter ihre Rollen nicht zur Zufriedenheit ihrer Eltern spielen, werden die Eltern versuchen, durch erzieherische Maßnahmen wie Lob oder Tadel die beiden Kinder dazu zu bringen, ihre Rollen als Sohn oder Tochter entsprechend den Erwartungen zu spielen. Aber auch die Freundinnen oder Klaus oder der Lehrer wollen Karin oder Dieter dazu veranlassen, die Rolle zu spielen, die sie von ihnen erwarten. Den Eltern, dem Tischnachbarn Klaus, dem Lehrer oder den Freundinnen stehen verschiedene Mittel zur Verfügung, durch die sie Dieter oder Karin zu dem gewünschten Verhalten bringen wollen. Diese Mittel heißen *Sanktionen*. Dabei kann man zwischen positiven (z. B. Lob) und negativen Sanktionen (z. B. Tadel) unterscheiden.

1 Untersucht die Verhaltenserwartungen in der Familie von Karin und Dieter (an die Tochter, den Sohn, ...). Findet heraus, welche erfüllt, welche mißachtet werden.

2 Stellt bei einigen Rollen fest, mit welchen Belohnungen und Strafen Dieter und Karin rechnen müssen, wenn sie ihre Rollen gut oder schlecht spielen!

3 Stellt die Rollenkonflikte dar, in die Dieter und Karin geraten sind und überlegt gemeinsam, wie sie die Probleme hätten lösen können!

D 4 Abb. 1 zeigt, welche Verhaltenserwartungen die Eltern an Dieter in seiner Rolle als Sohn haben.
Fertigt ähnliche Schaubilder an, z. B. für Karin in ihrer Rolle als Tochter, als Freundin; für Dieter in seiner Rolle als Banknachbar, als Schüler ...

D 5 Diskutiert das Ergebnis einer Umfrage von Tab. 1.

Tab. 1: Antworten (in %) auf die Frage, auf welche Eigenschaften die Erziehung der Kinder hinzielen solle (Mehrfachnennungen möglich).

Schulabschluß der Befragten	Gehorsam, Unterordnung	Ordnungsliebe, Fleiß	Selbständigkeit
Volksschule	28	47	27
Realschule	20	40	44
Abitur	13	35	54

Männer und Frauen – gleichberechtigt?

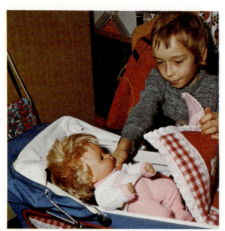

Abb. 1

Abb. 2

Abb. 1 und 2 waren sicher eine Diskussion in Eurer Klasse wert. Die Fotos zeigen nicht das zwölfjährige Zwillingspaar Karin und Dieter! Nach Durcharbeitung dieses Kapitels könnt Ihr gewiß begründen, warum es sich um andere Kinder handeln muß!

Spielen und Freizeitgestaltung

Gegenstände, die Karin und Dieter in den letzten Jahren geschenkt bekamen: Fußballschuhe, Ballettschuhe, Karl-May-Bücher, Kochbuch, Rennrad, Damenrad, Modellflugzeug, Webrahmen, Modelleisenbahn, Puppe, Dampfmaschine, Knüpfteppich-Set.
Meistens hatten sie gewußt, für wen von ihnen das Geschenk bestimmt war, auch wenn kein Namensschild angebracht war.

Helfen und Taschengeld aufbessern

Auch wenn Karin und Dieter nicht spielen, unterscheiden sich ihre Tätigkeiten oft. So werden sie eines Tages beim Abendessen gefragt, ob sie die kleinen Arbeiten verrichtet hätten, die ihnen die Mutter aufgetragen hatte.
„Natürlich, die passenden Nägel und Schrauben für das Regal hab' ich besorgt, dann habe ich dem Herrn Meyer von nebenan noch beim Autowaschen geholfen; ich hab' das Auto abgeledert. Er war so zufrieden mit meiner Arbeit, daß er mir fünf Mark gegeben hat!"
„Wenn Du in unsere Zimmer gehst, kannst Du ja sehen, wie gründlich ich aufgeräumt habe. Ich hab' auch Geld verdient: Frau Meyer hat mir vier Mark gegeben, weil ich zwei Stunden lang auf ihr Baby aufgepaßt habe!"

1 Die erzählte Begebenheit aus dem Alltag von Dieter und Karin wurde absichtlich so gestaltet, daß nicht gesagt wurde, wer von beiden die geforderten Hausarbeiten verrichtet hat.
Überlegt, wie sich Dieter und Karin die Arbeiten wahrscheinlich aufgeteilt hatten und begründet Eure Vermutungen!

2 Bei der Aufteilung solcher und ähnlicher Aufgaben zwischen den Geschwistern gibt es manchmal Streit.
Diskutiert die Gründe und sucht weitere Beispiele dafür, wie Hausarbeiten häufig zwischen Jungen und Mädchen aufgeteilt werden!

3 Im Text sind einige Geschenke genannt, die Karin und Dieter in den letzten Jahren erhalten haben.
Versucht herauszufinden, welche Geschenke für Karin und welche für Dieter waren!
Vergleicht die Ergebnisse miteinander und begründet Eure Meinung!

D 4 Stellt mit Hilfe von Kaufhauskatalogen eine Liste von Spielzeugen für Jungen und Mädchen zusammen und versucht herauszufinden, welche Eigenschaften für künftiges Verhalten durch die Auswahl von Spielzeug für Jungen oder Mädchen aus Eurer Liste jeweils gefördert werden sollten!

D 5 Dieters und Karins Eltern haben – wie andere Eltern auch – bestimmte Vorstellungen und Erwartungen von dem, was Jungen und Mädchen in ihrer Freizeit tun oder lassen sollen.
Erfindet eine Spielszene, in der die Eltern der beiden ihren Nachbarn Vorschläge machen, was diese ihrem zehnjährigen Sohn und ihrer achtjährigen Tochter demnächst schenken könnten!

D 6 Erfindet ein Gespräch zwischen den Eltern der Kinder in Abb. 1 und 2 und den Eltern von Karin und Dieter, in dem diese sich darüber lustig machen, daß ein Mädchen handwerkliche Arbeiten zu Hause verrichtet!

Schulleistungen und Schulabschlüsse

In vielen Familien werden Jungen und Mädchen unterschiedlich erzogen, wie es am Beispiel des Zwillingspaares Karin und Dieter aufgezeigt wurde. Die Folgen sind Euch sicher schon manchmal aufgefallen. Sie zeigen sich zum Beispiel oft in der Schule. Lest dazu folgende Ausschnitte aus einem Zeitungsbericht:
„Ist Mathematik unweiblich?
Viele Lehrer setzen bei Mädchen Interesselosigkeit voraus.
Weil man den Mädchen einredet, Mathematik sei unweiblich, sind sie darin tatsächlich auch schlechter als die Jungen. Und die vielberedete ... ‚mathematische Begabung' hat man bisher vergeblich zu erhaschen versucht, – es gibt sie nach den heutigen Erkenntnissen der Wissenschaft nicht, weder bei Frauen noch bei Männern. Ein Schüler oder eine Schülerin muß für ein gutes Mathematikzeugnis ein gewisses Maß an allgemeiner Intelligenz besitzen; aber das allein genügt noch nicht. Viele andere Faktoren [Gründe] kommen hinzu, um eine mathematische Leistung zustande zu bringen: Leistungsanreiz von Eltern, Lehrern, Mitschülern, Einschätzung der Bedeutung der Mathematik, das eigene Rollenkonzept (ist es mit der weiblichen Rolle vereinbar, intellektuelle Leistungen [= Leistungen im Bereich des Denkens] zu vollbringen?). Das allgemein verbreitete Vorurteil, Mädchen seien von vornherein schlechtere Mathematiker (und Naturwissenschaftler), wird jetzt in einer ... Untersuchung der Mathematikerin und Erziehungswissenschaftlerin Erika Schildkamp-Kündiger, Universität Saarbrücken (Frauenrolle und Mathematikleistung, Pädagogischer Verlag Schwann, Düsseldorf) widerlegt; ...
Bei den Mädchen setzen viele Lehrer kein Interesse für Mathematik voraus. Bei einer Umfrage im Jahre 1972 hielten 70 Prozent der befragten Hauptschulrek-

Tab. 1: Schul- (1975) und Hochschulabschlüsse (Sommer 1974) nach Schüler/Schülerinnen und (deutschen) Studenten/Studentinnen in der Bundesrepublik Deutschland (auf 1000 gerundet)

	männlich	weiblich
nach (neunjähriger) Pflichtschulzeit	255 000	217 000
mit Realschulabschluß	124 000	148 000
mit Hochschul- oder Fachhochschulreife	102 000	68 000
bestandene Diplomprüfungen	13 000	3 000
bestandene Lehramtsprüfungen (meistens zwei Prüfungen je Kandidaten)	13 000	16 000
bestandene Doktorprüfungen	4 000	1 000

Tab. 2: Auszubildende 1975 (auf 1000 gerundet)

männlich	weiblich
859 000	470 000

toren in der Bundesrepublik dieses Interesse für ‚gering‘ und sie hielten es auch nicht für angebracht, ein solches Interesse zu mobilisieren [wecken]. Mathematik ist für diese Schulrektoren ebenso wie für die meisten Eltern und große Teile der Gesellschaft etwas typisch ‚Männliches‘ ...
Nun werden intellektuelle Leistungen überhaupt von den Mädchen weniger als von den Buben erwartet. Wenn ein Mädchen sich diesen Erwartungshaltungen von Gesellschaft und Familie anpaßt und seine weibliche Rolle danach orientiert, wird es sich, selbst wenn es die Intelligenz dazu hätte, auch, und gerade für Mathematik wenig interessieren und schlechtere Leistungen vollbringen als ihm eigentlich möglich wäre. Anders bei solchen Mädchen, die intellektuelle Fähigkeiten durchaus in ihr weibliches ‚Selbstkonzept‘ [wie sie selbst ihre Rolle als Mädchen sehen] aufgenommen haben: Ihre Leistungen sind, wenn die notwendige Intelligenz und womöglich noch zusätzliche Anregungen vorhanden sind, auch in Mathematik gut. Und sie schämen sich deswegen auch nicht vor ihren Klassenkameradinnen ..."
(Süddeutsche Zeitung, 22. 2. 1975)

Berufswahl und Beruf

Unterschiedliche Erziehung und unterschiedliche Schulleistungen bilden unterschiedliche Interessen heraus. Sie entscheiden sehr stark die Berufswahl.
Problematisch wird es, wenn Frauen und Mädchen benachteiligt werden! So schneiden nicht nur bei Schulabschlüssen Jungen besser ab, auch in der beruflichen Ausbildung ist der Anteil der Jungen höher (vgl. Tab. 1 und 2).
Aus allem ergibt sich ein wesentlicher Grund dafür, daß Mädchen und Frauen geringere Durchschnittsverdienste haben als Männer (vgl. Tab. 3).
Es kommt jedoch auch vor, daß Frauen selbst bei gleicher Arbeit weniger verdienen als Männer (vgl. S. 88).

1 Versucht herauszufinden, warum der Anteil der Mädchen in schulischer und beruflicher Ausbildung immer mehr abnimmt, je höher der Bildungsabschluß ist!
Fragt dazu auch Eure Eltern!

2 Stellt eine Liste der erfragten Gründe auf und diskutiert darüber, ob sich eine gründliche Ausbildung für Mädchen überhaupt lohnt!

3 Vergleicht die Berufswünsche von Jungen und Mädchen (Tab. 4).
Versucht herauszufinden, ob sich die Berufswünsche bereits in den Schulleistungen widerspiegeln!

4 Ermittelt aus der Zeitungsmeldung die Gründe dafür, warum Mädchen in Mathematik häufig schlechter sind und nehmt in einer Diskussion dazu Stellung!

5 Überlegt mit Hilfe der Tabellen, ob die Art schulischer und beruflicher Ausbildung wichtig für die künftige Entlohnung ist. Wenn das zutrifft, versucht Ausnahmefälle zu erklären!

D 6 Nehmt Stellung zum Verdienstrückstand der Frauen! Bedenkt dabei auch, daß Frauen häufiger nur halbe Tage arbeiten, seltener Überstunden machen können und oft weniger lang dem Betrieb angehören!

Tab. 3: Bruttomonatsverdienste in DM, April 1977 (Zahlen nach „Globus" 2555)

	Arbeiter			Angestellte			
	Hilfsarbeiter	Angelernte	Facharbeiter	Bürokräfte, ungelernt	mit Berufsausbildung	Sachbearbeiter	gehobene Stellung
Männer	1825	2055	2286	1685	1955	2616	3430
Frauen	1451	1499	1590	1328	1537	2066	2702

Tab. 4: Rangfolge der Berufswünsche von Jungen und Mädchen (nach BfA 1974)

Rang	männlich			weiblich		
	Hauptschule	Realschulabschluß	Abitur	Hauptschule	Realschulabschluß	Abitur
1.	Kfz.-Mechaniker	Büro-, Verwaltungsfachkraft	Wirtschafts- und Sozialwissenschaftler	Bürofachkraft	Bürofachkraft	Haupt-, Real-, Sonderschullehrerin
2.	Elektroinstallateur, -monteur	Elektroingenieur	Lehrer an Höheren Schulen	Verkäuferin	Kindergärtnerin	Ärztin
3.	Rundfunk-, Fernsehmechaniker	Wirtschafts- und Sozialwissenschaftler	Arzt	Kindergärtnerin, -pflegerin	Heimleiterin, Sozialpädagogin	Lehrerin an Höheren Schulen
4.	Schlosser	Rundfunk-, Fernsehmechaniker	Architekt, Bauingenieur	Krankenschwester, Hebamme	Krankenschwester, Hebamme	Heimleiterin, Sozialpädagogin
5.	Technischer Zeichner	Maschinen-, Fahrzeugbauingenieur	Haupt-, Real-, Sonderschullehrer	Sprechstundenhelferin	Sprechstundenhelferin	Wirtschafts- und Sozialwissenschaftlerin

Familie früher und heute

Abb. 1: Großfamilie

Abb. 2: Kernfamilie

Familie früher

Früher lebten bei uns die Menschen meistens in *Großfamilien* zusammen. Auf der Abb. 1 könnt Ihr erkennen, wer alles zur Familie gehörte. Der Vater war Bauer, Handwerker oder Kaufmann und übte seinen Beruf meistens im unmittelbaren Bereich der Familie aus. Die Mutter übernahm die Arbeit im Haushalt, kümmerte sich um die Erziehung der Kinder und half dem Mann bei der Arbeit. Die Kinder lernten fast alles, was sie später brauchten, in der Familie. Die Jungen halfen schon früh dem Vater und erlernten meistens seinen Beruf. Die Mädchen gingen der Mutter zur Hand, lernten dabei die Arbeiten zu verrichten, die im Haus und im Hof anfielen. Kranke und alte Menschen wurden ebenfalls in der Familie versorgt.

Familie heute

Inzwischen ist vieles anders geworden. Einiges könnt Ihr Abb. 2 entnehmen. Eine Familie, die nur aus Kindern und Eltern besteht, nennt man *Kernfamilie*. Auch die Art, wie der Lebensunterhalt erworben wird, hat sich gewandelt: Der Arbeitsplatz des Vaters ist nur noch in Ausnahmefällen im Bereich der Familie. Oft übt auch die Mutter einen Beruf außerhalb der Familie aus.

Der stille Protest der Familie

Geld- und Wohnungssorgen sowie Furcht vor Freizeitverlust sind Gründe des Geburtenrückganges

München (AP). Geld- und Wohnungssorgen, die Berufstätigkeit der Frau und die Angst, zu wenig Freizeitmöglichkeiten zu haben, sind die hauptsächlichen Gründe für den Geburtenrückgang in der Bundesrepublik, geht aus einer Studie des Instituts für Psychologie der Universität Erlangen-Nürnberg über den Kinderwunsch der Bundesbürger hervor. Bei der Vorlage der Ergebnisse wies der bayerische Sozialminister Pirkl in München darauf hin, daß die Bundesrepublik in der Geburtenentwicklung an letzter Stelle unter allen Ländern der Welt stehe.
Nach Pirkls Angaben liegen die Geburtenzahlen in den westeuropäischen Ländern um 30 bis 50 Prozent, in den osteuropäischen sogar um 75 bis 100 Prozent über den vergleichbaren Zahlen der Bundesrepublik, wo zudem jedes neunte Neugeborene ein Ausländerkind ist. Nahezu gleichzeitig mit dem Geburtenrückgang, so sagte Pirkl weiter, zeige sich ein zunehmender Trend zur Auflösung der herkömmlichen Familienstrukturen. Der Politiker verwies darauf, daß die Eheschließungen in den vergangenen 15 Jahren um 27 Prozent abgenommen haben, während die Zahl der Scheidungen im gleichen Zeitraum um 137 Prozent angestiegen war.
Für die Studie wurden mehr als 400 Ärzte, Sozialarbeiter und Psychologen sowie 160 verschiedene Paare – unverheiratete, verheiratete ohne und mit ein oder mehreren Kindern – befragt. Beide Gruppen waren sich über die Gründe für die geringe Kinderzahl einig. Als Grund wurde auch noch die Angst vor der Zukunftssicherung der Kinder genannt. Mehr als die Hälfte der befragten Ehepaare wünschte sich zwar Kinder, würde aber wegen der damit verbundenen Begleitumstände zurückschrecken.
Minister Pirkl sprach von einem „stillen Protest der Familie". Sowohl die Experten als auch die Paare waren sich darüber einig, daß Erziehungsgeld und Vergünstigungen für kinderreiche Familien bei der Wohnungssuche, Halbtagsplätze für Mütter, kindergerechte Wohnungszuschnitte und staatliche finanzielle Unterstützung zu mehr Geburten führen könnten.

Abb. 3: Süddeutsche Zeitung, 19. 9. 1977

Schwierigkeiten der Familie – heute

In einzelnen Familien haben sich die Rollen von Vater und Mutter gewandelt. Wo die herkömmliche Rollenverteilung in der Familie beibehalten wird, die Frau aber ebenfalls berufstätig ist, kann es zu einem Problem kommen, von dem auch der Zeitungsbericht Abb. 3 Zeugnis gibt.

1 Erklärt die Begriffe „Großfamilie" und „Kernfamilie".

2 Stellt die Vor- und Nachteile zusammen, die das Leben in einer modernen Kernfamilie mit sich bringt.

D 3 Der Zeitungsmeldung „Der stille Protest der Familie" könnt Ihr einige Gründe dafür entnehmen, warum auch die Kernfamilien immer kleiner geworden sind.
Findet die Beispiele heraus, wie eine staatliche Familienpolitik Probleme heutiger Familien aufgreifen kann!
Diskutiert darüber, ob der stille Protest der Familie, von dem in der Meldung die Rede ist, berechtigt ist!

Schule

Schulordnung

Eine Schulklasse hatte Gelegenheit, Vorschläge für eine neue Schulordnung zu machen. Der Fantasie waren keine Grenzen gesetzt. Abb. 1 bringt einen Auszug der Arbeitsergebnisse.

> Das Kauen von Kaugummi, Bonbons usw. während des Unterrichts ist jedem Schüler erlaubt.
> Schlafen während des Unterrichts ist grundsätzlich erlaubt. Allerdings muß sich jeder sein eigenes Kissen mitbringen.
> Der Unterricht dauert von 10.00 Uhr bis 12.00 Uhr. Jeder Schüler kann daran teilnehmen, so lange er möchte.
> Kofferradios und Cassettenrecorder dürfen in jeder Stunde benutzt werden. Das Tanzbein darf natürlich mitschwingen.
> Bei Arbeiten empfiehlt es sich, mit dem Nachbarn zusammenzuarbeiten.
> Der Schüler braucht sich nichts vom Lehrer sagen zu lassen.
> Rauchen und alkoholische Getränke während des Unterrichts sind eine empfehlenswerte Abwechslung.
> Die Länge der Pause darf jeder Schüler selbst bestimmen.
> Hausarbeiten sollten möglichst oft vergessen werden.
> Im Streitfall hat der Schüler immer Recht.

Abb. 1

Die Klasse diskutierte diese Vorschläge mit sehr viel Vergnügen (wie Ihr vielleicht auch). Zum Schluß waren alle der Meinung, daß nicht ein einziger Aussicht haben wird, in eine *Schulordnung* aufgenommen zu werden. Bezeichnende Schüleräußerungen waren: „Das wird ja ein furchtbares Durcheinander!" und „Da wird wohl niemand mehr etwas lernen können."

Keine Gemeinschaft ohne Ordnung

Stellt Euch bitte einmal ein Spiel vor, das ohne feste Regeln durchgeführt wird. Sicher wißt Ihr auch ohne einen Versuch, wie ein solches Spiel verlaufen würde. Ein großes Orchester mit vielen Musikern stände ohne Noten und ohne Dirigent vor dem gleichen Problem. Nicht auszudenken, was alles an einer Kreuzung ohne Verkehrsregelung geschehen würde (vgl. Abb. 3)!
An diesen wenigen Beispielen, die Ihr leicht durch weitere ergänzen könnt, wird deutlich, daß menschliches Zusammenleben durch Bestimmungen geregelt werden muß. Keine Gemeinschaft kann ohne Spielregeln, ohne eine feste Ordnung existieren.
Nun gibt es sehr unterschiedliche Gemeinschaften. Jede muß die zu ihr passende Ordnung haben. Jedes Mitglied der Gemeinschaft muß sie verstehen und anwenden können.
Das gilt selbstverständlich auch für eine Schulordnung. Stellt Euch vor, in Eurer Schule wären die Unterrichts- und Pausenzeiten nicht festgelegt, wie ein Vorschlag zu Anfang dieses Kapitels verlangte. Sicher lohnt sich eine Diskussion über die Auswirkungen einer solchen Bestimmung. Ähnliche Probleme würden sich ergeben, wenn die Benutzung der Turnhalle, der Physikräume oder des Sprachlabors nicht durch einen Plan geregelt wäre. Den Unterrichtsablauf an Eurer Schule in einem solchen Fall könnt Ihr Euch leicht vorstellen.

Aufgabe einer Schulordnung: Das Lernen ermöglichen

Der Sinn einer Schulordnung wird jetzt deutlich. Er besteht sicher nicht darin, die Schüler zu gängeln und ihnen ihre Freiheit zu rauben. Ohne eine solche Ordnung kann in einer Schule Unterricht nicht ablaufen. Das wichtigste Ziel einer Schulordnung liegt also darin, jedem Schüler, jeder Lerngruppe und jeder Klasse das Lernen zu ermöglichen. Verstöße gegen die Schulordnung, die nach diesem Grundsatz aufgebaut ist, stören gleichzeitig immer auch den Unterricht und verhindern das eigene Lernen oder das der Mitschüler. Dafür lassen sich leicht zahlreiche Beispiele finden. Denkt bitte an die Mitschüler, die morgens zu spät kommen und erst eintreffen, wenn der Unterricht schon begonnen hat, oder an solche, die im Physikraum Geräte zerstören (vgl. auch Abb. 4).

Spielregeln der Demokratie

Sorgfältig überlegt werden muß aber, welche Bestimmungen in eine Schulordnung aufgenommen werden müssen, und wer beteiligt werden soll an der Diskussion und an den notwendigen Beschlüssen. Selbstverständlich muß darauf geachtet werden, daß an einer demokratischen Schule auch nur demokratische Wege eingeschlagen werden dürfen. Niemand kann also allein anordnen, was in einer Schulordnung zu stehen hat. Sondern:
– Alle Beteiligten müssen Vorschläge machen können.
– Alle Beteiligten müssen bei der Diskussion mitmachen können.
– Alle Beteiligten müssen mit abstimmen können.
Es ist nicht schwer, die am Schulleben interessierten und beteiligten Gruppen zu benennen und zu begründen, warum sie ein Recht auf Teilnahme und Mitbestimmung besitzen. Drei Gruppen sind

zu erwähnen: die Schüler, die Eltern und die Lehrer. Für sie sind in den Schulgesetzen der Bundesländer Möglichkeiten vorgesehen, wie sie sich am Schulleben beteiligen und wie sie mitbestimmen können.

Für die Erarbeitung einer Schulordnung bietet sich folgender Weg:
– Die einzelnen Klassen erarbeiten Vorschläge. Diese werden in einer Sitzung der Schülermitverwaltung vorgetragen und zu einem gemeinsamen Vorschlag der Schüler zusammengefaßt.
– Die Lehrer diskutieren in einer Konferenz über ihre Vorstellungen und tragen Gesichtspunkte zusammen, die nach ihrer Meinung für eine Schulordnung wichtig sind.
– In einer Versammlung der Elternvertretung wird über das gleiche Thema gesprochen. Hier werden ebenfalls Vorschläge erarbeitet.

Alle Entwürfe für eine Schulordnung stehen dann im Mittelpunkt einer Gesamtkonferenz. Dort werden sie miteinander verglichen. In vielen Punkten wird eine Übereinstimmung zu erwarten sein. Dann muß auf demokratische Weise eine Entscheidung herbeigeführt werden (vgl. Abb. 5). Die Gesamtkonferenz sollte folgendes Verfahren ermöglichen:
– Die unterschiedlichen Meinungen werden begründet.
– Jeder überprüft seinen eigenen Standpunkt.
– Es wird abgestimmt.
– Die Mehrheit entscheidet.
– Auch wer anders abgestimmt hat, muß sich der Mehrheitsentscheidung unterwerfen.

Sicher wird es Schüler geben, deren Vorschläge nicht angenommen wurden. Für sie dürfte es nicht ganz einfach sein, die neue Schulordnung anzunehmen.

Veränderbare Schulordnung

In einer alten Schrift („Praxis der Volksschule") findet sich die Schulordnung aus dem Jahr 1875 von Abb. 2.

> „Der Lehrer hat vor Beginn des Unterrichts darauf zu halten:
> a) daß alle Schüler anständig, gerade, mit dem Rücken angelehnt und in Reihen hintereinander sitzen;
> b) daß jedes Kind seine Hände geschlossen auf die Schultafel legt, damit alle Neckereien und Spielereien, alle ungehörigen und unsittlichen Beschäftigungen unmöglich gemacht werden;
> c) daß die Füße parallel nebeneinander auf den Fußboden gestellt werden;
> d) daß sämtliche Schüler dem Lehrer fest ins Auge schauen..."

Abb. 2

Abb. 3

Abb. 4: Zerstörte Stühle in einer Schule

Stellt Euch vor, diese Schulordnung wäre heute noch gültig. Sie würde sicher von niemandem anerkannt. Die Schüler würden sich kaum an sie halten wollen. Der Grund ist leicht einsehbar: Die Schulordnung paßt nicht mehr in unsere Zeit, weil wir uns unter Schule, unter Schulleben und Unterricht etwas anderes vorstellen.

Eine Schulordnung muß also auch in ihre Zeit passen. Das erfordert von den beteiligten Gruppen an der Schule, daß die bestehende Schulordnung häufig überprüft und, wenn nötig, angepaßt, d. h. verändert wird. Allerdings kann das nicht jeden Tag geschehen. Dazu braucht man längere Zeitabstände, die sich in einer Schule ganz selbstverständlich ergeben.

Wer bei der Abstimmung über die Schulordnung in diesem Jahr mit seinen Vorschlägen keine Mehrheit gefunden hat, muß sich zwar an die beschlossene Schulordnung halten, er hat aber die Möglichkeit, seine Meinung im nächsten Jahr erneut vorzutragen. Vielleicht bekommt er dann die Mehrheit.

1 Vergleicht Abb. 1, Abb. 2 und Eure Schulordnung miteinander.

2 Überlegt gemeinsam, in welchen Zeitabständen eine Schulordnung überprüft und angepaßt werden sollte.

3 Seit wann gilt Eure jetzige Schulordnung? Gibt es darin Bestimmungen, die Ihr zu ändern wünscht?

D 4 Enthält Eure Schulordnung Bestimmungen, die mit Unterricht und Schule nichts zu tun haben?

D 5 Erarbeitet Vorschläge zur Verbesserung Eurer Schulordnung.

6 Besitzt Eure Klasse eine eigene Klassenordnung? Wenn nicht, diskutiert darüber mit Eurem Klassenlehrer.

Abb. 5

Unterricht

„Wenn alles schweigt, und einer spricht: den Vorgang nennt man Unterricht!"
(Schülerwort)
„Der unterrichtende Lehrer ... ermöglicht auf jeder Bildungsstufe Selbständigkeit im Fragen, Beobachten, Vermuten, Nachdenken, Gestalten, Einprägen, Üben, Tun."
(Richtlinien für die Volksschulen des Landes Niedersachsen, 1962)

Der Lehrer im Unterricht

Norberts Vater ist Berufssoldat bei der Bundeswehr. Leider wird er häufig versetzt, was für Norbert jedesmal einen Schulwechsel bedeutet. So hat er in den letzten drei Jahren drei neue Schulen und Klassen, viele neue Lehrer und Mitschüler kennengelernt. Er berichtet:
„In A. war Herr Petersen unser Klassenlehrer. Bei dem war vielleicht was los! Niemand hörte auf ihn. Es war ja auch zwecklos, denn bei dem Lärm, der in der Klasse herrschte, hätte ihn sowieso keiner verstanden. Jeder tat, was ihm Spaß machte: Hausaufgaben erledigen, essen, lesen, in der Klasse herumspazieren... Herr Petersen fand nichts dabei, wenigstens tat er nichts dagegen.
Bei Frl. Schmidt in O. hatte ich dann viel aufzuholen. Bei ihr war überhaupt vieles anders. Zwar hatte sie auch nichts dagegen, wenn wir uns mit dem Banknachbarn mal unterhielten, aber diese Gespräche hatten zumeist mit dem Unterrichtsthema zu tun. Wir haben uns viele der Themen selbst erarbeitet, häufig in Gruppenarbeit, wobei Frl. Schmidt dann dazukam, sich mit uns über unsere Arbeit unterhielt und uns nötigenfalls auf den Weg half. Man konnte gut über unsere Probleme mit ihr reden, auch wenn sie uns manchmal wegen ‚Blödsinnmachens' ermahnte.
Zu Lehrer Nagel in R. wäre ich dagegen freiwillig nie gegangen. Wenn der in die Klasse kam, wurde es mucksmäuschenstill, denn der bestrafte uns für jedes Schwatzen ziemlich hart. ‚Hier vorne spielt die Musik', pflegte er immer zu sagen, und wer nicht aufpaßte, bekam eine ‚5' angeschrieben. Für eine falsche Antwort konnte der einen vor der ganzen Klasse so richtig fertigmachen. Sobald er sich aber umdrehte, haben wir Quatsch gemacht."

1 Norbert hat sich nicht ausdrücklich zu der Frage geäußert, welcher Unterricht ihm am besten gefallen hat. Dennoch kann man Bewertungen aus seiner Schilderung heraushören.

2 Norbert hat bei seinen Schulwechseln drei Unterrichtsstile kennengelernt, die sich wesentlich voneinander unterscheiden.
Beschreibt wichtige Merkmale dieser drei Unterrichtsstile mit Euren Worten.

3 Diskutiert, wie sich Eurer Meinung nach die unterschiedlichen Unterrichtsstile auf das Lernen der Schüler auswirken werden.

4 Die Sitzordnung in den drei Klassen, die Norbert besuchte, war unterschiedlich (vgl. Abb. 1–3).
Welche Sitzordnung erwartet Ihr bei welchem Lehrer anzutreffen? Begründet Eure Meinung.
In vielen Klassen sind die Bänke wie in Abb. 4 angeordnet. Welchem Unterrichtsstil kommt eine solche Anordnung entgegen?

D 5 Habt Ihr schon einmal über Eure Sitzordnung nachgedacht? Bedenkt aber auch, daß leider manchmal Raumgröße und Klassenstärke oder andere Gegebenheiten die Wahl der Sitzordnung einschränken.

Unterrichtsziele

Erziehungsziele aus Schulrichtlinien des Jahres 1854 für die preußischen Volksschulen:
Die Elementarschule soll:
„... das christliche Leben der ihr anvertrauten Jugend begründen und entwickeln ...
... durch lebendiges Wort die Jugend einführen in die Kenntnisse der Geschichte unseres Herrschers ... und Herz und Sinn mit Liebe zum König und mit Achtung vor den Gesetzen und Einrichtungen des Vaterlandes erfüllen ...
... die Kinder sich schon früh als Glieder einer von Gott geordneten Gemeinschaft erkennen lassen ..."
Heute werden die Aufgaben der Schule in allen Bundesländern ähnlich beschrieben wie im § 2 des Niedersächsischen Schulgesetzes:

„Die Schüler sollen fähig werden, die Grundrechte für sich und jeden anderen wirksam werden zu lassen, die sich daraus ergebende staatsbürgerliche Verantwortung zu verstehen und zur demokratischen Gestaltung der Gesellschaft beizutragen,
nach ethischen Grundsätzen zu handeln sowie religiöse und kulturelle Werte zu erkennen und zu achten,
ihre Beziehungen zu anderen Menschen nach den Grundsätzen der Gerechtigkeit, der Solidarität und der Toleranz zu gestalten,
den Gedanken der Völkerverständigung zu erfassen und zu unterstützen,
Konflikte vernunftmäßig zu lösen, aber auch Konflikte zu ertragen,
sich Informationen zu verschaffen und Ausdrucksmöglichkeiten zu entfalten und sich im Berufsleben zu behaupten."

1 Klärt Euch unbekannte Wörter der Texte mit Hilfe von Lexika.

2 Beschreibt Verhaltensweisen, die ein Schüler im 19. Jh. bzw. heute in der Schule lernen sollte bzw. soll.

D 3 Vermutet, welcher Unterrichtsstil im 19. Jh. an unseren Schulen vorherrschte. Überprüft Eure Vermutung anhand des Zitats aus der „Praxis der Volksschule" S. 17, Abb. 2.

4 Welchen Unterrichtsstil haltet Ihr den Aufgaben der heutigen Schule für angemessen?

D 5 Der einzelne Schüler hat kaum Möglichkeiten, den Unterrichtsstil einer Lehrkraft zu beeinflussen.
Diskutiert, welche der folgenden Maßnahmen eher zum Erfolg führen können:
– Diskussion der Klasse mit der betroffenen Lehrkraft,
– Schülervertretung, Schulaufsicht, Schulleitung, Schulkonferenz oder Elternvertreter einschalten,
– das Problem in der Schülerzeitung aufgreifen.
Die einzelnen Maßnahmen sind von unterschiedlicher Tragweite. Legt eine Reihenfolge fest, in der man vorgehen könnte.

Unterrichtsplanung

Habt Ihr Euch nicht schon oft gewünscht, daß Ihr entscheiden dürft,

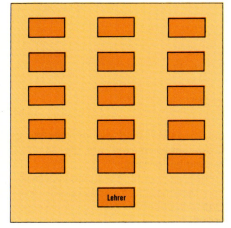

Abb. 1

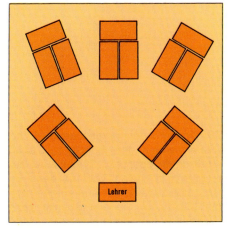

Abb. 2

Abb. 3

was im Unterricht geschieht? In der Schulwirklichkeit schreibt Euch in der Regel Euer Lehrer vor, welche Inhalte im Unterricht „behandelt" werden; so sieht es wenigstens für Euch aus. Aber auch er ist nicht frei in seinen Planungen.
„Das gesamte Schulwesen steht unter der Aufsicht des Staates", heißt es im Art. 7 unseres Grundgesetzes. Aus dieser Verfassungsbestimmung ergibt sich für den Staat das Recht, auch die Unterrichtsziele und -inhalte für jedes Fach festzulegen. Richtlinien und Lehrpläne, in denen eine solche Festlegung erfolgt, werden von den Kultusministern erlassen, die in den Bundesländern für die Schulen zuständig sind. Wie genau die Unterrichtsziele und -inhalte beschrieben werden, ist von Bundesland zu Bundesland verschieden.
Erst im Rahmen dieser verbindlichen Richtlinien kann die Fachkonferenz bzw. der einzelne Lehrer den Unterricht planen.

D 1 Warum ist dem Staat die Aufsicht über die Schulen vorbehalten?

D 2 Wenn das Kultusministerium neue Richtlinien erstellt, ist der Wunsch der Interessenverbände nach einer Mitgestaltung sehr stark. Begründet dieses Interesse.

D 3 Das Interesse an den Unterrichtszielen ist dabei von Fach zu Fach unterschiedlich. Ganze Landtagswahlkämpfe wurden mit der Auseinandersetzung der Parteien um die Inhalte von Gemeinschaftskunde- oder Deutschrichtlinien bestritten. Warum konzentriert sich das Interesse wohl gerade auf diese Fächer?

4 Laßt Euch von Eurem Lehrer über die Richtlinien für unser Fach in Eurem Bundesland informieren. Prüft, wie eng sie ihn in seiner Planung binden. Diskutiert mit ihm, wie Ihr am Ausfüllen des verbleibenden Planungsspielraums beteiligt werden könnt.

D 5 Neben den Unterrichtsinhalten solltet Ihr bei der Planung aber auch berücksichtigen, nach welchen Methoden Ihr dieses oder jenes Thema erarbeiten wollt. Hilfen hierzu kann Euch das Beispiel S. 22 geben.

Zensuren und Zeugnisse

Eure Lehrer sind verpflichtet, Eure Leistungen in der Schule zu bewerten. In der Regel geschieht dies mit den Zensuren 1 bis 6. Über den Sinn dieser Zensierung heißt es in einem Erlaß:
„Zensuren und Zeugnisse dienen in erster Linie der Unterrichtung von Schülern und Erziehungsberechtigten über die Entwicklung, die der Schüler im Unterricht gezeigt hat, und über den erreichten Leistungsstand."
Welche „Nebenwirkungen" eine solche Unterrichtung haben kann, zeigt folgender Zeitungsbericht:
„,Fünfer' im Zeugnis – Bub traute sich nicht heim
dr. München – Stundenlang bangte gestern ein Elternpaar in Oberschleißheim um das Leben seines 16jährigen Sohnes, der wegen schlechter Zeugnisnoten davongelaufen war. Als der 16jährige Robert Sch. gestern sein ‚Fünferzeugnis' in die Hand bekam, verlor er den Kopf. Aus Angst, seine Eltern würden ihn wegen der schlechten Noten prügeln, traute sich der Schüler nicht mehr nach Hause. Voller Angst alarmierten die Eltern von Robert Sch. die Polizei, die eine Durchsage in ‚Bayern 3' veranlaßte. Als der 16jährige in seinem Versteck davon hörte, packte ihn die Reue: Kurze Zeit später kehrte er freiwillig zu seinen überglücklichen Eltern zurück. Robert Sch.: ‚So eine Dummheit mache ich nie wieder.'"
(Frankfurter Allgemeine Zeitung, 14. 2. 1976)
Nicht immer gehen solche Kurzschlußhandlungen so glimpflich aus.

1 Robert fürchtete, von seinen Eltern wegen seines Zeugnisses verprügelt zu werden. Überlegt, welche Gedanken sie zu so unsinnigem Verhalten veranlassen könnten. Stellt ein vernünftigeres Verhalten im Rollenspiel dar.

D 2 Wißt Ihr, was die Noten 1 bis 6 aussagen sollen? Laßt Euch die Bestimmungen darüber von Eurem Lehrer geben.

D 3 In einigen Bundesländern ist der Lehrer verpflichtet, seine Zensurengebung und die einzelne Zensur mit den Schülern zu besprechen. Wie beurteilt Ihr diese Bestimmung?

4 Ihr habt sicher selbst schon mal erfahren, daß eine „3" nicht gleich einer anderen „3" ist. Kennt Ihr Benotungsverfahren, die einen genaueren Aussagewert haben?

D 5 Von Kritikern unses es Benotungssystems wird verlangt, die Zensuren in den Zeugnissen durch einen „Lernzustandsbericht" zu ersetzen, in dem die Fähigkeiten und Fertigkeiten, die Interessen und das Arbeitsverhalten des Schülers beschrieben werden. Verteidiger unseres Zensierungssystems meinen, daß Eltern und Arbeitgeber durch eine solche Beschreibung überfordert würden. Was meint Ihr dazu?

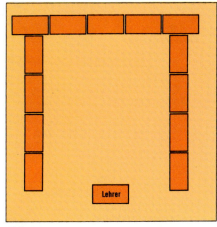

Abb. 4

Schulreform

Tab. 1: Stundentafel einer Volksschule im Jahre 1914 (nach: Die Bestimmungen des Königlich Preußischen Ministers der geistlichen und Unterrichtsangelegenheiten betreffend die Volks- und Mittelschule, die Vorbildung und die Prüfungen der Lehrer und Lehrerinnen; Berlin 1914)

Fach	Wochenstunden
Religion	6
Deutsch	7
Rechnen und Raumlehre	5
Realien (Geschichte, Erdkunde, Naturbeschreibung, Naturlehre)	6
Zeichnen	2
Singen	2
Turnen (nur Jungen)	2
Handarbeit (nur Mädchen)	2
insgesamt je Schüler (Schülerin)	30

Eure Stundentafel sieht anders aus!

Schule ändert sich – Beispiel Stundentafel

Eine Volksschule besuchten 1914 fast alle Kinder eines Dorfes oder einer Stadt. Nur wenige Eltern der schulpflichtigen Kinder hatten das Geld, ihr Kind auf eine andere Schule, z. B. eine Mittelschule oder ein Gymnasium, zu schicken. In vielen Dörfern bestand diese Volksschule nur aus einer einzigen Klasse, in die alle Schüler verschiedener Jahrgänge gingen.

Der Unterricht begann jeden Tag mit einer Stunde Religion (Erlaß vom Nov. 1893). In den „Bestimmungen des Königlich Preußischen Ministers der geistlichen und Unterrichtsangelegenheiten für den Religionsunterricht" heißt es:

„Die Aufgabe des Religionsunterrichts ist die Einführung der Kinder in das Verständnis der Heiligen Schrift und in das Bekenntnis der Gemeinde, damit die Kinder befähigt werden, die Heilige Schrift selbständig zu lesen und an dem Leben sowie an dem Gottesdienste der Gemeinde lebendigen Anteil nehmen zu können."

Für die Realien mit den Fächern Geschichte, Erdkunde, Naturbeschreibung und Naturlehre gab es ein eigenes Schulbuch, das Realienbuch. Eine feste Stundenzahl für die Einzelfächer war nicht festgelegt.

Der Deutschunterricht sollte aus Übungen im Lesen, Sprechen und Schreiben bestehen.

Das Fach Gesang hatte die Aufgabe, „die Lust zum Singen und die Freude am deutschen Volkslied, wie an edler Musik, überhaupt zu wecken" und die Gemütsbildung zu fördern.

Turnen war nur für die Jungen vorgesehen. Mädchen durften höchstens „Frei-Ordnungsübungen" machen und Reigen tanzen.

Statt eines Turnunterrichtes war für die Mädchen das Fach „weibliche Handarbeiten" vorgesehen, wo die Mädchen solche Arbeiten lernen sollten, die für das „häusliche Leben unentbehrlich sind". Beim Rechnen sollte auf allen Stufen „das Kopfrechnen dem Tafelrechnen vorangehen". Die Aufgaben sollten so gestellt werden, daß sie „die Beziehung zum bürgerlichen Leben ins Auge fassen".

1 Ihr könnt nach folgendem Muster eine Tabelle zusammenstellen, welche Fächer heute weniger unterrichtet werden und welche Fächer neu dazugekommen sind. Die Tabelle wird für Jungen und Mädchen verschieden aussehen:

Fach	Stundenzahl	
	1914	heute
Religion	6	2
Deutsch	...	...
...	...	...

Abb. 1: Allgemeinbildende Schulen im Bereich der heutigen Samtgemeinde Sittensen 1955

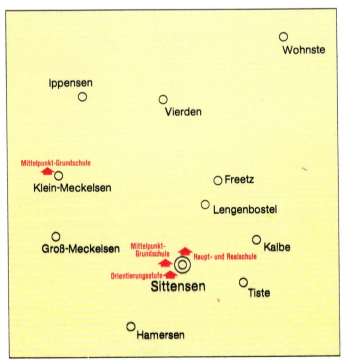

Abb. 2: Allgemeinbildende Schulen in der Samtgemeinde Sittensen 1975

D 2 Überlegt, warum der Religionsunterricht früher eine so große Bedeutung hatte. Beachtet dabei den Titel des für die Schule zuständigen Ministers. Wie heißt das Ministeramt heute?

D 3 Informiert Euch über die Fächer Arbeitslehre und Englisch und überlegt, warum beide Fächer heute als wichtig angesehen werden.

D 4 Einige Fächer haben einen neuen Namen erhalten. Fragt die Fachlehrer an Eurer Schule, ob mit der Namensänderung auch die Unterrichtsinhalte verändert worden sind. Ihr könnt dabei in Gruppen arbeiten und den Vergleich schriftlich festhalten.

Schule ändert sich – Beispiel Schulstandorte

In den letzten 20 Jahren hat sich die äußere Organisation der Schule erheblich gewandelt. Eure Eltern, aber oft auch noch ältere Geschwister, können sich daran erinnern. Abb. 1 und 2 zeigen an einem Beispiel aus einem ländlichen Gebiet in Niedersachsen, wie sich die Verteilung von Schulen verändert hat. Man nennt das auch Schulstandorte.
Die Dorfschule in Hamersen 1955: Die Schule bestand aus zwei Klassenräumen, einem Raum für Lehrmittel und einem Abstellraum. Im ersten Klassenraum waren die Schuljahre 1 bis 4 zusammengefaßt. Im zweiten Raum wurden die Schüler der 5. bis 8. Klassen unterrichtet. Insgesamt besuchten 60 Schüler die Schule. Zwei Lehrer waren an der Schule tätig. Beide Lehrer wohnten im Schulgebäude. Da vier Schuljahrgänge sich einen Klassenraum teilen mußten, gab es Abteilungsunterricht, d. h., ein Jahrgang wurde mündlich unterrichtet, die anderen wurden mit schriftlichen Aufgaben beschäftigt. Im Lehrmittelraum gab es mehrere ausgestopfte Tiere, ungefähr 20 Landkarten, einige Bücher und ein paar Sportgeräte. Ein Filmgerät mußten sich mehrere Schulen teilen (Gemeinschaftsanschaffung). Sport konnte nur bei schönem Wetter draußen stattfinden.

1 Stellt zusammen, worin sich die kleine Dorfschule von Hamersen 1955 von Eurer heutigen Schule unterscheidet.
Ihr könnt den Vergleich in einer Tabelle darstellen.

2 Vergleicht Abb. 1 und 2.

D 3 Überlegt, welche Vor- und Nachteile für die Schüler der Bau einer Mittelpunktschule hat. Bedenkt dabei das Unterrichtsangebot, das Fahrproblem, die Schulabschlußmöglichkeiten und die Ausstattung der Schule mit Lehrmitteln und Fachräumen. Diskutiert auch, ob sich ein Schüler in einer kleinen oder in einer größeren Schule wohler fühlt.

4 Informiert Euch darüber, wie sich Euer Schulwesen am Ort verändert hat. Ladet dazu evtl. den Schulleiter oder Lehrer, die bereits länger an Eurer Schule sind, ein und befragt sie.
Fragt Eltern und Großeltern, wie ihre Schule ausgesehen hat. Informiert Euch so über das Schulgebäude, die Lehrer, den Unterricht. Vielleicht haben sie auch noch Bilder aus ihrer Schulzeit, die Ihr in der Klasse besprechen könnt.

Schule ändert sich – Beispiel Streit um die Gesamtschule

In der Bundesrepublik Deutschland gibt es 285 Gesamtschulen, die im Schuljahr 1977 von 314 078 Schülern in den Klassen 5–10 besucht wurden. Das waren rund sechs Prozent aller Schüler.
In einer integrierten Gesamtschule (IGS) gibt es keine Hauptschule, keine Realschule und kein Gymnasium. Alle drei Schulformen sind in dieser Schule „integriert", d. h., es gibt auch keine Gymnasial-, Realschul- oder Hauptschulklassen. Bei einer kooperativen Gesamtschule (KGS) sind drei Schulformen in einem Gebäude zusammengefaßt. Nach Abschluß der 4. Klasse in der Grundschule kommen die Schüler in der IGS in die Eingangs- und Beobachtungsstufe. Damit entfällt die Zuweisung zu einer der drei Schulformen.
Die Schüler haben Kernunterricht, Kursunterricht und Arbeitsgemeinschaften. Der Kernunterricht ist der Unterricht im Klassenverband und für alle Schüler verpflichtend. Im Kursunterricht werden Leistungsgruppen gebildet, in die jeder Schüler entsprechend seinen Schulleistungen je Fach zugewiesen wird. Arbeitsgemeinschaften können nach Interesse und Neigung frei gewählt werden. Das System der Gesamtschule ist auf Durchlässigkeit hin angelegt. Das bedeutet, daß ein Schüler, der seine Leistung in einem Fachleistungskurs erheblich steigern kann, in einen Kurs wechseln darf, der höhere Anforderungen stellt. Das gleiche gilt auch umgekehrt. Wird ein Schüler in einem Kurs überfordert, so muß er in einem Kurs mit niedrigerem Leistungsniveau weiterlernen. Alle Schüler sollen in der Gesamtschule bis zur 10. Klasse die Schule besuchen. Am Ende des 10. Schuljahres erhalten sie einen Abschluß, der ihren schulischen Leistungen entspricht. Bei guten und sehr guten Leistungen haben die Schüler an der Gesamtschule die Möglichkeit, nach weiteren drei Jahren Schulzeit mit dem Abitur abzuschließen.
Bei Politikern, Lehrern und Eltern ist gegenwärtig umstritten, ob man integrierte Gesamtschulen einführen solle oder kooperative oder die alten Schulformen (Hauptschule, Realschule, Gymnasium) beibehalten solle. Auch Schüler, die von einer herkömmlichen Schule auf eine Gesamtschule kamen oder von einer Gesamtschule zu einer herkömmlichen Schulform, haben unterschiedliche Erfahrungen und Meinungen zu den jeweiligen Vor- und Nachteilen.
Die Befürworter von Gesamtschulen berufen sich besonders auf größere Chancengerechtigkeit zwischen den Schülern: Nicht mehr vor allem die Vorstellungen der Eltern sind bei geeigneten Leistungen ausschlaggebend, ob ihre Kinder auf Realschule oder Gymnasium können, sondern vor allem die Leistungen entscheiden über Kurszugehörigkeiten, die entsprechende Schulabschlüsse ermöglichen. Man kann auch einfacher Kurse wechseln als Schulen. So haben „Spätentwickler" bessere Chancen.
Die Gegner von Gesamtschulen führen an, daß die Kinder ab der 5. Klasse keinen festen Klassenverband mehr haben, in dem sie heimisch werden und sich im überschaubaren Rahmen zurechtfinden können. Nur zum Kernunterricht trifft sich noch die ganze Klasse. Außerdem müssen Gesamtschulen mehrere Parallelklassen haben, um das Kurssystem durchführen zu können. Deshalb sind Schulen mit vielen Schülern nötig. Die Schulgröße kann Schüler auf der einen Seite verängstigen, auf der anderen Seite können Störenfriede leichter in der Masse untertauchen.

D 1 Sammelt und besprecht Zeitungsmeldungen zum Für und Wider der Gesamtschule.
Ihr könnt die Zeitungsausschnitte ordnen nach:
– Befürworter,
– Gegner,
– Unentschiedene in Fragen Gesamtschule.
Es ist auch möglich, die Zeitungsmeldungen mit dem Text auf dieser Schulbuchseite zu vergleichen und festzustellen, welche Zeitungstexte Aussagen des Schulbuchs bestätigen oder dem Schulbuch widersprechen. Es werden sicher auch Zeitungsausschnitte dabei sein, die noch ganz andere Behauptungen oder Beweise für und wider die Gesamtschule enthalten als dieses Buch.

Aktuelle Ereignisse im Unterricht: Beispiel Terroranschläge

Abb. 1

Am 5. 9. 1977 verbreiteten die Massenmedien dieses Bild in alle Welt: Der Wagen des Arbeitgeberpräsidenten Hanns Martin Schleyer war von Terroristen überfallen, seine Sicherheitsbegleiter und sein Fahrer waren erschossen, er selbst war entführt worden.

Am nächsten Morgen ergab dieses Ereignis das Gesprächsthema der Schüler der Realschule 10 b. Ihren Klassenlehrer bestürmten sie mit der Bitte, über die Vorfälle im Unterricht zu „sprechen". Dieser schlug ihnen vor, nicht nur kurz darüber zu „sprechen", sondern sich mit dem Terrorismus gründlicher und umfassender auseinanderzusetzen. Der Unterricht sollte dabei hauptsächlich durch die Schüler gestaltet werden. Nach einem kurzen Unterrichtsgespräch über die Ereignisse des vergangenen Tages trug er ihnen auf, zum nächsten Tag sie interessierende Fragen zum Thema aufzuschreiben.

Wir erarbeiten ein aktuelles Ereignis im Unterricht – Beispiel: Thema „Terrorismus" nach der Entführung von Hanns Martin Schleyer

Sicher habt Ihr schon öfter den Wunsch gehabt, aktuelle Ereignisse in den Unterricht einzubeziehen. Im Folgenden sollen an einem Beispiel Möglichkeiten dazu aufgezeigt werden. Der Weg der Klasse 10 b ist dabei nur einer von verschiedenen möglichen. Wie Ihr Euren Unterricht gestaltet, hängt vom Euch interessierenden Thema und den schulischen Gegebenheiten ab.

Ergebnis der vorbereitenden Hausaufgabe

Als Ergebnis der Hausaufgabe schrieben die Schüler an die Tafel:
– Warum gibt es keine Todesstrafe für Terroristen?
– Wie und wo werden die Terroristen ausgebildet?
– Warum töten die Terroristen und machen Entführungen?
– Wo bekommen die Terroristen die Waffen und das Geld her?
– Warum geben manche Länder den Terroristen Schutz? Welche Länder sind das?
– Warum ist die Polizei nicht schlagkräftiger gegen die Terroristen?
– Warum dauern die Prozesse so lange?
– Was sind die Terroristen für Leute? Welche Bildung haben sie?
– Welche Motive haben die Terroristen?
– Warum bilden die Terroristen keine Partei?
– Gibt es Terrorismus auch in anderen Ländern?
– Seit wann gibt es bei uns Terroristengruppen? Welche Verbrechen haben sie bei uns bis jetzt verübt?

Organisation der Arbeit

In der 10 b wurde jetzt darüber diskutiert, wie die weitere Arbeit organisiert werden sollte. Um möglichst alle Schüler an der Arbeit zu beteiligen, wurde entschieden, *Arbeitsgruppen* zu bilden. Darüber, wie die Arbeit auf die Gruppen verteilt werden sollte, gingen die Meinungen auseinander:
– Alle Arbeitsgruppen bearbeiten das Gesamtthema.
– Die einzelnen Themen werden auf die Gruppen verteilt.
Die Schüler der 10 b entschieden sich schließlich, verschiedenen Gruppen verschiedene Themen zuzuordnen. Dazu wurden die Einzelthemen der Hausaufgabe zu Themenbereichen zusammengefaßt:
1. Gruppe
„Unser Staat und die Terroristen"
2. Gruppe
„Die Geschichte des Terrorismus in der Bundesrepublik Deutschland"
3. Gruppe
„Terrorismus in anderen Ländern"
4. Gruppe
„Der aktuelle Stand im Entführungsfall Schleyer"
Die Arbeitsgruppen setzten sich zusammen und planten den Fortgang der Arbeit. Drei Probleme standen dabei im Mittelpunkt:
– Wie beschaffen wir uns Informationen?
– Wie teilen wir die Arbeit in der Gruppe auf?
– Wie vermitteln wir unsere Arbeitsergebnisse den Mitschülern?
Damit standen die Schüler der 10 b vor Problemen, die bei jeder Gruppenarbeit auftauchen!

Beschaffung von Informationen

Die wichtigsten *Informationsquellen* bei aktuellen Ereignissen stellen die

Massenmedien dar. So strahlten die Fernsehanstalten im Entführungsfall Schleyer z. B. folgende aktuelle Sondersendungen aus:
7. 9. / 5. 10. aktuelle Dokumentationen in der Reihe „Im Brennpunkt"
18. 10. Sondersendung zur Geiselbefreiung in Mogadischu
18. 10. „Spirale des Terrors" (zeitgeschichtliche Dokumentation)
25. 10. „Terrorismus" (Dokumentation – Diskussion) in der Reihe „Im Blickpunkt"
27. 10. „Die Schuld am Terrorismus" (Diskussion) in der Reihe „Streitfall".
Außerdem brachten die Magazine „Report", „Panorama" und „ZDF-Magazin" jeweils aktuelle Beiträge zum Entführungsfall und seinen politischen Auswirkungen.
Da in der Schule der 10 b ein Fernsehaufzeichnungsgerät vorhanden ist, konnten Fernsehsendungen für den Unterricht aufgenommen werden. Wichtige weitere Informationen waren aus der Tagespresse, aus Illustrierten und Wochenzeitungen zu gewinnen.

Aufteilung der Arbeit in den Gruppen

Bei der Verteilung der Arbeit in den Gruppen sollten die besonderen Fähigkeiten, Fertigkeiten und Interessen der Mitschüler berücksichtigt werden. Wer kann z. B.:
– graphische Darstellungen anfertigen?
– mit technischen Hilfsmitteln umgehen?
– Sachverhalte gut sprachlich darstellen?
– die Arbeitsergebnisse vor der Klasse vortragen?

Vermittlung der Arbeitsergebnisse an die Klasse

Schon bei Beginn der Gruppenarbeit war zu überlegen, wie den anderen Gruppen die Arbeitsergebnisse vermittelt werden könnten.
In den Gruppen der 10 b wurden – neben Kurzreferaten und der Vorführung von Fernsehausschnitten – folgende Darstellungsformen gewählt:
Pro- und Contra-Diskussion eines ausgewählten Themas („Todesstrafe") aus dem Themenbereich vor der Klasse (Gruppe 1)
Anfertigung einer illustrierten Zeitleiste (Gruppe 2)
Tabellarische Zusammenstellung des internationalen Terrorismus (Gruppe 3)
Einrichtung einer aktuellen Wand (Gruppe 4)

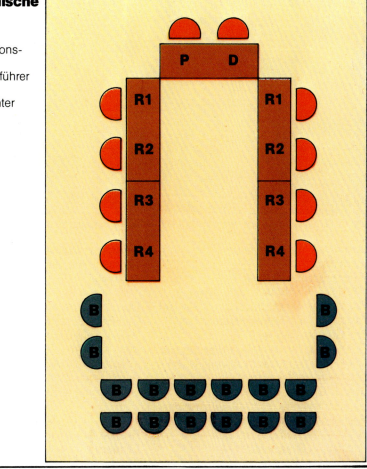

Abb. 2

Gruppe 1: Unser Staat und die Terroristen

Die Gruppe 1, die das Gesamtthema „Unser Staat und die Terroristen" bearbeitete, schlug vor, das in vielen Familien und unter Schülern heiß diskutierte Thema „Einführung der Todesstrafe für die Terroristen" zu einem gemeinsamen Klassengespräch zu machen. Schon in den Pausengesprächen hatten sich in der Klasse zwei Gruppen für und gegen die Todesstrafe herausgeschält. In einer Diskussion vor dem Klassenverband wollten die Schüler die einzelnen Argumente noch einmal durchsprechen. Es wurde die in Abb. 2 dargestellte Diskussionsform gewählt.

Vorbereitung:
– Es wurden zwei gleichstarke Streitgruppen gebildet, die zum Streitthema unterschiedliche Positionen vertraten.
– Weiterhin bestimmte die Gruppe einen *Diskussionsleiter* und einen *Protokollanten*. Der Diskussionsleiter achtete auf die Einhaltung der Regeln, führte eine Rednerliste und begrenzte gegebenenfalls die Redezeit. Der Protokollant notierte die von den Streitgruppen gebrachten Argumente für die spätere Auswertung.
Alle übrigen Schüler beobachteten und bewerteten den Diskussionsverlauf und die Streitgruppen.

Die beiden Streitgruppen bereiteten sich nun getrennt auf die Diskussion vor. Sie stellten Argumente für ihren Standpunkt zusammen, ordneten sie und verteilten sie auf die einzelnen Redner. Die Redner sammelten Material und Beispiele für ihr Argument und fertigten für ihre Rede einen Stichwortzettel an. Die Gruppe überlegte dabei schon, welche Gegenargumente der Konkurrenz entkräftet werden müßten. Jeder hielt eine Kurzrede und wurde dabei von den Gruppenmitgliedern beobachtet und korrigiert. Die Gruppe verständigte sich noch auf eine Reihenfolge der Redner.

Durchführung:
Die Klasse nahm in der in Abb. 2 vorgegebenen Weise Platz.
Der Diskussionsleiter eröffnete die Diskussionsrunde und loste aus, welche Gruppe die Diskussion eröffnen sollte. Der Redner 1 dieser Gruppe begann mit seiner Kurzrede. Darauf folgte der Redner 1 der Gegengruppe. Als nächstes setzte der Redner 2 die Argumente der ersten Gruppe fort usw.
Hier ein Überblick, wie die Argumente der Streitgruppen in der ersten Runde aufgeteilt waren:
„Sollte für terroristische Verbrechen die Todesstrafe wieder eingeführt werden?"
Pro-Gruppe, Redner 1:
„Die Einführung der Todesstrafe wird die

Abb. 3: Aktuelle Wand, von den Schülern der Gruppe 4 gestaltet

Terroristen von weiteren Taten abschrecken."
Contra-Gruppe, Redner 1:
„Mit der Einführung der Todesstrafe kämpft der Staat mit den Mitteln der Terroristen, und das wollen die ja nur."
Pro-Gruppe, Redner 2:
„Wenn die Terroristen getötet werden, können sie nicht mehr von ihren Komplizen freigepreßt werden."
Contra-Gruppe, Redner 2:
„Die Todesstrafe ist 1949 per Grundgesetz abgeschafft worden, weil sie trotz allem unmenschlich ist. Das wäre ein Rückfall im Strafrecht."
Pro-Gruppe, Redner 3:
„Durch Vernichtung der Terroristen werden die vielen unschuldigen Opfer gerächt."
Contra-Gruppe, Redner 3:
„Wenn es eine Todesstrafe gibt, werden die Komplizen dann schon versuchen, ihre gefaßten Freunde zu befreien, bevor sie verurteilt sind."
Pro-Gruppe, Redner 4:
„Durch die Todesstrafe erscheint der Staat mächtiger und nicht so hilflos. Das macht der Bevölkerung mehr Mut."
Contra-Gruppe, Redner 4:
„Die Terroristen bleiben von der Todesstrafe unbeeindruckt, weil sie bei ihren Aktionen auch den Tod in Kauf nehmen."

Danach schloß sich eine freie Runde an, wobei in beliebiger Reihenfolge diskutiert wurde. Der Diskussionsleiter achtete darauf, daß das Rederecht zwischen den beiden Streitgruppen stets wechselte und die Reihenfolge der Meldungen eingehalten wurde. Die Redezeit betrug höchstens eine Minute je Redner.
Zum Schluß der Debatte faßte der Protokollführer alle gebrachten Argumente und Gegenargumente in einem Bericht zusammen, und die beobachtende Klasse nahm zum Diskussionsergebnis Stellung.

Gruppe 2: Die Geschichte des Terrorismus in der Bundesrepublik Deutschland

Diese Gruppe erstellte eine illustrierte Zeitleiste zu den der Schleyer-Entführung vorangegangenen Terroranschlägen (vgl. Abb. 4). Sie ergänzte und erläuterte die Aussagen der Zeitleiste durch Kurzreferate und die Vorführung von Fernsehausschnitten.

Gruppe 3: Terrorismus in anderen Ländern

Gruppe 3, die sich mit dem internationalen Terrorismus beschäftigen wollte, überlegte, wie sie die vielfältigen Erscheinungen des internationalen Terroristengeschehens übersichtlich und vergleichbar der Klasse zusammenfassen könnte. Sie entschied sich für eine tabellarische Aufarbeitung (vgl. Abb. 5). Diese wurde durch Kurzreferate den anderen Gruppen erläutert.

Gruppe 4: Der aktuelle Stand im Entführungsfall Schleyer

Die Schüler der Gruppe 4 organisierten ihre Arbeit folgendermaßen:
– Zwei Untergruppen werteten je die Berichterstattung einer überregionalen Zeitung und einer Boulevardzeitung aus. Dazu stand jeweils an der aktuellen Wand eine Spalte zur Verfügung, in der die Untergruppe die Berichterstattung ihrer Zeitung aushängen konnte (vgl. Abb. 3).
– Eine Untergruppe sammelte Bildmaterial aus Illustrierten.
– Eine Untergruppe faßte den Fortgang der Ereignisse in Kurzreferaten zusammen.
Die Arbeitsergebnisse dieser Gruppe wurden zur zusätzlichen Informationsquelle für die anderen Gruppen. Dabei mußte Gruppe 4 aber stets darauf achten, daß sie mit ihrer Berichterstattung nicht Themen der anderen Gruppen abdeckte. Hierzu bedurfte es der Absprache der Gruppen untereinander.

Neue Ereignisse – neue Arbeitsorganisation

Als die Arbeit der Gruppen fast abgeschlossen war, erfuhren die Ereignisse in der Zeit vom 13.–19. 10. 1977 eine dramatische Steigerung:
13. 10. Entführung einer Lufthansamaschine durch arabische Terroristen.
18. 10. Befreiung der Geiseln in Mogadischu/Somalia durch eine deutsche Spezialeinheit
18. 10. Selbstmord führender Terroristen in Stuttgart-Stammheim
19. 10. Ermordung Schleyers
Durch die neue Situation wurde die bisherige Gruppenarbeit in der Klasse geändert. Lediglich die Gruppe 4 setzte ihre Arbeit weiter wie bisher fort (vgl. die „aktuelle Wand" – Abb. 3 – dieser Gruppe).
Zunächst einmal wollten die Schüler die neuen aktuellen Ereignisse im gesamten Klassenverband diskutieren. Das war jetzt ergiebiger, weil die einzelnen Gruppen sich intensiv mit der Terrorismusproblematik beschäftigt hatten. Jede Gruppe hatte über ihre Arbeit berichtet und mit der Klasse jeweils diskutiert. So konnten die Schüler die neuen schwierigen Situationen besser verstehen und beurteilen. War die Entführung von Personen zur Erpressung des Staates Mittelpunkt des Unterrichtsgesprächs gewesen, so trat jetzt die Geiselnahme als terroristisches Mittel in den Vordergrund. Aus der Diskussion in der Klasse erhielten die einzelnen Arbeitsgruppen neue Aufträge. Die Schüler wollten mehr wissen über:
– Flugzeugentführungen mit Geiselnahmen
– die Sondereinheit GSG 9
– das Land Somalia
– den großen Krisenstab in Bonn und seine Aufgaben
– die Selbstmorde der Terroristen in Stuttgart-Stammheim.
Diese neuen Themenbereiche wurden unter den Gruppen 1 bis 3 aufgeteilt. Ständige Hausaufgabe für sämtliche Klassenmitglieder:
Sammelt alle Informationen über die aktuellen Ereignisse für den Unterricht und stellt sie den Gruppen zur Auswertung zur Verfügung!
Die Gruppe 4, die die aktuellen laufenden Ereignisse für den Unterricht zusammenstellte, bildete wieder Untergruppen. Einige Schüler konzentrierten ihre Untersuchung auf die Flugzeugentführung und die Befreiung der Geiseln, die anderen beschäftigten sich weiter mit dem aktuellen Stand der Schleyer-Entführung und der polizeilichen Fahndungsmaßnahmen.

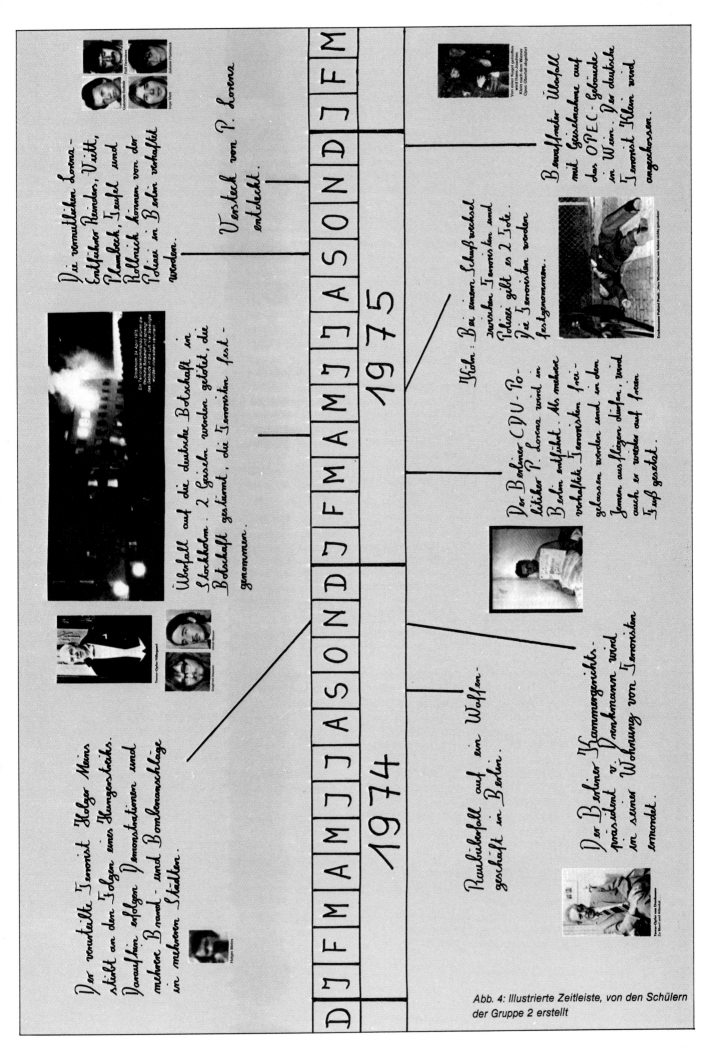

Abb. 4: Illustrierte Zeitleiste, von den Schülern der Gruppe 2 erstellt

Terrorismus – für viele Länder ein Problem

Land	Terrororganisationen	Absichten und Ziele der Terroristen	terroristische Aktionen
Israel	palästinensische Terrororganisationen, wie z. B. – schwarzer September – PLO – El Fatah	Die Terroristen wollen erreichen, daß Israel vernichtet wird, weil das israelische Staatsgebiet den Palästinensern gehören soll. Die Palästinenser wollen einen eigenen Staat.	Die palästinensischen Terroristen planen vor allem Geiselnahmen zur Erpressung und Sprengstoffanschläge.
Nordirland	IRA (Irisch-Republikanische Armee)	In Nordirland waren die Katholiken immer in der Minderheit und eine benachteiligte Gruppe. Die IRA will das ändern. Nordirland soll von Großbritannien unabhängig werden.	Die IRA unternimmt Brand- und Sprengstoffanschläge auf Gaststätten und öffentliche Gebäude und schießt auf britische Soldaten aus dem Hinterhalt.
Niederlande	molukkische Terroristen	Die Molukken waren früher eine holländische Kolonie in der Südsee. Viele Molukker leben heute in Holland. Die Molukken gehören jetzt zum Staat Indonesien. Mit Terroraktionen wollen die Molukker erreichen, daß sich die holländische Regierung dafür einsetzt, daß die Molukken unabhängig von Indonesien werden.	Die Molukker haben mehrmals Züge gekapert und die Mitfahrenden als Geiseln genommen. Der letzte Zug wurde von holländischen Soldaten gestürmt.
Japan	Rote Armee	Die Terroristen wollen eine Revolution. Das kapitalistische Wirtschaftssystem in dem Industriestaat soll vernichtet werden.	Sprengstoffanschläge und Flugzeugentführungen sind die „Kampfmittel" der japanischen Terroristen.
Spanien	ETA	Das Baskenland gehört zum größten Teil zu Spanien. Die Basken haben aber eine eigene Sprache und eine eigene Kultur. Die Terrororganisation ETA versteht sich als Befreiungsbewegung. Sie will die Unabhängigkeit von Spanien erreichen.	Spanische Polizisten und politische Gegner werden erschossen und Sprengstoffanschläge werden verübt.
Bundesrepublik Deutschland	RAF (Rote Armee Fraktion) Bewegung 2. Juni	Die deutschen Terroristen haben die gleichen Ziele wie die japanischen Terroristen.	Die RAF ist für Entführungen von Personen, Banküberfälle, Sprengstoffanschläge und Brandanschläge verantwortlich.
Italien	Rote Brigaden Neo-Faschisten	Der italienische Staat und die demokratischen Parteien werden von zwei verschiedenen Seiten bekämpft. Die „Roten Brigaden" wollen eine kommunistische Revolution. Die Neo-Faschisten wollen wieder einen starken Führer und einen starken Staat. Beide Terrororganisationen bekämpfen sich auch untereinander.	In Italien werden häufig politische Gegner durch Attentäter angeschossen und auch erschossen. Weiter unternehmen die Terrorgruppen blutige Sprengstoffanschläge.

Abb. 5: Tabelle zum internationalen Terrorismus, von den Schülern der Gruppe 3 erarbeitet

Um die Arbeit nicht zu lange auszudehnen, einigte man sich im Klassenverband, daß alle Gruppen lediglich Kurzreferate erstellen sollten. Diese Kurzreferate stellten die Gruppen jedem Schüler kopiert für die Mappe zur Verfügung.

1 Mit den letzten Kurzreferaten war die Erarbeitung des aktuellen gesellschaftlichen Problems „Terrorismus" im wesentlichen abgeschlossen. Die 10 b hatte für ihre Beschäftigung mit der Sache als Arbeitsform die Gruppenarbeit gewählt. Wie alle Arbeitsformen des Unterrichts hat sie Vorteile und Nachteile. Ein Vorteil der Gruppenarbeit ist z. B. die Selbständigkeit, mit der die Gruppen ihre Sachverhalte erarbeiten.
Stellt weitere Vorteile der Gruppenarbeit zusammen.

D 2 Manche Lehrer scheuen die Gruppenarbeit mit ihrer Klasse, weil der Unterrichtsablauf unruhiger und unberechenbarer wird. Auch sollen die Arbeitsergebnisse im Verhältnis zur Zeit oft geringer sein, als im „normalen" Unterricht.
Diskutiert darüber.

3 Überlegt, welche Rolle der Lehrer bei der Gruppenarbeit spielt.

D 4 Es gibt bei der Zusammenstellung der Arbeitsgruppen zwei Möglichkeiten:
– die Schüler suchen sich ihre Gruppe selbst aus;
– der Lehrer stellt die Gruppe zusammen.
Überlegt die Vor- und Nachteile beider Verfahren.

Freizeit

Schüler geben Auskunft über ihre Freizeit

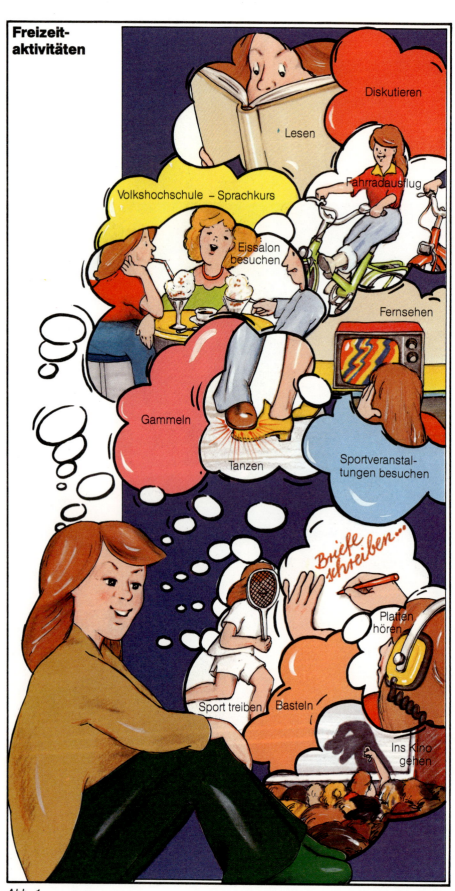

Freizeitaktivitäten

Abb. 1

Abb. 1 zeigt, daß man viele Unternehmungen in der Freizeit durchführen kann. Man muß aber nicht unbedingt aktiv sein. Man kann auch faul sein. Hauptsache ist, es bringt Spaß!

Wenn Ihr über Abb. 1 diskutiert habt, wurde sicher besprochen, daß sie anhand von Beispielen zeigt, was andere Kinder und Jugendliche in ihrer Freizeit machen. Ihr seht, man kann Musik hören, seine Freunde an der nächsten Ecke treffen, mit ihnen reden oder nur „rumstehen". Man kann etwas herstellen, basteln, spielen, tanzen, über Probleme diskutieren und vieles mehr.

Was macht Ihr in Eurer Freizeit?

Um diese Frage nicht nur für Eure Klasse, sondern Eure ganze Schule zu beantworten, könnt Ihr eine Umfrage bei den Mitschülern veranstalten.

Bevor wir damit anfangen, müssen wir allerdings klären, was als Freizeit gelten soll. Freizeit ist die „freie Zeit", also die Zeit, in der man machen kann, was man will. Alle Tätigkeiten in der Freizeit sind freiwillig. Hausaufgaben und auch Arbeiten im Haushalt gehören nicht zur Freizeit, wenn sie erzwungen sind. Wer von Euch allerdings freiwillig zusätzliche Hausaufgaben macht, vielleicht, weil er gern zeichnet, der macht das als Freizeittätigkeit.

Der Ergebnisbogen (Abb. 2) soll Euch bei der Durchführung der Umfrage helfen. Ihr könnt daraus ersehen, was Ihr fragen müßt, und Ihr könnt nach der Umfrage Eure Ergebnisse dort übersichtlich ordnen.

Anleitung zur Durchführung der Schülerumfrage:

1 Um den Ergebnisbogen ausfüllen zu können, müßt Ihr einen entsprechenden Fragebogen entwerfen. Überlegt Euch diese Fragen und erstellt einen entsprechenden Fragebogen!

2 Führt mit diesem Fragebogen unter Euern Mitschülern eine Umfrage durch und befragt 100 Schüler über ihre Freizeit!

3 Wertet die ausgefüllten Fragebogen aus und tragt die Ergebnisse in den Ergebnisbogen ein.

4 Zählt zusammen, wieviel Stunden Freizeit Jungen und Mädchen in der

Woche durchschnittlich haben. Zeichnet ein Diagramm, das darüber Auskunft gibt, wie die Befragten ihre Freizeit verbringen!

5 Überprüft, ob die Freizeitangebote am Ort von den Jugendlichen genutzt werden und sprecht über die Gründe, warum Jugendliche nicht Mitglied in einem Verein werden wollen.

6 Überlegt, ob es an Euerem Ort zuwenig Freizeitmöglichkeiten gibt und diskutiert gegebenenfalls, was man dagegen unternehmen kann.

7 Unterscheidet die Ergebnisse evtl. nach Jungen/Mädchen und nach Altersgruppen.

8 Faßt Eure Umfrage- und Diskussionsergebnisse in einem Bericht zusammen und veröffentlicht sie an der Schülerstecktafel Eurer Schule!

Was machen Jugendliche in ihrer Freizeit?
Ergebnisse der Schülerumfrage

Befragte: Jungen___; Mädchen___; gesamt___; Durchschnittsalter:___Jahre

1. Tägliche Freizeit
   Jungen___Stunden; Mädchen___Stunden;___gesamt___Stunden

2. Beschäftigungen in der Freizeit

Tätigkeiten in der Freizeit	Stunden in der Woche	
	Jungen	Mädchen
Freund/Freundin besuchen		
Sport treiben		
Fernsehen		
Lesen (Bücher, Comics, Illustrierte)		
Radio hören		
Hobbyarbeiten machen		
in die Diskothek gehen		
sonstiges:		

3. Mitglied eines Vereins oder eines Jugendclubs sind:
   Jungen:_____ Mädchen:_____ gesamt:_____
   Schüler, die keine Mitglieder eines Vereins sind:
   Jungen:_____ Mädchen:_____ gesamt:_____
   Gründe, die am häufigsten für eine Nichtmitgliedschaft von diesen Schülern genannt werden:
   1._____ 3._____
   2._____ 4._____

4. Sind die Befragten mit dem Freizeitangebot an ihrem Wohnort zufrieden?

	Jungen	Mädchen	gesamt
zufrieden			
nicht zufrieden			

   Freizeiteinrichtungen und -veranstaltungen, die oft von den Jugendlichen besucht werden:
   1._____ 3._____
   2._____ 4._____
   Was sich die Schüler für die Freizeitgestaltung noch wünschen:
   1._____ 3._____
   2._____ 4._____

Abb. 2

Jugendfreizeitstätte

Es gibt für Kinder und Jugendliche Häuser, in denen sie ihre Freizeit verbringen können. Da gibt es z. B. Spielplatzheime, Häuser der Jugend, kirchliche Gemeindezentren, Jugendhäuser, Jugendclubs, Sportvereine und vieles mehr. Kennt Ihr eine Jugendfreizeitstätte? Gibt es in Eurer Gegend eine solche Einrichtung?

Jugendfreizeitstätten

Im gesamten Bundesgebiet gibt es *Jugendfreizeitstätten*. Allerdings sind sie unterschiedlich verteilt und ausgestattet. Es gibt große Freizeitstätten, die viele Möglichkeiten der Freizeitgestaltung anbieten. Solche Häuser verfügen über viele technische Geräte und Einrichtungen. Oft arbeiten dort Sozialpädagogen und Erzieher, die mit den Kindern und Jugendlichen zusammen etwas unternehmen und für die Freizeitgestaltung Anregungen und Tips geben. Wenn Kinder und Jugendliche mit Lehrern, Eltern und Freunden Schwierigkeiten oder persönliche Probleme haben, können sie mit den Sozialpädagogen und Erziehern darüber reden. Sie überlegen dann mit den Kindern und Jugendlichen zusammen, wie man diese Probleme und Schwierigkeiten lösen kann.

Es gibt auch kleine Jugendfreizeitstätten, die nicht diese Vielfalt an Angeboten umfassen können. Man kann sagen, daß große Heime in Städten zu finden sind. In ländlichen Gebieten trifft man häufig nur kleinere Einrichtungen an.

Besucher

Kinder und Jugendliche sind gern unter Gleichaltrigen. Dieser Kontakt ist für sie sehr wichtig. Sie möchten gern mit ihren Freunden und Bekannten gemeinsam etwas erleben. Sie suchen die Unterhaltung, die Entspannung und das Gespräch mit Altersgleichen. Daher sind für Besucher von Jugendfreizeitstätten Geselligkeit, Sport und Spiel, Unterhaltung und der Konsum von Massenmedien am wichtigsten. Aber auch Rat und Hilfe sind gefragt (vgl. Tab. 1 und Abb. 1).

Ziele

Was könnten nun die Ziele solcher Jugendfreizeiteinrichtungen sein? Auswahlweise lassen sich einige nennen:
Kinder und Jugendliche sollen die Möglichkeit haben, andere Kinder und Jugendliche kennenzulernen, mit ihnen zu reden und gemeinsam etwas zu unternehmen. Sie sollen voneinander lernen, Rücksicht zu nehmen und versuchen, Streitigkeiten und Probleme gemeinsam zu lösen. Kinder und Jugendliche sollen ihren Interessen und Bedürfnissen nachkommen und in der Entwicklung von Interessen eine fachkundige Unterstützung bekommen. Sie sollen sich aktiv an der Gestaltung des Heimes beteiligen und demokratische Formen des mitmenschlichen Umgangs lernen.
Es lassen sich noch mehr Ziele aufstellen. Vielleicht fallen Euch weitere Ziele ein!

Unterschiede und Angebote

Jugendfreizeitstätten sind unterschiedlich gestaltet. Man kann Unterschiede hinsichtlich der baulichen Gegebenheiten, des Angebots an Freizeitgestaltungsmöglichkeiten und der Ausstattung mit Geräten, Möbeln, Spielen usw. feststellen. Die Bauweise, die Raumaufteilung, das Angebot an Aktivitäten, die Ausgestaltung der Räume, das Angebot an Spielen und Geräten bilden den Rahmen für die Gestaltungsmöglichkeiten in einem solchen Freizeitheim.

Kinder und Jugendliche haben viele Interessen, denen sie gern in ihrer Freizeit nachkommen wollen. Diese Interessen ändern sich schnell und häufig. Oft ist es so, daß eine Jugendfreizeitstätte den unterschiedlichen Bedürfnissen nicht ausreichend nachkommen kann, da die Ausstattung sehr festgelegt ist. Die jeweilige Ausstattung spricht einige Kinder und Jugendliche besonders an, andere können mit dem Angebot nichts anfangen, weil es ihre Interessen nicht trifft.

Es gibt Freizeitheime, die der Interessengruppenarbeit den Vorzug einräumen und nicht so sehr das Bedürfnis von Kindern und Jugendlichen berücksichtigen zu „gammeln", in gemütlicher Atmosphäre miteinander zu reden, zu spielen oder einfach nur „rumzusitzen". Das Bedürfnis des Kindes und Jugendlichen, nichts zu machen oder mit anderen zusammenzusein, ohne etwas zu unternehmen, ist genauso ernst und wichtig zu nehmen, wie das Bedürfnis, in einer Interessengruppe unter fachkundiger Beratung und Anleitung einer bestimmten Tätigkeit

Abb. 1

nachzugehen, wie z. B. zu basteln, Fotos zu entwickeln, Hörspiele zu machen und vieles mehr.
Verallgemeinernd kann man die Angebote, die in einer Jugendfreizeitstätte gemacht werden, in verschiedene Gruppen einteilen:
- Das unverbindliche gesellige Angebot (z. B. Unterhaltung, Entspannung, Spiele, Musik, Fernsehen)
- Gemeinschaftsveranstaltungen (Tanz, Parties, Feste, Beat-Veranstaltungen)
- Sport (Tischfußball, Billard, Tischtennis)
- Interessengruppen und Bildungsangebote (offene Werk- und Bastelgruppen, Film, Foto, politische Bildung).

Jugendinitiativen – Selbstverwaltung – Mitbestimmung

In Gemeinden, kleinen Städten, Dörfern, die kein solches Freizeitangebot für Kinder und Jugendliche aufweisen, kommt es häufig zu *Jugendinitiativen,* die sich die Gründung eines Jugendzentrums zum Ziel gesetzt haben. So ergriffen in Buschhoven zwei fünfzehnjährige Mädchen die Initiative, eine alte leerstehende Schule zu einem Jugendzentrum zu machen.
In solchen Jugendzentren wollen die Jugendlichen eine Freizeitgestaltung ohne Kontrollen, Bevormundungen und Zwang. Sie stehen Jugendverbänden, Sportvereinen skeptisch gegenüber (vgl. Abb. 2).
Diese *Jugendzentrumsbewegung* erreicht manchenorts, daß Jugendzentren, Jugendhäuser u. ä. in Eigeninitiative eingerichtet und in Betrieb genommen werden. Die Jugendlichen versuchen, eine *Selbstverwaltung* dieser Häuser zu erreichen. Über eine breite Öffentlichkeitsarbeit, parteipolitische Maßnahmen, Gespräche mit Stadtvertretern und Behörden setzen einige Jugendinitiativen durch, daß Staat, Kirche und Verbände Jugendzentren unterstützen. Die Selbstverwaltung solcher Jugendhäuser wirft große Probleme auf, da verschiedene Organe (z. B. Behörden, Parteien, Kirche, Stadtparlament u. ä.) den Jugendlichen solche Tätigkeiten nicht zutrauen. Die Jugendlichen haben Schwierigkeiten in der Selbstverwaltung, da sie es nicht gelernt haben, den auftretenden Problemen angemessen zu begegnen. Man sollte den Jugendlichen in ihren Bemühungen helfend und beratend zur Seite stehen, damit sie fähig werden, in Zusammenarbeit mit den Behörden, Parteien, Verbänden, Vereinen und der Öffentlichkeit eine Selbstverwaltung ihres Jugendhauses durchzusetzen. Solche Hilfe und Beratung kann u. a. von Erziehern und Sozialpädagogen angeboten werden.

Tab. 1: Was Mädchen und Jungen in ihrer Freizeit am liebsten tun (nach deutsche jugend 6/1977)

	Mädchen	Jungen	insgesamt
kickern	26	49	75
Unterhaltung	36	37	73
Billard	13	52	65
allgemeine Spiele, Kartenspiel usw.	8	41	49
Tischtennis	12	28	40
Disco-Besuch	17	14	31
gammeln	11	14	25
Musik hören	17	8	25
Diskussion	14	10	24
essen und trinken	6	12	18
fernsehen	6	6	12
sportliche Betätigung	–	9	9
Zusammensein mit Freund/in	3	4	7
schmusen	4	2	6
lesen	4	1	5
werken, basteln, malen	–	5	5
etwas organisieren	1	1	2
Musik machen	1	1	2
kochen	–	1	1
keine Angaben	7	20	27
	186	315	501

In einigen Jugendfreizeitstätten ist auch eine Mitbestimmung durch Jugendliche möglich. Viele Heime haben einen *Heimrat.* Der Heimrat entscheidet z. B. über Veranstaltungen und Freizeitangebote des Hauses und unterstützt die Erzieher und die Heimleitung in vielen Aufgaben. Jugendheimleiter muß allerdings ein Erwachsener sein, der die rechtliche Verantwortung für die Freizeitstätte trägt.

D 1 Gibt es in Eurer Gegend eine Jugendfreizeitstätte, ein Jugendhaus oder ein Jugendzentrum?
Wenn ja, könnt Ihr allein oder in kleinen Gruppen dieses Heim etwas „unter die Lupe nehmen"!
Setzt Euch in kleinen Gruppen zusammen und überlegt Euch Gesichtspunkte, nach denen Ihr dabei vorgehen wollt.
Man könnte z. B. folgende Aspekte berücksichtigen:

Wir wollen unsere Freizeit frei und nicht einseitig festgelegt verbringen:

Posaunenbläser blasen nur, Süßwasserangler angeln nur, Kaninchenzüchter züchten nur. Wir wollen mehr. Wir wollen Musik hören und machen, quatschen, malen, flippern, filmen, fotografieren, diskutieren, drucken, lesen, Tee trinken … und das alles nicht im Verein und nicht nach Stundenplan

---

Abb. 2: Text aus einem Flugblatt

Ist das Heim gut zu erreichen?
Hat das Heim ein Gelände, auf dem man spielen, gammeln, Sport treiben kann?
Ist das Heim von der Atmosphäre gemütlich?
Was kann man alles im Haus unternehmen?
Was kann man in den einzelnen Räumen machen?
Welche Interessengruppen werden angeboten?
Könnt Ihr an den Freizeitangeboten mitgestalten?
Gibt es einen Heimrat?

D 2 Ihr könnt auch die Besucher fragen, wie es ihnen im Heim gefällt, was sie gut finden und was sie besser machen würden. Entwickelt doch in Kleingruppen einen Fragebogen, nach dem Ihr vorgehen wollt!

D 3 Sollte in Eurer Gegend keine solche Freizeiteinrichtung vorhanden sein oder wenn Euch Eure Jugendstätte nicht gefällt, so überlegt doch mal, wie Ihr ein solches Heim gestalten würdet.

D 4 Vielleicht überlegt Ihr Euch auch, ob und welche Freizeitangebote in Eurer Schule möglich sind!

Freizeit, Schule und Arbeit

Abb. 1 zeigt eine Karikatur. Ihr könnt Euch in kleinen Gruppen zusammenfinden und diese Abbildung gemeinsam anschauen. Was will der Zeichner dem Betrachter mitteilen? Was meint Ihr, hat die Frau nach einem arbeitsreichen Tag noch Lust und Energie, mit Ihrem Mann ins Kino, ins Theater oder woanders hin zu gehen?

Die arme Frau! Sie ist den ganzen Tag vollauf beschäftigt und muß viele wichtige Aufgaben verrichten und unterschiedlichen Erwartungen nachkommen. Überlegt mal, ob diese Frau die vielen Verrichtungen und Aufgaben unbedingt allein bewältigen muß! Gibt es Möglichkeiten, diese Frau zu entlasten?

Freizeitchancen

Es gibt viele Menschen, die wenige Möglichkeiten haben, ihre Freizeit nach eigenen Bedürfnissen zu gestalten. Wir können diese Personen in Gruppen zusammenfassen:
– Es sind Menschen, die durch die Art ihrer Berufsausübung zeitlich und körperlich sehr belastet sind.

Abb. 1

– Es sind Menschen, die verschiedene gleich wichtige Erwartungen erfüllen müssen, wie z. B. die berufstätigen Frauen mit Kindern. Sie müssen ihren Beruf bewältigen und gleichzeitig auch für ihre Kinder sorgen: Abb. 2 zeigt, daß verhältnismäßig viele erwerbstätige Frauen Kinder haben. Die Benachteiligung besteht besonders darin, daß die zeitliche Belastung hoch ist.

– Es sind alleinstehende alte Personen und Auszubildende als eine weitere Gruppe von Menschen, die im Freizeitbereich benachteiligt sind. Diese Menschen leiden nicht vorrangig an materieller Bedürftigkeit, sondern ihnen fehlen Möglichkeiten der zwischenmenschlichen Entfaltung und des zwischenmenschlichen Austauschs.

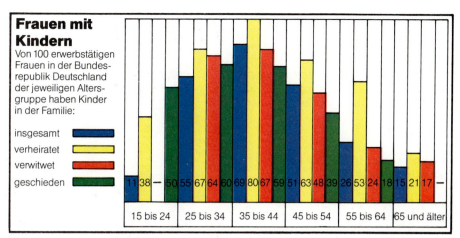

Abb. 2

Was versteht man unter Freizeit?

Was wird nun eigentlich unter dem Begriff *Freizeit* verstanden?
Im allgemeinen Sprachgebrauch bezeichnet man Freizeit als den Zeitabschnitt, der von Arbeit frei ist. Damit deuten wir an, daß Arbeit der wichtigste Bestandteil unseres Lebens ist. Das muß nicht unbedingt so sein!
Werfen wir einen kurzen Blick in die Geschichte. Wir stellen fest, daß die Freizeit zu anderen Zeiten anders begriffen und erlebt wurde.
Die Römer nannten die Arbeit „Nicht-Muße". Sie brachten damit zum Ausdruck, daß sie die Freizeit als Normalzustand des Menschen sahen und die Arbeit als die Abwesenheit von Freizeit.
Die Industrialisierung bewirkte eine Steigerung der Arbeit und veränderte das Verständnis von Freizeit.
Früher, bevor die Menschen Maschinen zur Herstellung von Gütern einsetzten, gab es ebenfalls eine von Arbeit freie Zeit. Jedoch war diese „Freizeit" durch natürliche Abläufe bestimmt. Zum Beispiel begann der „Feierabend" bei Einbruch der Dunkelheit. Aber auch gesellschaftliche und religiöse Bedingungen bestimmten die „Freizeit", wie z. B. die „Feiertage".
Der Übergang von Arbeitstag und Feierabend war im damaligen bäuerlichen oder gewerblichen Familienbetrieb fließend. Der „Feierabend" spielte sich im gleichen Hause ab, in dem tagsüber gearbeitet wurde. Man verbrachte ihn mit den gleichen Menschen, mit denen man zuvor zusammengearbeitet hatte. Jedoch war er in den seltensten Fällen wirklich frei von jeglicher Verrichtung. Während des Feierabends versah man notwendige Hausarbeiten, wie z. B. Spinnen, Nähen und Herstellen und Flicken von Geräten.
Die heutige Freizeit unterscheidet sich vom „Feierabend" der vorindustriellen Zeit. Zwar haben die Menschen unserer Gesellschaft nicht unbedingt mehr oder weniger freie Zeit zur Verfügung als damals. Aber die Verteilung der Freizeit hat sich verändert.
Heute wird die arbeitsfreie Zeit in längeren Zeitabschnitten gewährt. Denkt dabei an das „lange Wochenende", an Ferien und Urlaub. Da heutzutage längere Zeitabschnitte arbeitsfrei sind, hat der Mensch andere Möglichkeiten, seine freie Zeit zu verwenden: Sein *Freizeitverhalten* hat sich verändert.
Wir können feststellen, daß heute Arbeit und Freizeit viel zu oft als Gegensatz gesehen werden. Arbeit bedeutet nicht unbedingt immer Zwang, Freizeit nicht unbedingt immer „frei sein". Das Erlebnis des „Freiseins" bleibt nicht auf die Freizeit beschränkt. Es muß möglich sein, daß der Mensch in jeder Zeit, in jeder Lebenssituation und in allen Lebensbereichen frei ist.

Wie sieht Eure Zeiteinteilung aus?

Versucht doch mal, die gesamte Zeit, über die Ihr verfügt, zu unterteilen. Diese Unterteilung könnt Ihr nach drei Gesichtspunkten vornehmen: Nach der *abhängigen Zeit, gebundenen Zeit* und der *freien Zeit*.
Die „abhängige Zeit" umfaßt Zeitaufwendungen für Schlaf, Ernährung, Hygiene, Gesundheitspflege, für den Pflichtunterricht in der Schule und Pflichtkurse.
Die „gebundene Zeit" meint die zeitlichen Aufwendungen, die Du für die notwendigen Wege von und zur Schule, für unmittelbar mit dem Unterricht zusammenhängende Tätigkeiten (wie z. B. Pausen, Hausaufgaben, Nachhilfeunterricht, unterrichtsbezogene Film-, Theater-, Museums- und Ausstellungsbesuche), für außerschulische Schüleraktivitäten (wie z. B. Schulfeste, Schulsport, Klassenreisen usw.) benötigst. Nicht zu vergessen sind die zeitlichen Aufwendungen für Pflichten in der Familie (wie z. B. Mithilfe in der Familie, Gartenarbeit, Einkäufe), für Kirche und Gesellschaft.
Die „freie Zeit" umfaßt Zeitaufwendungen für spielerische Arbeit (wie z. B. Spiel, Sport und sonstige freiwillige Tätigkeiten), für zielgerichtete Beschäftigungen (z. B. Erholen, Weiterbilden, Körperpflege, Kontakte mit anderen Menschen, Teilnahme an Sportveranstaltungen, Vergnügungsveranstaltungen, Schülerinitiativen, Basteln, Fahrradreparatur) und für die zwanglose Muße (wie z. B. Bummeln, Gammeln, Spazierengehen, Nachdenken, usw.).
Die Tab. 1 zeigt Euch den täglichen Zeitumfang für diese drei Ordnungspunkte im Zeitbudget eines Schülers.

Tab. 1: Täglicher Zeitumfang bei Schülern

	Großstadt		Mittelstadt		Kleinstadt/Landgem.	
	Stunden	Minuten	Stunden	Minuten	Stunden	Minuten
Abhängige Zeit	15	45	16	01	16	01
davon Schlaf	8	53	8	57	8	43
Körperpflege, Essen	2	22	2	34	2	48
Unterricht	4	30	4	30	4	30
Gebundene Zeit	3	56	3	20	4	12
davon Schulpausen	0	40	0	40	0	40
Schulweg	0	30	0	26	0	46
Hausaufgaben	2	24	1	52	2	14
häusliche Mithilfe	0	22	0	22	0	32
Freie Zeit	4	19	4	39	3	47

Es ist möglich, Freizeit in einem umfassenden Sinne als „freie Zeit" zu bezeichnen. Das wichtigste Bestimmungsmerkmal für diese freie Zeit ist, daß sie verhältnismäßig frei ist von Verpflichtungen und Zwängen. Freie Zeit ist damit auch im Bereich der Arbeit möglich.

Der Umfang der freien Zeit hängt von vielen Umständen ab

Wieviel freie Zeit jemand an einem Tag, in einer Woche oder einem Monat hat, hängt von vielen Umständen ab. Von der regulären Arbeitszeit, der Zahl der Überstunden, Nebenbeschäftigungen und „Schwarzarbeiten".
Auf das zeitliche Ausmaß der freien Zeit wirkt sich besonders auch die Länge des Arbeitsweges aus. Heute ist es oft so, daß die Wohngebiete am Stadtrand liegen. Da die öffentlichen Verkehrsmittel noch nicht gut ausgebaut sind, fahren viele Menschen mit dem Auto zur Arbeit (vgl. Abb. 3). Das hat Verstopfungen der Straßen zur Folge. Die Anfahrtszeiten verlängern sich damit erheblich.
Ein schwungvoller Anstieg von freier Zeit ist nicht zu verzeichnen. Der Zuwachs an „Freizeit" wird von den meisten Menschen benutzt, um sich zusätzlich Geld zu verdienen, sich dem Haushalt zu widmen oder Geräte zu pflegen. Viel Zeit wird außer für den Anfahrtsweg zur Arbeit oft auch für den Anfahrtsweg zu einer Freizeitveranstaltung (z. B. Urlaub, vgl. Abb. 4) benötigt.

Was ist eine „sinnvolle" Freizeitbeschäftigung?

Die bekannten Zukunftsforscher Kahn und Wiener haben errechnet, daß wir im Jahre 2000 noch 30 Stunden pro Woche und nur 39 Wochen im Jahr arbeiten werden. Nach dieser Vorausschau arbeiten wir an 147 Tagen im Jahr, 218 Tage wären arbeitsfrei. Anhand dieser Zahlen können wir sagen, daß die Zukunftsgesellschaft uns viel „Freizeit" bescheren wird. Die Zahlen, die uns die Zukunftsforscher voraussagen, müssen aber nicht unbedingt stimmen.
Lernen die Menschen, diese zu erwartende Freizeit „sinnvoll" zu nutzen? Es gibt viele öffentliche, halböffentliche und private Einrichtungen, Gruppen und Unternehmungen, die sich um die Freizeit des Bürgers kümmern. Viele wollen damit Geld verdienen. Andere aber haben die Absicht, dem Menschen in der „richtigen", d. h. „sinnvollen" Freizeitgestaltung zu helfen.
Wir müssen sofort die Frage stellen, was denn eine „richtige" und „sinnvol-

Abb. 3: Firmenparkplatz

le" gestaltete Freizeit ist, und wer denn bestimmt, was als „richtig" und „sinnvoll" zu gelten hat.
In der Bundesrepublik Deutschland gibt es keine einhellige Auffassung darüber, was eine „richtige" und „sinnvolle" Freizeitgestaltung ist. Die Interessen derjenigen, die über die Freizeit des Bürgers verfügen oder auf sie einwirken möchten, sind zu verschieden.
Fortschreitende Automatisierung und Rationalisierung (Ersetzen der menschlichen Arbeitskraft durch Maschinen und Automaten), die ja Arbeitskräfte einsparen sollen, lassen das Problem der arbeitsfreien Zeit in einem anderen Licht erscheinen. Die Probleme unserer Zukunft bestehen ebenfalls darin, wie wir die stetig weniger werdende Arbeit gerecht verteilen, und wie der durch die steigende Produktivität erarbeitete Reichtum allen Menschen zugute kommt.
Wir sollten unsere Freizeit dazu verwenden, die Erhaltung der Freiheit zu sichern.
Es geht dabei um mehr Bürgerbeteiligung in wichtigen gesellschaftlichen, wirtschaftlichen und sozialen Entscheidungen. Es muß in der Zukunft nicht nur darum gehen, den Menschen zu helfen, daß sie „sinnvoll" ihre Zeit gestalten. Vielmehr darum, sie zu befä-

Abb. 4: Urlaubsbeginn

higen, mitzuentscheiden, wie wir in der Zukunft leben wollen.

Was haben Arbeit und Freizeitverhalten miteinander zu tun?

Heute ist für eine breite Mehrheit der Menschen die Arbeit keine unerträgliche Last mehr.
Aber Arbeit ist wiederum nicht etwas, was allen großen Spaß macht.
Für viele Menschen ist Arbeit unfrei, ungeliebt, unpersönlich und uninteressant. Sie sehen in ihrer Arbeit keinen Sinn, weil viele den Bezug zu den Ergebnissen ihrer Arbeit nicht herstellen können oder ihn verloren haben. Läßt eine Arbeit den Menschen leer und unausgefüllt, so hat dieses Auswirkungen auf sein Verhalten in der „Freizeit". Ihm fehlt oft der Anstoß und die Fantasie, seine Freizeit vielfältig zu gestalten.
Ist sein Arbeitsplatz unpersönlich und der Kontakt unter den Mitarbeitern schwierig (z. B. durch großen Lärm, jeder an seinem Platz am Band u. ä.), so hat der Mensch es schwer, Erfahrungen im Umgang mit anderen zu machen.
In seiner Freizeit ist er dann unsicher im Umgang mit anderen Menschen. Es besteht die Gefahr, daß er den Kontakt überhaupt meidet.
Erlebt der Mensch an seinem Arbeitsplatz Selbstbestätigung, so hat er auch in der Freizeit Mut, Dinge anzupacken, Neues auszuprobieren und zu entwickeln. Die Eindrücke, die der Mensch an seinem Arbeitsplatz sammelt, sind für sein Leben außerhalb der Arbeit von entscheidender Bedeutung.
Aber auch die Bildung ist für die Ausprägung eines bestimmten Freizeitverhaltens entscheidend. Im Jugendalter werden Verhaltensweisen, Interessengebiete und kulturelle Bildungsmöglichkeiten entwickelt. So kann schon in seiner Jugend entschieden werden, über welche Betätigungsmöglichkeiten ein Rentner verfügt. Es muß also die Bildung im musisch-kulturellen und sportlichen Bereich verbessert werden.
Die öffentlichen Einrichtungen, wie z. B. Museen, Galerien, Kunsthäuser, Kulturzentren, Sporthallen, Spielplätze, Freizeithäuser, Parks, usw. müssen besser ausgestattet werden.
Es sollten Angebote gemacht werden, die eine breite Schicht der Bevölkerung ansprechen und den verschiedenen Interessen und Bedürfnissen entsprechen.

Arbeitsplatz „Schule"

Der Schüler leistet in der Schule eine „Lernarbeit". Diese Lernarbeit bedeutet für ihn Konzentration, Anspannung,

Es kann uns nicht egal sein, wie die Arbeitswelt aussieht... Wer am Arbeitsplatz mehr Freizeit als ein Mindestmaß von Autonomie, Mitsprache und Mitverantwortungsrecht erfährt, wird auch in der politischen Praxis keinen Hunger nach Freiheit entwickeln. Wir müssen die Lust an der Mitbestimmung, den Geschmack an der Mitverantwortung, den Appetit auf Freiheit in der Arbeitswelt provozieren... Der Mensch kann zu keiner Zeit davon absehen, daß er mehr ist als ein nur Produzierender. Wer diese Abstraktion verlangt, erzwingt die Amputation des ganzen Menschen. Die subjektive Zufriedenheit stellt sich häufig bei Licht betrachtet als ein Produkt der Verdrängung, Anpassung, Selbstversicherung, Gewöhnung oder als eine Mischung von alledem heraus... Norbert Blüm, in: Soziale Ordnung, 30. 9. 1974	Mit der Entwicklung zur Industriegesellschaft haben sich Arbeit und Freizeit zu zwei einander scheinbar zwangsläufig entgegenstehenden Lebensbereichen entwickelt. Diese Polarisierung von Arbeit und Freizeit ist durch Werbung und Massenmedien, leider aber auch durch Wissenschaft und Politik noch verstärkt worden. Es hat sich eine Freizeitideologie entwickelt, die in den Thesen von der „Freizeitgesellschaft" und dem „eigenständigen Freizeitbereich" gipfelte. Wir laufen Gefahr, Freizeit schlechthin mit Glück und Freiheit, Arbeit mit Zwang, Versagung, Unlust gleichzusetzen. Ich möchte hier mit aller Klarheit sagen, und dabei befinde ich mich in völliger Übereinstimmung auch mit den gewerkschaftlichen Vorstellungen zur Freizeitpolitik: Die Freizeitpolitik des Bundes ist notwendige Ergänzung zu einer Politik, die der Verbesserung der Arbeitsbedingungen für die breite Mehrheit der Bevölkerung dient. Freizeitpolitik kann auf keinen Fall Ersatz für die dringend notwendige Humanisierung der Arbeitswelt sein. Katharina Focke, Rede anläßlich des deutschen Freizeitkongresses, 30. 9. 1974	Der technische Fortschritt *zwingt* nicht zu Arbeitsformen, die auf den Menschen keine Rücksicht nehmen, die ihn entqualifizieren und die in der Freizeit ausgeglichen werden müssen... Es ist im übrigen kaum denkbar, daß ein Mensch täglich stumpfsinnige, sich wiederholende Arbeit verrichtet und nach Beendigung der Arbeit dynamische und schöpferische Fähigkeiten entwickelt. Mit dieser Feststellung soll nichts gegen die Bedeutung der wachsenden Freizeit für den Menschen gesagt werden. Mehr Freizeit ist jedoch nicht das Allheilmittel, um damit unbefriedigende Arbeitsverhältnisse auszugleichen. Der Mensch verbringt in seinem Betrieb, bei der Arbeit den größten Teil seines Lebens. Die Eindrücke, die er hier empfängt, sind für sein Leben außerhalb des Arbeitsplatzes von entscheidender Bedeutung. Es kann daher nicht genügen, das Leben außerhalb des Arbeitsplatzes attraktiv zu gestalten. Walter Arend, in: Süddeutsche Zeitung, 12. 3. 1974

Abb. 5

Anstrengung und Zwang zu Leistung und Erfolg.
Die Schule geht auf viele Lebensbedürfnisse des Schülers nicht ein. Der Schüler muß diese Bedürfnisse in seiner Freizeit befriedigen.
Er sucht in seiner Freizeit nach Ausgleich und Erfüllung. Auch am Arbeitsplatz „Schule" spiegelt sich die Trennung von Arbeit und Freizeit wider.
Es können acht *Freizeitbedürfnisse* unterschieden werden:
– Bedürfnis nach Erholung, Entspannung und Wohlbefinden
– Bedürfnis nach Ausgleich, Ablenkung und Vergnügen
– Bedürfnis nach Kennenlernen, Weiterlernen und Umlernen
– Bedürfnis nach Selbstbestimmung, Selbsterfahrung und Selbstfindung
– Bedürfnis nach Mitteilung, Sozialkontakt und Geselligkeit
– Bedürfnis nach Gruppenbezug, Sozialorientierung, Lebenserfahrung
– Bedürfnis nach Beteiligung, Mitbestimmung und Engagement
– Bedürfnis nach kultureller Aktivität und Produktivität.
Diese Freizeitbedürfnisse sind zugleich *Lebensbedürfnisse.*
Die Schulgestaltung und der Unterricht haben einen Einfluß auf die Möglichkeiten, diese Bedürfnisse zu befriedigen.
Allzuoft stehen dem Bedingungen der Schule entgegen.
Solche Bedingungen sind z. B.: geringer räumlicher Bewegungsspielraum, einseitige nervliche Belastung der Schüler, wenig Abwechslung, ständige Anspannung und Konzentration, mangelnde Gruppenarbeit, Konkurrenz statt gegenseitige Hilfestellung, geringe Mitbestimmungsmöglichkeiten, geringe Eigenentfaltung. Besonders in Ganztagsschulen ist es aber wichtig, daß auf die Freizeit- und Lebensbedürfnisse der Schüler eingegangen wird.

1 Könnt Ihr Euch vorstellen, wie man vor der Industrialisierung den Feierabend verbrachte? Lest dazu den Text „Was versteht man unter Freizeit?"
Vielleicht entwickelt Ihr in kleinen Arbeitsgruppen ein Stegreifspiel. Über ein solches Spiel kann der „Feierabend" anschaulich dargestellt werden.
Denkt bitte auch daran, daß der Feierabend im Hause reicher Kaufleute anders aussah, als in der Familie eines Landarbeiters.

2 Stellt Euch einmal vor, Ihr lebtet im Jahre 2222! Wie sollte Eurer Meinung nach das Leben in der Zukunft aussehen? Was meint Ihr, wie sollte es in der Schule des Jahres 2222 zugehen?
Ihr könnt Eure Vorstellungen dazu in kleinen Gruppen entwickeln und in der Klasse zusammentragen.
Wenn Ihr dann noch Lust habt, könnt Ihr Eure Vorstellungen von der Zukunft über eine Bildergeschichte ausdrücken! Diese Bildergeschichte kann man mit mehreren zusammen erstellen. Dabei kann jeder nach seinen Möglichkeiten etwas beitragen!

D 3 Gibt es in Eurer Umgegend ein Museum, eine Kunstgalerie, eine Bücherei oder/und eine Sporthalle?
Was könnten die Mitarbeiter in diesen Einrichtungen unternehmen, damit die Angebote viele Menschen ansprechen? Über eine Passantenbefragung könnt Ihr Gedankenanregungen bekommen!

D 4 Lest Euch die Aussagen der Politiker in Abb. 5 durch und diskutiert die Standpunkte!

Freizeit und Konsum

Urlaub bringt viel Spaß, Freude und Erholung! Allerdings kann er auch viel Verdruß mit sich bringen. In der Süddeutschen Zeitung schrieb Karin Helwig etwas ironisch über ein „neues Urlaubserlebnis":
„Schluß mit den Abenteuer-Ferien von der Stange! ... Da zahlt man Unsummen für vorprogrammierte Schneestürme, und die Löwen vom Dienst schielen Dir in die Linse, als ob sie Clarence hießen, und der Frühstückstee kommt aus dem gleichen Beutel wie im Bahnhofshotel von Marktredwitz.
Ich habe das wahre Urlaubserlebnis gefunden und sage nur ein Wort: Inntal-Dreieck.
Schon im Morgengrauen warteten wir dreißig Minuten bei Ramersdorf, bis die Piste der BAB 8 endlich frei war. Dann ging es dahin. Bereits in der ersten Stunde gelang es uns, einen Schnitt von 15,5 Stundenkilometer zu halten. Eine enorme Dauerleistung, wie uns später versichert wurde. Mit der aufgehenden Sonne kreisten Beobachtungshubschrauber über uns. Wir winkten hinauf, sie winkten zurück wie einst Ozeanflieger Lindbergh ...
Vater holte den Feldstecher aus dem Kofferraum. Die Kinder wollten unbedingt die Unfallstelle besichtigen. Ich sagte, es sei nur Blechschaden. Sie meinten, dann wollten sie lieber die echten Unfälle im Fernsehen sehen ...
Am Straßenrand grillte man Würstchen, Windeln hingen zum Trocknen an den Antennen ... Fröhliches urbanes [städtisches] Leben – keine Hetze, kein Streß ..."

Der deutsche Bundesbürger ist ein unternehmungslustiger Mensch. Von 100 Bürgern packen etwa 55 mindestens einmal im Jahr die Koffer zur Urlaubsreise.
Wohin fahren sie in Urlaub? Seht Euch Tab. 1 an! Ihr könnt an ihr ablesen, welche Ziele bevorzugt werden.
Über die Hälfte aller Urlauber aus der Bundesrepublik Deutschland fährt mit dem eigenen Auto an das Reiseziel. Aber knapp ein Viertel nimmt die Bahn als Fortbewegungsmittel. Weniger als ein Sechstel fliegt mit dem Flugzeug in den Urlaub.
Wo wohnen die Reisenden im Urlaub? Knapp die Hälfte übernachtet in Hotels, Pensionen und Gasthöfen. In letzter Zeit kann man einen steigenden Trend zur Anmietung von Ferienhäusern und Ferienwohnungen feststellen.
Aber auch viele Bundesbürger fahren nur selten oder nicht in Urlaub. Die Hälfte derer, die zu Hause bleiben, geben fehlende Geldmittel als Grund dafür an. Viele Eltern bleiben daheim, weil sie Säuglinge und Kleinkinder haben. Vergleicht dazu Tab. 2!
Der Bürger der Bundesrepublik Deutschland gibt von Jahr zu Jahr mehr Geld für Urlaub und Freizeit aus. Seine „Freizeitkasse ist schwerer geworden"! 1975 betrugen die mittleren Freizeit- und Urlaubsausgaben von Arbeitnehmerhaushalten mit mittlerem Einkommen 3397 DM im Jahr. Rentner allerdings gaben nur durchschnittlich DM 749 aus. Ihr häufigstes Reiseziel war der Besuch von Verwandten.
Bei Reiseunternehmen kann man eine Urlaubsreise buchen. Der Reiseveranstalter übernimmt die Organisation der Reise. Solche Unternehmen bieten vergleichsweise billig Reisen an, da es sich um *Pauschalangebote* handelt. Die Reiseveranstalter rechnen mit einer großen Zahl von Urlaubern, die mit ihnen reisen wollen. Sie können daher sehr knapp kalkulieren.
Da viele Menschen ein solches Reiseangebot annehmen, kann auf persönliche Besonderheiten und auf individuelle Vorstellungen nicht immer angemessen Rücksicht genommen werden. Man nennt einen solchen Pauschalurlaub auch „Urlaub von der Stange". Für viele Menschen verläuft ein solcher Urlaub fast genauso geregelt wie die Arbeit.
Die Reiseunternehmen werben für ihre Angebote z. B. über Reiseprospekte, die man in Reisebüros bekommen oder sich schicken lassen kann.
Wir sollten uns die Mühe machen und Reiseprospekte untersuchen! Warum? Nun, um festzustellen, ob der Reiseprospekt den Reisewilligen über wichtige Fragen Auskunft gibt, die er beantwortet wissen will, um danach sein Reiseziel auszusuchen.
Sehen wir uns einige Reiseprospekte an, so ist allgemein festzustellen, daß sich einige als bunte Reisebücher mit nichtssagenden Texten ausnehmen. Andere geben eine reichhaltige Materialsammlung und viele Daten an, die für die Reiseentscheidung nur zweitrangig sind (z. B. Angabe der genauen Maße des Schwimmbades usw. ...)
Nach dem Motto: *„Bei uns ist es überall schön"* wird der Ratsuchende nicht über die Unterschiede zwischen einzelnen Landstrecken unterrichtet. Somit fehlen ihm die Vergleichsmöglichkeiten.
Man kann überspitzt sagen, daß selbst nach einem ausgiebigen Studium verschiedener Reiseprospekte die Wahl des richtigen Urlaubsortes eher ein reiner Zufall ist!
Bei uns in der Bundesrepublik Deutschland hängen ca. 1,5 Mill. Arbeitsplätze vom Tourismus ab. Manche Arbeitszweige sind erst durch den Tourismus entstanden. Denkt dabei an die Camping- und Wohnwagenindustrie! Allein im Hotel- und Gaststättengewerbe finden in 235 000 Betrieben

Tab. 1: Prozentanteile am deutschen Gesamttourismus

Land	%
Österreich	15,2
Spanien	9,4
Italien	9,1
Jugoslawien	4,1
Frankreich	3,9
Skandinavien	3,7
Schweiz	2,5
Niederlande	2,3
Griechenland	1,1
Großbritannien	1,0

Tab. 2: Urlaubsreisen und Kinderzahl

Familien	jährliche Urlaubsreise (in %)	nicht jedes Jahr eine Urlaubsreise (in %)	nie eine Urlaubsreise (in %)
ohne Kinder	43	30	27
mit 1 Kind	44	33	23
mit 2 Kindern	32	41	27
mit 3 Kindern	30	28	42
mit 4 und mehr Kindern	15	27	58

Abb. 1

etwa 700 000 Menschen Arbeit und Brot. Im gesamten Automobilbau in der Bundesrepublik Deutschland z. B. sind vergleichsweise nur 600 000 Menschen beschäftigt. Das sind 100 000 weniger! Dabei verdienen der Automobilbau, der Flugzeugbau, die Mineralölverarbeitung, optische, Bekleidungs- und Nahrungsmittelindustrie, Sportindustrie, Genußmittelindustrie, das Bau- und das Druckereigewerbe ebenfalls direkt oder indirekt am Tourismus und an der Freizeit.

Für die Wirtschaft ist aber nicht nur der Tourismus wichtig, sondern die Freizeit im Ganzen. Die Unternehmen möchten über ihre vielfältigen Angebote den Menschen in seiner Freizeit zum Konsum (Kaufen, Verbrauchen) bewegen. Dies geschieht über die Werbung, für die Freizeit zum „Markt Nr. 1" geworden ist!

Die Mitglieder unserer Gesellschaft wenden viel Zeit für den Konsum auf. Das *Freizeitverhalten* ist weithin ein *Konsumverhalten*. Es gibt sogar eine spezielle *Freizeitindustrie!* Sie produziert Güter wie Sportgeräte, Freizeitkleidung und stellt Dienstleistungen im Freizeitbereich zur Verfügung. Abb. 1 verdeutlicht in einer Karikatur, wie das auf den einzelnen wirken kann.

Tab. 3: Antworten Erwachsener (in %, mehrere Antworten möglich) auf die Frage „Worauf kam es Ihnen bei der Haupturlaubsreise eigentlich an?" (1974) (Die Zeit, 27. 2. 1976)

Abschalten, ausspannen	64,1
Aus dem Alltag herauskommen, Tapetenwechsel	62,3
Frische Kraft sammeln	53,6
Mit netten Leuten zusammensein	53,2
Wieder einmal draußen an der frischen Luft sein	49,8
Zeit füreinander haben	47,0
Viel ruhen, nichts tun	44,9
Ganz neue Eindrücke gewinnen, etwas anderes kennenlernen	41,1
Tun, was einem gefällt, was man sonst nicht tun kann	39,5
Viel Spaß und Unterhaltung haben	38,3
Gut essen	31,5
Nicht anstrengen	30,7
Viel erleben, viel Abwechslung haben	30,5
Sich verwöhnen und pflegen lassen	27,5
Sich vergnügen	25,0

„Wir fahren einmal im Jahr ins Schullandheim mit der Klasse. Da ist immer was los. Im Urlaub langweile ich mich, weil meine Eltern dauernd in der Sonne liegen und sagen, wir brauchen unsere Ruhe."

„Wir waren mit ... in Jugoslawien. Jugoslawien ist ganz schön. Am schönsten war es, als wir einen Ausflug in eine alte Wirtschaft machten, wo viele Esel waren. Auf denen sind wir den ganzen Tag geritten. Haben wir gelacht, wenn die Leute runtergefallen sind. Wir haben den Eseln auch Zucker gegeben. So möchte ich immer Urlaub haben, aber leider war das nur ein Tag."

„Am schönsten ist der Flug. Wenn wir dann dort sind, ist ein Tag wie der andere. Einmal waren wir an einem Platz, wo Boote waren. Da bin ich mit Vati den ganzen Tag gerudert. Vom Boot sind wir ins Wasser gesprungen. Aber leider war das nur an einem Tag ..."

Abb. 2: Zehnjährige zum Thema „Urlaub" (Deutsche Zeitung / Christ und Welt, 9. 11. 1973)

5 Vergleicht Tab. 3 und Abb. 2. Beurteilt die unterschiedlichen Wünsche und versucht sie in Übereinklang zu bringen.

1 Geht in den nächsten Supermarkt und seht Euch die Warenangebote an! Versucht festzustellen, welche Artikel für den Konsum in der Freizeit angeboten werden und beurteilt ihren Nutzen.

2 Habt Ihr schon mal Reiseprospekte in den Händen gehabt? Besorgt Euch welche im Reisebüro!
In Gruppen könnt Ihr diese Prospekte vergleichen. Vielleicht überlegt Ihr Euch Gesichtspunkte, nach denen Ihr sie durchsehen wollt!

D 3 Überlegt Euch, warum verschiedene Industrien indirekt am Tourismus und der Freizeit verdienen!

4 Wenn die Reisezeit ausbricht, bleiben trotzdem viele Menschen zu Hause.
Was könnten diese Menschen zu Hause während ihres Urlaubs unternehmen? Was könnte man bei Euch in der Stadt, im Dorf alles machen?

Sport und Spiel

„Kinder – lauft auf den Rasen! ...
Spielt Fußball drauf und Verstecken hinter den Sträuchern! Die Großen haben bestimmt nichts dagegen. Die wissen nämlich
- daß in Deutschland nahezu 30 000 Spielplätze fehlen
- daß in Schleswig-Holstein von zehn kleineren Kindern nur eins einen Kindergartenplatz bekommt, die übrigen neun aber notgedrungen auf der Straße spielen müssen
- daß Bolzplätze für die größeren Kinder nach wie vor Seltenheitswert haben
- daß der amtlich ‚verordnete' Spielraum im Freien pro Kind von einem halben Quadratmeter völlig unzureichend ist. Zum Vergleich: Schweden und Schweiz sieben bis neun und England sogar 20 Quadratmeter!
- daß bei uns alle drei Stunden ein Kind bei einem Verkehrsunfall ums Leben kommt. Das sind rund 3000 im Jahr. Diese Zahl wird nicht einmal im wesentlich dichter bevölkerten Japan erreicht.
Kinder –
Ihr braucht ganz bestimmt keine Angst zu haben, die Großen würden meckern, wenn Ihr laut und lustig über den Rasen tobt. Bei einem Meinungstest gaben kürzlich 66 Prozent aller Erwachsenen an, Kinderliebe sei ihre schönste Tugend und auch die meisten anderen sagen, sie hätten Verständnis für Euch.
Kinder –
nehmt die Großen beim Wort!"

(W. Roth [Hrsg.], Kommunalpolitik – für wen? Frankfurt a. M. 1971; zitiert nach: Kultusminister des Landes Nordrhein-Westfalen [Hrsg.], Über meine Freizeit bestimme ich allein; 1973)

Was meint Ihr, gibt es für Kinder zu wenig Spielplätze? Lest Euch bitte den Vorschlag durch, der Kindern in dem Eingangszitat gemacht wird. Wie findet Ihr diese Aufforderung?

Ihr könnt Euch auch in kleinen Gruppen in der Umgegend umsehen und beobachten, wo Kinder spielen, womit sie spielen, und bewerten, wie Ihr ihre Spielmöglichkeiten findet. Ihr könnt Eure Beobachtungen zu einem Bericht zusammenfassen und ihn mit Eurem Lehrer durchsprechen.

Kennt Ihr *Abenteuerspielplätze* oder auch *Robinsonspielplätze, Aktivspielplätze, Bauspielplätze* (vgl. Abb. 1)? Abenteuerspielplätze ermöglichen Kindern und Jugendlichen, mit verschiedenen Materialien und Stoffen umzugehen. Auf diesen Spielplätzen führen Kinder und Jugendliche viele Unternehmungen durch. Sie bauen mit Holz und Werkzeugen Häuser und Hütten, mit Sand und Wasser gestalten sie Hafenanlagen. Jugendliche und Kinder basteln an ihren Fahrrädern oder Mopeds, veranstalten ein Rennen oder eine Orientierungsfahrt in die Umgegend. Sie können noch viel mehr auf einem solchen Spielplatz unternehmen. Der Fantasie sind fast keine Grenzen gesetzt. Oft befinden sich auf diesen Plätzen auch feste Häuser oder Bauwagen. Dort haben die Betreuer ihr Büro. Sehr häufig befinden sich in den Gebäuden Räume, die den Kindern und Jugendlichen zur Nutzung angeboten werden. Sollte jemand keine Lust haben, draußen etwas zu unternehmen, oder wenn das Wetter schlecht ist, besteht die Möglichkeit, in diesen Räumen zu basteln, zu malen, zu spielen, zu gammeln, zu lesen, zu „klönen" und so weiter. Manchmal bieten auch Interessengruppenleiter bestimmte Programme an.
Auf solchen Spielplätzen tummeln sich viele Kinder und Jugendliche. Hier lernt man neue Leute kennen.
Zusammen mit anderen kann man Bau- und Spielvorhaben durchführen. Das erfordert Absprachen, Rücksichtnahme und Zusammenwirken. Das ist nicht immer leicht! Oft gibt es auch Ärger und Streit mit den anderen. In einem solchen Falle muß man sich nicht gleich prügeln. Kommen die Kinder und Jugendlichen nicht allein auf eine Idee, wie ein Streit vernünftig beigelegt werden kann, so hilft der Betreuer. Er überlegt mit den Kindern und Jugendlichen gemeinsam, welche Lösungs- und Entscheidungsmöglichkeiten es geben kann. In solchen gemeinsamen Überlegungen regt man sich schnell ab und hat die Chance festzustellen, daß der andere ganz „in Ordnung" ist.
Abenteuerspielplätze sind Ausnahmen. Es gibt viel zu wenig solcher Plätze. 1967 wurde in Berlin im Märkischen Viertel der erste Bauspielplatz in der Bundesrepublik Deutschland gegründet. Nach und nach entstanden in der Bundesrepublik Deutschland immer mehr *Bürgerinitiativen,* die für mehr Freizeitflächen, Freizeiträume und insbesondere für solche betreuten Spielplätze eintraten. Bürger finden sich in ihrer Freizeit zu diesen Initiativen zusammen, um in ihrer Wohnumgegend bessere Spielmöglichkeiten zu errichten. Strenge behördliche Vorschriften, Unverständnis bei der Bevölkerung und vielen Politikern, beschränkte finanzielle und personelle Möglichkeiten erschweren die Arbeit dieser Bürgerinitiativen. Sie haben gegen viele Widerstände zu kämpfen. Daher scheitern auch viele der Vorhaben. Die Mitglieder solcher Initiativen gehen dann entmutigt und enttäuscht auseinander.
Nicht nur für Kinder, auch für Erwachsene gibt es zu wenig Möglichkeiten für Sport und Spiel. Allerdings: bei Umfragen ergab sich, daß Fernsehen, Radiohören und Autofahren die liebsten Beschäftigungen der Erwachsenen in ihrer Freizeit sind. In der letzten Zeit kann man den Eindruck gewinnen, daß diese drei Lieblingsaktivitäten durch die „Trimm-Dich"-Bewegung ergänzt werden.
In den Zeitungen, im Radio und im Fernsehen wird für diese Trimm-Bewegung zur Volksgesundheit geworben. Und wenn Ihr Euch in Eurer Umgegend einmal umseht, so werdet Ihr bestimmt auf irgendeiner Wiese oder im Stadtforst einen „Trimmpfad" oder eine „Trimm-Dich-Bahn" finden.
So „sportlich", wie die Häufigkeit von Trimm-Anlagen vermuten lassen könnte, sind also nur wenige Bundesbürger. Nur elf Prozent beteiligen sich aktiv an der „Trimm-Dich"-Aktion. Hinzu kommt noch, daß diese aktiven Mitbürger ohnehin schon Sport betreiben.
Das Ziel dieser Bewegung ist nicht ganz erreicht! Die Aktivierung breiter Bevölkerungsschichten für sportliche und gesundheitsfördernde Bewegungen und Übungen bleibt aus. Aber trotzdem, die „Trimm-Dich"-Kampagne erreichte einen bescheidenen, aber lohnenden Erfolg!
Der Bundesdeutsche ist sportlichen Beschäftigungen gegenüber offenbar

Abb. 1

etwas zurückhaltend eingestellt. Wie Ihr auf der Abb. 2 sehen könnt, interessiert er sich oft auch nur als Zuschauer für Sport. Mit zunehmendem Alter schrumpft die Zahl der aktiven Sportler (vgl. Tab. 1).

Tab. 1: Prozentualer Anteil der aktiven Sportler(innen) in der Bundesrepublik Deutschland nach Altersgruppen (Zahlen nach Der Spiegel, 7/1975)

Alter	%
18–29	52
30–39	37
40–49	33
50–64	19
65 und älter	7

Am *Breitensport,* d. h. an sportlichen Betätigungen, die von breiten Bevölkerungsschichten durchgeführt werden, besteht ein gesellschaftliches Interesse.

Oft wird Sport mit den Begriffen „Gesundheit", „Fortschritt", „Leistung", „Selbstverwirklichung" in Verbindung gebracht. Sport kann aber auch eine Einschulung auf Verhaltensweisen bedeuten, die vom Menschen im Arbeitsleben verlangt werden. Denn dadurch, daß er im Sport lernt, etwas zu leisten, in einen Wettkampf mit anderen zu treten und Erfolg zu haben, fällt es ihm im Berufsleben leichter, sich durchzusetzen.

Über die „Trimm-Dich"-Aktion sollen „Reserven für den Beruf" gebildet werden. Menschen sollen gesund sein, nicht zuletzt aus dem Grunde, damit sie für die Arbeit „fit" sind und es auch bleiben.

Sport und Spiel bieten dem Menschen viele Erlebnismöglichkeiten. Der moderne *Freizeitsport* unterscheidet sich vom *Spitzen-* und *Leistungssport.* Der Freizeitsport muß neben dem Leistungssport ein gleichwertiger Bereich des Sports werden. In ihm geht es nicht um Ernst, Arbeit und Leistung. Er ist Spiel, auch wenn er mit körperlichen Anstrengungen verbunden ist. Wir können einen solchen Freizeitsport auch *Spielsport* nennen. Spielsport zielt auf Entspannung, Spaß, Eigeninitiative, Geselligkeit und Selbstbestimmung des Menschen hin. Er ermöglicht ihm, mit anderen Menschen in Kontakt zu treten. Ein solcher Sport kann dem Menschen helfen, seinen Körper und seine Sinne wiederzuentdecken.

Spiel und Sport haben eine enge Beziehung zueinander. Das Spiel ist eine Möglichkeit, sich mit seiner Umwelt selbsttätig auseinanderzusetzen und etwas auszuprobieren. Darüber lernen wir etwas über uns selbst und über unsere Umwelt kennen. Es besteht die Möglichkeit, neue Handlungsmöglichkeiten zu entwickeln, die auch auf die „Ernstsituation" übertragen werden können. Wir machen Erfahrungen und erleben etwas. Genauso wie der Freizeitsport ermöglicht das Spiel Entspannung, Spaß, Geselligkeit, Eigeninitiative und Selbstbestimmung. Wir können Spiel und Freizeitsport nicht genau voneinander abgrenzen.

1 Kennt Ihr Bauspielplätze?
Wenn ja, unterhaltet Euch mit den Betreuern und den Besuchern über den Spielplatz. Diesbezügliche Fragen könnt Ihr vorab in Kleingruppen entwickeln.
Wenn nein, erfragt von der Stadtverwaltung, dem Jugendamt, der Kreisverwaltung (evtl. der Nachbargemeinden oder -kreise), wo der nächste Bauspielplatz ist. Regt einen gemeinsamen Besuch für Euren nächsten Wandertag an.

2 Wie könnten Einrichtungen aussehen, in der sich die Menschen zusammenfinden sollten, um gemeinsam zu spielen und Freizeitsport zu betreiben?

Abb. 2

Freizeit ist auch Zeit für Politik

Abb. 1

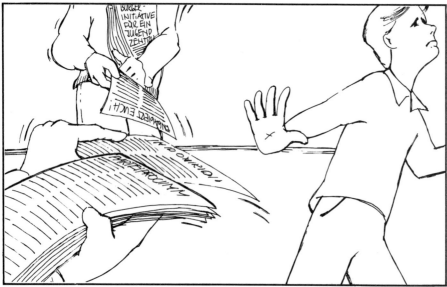

Abb. 2

**Abb. 1 und 2 zeigen unterschiedliche Ansätze, über das politische Engagement in der Freizeit zu denken. Die einen wollen sich ihre „sauer" verdiente Freizeit nicht durch Politik „vermiesen" lassen. Die anderen engagieren sich in ihrer Freizeit für aktuelle politische Probleme, die uns alle angehen.
Ihr könnt diese unterschiedlichen Meinungen auch in einer Pro-und-Contra-Diskussion spielerisch darstellen. Bildet aus Eurer Mitte zwei Gruppen. Die eine sammelt die Argumente für die Position des Bürgers, der sich in seiner Freizeit politisch engagiert. Die andere Gruppe sammelt die Argumente des Bürgers, der lieber „in Ruhe" gelassen werden will. Die so entwickelten Standpunkte können dem Rest der Klasse über zwei aus der Mitte der jeweiligen Gruppe bestimmten Schüler in einer Diskussion spielerisch dargestellt werden. Dazu können „Experten" bestellt werden, die dem einen oder anderen Diskussionspartner „Schützenhilfe" geben. Diese Experten könnten die jeweiligen Vorbereitungsgruppen ebenfalls aus ihrer Mitte bestimmen. Die Gruppen sollten auch die fachlichen Standpunkte der Experten vorbereiten.**

Für eine lebendige Demokratie ist es wichtig, daß die Bürger sich aktiv an ihr beteiligen. Bürger in diesem Sinne sind nicht nur Erwachsene, sondern auch Jugendliche und Kinder.
Politische Beteiligung kostet Zeit. Wer Mitglied einer Partei oder einer Jugendorganisation wird, wer sich zum Klassensprecher wählen läßt oder sich an *Bürgerinitiativen* beteiligt, muß einen Teil seiner Freizeit opfern. In der Bundesrepublik sind immer mehr Bürger bereit, das zu tun. So ist die Zahl der Mitglieder der politischen Parteien gestiegen – von 1,5 Mill. 1965 auf 2,2 Mill. 1978. Vor 1970 gab es nur sehr wenige Bürgerinitiativen. Heute haben viele Bürger erkannt, daß Bürgerinitiativen eine bedeutende politische Kraft sein können. Solche Initiativen erstreben z. B., daß Probleme unserer Gesellschaft und ihrer Zukunft mehr Öffentlichkeit finden, daß Fragen aufgeworfen werden, die vielleicht ohne eine breite Bürgerbeteiligung übersehen worden wären. Sie erreichen, daß eine breite und viele Bevölkerungskreise umfassende Auseinandersetzung mit Problemen stattfindet, daß sich die Meinungsbildung vielfältig entwickelt, daß die Parteien in den Bürgerinitiativen einen kritischen Partner finden, der auf die innerparteiliche Auseinandersetzung und Meinungsbildung Einfluß nimmt, daß politische Entscheidungen eine größere „Bürgernähe" haben und vieles mehr.
An vielen Stellen dieses Buches geht es darum, die Schüler nicht nur für Politik zu interessieren, sondern ihnen Möglichkeiten zu zeigen, sich politisch zu beteiligen und so ihre Interessen wahrzunehmen. Abb. 3 zeigt nur einige Möglichkeiten, sich an Entscheidungen zu beteiligen, die einen selber angehen.
Einige Wissenschaftler sehen die Freizeitgestaltung des modernen Menschen sehr kritisch. Sie meinen, daß die Freizeit, wie sie heute ausgefüllt und empfunden wird, von der Beteiligung in der großen und kleinen Politik ablenkt. Durch die sehr intensiven Konsumwünsche und das Konsumverhalten der Bürger wird ein politisches Engagement vereitelt. Es besteht die Meinung, daß unsere Vorstellung, die „arbeitsfreie" Zeit sei zum großen Teil auch „beliebige" Zeit, eine Täuschung ist.
Vielleicht sind für einige Mitmenschen die politischen Tagesereignisse auch

Mitbestimmung

Abb. 3

zu weit von ihren eigenen Problemen entfernt. Bürgerinitiativen finden eventuell mehr aktives Interesse, weil viele aus aktuellen Problemen des Bürgers heraus entstehen.

Das steigende Engagement in Initiativen deutet auf eine sich anbahnende Einstellungsänderung der Bürger in unserer Gesellschaft hin. Die Lebensziele zur Sicherung grundlegender Lebensbedürfnisse (Essen, Schlafen, Wohnen) sind erreicht. Der Wunsch nach Lebenserfüllung, nach mehr Freiräumen für Eigenentscheidung und Mitbestimmung wird laut. Diese neuen Bedürfnisse setzen im Bereich der Freizeit an und dehnen sich in alle übrigen Lebensbereiche aus.

Freizeit wird zum Ansatzpunkt für politisches Handeln.

Ein solches verändertes Freizeitverhalten kann auf das Verhalten am Arbeitsplatz Rückwirkungen haben. Eine aktive Auseinandersetzung des Bürgers mit Problemen unserer Demokratie kann zur „Demokratisierung der Arbeitswelt" führen.

D 1 Überlegt Euch, welche Mitsprache- und Gestaltungsmöglichkeiten Ihr in Eurem Sportverein, Jugendheim, Jugendzentrum oder in ähnlichen Einrichtungen habt!

D 2 Was könnte man unternehmen, um Kinder und Jugendliche für Probleme der Mitbestimmung und Teilnahme an Entscheidungen aufzuschließen?

D 3 Welche Probleme können in der Zusammenarbeit zwischen einem Heimrat eines Jugendzentrums und der zuständigen Behörde auftreten? Denkt dabei auch an Lösungsmöglichkeiten!

Planung einer Diskothekveranstaltung (Projekt)

Wir sollten nicht nur über Freizeit sprechen, sondern auch tatsächlich etwas unternehmen!

Eine Möglichkeit, aktiv zu sein, ist z. B. das Feiern mit anderen. Dabei kann man viel Spaß haben. Gemeinsames Feiern bietet viele Erfahrungsmöglichkeiten. Man kann neue Leute kennenlernen, Bekanntschaften vertiefen, neue Formen des Miteinanderumgehens entwickeln, kennenlernen und ausprobieren.

Ihr könnt Euch in der Klasse überlegen, ob Ihr ein Klassenfest veranstalten wollt! Ihr könntet z. B. versuchen, zusammen eine „Diskothekveranstaltung" zu planen und durchzuführen. Vielleicht feiert Ihr nicht nur unter Euch, sondern ladet auch Bekannte und Freunde ein. Ein solches selbständiges Vorhaben nennen wir auch „Projekt".

Zunächst könnte man meinen, eine Diskothekveranstaltung sei nur auf Musik und Tanz festgelegt. Das muß nicht so sein! Wir können eine Diskothekveranstaltung planen, die nicht nur auf Musik und Tanzen beschränkt ist. Auf unserem Fest können wir z. B. auch spielen, gestalten, Filme sehen, diskutieren, kochen ...

Mit welchen Überlegungen beginnen wir bei der Planung? Das könnt Ihr selbst entscheiden! An dieser Stelle sollen lediglich Hinweise und Anregungen für Euer Projekt gegeben werden:

– Welche Räume sind für Euer Vorhaben günstig? (Größe, Zuschnitt, Nebenräume, Toiletten, Ausgänge, Bodenbelag, Lüftung, Schallisolierung, ...)
– Wie wollt Ihr die Räume gestalten? (Raumaufteilung, Wandbemalungen, Wandschmuck, Sitzgelegenheiten, ...)
– Welche Musikanlage kommt in Frage? (robust, einfach zu bedienen, Abstellmöglichkeit für Platten, Mischpult, Mikrofon, ...)
– Welche Beleuchtung? (Lichtorgel; Möglichkeiten heller Beleuchtung, falls für Spiele, Kochen usw. gutes Licht benötigt wird, ...)
– Wer macht was? (Bildung von Untergruppen für die Organisation und Gestaltung verschiedener Teilaufgaben, wie z. B. Geldfragen, Getränke, Verpflegung, Musik, Raumgestaltung, Spiele, Lichtorgel, „Aktivitätsecken", Aufräumen, ...)

Eine Darstellung des möglichen Ablaufs der Planung könnt Ihr Abb. 1 entnehmen. Sie kann Euer Projekt gestalten helfen.

Welche Möglichkeiten bestehen, die Diskothekveranstaltung über Musik hören und tanzen hinaus zu erweitern?

Abb. 1

Es lassen sich einige nennen! Setzt Euch mit den folgenden Vorschlägen auseinander, aber entscheidet selbst, was Ihr übernehmen wollt:

– *Aktivitätsecken*
(z. B. Gestalten mit Ton oder Modelliermasse, Tischspiele, Zeitschriften- und „Comics"-Ecke, ruhige Ecke zum „Klönen", Ecke, in der man gemeinsam etwas kochen kann, ...)
Solche Ecken sollten sich nicht gegenseitig „im Wege" stehen. Von der Raumaufteilung her muß man darauf achten, daß gegenseitiges Stören verhindert wird.

– *Spielaktionen*
Spiel ist nicht nur etwas für Kinder! Spiel ist eine besondere menschliche Ausdrucksform, die nicht auf eine Altersgruppe beschränkt ist. Spiele können die Veranstaltung „auflockern", den Kontakt erleichtern und helfen, daß Scheu überwunden wird.
Wichtig ist, Ihr wählt Spiele, die man nicht lange erklären muß und die nicht so kompliziert sind. Am besten, Ihr bestimmt einen Spielleiter, der die Aktion leitet. Er sollte die Spielanregungen knapp und deutlich geben und mit Festigkeit und Bestimmtheit auftreten. Damit kann er erreichen, daß das angebotene Spiel besser von den Besuchern akzeptiert wird. Er sollte auch mehrere Spiele vorbereitet haben, damit er austauschen kann.

– *Musikalische Anregung* (Hörerwünsche, Hitparaden, Platten für Spezialisten, Schlager-Quiz, Plattenbazar, ...)

– *Lichtspiele*
(Lichtorgel, Diaeinspielungen ...)

– *Tanz- und Bewegungsspiele*
Sie können den Kontakt unter den Besuchern fördern, Spaß am Tanzen und an der Bewegung wecken, einen Wechsel zwischen Einzel-, Partner- und Gruppenbewegung ermöglichen, neue Bewegungsformen anregen, ...

Es ist sehr ratsam zu berücksichtigen, wie das anschließende „Aufräumen" gestaltet werden soll. Wichtig ist, daß eine Gruppe bestimmt wird, die diese letzte Aktion durchführt. Bleibt es nur bei einem Aufruf an alle, sich doch am darauffolgenden Tage zum Aufräumen einzufinden, besteht die Gefahr, daß Ihr enttäuscht werdet. Vielleicht fühlt sich keiner angesprochen.

D 1 Versucht in Eurer Klasse eine Feier dieser oder anderer Art zu gestalten.

Planung einer Diskothekveranstaltung

Phase I: Planung
- Anlaß Grundidee
- Gewinnung Gleichgesinnter
- Unterstützung in der Diskothek
- Bildung Fest-Team

Phase II: Vorbereitung
- Ausbau der Idee, Absprachen: Datum, etc.
- Arbeitsgruppen Finanzen Verpflegung, Musik Raumgestaltung Spiele, Spezielles

Phase III: Durchführung
- Letzte Absprachen
- Gestaltung des Raums, Bar, etc.
- Eintritt Getränke Musik Spiele, etc.
- Aufräumen

Umwelt

Ursachen der Umweltbelastung

Bevölkerung in Afrika wächst am schnellsten

Schweden mit höchster Lebenserwartung

New York (dpa). Die Bevölkerung der Erde ist bis Mitte 1974 auf 3,890 Milliarden Menschen angewachsen – ein Anstieg von 72 Millionen gegenüber dem Vorjahr. Das geht aus dem neuesten Jahrbuch der Vereinten Nationen hervor. Wenn es bei diesem jährlichen Zuwachs von 1,9 Prozent bleibt, dann dürfte sich die Weltbevölkerung in 36 Jahren, das heißt bis 2010, verdoppelt haben.

Dem UNO-Jahrbuch zufolge haben schwedische Kinder nach wie vor die höchste Lebenserwartung der Welt. In den meisten afrikanischen Ländern liegt die Lebenserwartung unter fünfzig Jahren, in 19 Ländern Afrikas sogar unter 40 Jahren. In Nord- und Südamerika, Europa, der Sowjetunion und Ozeanien registriert das UNO-Jahrbuch für die Mehrzahl der Länder eine Lebenserwartung von 60 Jahren oder mehr.

Den höchsten Bevölkerungszuwachs hat laut UNO-Jahrbuch der afrikanische Kontinent. In 43 von 45 afrikanischen Ländern beträgt der jährliche Bevölkerungszuwachs zwei oder mehr Prozent. Zwölf dieser Länder registrieren sogar einen jährlichen Zuwachs von drei oder mehr Prozent. Dagegen beläuft sich der Zuwachs in 26 von 34 Ländern Europas auf weniger als ein Prozent. Der Bevölkerungszuwachs in Asien und Ozeanien ist ebenfalls hoch, in Südamerika sehr unterschiedlich und in der Sowjetunion unter der Ein-Prozent-Grenze.

In der Liste der zehn volksreichsten Länder steht China an der Spitze, die Bundesrepublik bildet das Schlußlicht. Nach China folgen Indien, die Sowjetunion, die USA, Indonesien, Japan, Brasilien, Bangladesch und an neunter Stelle Pakistan.

Abb. 1: Die Glocke, 6. 3. 1976

Ursache der Umweltbelastung – Bevölkerungsexplosion

In dem Artikel der Zeitschrift „Die Glocke" wird eine Ursache für die *Umweltbelastung* durch den Menschen deutlich; denn nicht nur in Afrika steigt die Zahl der Menschen, sondern auch in anderen Erdteilen, z. B. in Asien und Südamerika. Nur in den Industrieländern, also in den Staaten Europas und Nordamerikas, hat sich das Wachstum der Bevölkerung verlangsamt, oder es ist ganz zum Stillstand gekommen. Die Bundesrepublik Deutschland ist dafür ein gutes Beispiel. In diesen Industrieländern hatte sich die Zahl der Menschen im 19. Jh. und in der ersten Hälfte des 20. Jh.s genauso stark vermehrt wie heute in den anderen Erdteilen.

Insgesamt aber steigt die Zahl der Menschen auf der Erde immer noch stark an. Warum man sogar von einer *Bevölkerungsexplosion* spricht, zeigt Abb. 2. Während sich die bewohnbare Fläche der Erde nicht verändert – das erkennt man an den gleichbleibenden Säulen – verdoppelt sich die Zahl der Menschen in immer kürzeren Zeitabständen (vgl. auch S. 176, Abb. 6).

Je mehr Menschen aber auf der Erde leben, um so größer ist der Verbrauch, und um so mehr Abfall wird produziert. Je größer die Zahl der Menschen, um so häufiger greifen diese Menschen umgestaltend und verändernd in ihre Umwelt ein. Die Umweltbelastung durch den Menschen nimmt also ständig zu.

Das Umweltproblem ist deshalb ein Thema, das nicht nur wenige Länder angeht. Alle Menschen auf der ganzen Erde sind betroffen. Die Vereinten Nationen haben sich deshalb dieses Themas angenommen. Im Jahre 1974 trafen sich in der schwedischen Hauptstadt Stockholm 1200 Delegierte aus 112 Staaten der Erde, um über das Thema *Umweltschutz* zu diskutieren. Um zu zeigen, daß Umweltschutz eine internationale Aufgabe ist, die jeden von uns angeht, und um alle zum Mittun aufzufordern und auf die Wichtigkeit dieser Aufgabe hinzuweisen, haben die Vereinten Nationen ein besonderes Zeichen geschaffen (vgl. Abb. 3). Man findet es auf Briefmarken und Büchern, man bekommt es als Autoaufkleber, und es findet Verwendung bei Fernsehsendungen.

Ursache der Umweltbelastung – Verstädterung

Als im 19. Jh. die Zahl der Menschen in Deutschland immer größer wurde, änderte sich auch die Siedlungsstruktur. Immer mehr Menschen mußten auf immer engerem Raum wohnen. Die Zahl der Menschen, die auf 1 km² lebten, wurde immer größer (vgl. Tab. 1). Aus Dörfern wurden Städte, und

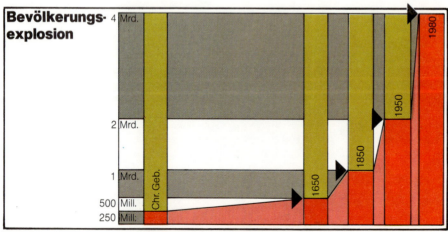

Abb. 2

Abb. 3

Tab. 1: Bevölkerungsdichte im Gebiet der (heutigen) Bundesrepublik Deutschland

Jahr	Einw./km²
1819	57
1822	59
1825	61
1828	61
1831	64
1834	65
1837	67
1840	68
1843	70
1846	72
1849	72
1852	73
1855	73
1858	75
1861	77
1864	79
1867	80
1871	82
1880	92
1890	102
1900	120
1910	143
1925	157
1928	160
1931	163
1934	166
1937	169
1939	173
1946	186
1947	187
1948	194
1949	198
1952	205
1955	211
1958	218
1961	226
1964	233
1967	238
1970	244
1973	249
1976	247

Tab. 2

Von je 100 Haushalten besaßen

	1964	1976
Staubsauger	89	99
Kühlschrank	83	97
Fotoapparat	80	97
Auto	30	76
Tonbandgerät	12	61
Tiefkühltruhe, -schrank	1	58

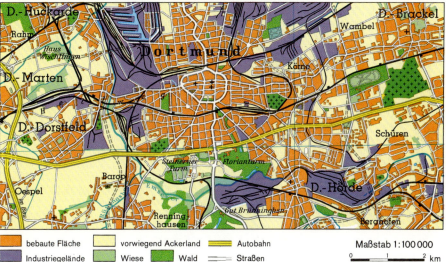

Abb. 4

Kleinstädte entwickelten sich zu Großstädten. Die Kartenausschnitte Abb. 4, die die Stadt Dortmund im Jahre 1800 und heute zeigen, weisen darauf hin, daß an einigen Punkten der Erde eine *Verstädterung* eintrat. Ihr findet sie immer dort, wo besonders viel Industrie ist. Manchmal liegen mehrere große Städte dicht beieinander. Dann spricht man von einem *Ballungszentrum.* Das Ruhrgebiet ist dafür wohl das bekannteste Beispiel. Ein anderes Ballungszentrum liegt im Rhein-Main-Gebiet.

Ursache der Umweltbelastung – Wohlstand

Aber die Umweltbelastung durch den Menschen hängt nicht nur ab von der größeren Zahl der Bewohner unseres Planeten, den man manchmal mit einem Raumschiff vergleicht. Dieses Raumschiff bekommt keine Rohstoffe von außen. Wir müssen mit den vorhandenen auskommen. Alle, die in ihm leben, sind aufeinander angewiesen.

Die Umweltverschmutzung ist in den großen Industriestaaten am größten, dort also, wo es den Menschen am besten geht. Tab. 2 zeigt, wie bei uns der Wohlstand in den letzten zwölf Jahren angestiegen ist. Andere Beweise dafür, daß gerade der Wohlstand ein Grund für die Umweltbelastung ist, werdet Ihr in den nächsten Kapiteln noch finden.

1 Sucht im Atlas die großen Stadtregionen der Erde.
Ihr findet sie vor allem in Europa, in Nordamerika und in Japan.

2 Überlegt, wo Ihr schon das Zeichen für Umweltschutz der Vereinten Nationen gesehen habt.

3 Stellt fest, wie sich die Einwohnerzahl Eurer Heimatstadt in den letzten 100 Jahren verändert hat.
Falls Informationen fehlen, beschafft sie Euch im Rathaus.

D 4 Stellt Tab. 1 (ganz oder teilweise; evtl. auch in arbeitsteiligen Gruppen) in Schaubildern dar.

Müll

Der Tod auf dem Müllplatz

Zwei Kinder auf Müllkippe vergiftet / Tabletten, Gase, Flüssigkeit?

Stuttgart, 9. Juni (AP). Einer schweren Vergiftung, die sie sich auf dem städtischen Müllplatz von Pfullendorf (Kreis Sigmaringen) zugezogen hatten, sind zwei Kinder im Alter von neun und elf Jahren erlegen. Ein drittes erkranktes Kind, ein Vierzehnjähriger, ist seit Sonntag außer Lebensgefahr. Die drei Jungen hatten auf Geheiß ihrer Eltern mit einem Handwagen Hausmüll zu dem Platz gebracht.

Die Staatsanwaltschaft von Konstanz, die Kriminalpolizei in Sigmaringen und das Chemische Landesuntersuchungsamt ermitteln die Todesursache. Bei einer Obduktion, über die am Sonntag erst ein Teilergebnis vorlag, wurden im Magen der Toten Tablettenreste gefunden. Auch in den Hosentaschen hatten die Kinder Tabletten, die keine Aufschrift trugen. Ein Sechsjähriger sagte, die beiden hätten auch etwas getrunken. Es wird nicht ausgeschlossen, daß es sich bei dieser Flüssigkeit um unerlaubt abgelagerte Giftbestände gehandelt haben könnte. Auch Tabletten dürfen nicht zum Müllplatz gebracht werden. Eine Blutuntersuchung kann erst am Dienstag abgeschlossen werden.

Der Müllplatz, der zur Unglückszeit brannte, wird jetzt systematisch abgesucht. Die Kinder hatten sich dort längere Zeit aufgehalten und sich erst gegen Abend auf den Heimweg gemacht. Als die drei etwa zwei Kilometer zurückgelegt hatten, brachen der Neun- und der Elfjährige plötzlich bewußtlos zusammen. Der Vierzehnjährige konnte noch um Hilfe rufen, doch als ein sofort alarmierter Krankenwagen das Hospital erreichte, waren die beiden jüngeren Kinder tot ...

Die Kriminalpolizei vermutet, daß der Vierzehnjährige nur deshalb am Leben blieb, weil er sich nicht anstrengte und sich im Handwagen von den beiden anderen ziehen ließ. Kurz vor dem Tod zeigten sich bei den Kindern schwere Ermüdungserscheinungen und krampfartige Zustände.

Die Kriminalpolizei in Sigmaringen meinte am Sonntag, daß als Todesursache eine Vergiftung in Betracht komme, doch wisse man einstweilen nicht, ob das Einatmen von Giftgasen, die Einnahme von Tabletten oder etwa das Trinken einer Flüssigkeit zum Tode geführt habe. Ein Chemiker des Landesuntersuchungsamtes in Sigmaringen sagte dazu, daß es auf einem brennenden Müllplatz fast alle Gase gebe.

Abb. 1: FAZ, 10. 6. 1974

Aus dem Artikel (Abb. 1) wird besonders deutlich, daß der *Müll* sich aus sehr unterschiedlichen Bestandteilen zusammensetzt. Diese sind zum Teil so gefährlich, daß man ihre Lagerung oder Beseitigung genau kontrollieren muß.

Hausmüll – Industriemüll

Die Herkunft der ständig steigenden Müllmengen kannst Du aus Abb. 2 erkennen. Mit steigendem Wohlstand ist auch der Anteil des *Hausmülls* immer größer geworden. Besonders der Anteil des Verpackungsmaterials läßt den Zusammenhang zwischen Wohlstand und Müllmenge deutlich erkennen. Man spricht sogar von *Wohlstandsmüll*. Früher stand in jedem Lebensmittelgeschäft eine Waage. Der Kaufmann wog fast alle Nahrungsmittel in Papiertüten ab. Für flüssige Nahrungsmittel brachte der Kunde Kannen oder Gläser mit. Heute ist das ganz anders. Manchmal nimmt man nicht einmal mehr eine Einkaufstasche mit.

So setzt sich das Verpackungsmaterial zusammen:
– Papier und Pappe
– Kunststoff
– Blech
– Glas
– sonstige Stoffe (z. B. Holz)

Ein Beispiel dafür, daß uns der Wohlstand zur Verschwendung von Rohstoffen verleitet, ist die *Einwegflasche*. Manche Getränkehersteller warben dafür sogar mit dem Slogan „Ex und hopp". Sie verleiteten damit die Verbraucher, leere Flaschen einfach wegzuwerfen.

Ein besonderes Symbol unseres Wohlstands ist das Auto. Die Produktionszahlen der Autofabriken sind seit dem Ende des 2. Weltkrieges Jahr für Jahr gestiegen. Immer mehr Menschen besitzen ein Auto. Manche haben sich sogar schon einen Zweitwagen angeschafft. So ist es nicht verwunderlich, daß verbrauchte Autos ein besonderes Müllproblem darstellen (vgl. Abb. 3). Jährlich werden in der Bundesrepublik Deutschland 1,5 Mill. Autos ausrangiert. Ähnlich ist die Situation in allen anderen Industriestaaten der Erde.

Neben dem Hausmüll und den *Autowracks* gibt es noch den *Industriemüll*. Von der Menge her liegt er weit hinter dem Hausmüll. Aber er kann häufig sehr viel gefährlicher sein, da er todbringende Giftstoffe enthält, die bei der Produktion übrigbleiben; zum Beispiel giftige Farbreste und andere Chemikalien. Ihre Beseitigung kostet besonders viel Geld und erfordert eine außerordentliche Sorgfalt (vgl. dazu auch das Kapitel über die Wasserverschmutzung).

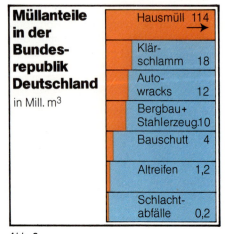

Abb. 2

Wie man den Müll beseitigen kann

In der Bundesrepublik Deutschland ist die Beseitigung des Mülls eine kommunale Aufgabe; d. h., die Städte und Gemeinden sind dafür zuständig. An der Menge und der Gefährlichkeit der Abfallstoffe kann man erkennen, wie schwierig diese Aufgabenlösung ist.

Bisher wird bei uns nur ein Zehntel des Mülls sachgemäß beseitigt, ohne eine Gefahrenquelle für uns Menschen zu werden. Manchmal findet man im Wald oder auf freiem Feld noch häßliche Abfallhaufen, sogenannte „wilde Müllkippen"; trotz aller Mahnungen gibt es immer noch verantwortungslose Menschen, die aus reiner Bequemlichkeit nicht zum nächsten Müllplatz fahren, sondern ihren Abfall unbeobachtet wegwerfen.

In der Bundesrepublik Deutschland wurde deshalb wildes Ablagern von Müll gesetzlich verboten.

Viele Wissenschaftler und Politiker haben darüber nachgedacht, wie man den Müll gefahrlos beseitigen kann. Sie

Abb. 3

haben eine Reihe von Möglichkeiten gefunden. Die wichtigsten sind in den Abbildungen 4 bis 6 dargestellt.
Solche Anlagen kosten sehr viel Geld. Fachleute haben die in der Bundesrepublik Deutschland benötigten Summen errechnet: über 2,8 Mrd. DM! Diese gewaltigen Geldsummen können nicht allein durch Steuern bezahlt werden. Der Staat müßte dann wichtige andere Aufgaben, z. B. den Schul- und Sportplatzbau, vernachlässigen. Außerdem wäre das ungerecht, weil ja nicht alle den gleichen Anteil an der Müllmenge haben.
Man hat deshalb beschlossen, die Kosten der Müllbeseitigung, aber auch die Kosten für alle anderen Umweltbelastungen nach dem *Verursacherprinzip* zu verteilen. Jeder soll also entsprechend der von ihm verursachten Umweltbelastung an deren Beseitigung beteiligt werden.

Wiederaufbereitung von Rohstoffen

Die Forschungen der Wissenschaftler aber gehen weiter. Inzwischen ist nämlich ein weiteres Problem hinzugekommen. Unser „Raumschiff Erde", auf dem wir leben müssen, hat nur beschränkte Mengen an Luft, Wasser, Rohstoffen und Energiequellen. Der Wohlstand aller aber hängt ab von der Verfügbarkeit dieser Rohstoffe. Von vielen dieser Stoffe weiß man jetzt schon, wann sie endgültig verbraucht sein werden. Wir müssen also sparsam mit ihnen umgehen. Deshalb ist es falsch, wenn wir wichtige Rohstoffe einfach auf den Müllplatz bringen und wegwerfen. Die Wissenschaftler beschäftigen sich zur Zeit besonders mit der Frage, wie man diese Rohstoffe wieder nutzbar machen kann. Erste Erfolge sind schon erkennbar. So sind in vielen Städten und Dörfern *Glascontainer* aufgestellt worden. Flaschen sollen nicht mehr in die Mülltonne geworfen, sondern gesammelt werden. Allerdings kommt es darauf an, daß jeder die kleine Mühe auf sich nimmt und die leeren Flaschen zum Glascontainer bringt. Mit Metallen kann man ähnlich verfahren. Autowracks werden in einem *Shredder* zerkleinert und als Schrott bei der Stahlerzeugung wiederverwendet. Den Vorgang, wichtige Stoffe aus dem Müll herauszuholen und mit ihnen erneut Güter zu produzieren, nennt man *Recycling*.

1 Erkundigt Euch bei einem Autohändler oder in einer Reparaturwerkstatt, wohin man die Autowracks schafft.

2 Gibt es in Eurer Umgebung schon Glascontainer?

D 3 Laßt Euch zu Hause die Benachrichtigung der Gemeinde- oder Stadtverwaltung über die Erhebung der Müllabfuhrgebühren zeigen; schaut im Haushaltsplan der Stadt nach, wie hoch die Gesamtkosten der Müllabfuhr in Eurer Heimat sind.

D 4 Jede Stadt und jede Gemeinde haben eine Satzung über die Abfallbeseitigung.
Besorgt sie Euch im Rathaus und laßt sie Euch erklären.

5 Zum Umweltschutz kann man nicht nur „die anderen" auffordern.
Überlegt in der Klasse, ob und wie Ihr selbst mithelfen könntet, die Umwelt sauber zu halten.

Abb. 4: Mülldeponie

Abb. 5: Verbrennungsanlage

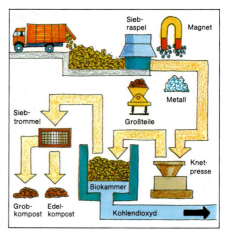

Abb. 6: Kompostierungsanlage

Wasserverschmutzung

Eine Zeitung brachte am 21. 11. 1972 folgende Meldung:
„Kein Fisch auf 30 km Strom
... Das sehr verschmutzte Wasser des Mains hat der Fischfauna des Rheines erheblichen Schaden zugefügt – wenigstens auf 30 km Länge. Diese Feststellung aufgrund ausführlicher Untersuchungen ergänzen Forscher des Forschungsinstituts Senckenberg in Frankfurt mit dem Hinweis darauf, daß auf der rechten Seite des Rheins auch die Uferzonen stark in Mitleidenschaft gezogen worden sind. Von der Mainmündung bis Rüdesheim konnten auf der rechten Rheinseite kein Fisch und auch keine Fischnährtiere mehr ausgemacht werden."

Aber nicht nur Fische sterben im giftverseuchten Wasser. Eine Zeitungsmeldung vom 23. 5. 1973 hatte folgenden Wortlaut:
„Abwasserskandal in Japan
Die dritte Massenvergiftung durch quecksilberverseuchte Abwässer ist am Dienstag in Japan festgestellt worden. Eine Forschungsgruppe der Kumamoto-Universität berichtete über 59 an der Minimata-Krankheit leidende Personen in der Stadt Goshonoura auf der Insel Amakusa. Der Ort liegt an einer kleinen Bucht gegenüber von Minimata, wo durch ähnliche Quecksilbervergiftungen 68 Menschen starben und etwa 400 gelähmt worden sind."

Wasser bedeutet Leben

Die Wasservergiftung zeigt vielleicht am deutlichsten, welche Gefahren für Pflanze, Tier und Mensch durch die Umweltverschmutzung entstehen. Ohne Wasser ist kein Leben auf der Erde möglich. So braucht jeder Mensch täglich etwa drei Liter Wasser, während ein Baum mittlerer Größe in der gleichen Zeit einen Bedarf von 70 Litern hat. Wasser aber kann nicht vermehrt werden. Es ist immer die gleiche Menge, die sich auf der Erde in einem ständigen Kreislauf befindet (vgl. Abb. 1).

Wasser aber ist nicht nur wichtig für unsere Ernährung. In einem Haushalt wird auch noch an vielen anderen Stellen, zum Beispiel in Bad, Dusche, WC, Waschmaschine, Spülmaschine und vielen anderen Geräten, Wasser verbraucht.
Der durchschnittliche *Wasserverbrauch* pro Tag und Person ist in der Bundesrepublik Deutschland von Jahr zu Jahr

Tab. 1: Wasserverbrauch in der Bundesrepublik Deutschland

Jahr	Liter/Tag/Person
1953	85
1955	86
1957	91
1959	99
1961	98
1963	105
1965	107
1967	116
1969	123

Tab. 2

Industrielle Tätigkeit	Wassermenge (in l)
1 t Kohle fördern	2 000
1 t Koks herstellen	3 500
1000 l Milch verarbeiten	7 500
1 t Stahl erzeugen	18 000
1000 l Benzin herstellen	80 000
1 t Papier herstellen	155 000
1 t Kautschuk verarbeiten	300 000

gestiegen. Tab. 1 gibt darüber Auskunft.
Bis zum Jahre 2000 wird sich unser Wasserverbrauch wahrscheinlich verdoppeln. Die Tabellen Seite 45 und 48 zeigen sehr deutlich, daß steigender Wohlstand und wachsender Wasserverbrauch der Haushalte in einem engen Zusammenhang stehen.
Tab. 2 in diesem Kapitel gibt Auskunft über den Wasserverbrauch bei der Produktion bestimmter Güter.
Aus diesen Zahlen läßt sich leicht ablesen, wo in der Bundesrepublik Deutschland der größte Wasserverbrauch sein muß. Die beiden Karten Abb. 2 und Abb. 3 geben genauere Auskunft.

Ursachen der Wasserverschmutzung

Alljährlich streuen die Landwirte viele Millionen Tonnen Kunstdünger, Unkraut- und Insektenvertilgungsmittel auf die Äcker, um die Ernteerträge zu steigern. Das ist ihnen auch gelungen. Ohne diese chemischen Mittel würden wesentlich weniger Nahrungsmittel produziert. Aber die Folgen für unser Wasser sind nicht zu übersehen. Ein Teil dieser Mittel wird nämlich durch den Regen aus dem Ackerboden ausgewaschen und findet sich im Wasser der Bäche und Flüsse wieder. Das in Haushalt und Industrie anfallende Schmutzwasser wird oft noch einfach in die Gewässer geleitet. Viele Bäche und Flüsse in unserem Lande sind so zu übelriechenden Kloaken geworden. Die Karte (Abb. 4) zeigt den Zustand aller Flüsse in der Bundesrepublik Deutschland.
Den Fluß mit der größten Verschmutzung kann man leicht erkennen. An der Grenze zwischen Deutschland und den Niederlanden schleppt der Rhein in 200 Mill. m³ Wasser die Stoffe aus Tab. 3 mit sich.

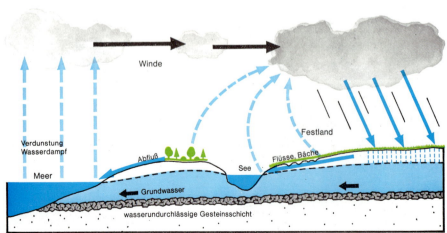

Abb. 1: Wasserkreislauf

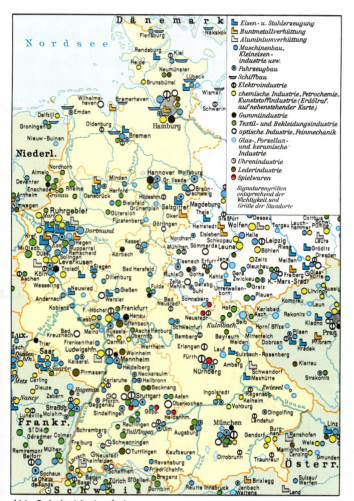
Abb. 2: Industriestandorte

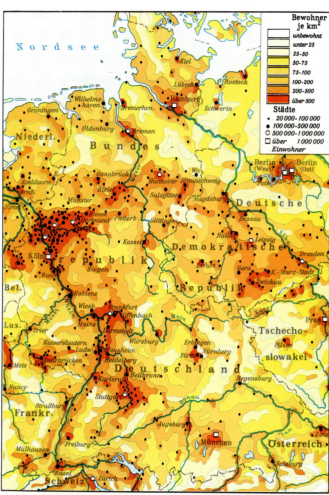
Abb. 3: Bevölkerungsverteilung

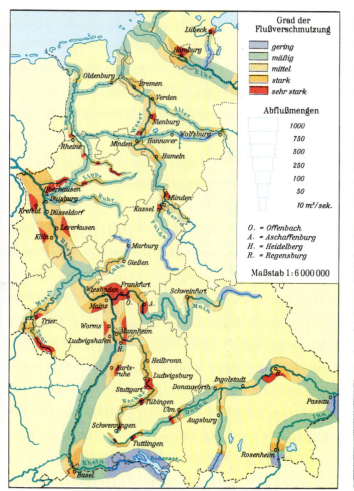
Abb. 4: Gewässerverschmutzung

Abb. 5

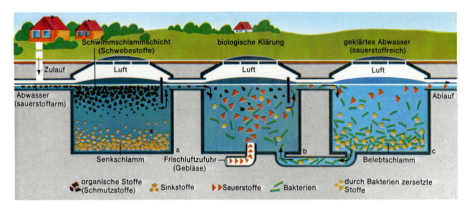

Abb. 6: Arbeitsweise einer Kläranlage

Tab. 3

Stoffe	t
Kochsalz	40 000
Sulfate	16 150
Nitrate	2 260
Ammoniak	554
Eisen	295
Phosphate	103

Außerdem sind noch in etwas geringeren Mengen vorhanden: Titan, Chrom, Kobalt, Nickel, Kupfer, Zink, Arsen, Molybdän, Silber, Barium, Quecksilber und Blei.

Am Beispiel des Rheins kann man deutlich sehen, daß der Grad der Verschmutzung flußabwärts manchmal wieder abnimmt. Diesen Vorgang bezeichnet man als *Selbstreinigung* des Wassers. Durch Ablagerung von Schmutz an den Rändern und durch Zersetzung von Schmutzteilchen mit Hilfe von Sauerstoff kann ein Fluß sich bis zu einem gewissen Grad selbst reinigen. Wenn aber die Menge der Schadstoffe zu groß wird, kann dieser Vorgang nicht ablaufen. Der Fluß wird zu einer Kloake.

Eine besondere Gefahr stellt das Öl dar. Ein Liter davon kann 1 Mill. Liter Wasser verseuchen. Öl und Benzin aber verschmutzen nicht nur die fließenden Gewässer. Sie sind selbst flüssig und können in den Boden eindringen und das Grundwasser vergiften.

Maßnahmen zur Reinerhaltung des Wassers

In der Bundesrepublik Deutschland gibt es seit 1957 ein *Bundes-Wasserhaushaltsgesetz*.
Danach kann jeder, der schädliche Verunreinigungen in die Gewässer einbringt, bestraft werden.
Mit Hubschraubern und Schiffen versucht die Polizei, den Umweltsündern auf die Spur zu kommen.
Erfolge und Mißerfolge dabei:
– Im Juni 1969 trieben plötzlich Millionen toter Fische im Rhein (vgl. Abb. 5, Seite vorher). Sie waren vergiftet worden. Man hat den Übeltäter nie ermitteln können.
– Ende 1970 wurde ein Hamburger Reeder zu acht Monaten Gefängnis und 500 DM Geldstrafe verurteilt. Außerdem mußte er 80 000 DM für Zwecke des Umweltschutzes bezahlen. Seine Flußkapitäne hatten Abwässer aus Raffinerien in den Rhein fließen lassen, statt sie, wie vorgesehen, auf das Meer zu bringen.

An vielen Orten in der Bundesrepublik Deutschland ist man in den letzten Jahren bemüht, die Sauberkeit der Bäche und Flüsse durch den Bau von *Kläranlagen* zu verbessern. Über den Stand dieser Bemühungen gibt Tab. 4 Auskunft, über die Arbeitsweise einer

Tab. 4: Anzahl der Kläranlagen

Bundesland	Kläranlagen
Schleswig-Holstein	402
Hamburg	5
Niedersachsen	1054
Bremen	2
Nordrhein-Westfalen	1354
Hessen	510
Rheinland-Pfalz	946
Baden-Württemberg	1190
Bayern	2274
Saarland	40
Berlin (West)	3
insgesamt	7780

Tab. 5: Länge der Kanalnetze

Bundesland	km
Schleswig-Holstein	9 163
Hamburg	4 222
Niedersachsen	30 856
Bremen	2 214
Nordrhein-Westfalen	48 473
Hessen	20 651
Rheinland-Pfalz	13 053
Baden-Württemberg	33 533
Bayern	32 189
Saarland	4 645
Berlin (West)	4 833
insgesamt	203 832

Tab. 6

Ausgaben (in DM)	
Persönliche Kosten	65 091,85 DM
Kapitalkosten	493 023,00 DM
Betriebskosten	63 294,16 DM
insgesamt	621 409,01 DM

Tab. 7

Einnahmen (in DM)	
aus der Gemeindekasse	124 281,80 DM
von den Benutzern zu bezahlen	497 127,21 DM
insgesamt	621 409,01 DM

Kläranlage Abb. 6. Das zur Abwasserbeseitigung nötige Rohrleitungssystem wird *Kanalisation* genannt. Tab. 5 gibt einen Überblick, wie umfangreich dieses Leitungssystem ist.
Auch die Kosten der Abwasserbeseitigung werden nach dem Verursacherprinzip verteilt. Für den Bau und den Betrieb der Kläranlagen und der Kanalisation sind die Städte und Gemeinden zuständig. Sie erheben die Kosten durch die sogenannten *Kanalbenutzungsgebühren* von allen Bewohnern nach dem jeweiligen Anteil.
In Ennigerloh, einer kleinen Industriestadt im Münsterland mit etwa 12 000 Einwohnern, sieht die Kostenrechnung für Kläranlage und Kanalisation so aus, wie in Tab. 6 und 7 wiedergegeben.
Die Abwassermenge beträgt insgesamt 487 859 m^3. Was jeder Haushalt pro m^3 zu bezahlen hat, wird errechnet, indem man die von den Benutzern zu zahlende Summe durch die gesamte Abwassermenge dividiert.

1 Überprüft die Wasserläufe in Eurer Heimat auf den Grad ihrer Verschmutzung.

2 Vergleicht die Karten Abb. 2, 3 und 4 miteinander und erklärt die Flußabschnitte mit dem höchsten Verschmutzungsgrad.

3 Sucht nach Gründen, warum immer wieder trotz der hohen Strafen Industriewerke versuchen, ihre Abwässer ungeklärt in die Flüsse zu leiten.

4 Informiert Euch über den Stand der Abwasserklärung in Eurer Heimat.

D 5 Stellt eine Rechnung über die Kosten der Abwasserklärung in Eurer Heimat nach dem Muster der Tab. 6 und 7 von Ennigerloh an.
Die notwendigen Unterlagen bekommt Ihr bei der Stadt- oder Gemeindeverwaltung.

Luftverschmutzung

Sinkende Blase

Eine Wolke lungenschädlicher Schwefelgase trieb letzte Woche, nach einer Betriebsstörung in einer Kupferhütte, durch Hamburg. Im Katastrophenschutzplan der Hansestadt war der Betrieb nicht verzeichnet.

Es roch, wie der Leibhaftige riechen soll. Aber Gerhard Berndt, Vorstandsmitglied der Norddeutschen Affinerie, wußte zynischen Rat: „Wenn man ein paarmal in frischer Luft kräftig durchhustet, ist alles wieder in Ordnung."

Schweflige Schwaden waren am Dienstagabend vergangener Woche aus dem 105 Meter hohen Schlot der größten Kupferhütte Europas gequollen. Noch ehe Werk oder Behörden Alarm gaben, lagerte sich das Reizgas in Hamburger Wohnviertel und Straßen. 14 Menschen erlitten so schwere Atemstörungen, daß sie zur Notbehandlung in Kliniken geschafft werden mußten.

„Wir sind", schloß andertags NDR-Reporter Ortwin Löwa seinen Lagebericht, „noch einmal davongekommen." Doch die Beinahe-Katastrophe lehrte, wie fahrlässig der Lebensraum der Bewohner von Ballungsgebieten mit ungeahntem Schadenspotential durchsetzt und umzingelt ist. Was die Norddeutsche Affinerie in Hamburg letzte Woche als unvorhersehbaren Unfall – „plötzlicher Defekt" in einem „komplizierten System" – ausgab, enthüllt, wie mangelhaft die von der Bundesregierung schon 1970 in einem Sofortprogramm geforderten „neuen Technologien für den Umweltschutz" bislang im einzelnen verwirklicht worden sind.

„Wir sahen die Wolke kommen", schilderte Egon Karlinski, Revierführer der dem Werk benachbarten Polizeiwache 82, das Desaster. „Die Leute übergaben sich, und der Geruch wurde unerträglich." Die Ärztin Carla Brauer im Stadtteil Rothenburgsort wähnte die Straßenlampen plötzlich „dicht vernebelt". Ihre Patienten forderte sie auf, mit Tüchern vor Mund und Nase nach Hause zu gehen.

Unterdes ließ die Affinerie weiter Schwefelgas ab. Nach Überholungsarbeiten an einer Anlage, die Schwefelsäure als Nebenprodukt der Kupfererzverhüttung liefert, war lungenreizendes Schwefeltrioxid in die Abgasleitung gelangt. Doch „ein Abstellen der Anlage konnte nicht in Betracht gezogen werden", so stellte es die Firmenleitung dar, weil sonst hochkonzentrierte Gase „in Bodennähe ausgetreten wären".

Abb. 1: Der Spiegel, 42/1972

Giftgase in unserer Atemluft

Dieser Bericht aus Hamburg ist kein Einzelbeispiel. Im Mai 1972 konnte man folgende Schlagzeile in den Zeitungen lesen: *„Giftwolken der Preussag ließen hundert Kühe qualvoll verenden."* Was war geschehen? Die Preussag-Weser Zink GmbH in Nordenham erzeugt Blei und Zink. Durch einen defekten Staubfilter waren große Mengen Bleistaub in die Luft entwichen und hatten die ganze Umgebung vergiftet. Das aber war nicht neu. Vielmehr verschmutzte die Bleihütte schon seit vielen Jahren die Luft. Den Verantwortlichen war das bekannt. Aber alle schwiegen. Erst als 130 Rinder verendeten, forderten die Bürger: *„Macht die Giftgasküche zu, oder müssen erst Menschen sterben, bevor die Behörden durchgreifen?"*

In den letzten Jahren haben Forscher viele Möglichkeiten gefunden, die gefährlichen Industrieabgase durch Filteranlagen weitgehend unschädlich zu machen. Noch immer aber suchen Verantwortliche in den Fabriken oft den Einbau der verhältnismäßig teuren Anlagen zu vermeiden, um ihre Wettbewerbssituation zu verbessern. Zwei wichtige, sich widersprechende Interessen treffen hier aufeinander.

Die wichtigsten und gefährlichsten Giftstoffe für unsere Atemluft sind:

Kohlenmonoxid: Es entsteht bei unvollständiger Verbrennung von Öl, Benzin, Kohle und anderen Brennstoffen. 10 000 000 t werden pro Jahr in der Bundesrepublik Deutschland in die Luft entlassen. Das giftige Gas verursacht Ermüdung, Kopfschmerzen und Übelkeit und kann zum Tode führen. Besonders gefährdet sind kleine Kinder, alte Menschen sowie Herz-, Kreislauf- und Lungenkranke.

Schwefeldioxid: Es entsteht bei der Verbrennung von schwefelhaltiger Kohle und Heizöl, außerdem in Hüttenwerken, Kokereien, bei der Metallverarbeitung und in chemischen Fabriken. 4 380 000 t werden jedes Jahr in die Luft über der Bundesrepublik Deutschland entlassen. Das Gas reizt die Augen und die Schleimhäute der Atemwege, führt zu Asthma, Herz-, Lungen- und Darmerkrankungen.

Kohlenwasserstoffe: Sie entstehen ebenfalls bei unvollständiger Verbrennung von Benzin. Man rechnet mit 2 150 000 t jährlich in unserer Atemluft. Sie führen unter anderem zu Entzündungen der Atemwege und zu Lungenerkrankungen. Wahrscheinlich aber gehören sie zu den Krebserregern.

Stäube: Die Staubkörnchen sind verschieden groß. Man unterscheidet deshalb Grob- und Feinstäube. Sie stammen meistens aus den Schloten der Fabriken. Je feiner sie sind, desto tiefer dringen sie in die Lungen ein, desto gefährlicher sind sie.

Ein besonders gefährliches Gift in der Luft ist das *Blei*. Es wird dem Benzin als Antiklopfmittel zugesetzt. Ein Kfz-Mechaniker kann Euch erklären, was man darunter versteht. Fast zwei Drittel davon gelangt als Feinstaub in die Luft und wird von Mensch und Tier eingeatmet, oder es gelangt in die Pflanzen (vgl. Bleivergiftung der Kühe). Es führt schon in geringen Mengen zu Kopfschmerzen, Übelkeit, Erbrechen, Nervosität und Schlaflosigkeit. In größeren Mengen wirkt es absolut tödlich.

Durch Gesetz wurde 1976 festgelegt, daß der Bleigehalt im Benzin herabgesetzt werden mußte (vgl. Tab. 1). Dies ist um so wichtiger, als der Verkehr den größten Anteil an der Verschmutzung unserer Atemluft hat (vgl. Abb. 2).

Saubere Luft ist lebenswichtig

Grünanlagen wirken wie Luftfilter. Die Bäume halten den Staub fest und reinigen dadurch die Luft. Gleichzeitig erzeugen sie Sauerstoff und erhöhen durch Verdunstung die Luftfeuchtigkeit. Man nennt sie deshalb auch die „grünen Lungen" der Städte. In den letzten Jahren hat man viele Bäume gepflanzt und Parks angelegt, um die Luft in den Innenstädten zu verbessern. Abb. 6 zeigt einige der Möglichkeiten für „grüne Lungen".

Besondere Gefahren entstehen, wenn bei einer bestimmten Wetterlage über einer Großstadt die verschmutzte Luft nicht abziehen kann. Diese Wetterlage entsteht dann, wenn eine kalte Luftschicht unter einer wärmeren lagert und so am Boden festgehalten wird. Die Meteorologen bezeichnen eine solche Situation als *Inversion,* was soviel

Tab. 1: Höchstzulässiger Bleigehalt im Benzin in der Bundesrepublik Deutschland

Gültig ab	Bleigehalt (in Gramm pro Liter)
1. 1. 1972	0,4
1. 1. 1976	0,15

Abb. 2: Quellen der Luftverschmutzung

Abb. 3: Smog über München

Abb. 4

Abb. 5

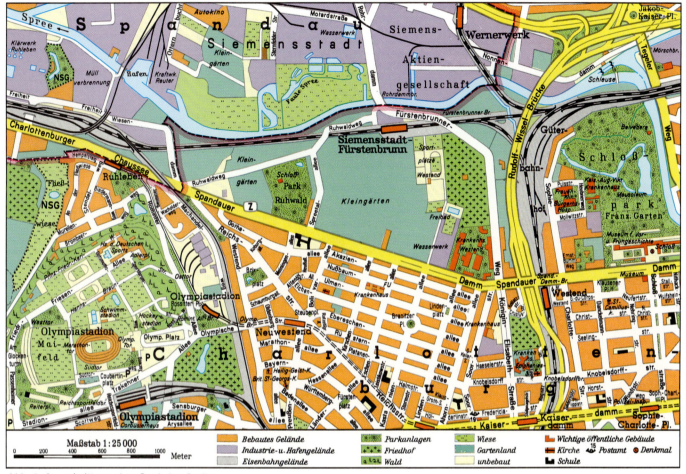

Abb. 6: Ausschnitt aus dem Stadtplan Berlins

wie Umkehrung bedeutet. Im Normalfall befindet sich nämlich die Warmluft in Bodennähe, während die höheren Luftschichten niedrigere Temperaturen aufweisen. Nach dem Prinzip, daß warme Luft nach oben steigt, findet ein ständiger Luftaustausch zwischen den Schichten statt. Dadurch wird die in der Nähe des Erdbodens verschmutzte Luft abgeführt. Die Wetterlage der „Inversion" ist bekannt unter dem Namen Smog. Dieses Wort ist entstanden aus den beiden englischen Wörtern smoke (= Rauch) und fog (= Nebel). Abb. 3 zeigt eine solche Wetterlage. In einer solchen Situation sind zwar alle Menschen gefährdet, besonders aber solche, die an Erkrankungen des Kreislaufs, des Herzens und der Atmungsorgane leiden. Sie geraten in höchste Lebensgefahr. Für einige Gebiete der Bundesrepublik Deutschland, zum Beispiel für das Industriegebiet an Rhein und Ruhr, gibt es inzwischen „Smogwarnpläne". Sie enthalten z. B. ein Fahrverbot für Autos. Gleichzeitig müssen viele Maschinen abgestellt werden. Bei einem solchen Alarm stellen sich die Krankenhäuser auf Notfälle ein, um sofort helfen zu können. Kranke Menschen werden gebeten, zu Hause zu bleiben.
In vielen Städten der Bundesrepublik Deutschland wird die Luftverschmutzung durch Meßwagen oder stationäre Anlagen überprüft (vgl. Abb. 4). Man kann so die Verursacher – Industrieanlagen zum Beispiel – schnell finden und Abhilfe schaffen, indem man vorschreibt, neue Filteranlagen einzubauen oder nach sauberen Produktionsmethoden zu suchen. Auch hier wird wieder deutlich, daß bei den Kosten nach dem Verursacherprinzip verfahren wird, denn der Einbau solcher Anlagen oder die Erforschung neuer Methoden ist sehr teuer. Sie müssen von der Industrie bezahlt werden. Sie sind aber notwendig, damit Gefährdungen der menschlichen, tierischen und pflanzlichen Gesundheit vermieden werden. Sie sind auch deswegen notwendig, um künftig Schäden zu vermeiden, die man an Gebäuden und Kunstdenkmälern gar nicht mehr oder nur unter großem Geldeinsatz reparieren kann. Davon gibt Abb. 5 Zeugnis.

1 Diskutiert über die Anteile der einzelnen Verursacher der Luftverschmutzung.
Wo sind deshalb nach Eurer Meinung Gegenmaßnahmen am notwendigsten?

D 2 Fragt in einer Kfz-Werkstatt, den Schornsteinfeger oder einen Heizungsmonteur, was man gegen die Luftverschmutzung mit Kohlenmonoxid tun kann, und welche Vorschriften es gibt.

3 Überlegt, ob es in der näheren Umgebung Verursacher geben könnte, die Schwefeldioxid, Kohlenwasserstoffe und Stäube an die Luft abgeben!

4 Prüft an der Karte Eurer Heimatstadt oder einer nahegelegenen Großstadt, ob Grünanlagen zum Schutz von Wohngebieten angelegt worden sind. Vielleicht könnt Ihr dem Stadtrat oder der Stadtverwaltung Verbesserungsvorschläge machen.

5 Beobachtet den Pflanzenwuchs an einer stark befahrenen Straße. Vergleiche mit einem verkehrsfernen Gebiet sind besonders aufschlußreich.

6 Kennt Ihr Schäden an Denkmälern und Gebäuden, die durch Luftverschmutzung verursacht wurden?

Lärm

Verkehrslärm ist Hauptärgernis

Untersuchung des Bundesbauministeriums – Sehr unterschiedliche Ergebnisse

Bonn (dpa). Unter allen Lärmbelästigungen des täglichen Lebens ist der Verkehrslärm das Hauptärgernis. Zu diesem Ergebnis kommt eine am Dienstag vom Bundesbauministerium veröffentlichte Auswertung einer Wohnungsstichprobe 1972, bei der erstmals auch städtebauliche Gegebenheiten untersucht wurden.

Über Verkehrslärm klagen vor allem Bundesbürger, deren Wohnungen an Hauptstraßen, in Innenstädten oder in Häuserschluchten liegen. Bei besonders dichter Bebauung fühlen sich in diesen Gebieten rund 50 Prozent der Anwohner zeitweise oder dauernd vom Verkehrslärm belästigt.

Statistisch gesehen, gaben rund 70 Prozent der Haushalte in Gemeinden über 10 000 Einwohner an, in einer ruhigen Wohnlage zu leben. Dies sei allerdings nur ein Durchschnittswert. Je nach Art der Bebauung wird die Lärmbelästigung sehr unterschiedlich beurteilt.

Über andere Lärmbelästigungen wird seltener geklagt. So fühlen sich selbst in Gewerbe- und Industriegebieten insgesamt zwischen 18 und 28 Prozent der Haushalte vom Gewerbe- und Industrielärm betroffen, vom Verkehrslärm dagegen 27 bis 33 Prozent.

Abb. 1: Die Glocke, 3. 3. 1976

Lärm schadet der Gesundheit

Lärm wird von den Menschen sehr unterschiedlich empfunden. Was für junge Leute angenehme Musik ist, bedeutet oft für ältere Menschen unerträglichen Lärm. Die Lautstärke des Radios wird zum Beispiel von Eltern und Kindern oft verschieden geregelt. Weil jeder den Lärm anders empfindet, ist es notwendig, ihn genau zu messen. Man benutzt dazu die Meßeinheit *Dezibel*, abgekürzt *dB*. Sie bedeutet jeweils eine Änderung in der Lautstärke, die man als *Schallpegel* bezeichnet (vgl. Tab. 1).

Lärm verursacht nicht nur Ärger, sondern er ist auch schädlich für unsere Gesundheit, ohne daß wir das immer sogleich merken. Schon ab 40 dB läßt die Konzentration und die Aufmerksamkeit nach. Der Mensch wird unruhig. Bei mehr als 65 dB steigt der Blutdruck an, das Herz schlägt langsamer. Bei noch höherem Schallpegel kommt es zu Schwerhörigkeit und Ertaubung. 130 dB verursachen sogar Schmerzen.

Daß Lärm sogar tödlich sein kann, erzählt eine Verordnung aus dem alten China:

„Wer den Höchsten schmäht, der soll nicht gehängt werden, sondern die Flötenspieler, Trommler und Lärmmacher sollen ihm so lange vorspielen, bis er tot zu Boden sinkt."

Sicher endet heute bei uns niemand mehr auf diese schreckliche Weise. Aber in den letzten Jahrzehnten sind schon viele Menschen durch den Lärm unserer technischen Geräte und Maschinen krank geworden. Die Gesundheit vieler anderer ist bedroht.

Zahlreiche Arbeiter sind durch den hohen Schallpegel an ihrem Arbeitsplatz hörgeschädigt. Dazu gehören z. B. auch Discjockeys. Ein Forscher hat herausgefunden, daß schon bei ungefähr 45 dB die Anfertigung von Hausaufgaben gestört wird. Lärm führt bei vielen Menschen zu Schlafstörungen. Daran ist besonders der *Verkehrslärm* schuld. Gerade während der Nachtzeit bedarf der Mensch der Ruhe.

Kampf gegen den Lärm

Viele Maßnahmen sollen dem Schutz der Bevölkerung vor Lärmbelästigung dienen.

Der Deutsche Bundestag hat durch ein Gesetz die Schallpegelrichtwerte von Tab. 2 beschlossen.

Die Städte und Gemeinden versuchen, schon bei ihren Bauplanungen, *Industrie-* und *Wohngebiete* voneinander zu trennen, um auf diese Weise Belästigungen durch Lärm und andere Umwelteinflüsse fernzuhalten (vgl. Abb. 2 und 3).

Dabei wird streng darauf geachtet, daß zwischen einem neuen Wohngebiet und möglichen Lärmquellen Mindest-

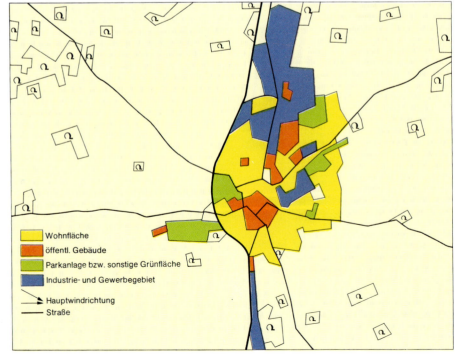

Abb. 2: Aus dem Flächennutzungsplan von Ennigerloh

Abb. 3

entfernungen eingehalten werden. Oft aber liegen Fabriken schon seit Jahrzehnten mitten in einem Ort, oder sie geraten durch Ausdehnung der Städte in die Nähe der Wohnbebauung. Dann hilft nur noch eine *Standortverlagerung.* Man bricht die Fabrik ab und baut in einem Industriegebiet eine neue.

Wenn diese Entfernungen nicht einzuhalten sind, greift man zu anderen Schutzmaßnahmen. So werden Wohngebiete durch dichte Bepflanzung mit Bäumen und Sträuchern oder durch einen *Lärmschutzwall* (vgl. Abb. 4) abgeschirmt.

In vielen Städten und Dörfern sind in den vergangenen Jahren *Umgehungsstraßen* gebaut worden. Auf diese Weise kann man den *Durchgangsverkehr* von den Wohngebieten und aus den Innenstädten fernhalten. Manchmal sind ganze Straßenzüge für bestimmte Fahrzeuge ganz oder nur an bestimmten Wochentagen gesperrt (vgl. Abb. 5).

Besonders groß ist die Lärmbelästigung in der Nähe der Flughäfen. Die Triebwerke der startenden und landenden Flugzeuge erreichen Schallpegelwerte, die weit über dem erträglichen Maß liegen (vgl. Tab. 1). Hier gibt es eigentlich nur eine Möglichkeit; man

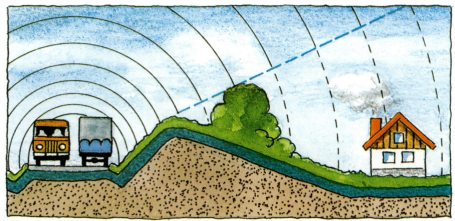

Abb. 4

muß die Flughäfen weit außerhalb der Städte anlegen und darauf achten, daß die Einflugschneisen nicht über Wohngebiete führen. Die Karte Abb. 6 zeigt am Beispiel des Flughafens Düsseldorf, daß das nicht immer möglich ist. Wenn auch der Verkehr die größte Lärmquelle ist, darf man doch die Industrie und den Baulärm nicht vergessen. Tab. 1 gibt auch darüber Auskunft. Fast alle Lärmquellen aber kann man leiser machen, indem man sie selbst dämpft. So werden die Fabrikhallen, in denen sehr laute Maschinen stehen, mit besonderen schallschluckenden Wänden versehen. Auch an Wohnhäusern kann man schalldämpfende Einrichtungen anbringen. Ein besonders gutes Beispiel ist die Isolierverglasung. Eigentlich dient sie vorwiegend der Wärmeisolierung. Die doppelten Scheiben aber schirmen auch gegen den Lärm von außen gut ab.

Die Konstrukteure achten schon beim Bau der Maschinen darauf, daß beim Betrieb möglichst wenig Lärm entsteht. Beim Auto gibt es dafür schon seit vielen Jahrzehnten den Schalldämpfer. Bei jungen Menschen gilt es häufig leider als chic, wenn man Mopeds und Mofas ohne Dämpfer fährt. An diesem Beispiel wird besonders deutlich, daß eigentlich jeder beitragen kann, die Lärmbelästigung der Mitmenschen zu verringern.

1 Versucht, in einer Diskussion die Begriffe „Kinderlärm" und „Wohnlärm" zu beschreiben.

2 Untersucht auf einer Stadtkarte die Lage der Wohngebiete und der Industrieanlagen!

D 3 Ordnet die verschiedenen Straßen in Eurer Stadt nach ihrer Bedeutung für den Verkehr!
Gibt es typische Durchgangsstraßen, für die besser eine Umgehungsstraße angelegt werden sollte?

D 4 Entwickelt aus den Erkenntnissen über die Verkehrssituation Vorschläge für schallhemmende Maßnahmen wie Lärmschutzwälle, Grünanpflanzungen und anderes.
Unterbreitet diese Vorschläge dem Bürgermeister.

5 Überlegt gemeinsam, wie Ihr selbst zur Verminderung der Lärmbelästigung beitragen könnt.

Tab. 1: Beispiele verschiedener Schallpegel

Schallquelle	dB
Hörschwelle	0
raschelndes Blatt	10
ruhige Stadtwohnung	20
Flüstern (1 m Entfernung)	30
leise Musik	40
leises Geräusch	50
normales Gespräch (1 m Entfernung)	60
PKW	70
verkehrsreiche Straße	80
schwerer LKW	90
Metallbearbeitungswerkstatt	100
Gesteinsbohrer	110
Propellerflugzeug	120
Nietpistole	130
Düsentriebwerk (25 m Entfernung)	140

Tab. 2: Höchstzulässige Schallpegel

Gebiet	dB
1. reine Industrie- und Gewerbegebiete	70
2. gemischte Wohn- und Industriegebiete	
tagsüber	60
nachts	45
3. vorwiegend Wohngebiete	
tagsüber	55
nachts	40
4. reine Wohngebiete	
tagsüber	50
nachts	35
5. Kurgebiete, Krankenhäuser, Pflegeanstalten	
tagsüber	45
nachts	35

Abb. 5

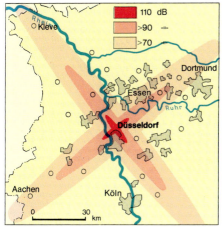

Abb. 6

Kernkraftwerke

Abb. 1

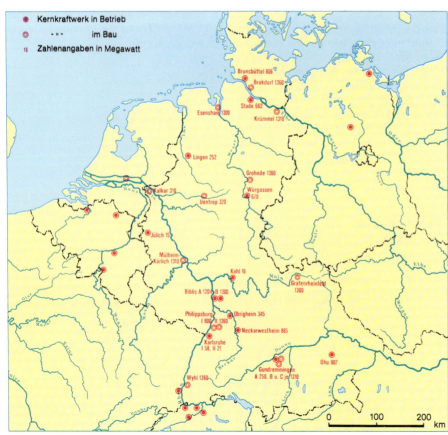

Abb. 2: Atomkraftwerke (außerhalb der Bundesrepublik Deutschland Auswahl)

Sicherung des Energiebedarfs und Umweltschutz

Die Karikatur Abb. 1 zeigt ein anderes Umweltproblem, das in den letzten Jahren sehr umstritten war und immer noch ist. Am Beispiel dieser neuen Umweltgefährdung wird eine Frage besonders deutlich:

Hat es eigentlich einen Sinn, den Wohlstand der Menschen durch immer größere Produktionen von Gütern zu vermehren, und damit gleichzeitig das Leben dieser Menschen durch eine immer stärkere Verseuchung der Umwelt zu gefährden? Auf den ersten Blick erscheint die Antwort leicht. Sie wird aber immer komplizierter, je mehr man sich mit den Einzelheiten beschäftigt.

Eine wichtige Grundlage unseres Wohlstandes ist die *Energie*. Die Länder mit dem höchsten Wohlstand auf der Erde haben gleichzeitig auch den höchsten *Energieverbrauch* (vgl. Tab. 1). *Energieträger* waren bisher für uns fast ausschließlich Erdöl, Erdgas und Kohle. Diese stehen aber nicht in unbegrenzter Menge zur Verfügung. Wenn wir nicht sehr sparsam mit ihnen umgehen, werden sie in absehbarer Zeit verbraucht sein. So haben Wissenschaftler errechnet, daß bei gleichbleibendem Verbrauch Erdöl in etwa 30 Jahren und Erdgas in ungefähr 50 Jahren nicht mehr zur Verfügung stehen werden, weil die auf der Welt vorhandenen Vorräte erschöpft sind. Steinkohle und Braunkohle werden jedoch noch mehr als 150 Jahre reichen.

Wir müssen uns deshalb nach anderen Energieträgern umschauen. Nach heutiger Erkenntnis der Wissenschaft kommt dafür wahrscheinlich zuerst die *Atomenergie* (vgl. Abb. 4) in Frage. Aber hier schon beginnt der Streit. Die Gegner der Kernkraftwerke behaupten,

Tab. 1: Energieverbrauch einiger Weltregionen pro Jahr (in t SKE/Einw.).
SKE = Steinkohleneinheit. 1 t SKE = Energie von 1 t Steinkohle

	1965	1971
Welt	1,6	1,9
Afrika	0,3	0,4
USA/Kanada	9,0	11,0
Westeuropa	3,0	3,9
Bundesrepublik Deutschland	4,4	5,7

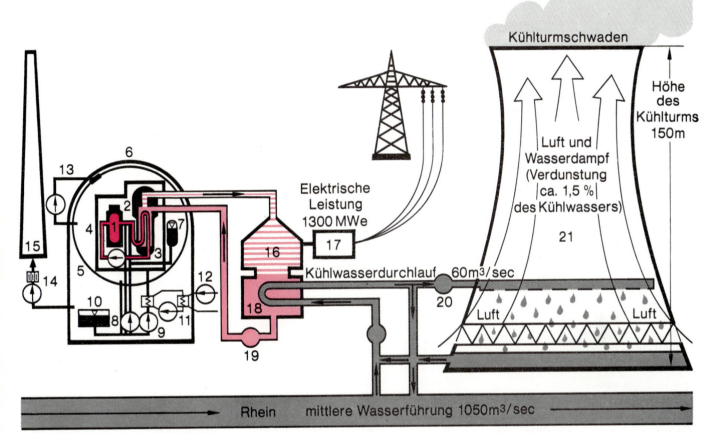

1 Reaktor	8 Sicherheitseinspeisepumpe	15 Abluftkamin	■ Primärkreislauf mit Hauptkühlmittel (Wasser unter 157 at Druck und ca. 320°C)
2 Dampferzeuger	9 Nachkühlung	16 Turbinen	
3 Hauptkühlmittelpumpe	10 Flutbehälter	17 Generator	■ Sekundärkreislauf, Turbinenantrieb (Dampf bzw. Wasser)
4 Primärabschirmung	11 Zwischenkühlkreis	18 Kondensator	
5 Sicherheitsbehälter	12 Nebenkühlkreis	19 Kondensatpumpe	□ Kühlwasserkreislauf
6 äußere Betonabschirmung	13 Leckabsaugung	20 Kühlwasserpumpen	
7 Druckspeicher	14 Ringraumabsaugung	21 Kühlturm	

Abb. 3: Wie ein Kernkraftwerk funktioniert

die anderen Energieträger reichten durchaus für unseren Bedarf.

Probleme der Kernenergie

Da unser Thema die *Umweltbelastung durch Kernkraftwerke* ist, wollen wir uns im wesentlichen auch darauf beschränken.
Die *Arbeitsweise eines Kernkraftwerkes* soll hier nur ganz grob beschrieben werden. Kernkraftwerke sind eigentlich nichts anderes als *Wärmekraftwerke* (vgl. Abb. 3), wie die mit Steinkohle, Braunkohle, Erdöl oder Erdgas betriebenen Anlagen *(konventionelle Kraftwerke)*. Es wird also Wärme mit Hilfe einer Turbine und eines Generators in elektrische Energie umgewandelt. Als Wärmequelle dient der *Reaktor*. In seinem Innern befinden sich – und das unterscheidet das Kernkraftwerk vor allem vom herkömmlichen Kraftwerk – wegen ihrer Gefährlichkeit durch dicke Beton- und Stahlwände gegen die Außenwelt abgeschirmte *Brennstäbe*. Sie geben durch *Kernspaltung Atomenergie* in Form von Wärme ab, die Wasser in Dampf verwandelt, der wiederum die Turbine treibt (Abb. 5 zeigt im Luftbild ein solches Kernkraftwerk mit dem eiförmigen Reaktorgebäude und einem Kühlturm, der zum konventionellen Kraftwerk gehört).
Wenn Ihr über die Physik des Atoms

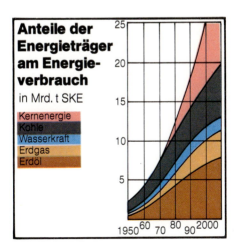

Abb. 4

Abb. 5: Kernkraftwerk (links) und konventionelles Kraftwerk (rechts) von Lingen/Ems

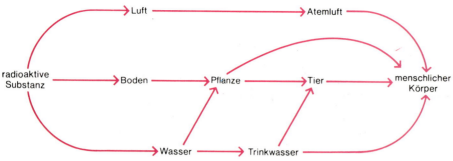

Abb. 6

und die Funktion eines Kernkraftwerkes mehr wissen wollt, fragt bitte Euren Physiklehrer. Er wird Euch gern helfen. Die Karte Abb. 2 zeigt, daß Kernkraftwerke an Flüssen gebaut werden. Der Grund ist einfach: Man braucht zum Betrieb *Kühlwasser.* Ursprünglich wollte man das aufgeheizte Wasser in die Flüsse entlassen. Man hätte auf diese Weise die Temperatur des Flußwassers um mehrere Grade angehoben. Warmes Wasser aber hat einen geringeren Sauerstoffgehalt als kaltes. Sauerstoff jedoch wird benötigt, um die Schadstoffe im Wasser abzubauen. Fische und andere Wassertiere benötigen viel Sauerstoff. Sie vertragen auch nur eine bestimmte Temperatur. Wird diese Grenze überschritten, sterben sie. Tab. 2 gibt darüber Auskünfte.

Tab. 2: Fischsterben als Folge von Sauerstoffmangel durch Wassererwärmung (in °C)

Fischart	tödliche Temperatur
Regenbogenforelle (jung)	24,5
Regenbogenforelle (alt)	28,3–29,5
Bachforelle	22,5–29,0
Schleie	29,0–30,8
Hecht	25,0–29,0
Flußbarsch	30,0–31,0
Karpfen	37,6
Goldfisch	41,0

Das Aufheizen des Wassers hätte also die Gefahren der Wasserverschmutzung erhöht. Inzwischen versuchen die Techniker, dieses Problem dadurch zu lösen, daß man riesige *Kühltürme* baut, um einen Teil des Wassers nicht mehr an die Flüsse abzugeben. Selbstverständlich werden die hohen Temperaturen nicht nur an das Wasser, sondern an die ganze Umgebung abgegeben. Dadurch kann sich das Klima in der Nähe eines Kernkraftwerkes ändern. Höhere Temperaturen verursachen eine größere Wasserverdunstung. Dadurch bildet sich viel häufiger Nebel, der die Zahl der Sonnenstunden pro Jahr vermindert und im Winter zu häufigerer Glatteisbildung führen kann.

Viel gefährlicher aber ist die mögliche *Strahlenbelastung* für den Menschen. Sie entsteht bei der Kernspaltung im Reaktor. Die dicken Wände dieses Gebäudes schirmen die Außenwelt im Normalfall gegen die Strahlung ab. Bei Unachtsamkeiten oder bei Unfällen jedoch kann die *Radioaktivität* außer Kontrolle geraten. Die Strahlung kann dann die Gesundheit und das Leben der Menschen und Tiere bedrohen. Wachstumsstörungen bei Kindern, Hautschäden, Krebs und Verminderung von Fruchtbarkeit sind einige der möglichen Folgen. Eine plötzliche hohe Strahlenbelastung führt zum Tod. Besonders gefährlich aber wird die Radioaktivität, wenn sie in die Nahrungskette (vgl. Abb. 6) gelangt. Die Strahlenbelastung der Menschen nimmt so unmerklich zu.

In der Diskussion um die Kernenergie spielt deshalb die Sicherheit der Kraftwerke eine erhebliche Rolle.

Jedes Feuer hinterläßt Asche oder andere Rückstände, mit denen man relativ leicht fertig werden kann. Ein Kernkraftwerk aber produziert außerordentlich gefährliche Abfälle. Beim Prozeß der Kernspaltung werden die Brennelemente radioaktiv, ebenso das Wasser im Reaktor und Teile der Anlage. Auch verbrauchte Brennstäbe haben nicht etwa ihre Gefährlichkeit verloren. Vielmehr ist unter anderem das hochgiftige *Plutonium* entstanden. So bleibt ein Rest von radioaktivem *Atommüll,* der zum Teil Tausende von Jahren gefährliche Strahlen abgeben wird. Ihn kann man nicht vernichten. Vielmehr muß er so sicher gelagert werden, daß zu keiner Zeit das Leben auf der Erde gefährdet wird. In der Bundesrepublik Deutschland gibt es nach Angaben von Atomwissenschaftlern dafür nur eine Möglichkeit: Unter der norddeutschen Tiefebene befinden sich riesige Salzstöcke, in denen man den Atommüll gefahrlos lagern könne. Man will dort im Innern des Salzes eine *Atommülldeponie* einrichten. Aber auch dieser Vorschlag ist noch umstritten. Selbst wenn dieser Müllplatz für radioaktive Abfälle eingerichtet ist, werden die Gefahren, die sich aus dem Betrieb der Kernkraftwerke ergeben, nicht ganz überwunden sein. So muß zum Beispiel der Atommüll aus der ganzen Bundesrepublik Deutschland nach dort transportiert werden. Auch dabei kann es zu Unfällen mit schrecklichen Folgen kommen. Da ist es verständlich, daß viele Menschen den Bau von Kernkraftwerken ganz verhindern wollen.

In dieser Situation gibt es für die Techniker nur eine Lösung. Sie müssen die Anlagen so sicher bauen, daß eine Gefährdung ausgeschlossen werden kann.

1 Erkundigt Euch, wo in Eurem Bundesland Kernkraftwerke stehen oder geplant sind!
Fertigt eine entsprechende Karte an.

2 Sammelt weitere Informationen über Kernkraft und Radioaktivität. Euer Physiklehrer wird gern helfen.

3 Diskutiert, ob Ihr in der Nähe eines Kernkraftwerkes wohnen möchtet.

D 4 Ein weiteres Diskussionsthema könnte die Frage sein, ob wir auf Kernkraftwerke ganz verzichten sollten, selbst wenn damit unser Wohlstand in Gefahr geriete.

D 5 Viele Wissenschaftler sind dabei, nach neuen Energiequellen zu suchen. Informiert Euch über ihre Ergebnisse.

D 6 Diskutiert über das Problem, daß die „Welt ein Raumschiff" ist, auf dem alle Rohstoffe nur in einem begrenzten Umfang vorhanden sind.

D 7 Wissenschaftler sprechen von den „Grenzen des Wachstums". Nehmt dazu Stellung.

Vorurteile

Rassenvorurteile

Abb. 1: Crow-Indianer zu Pferd (Gemälde von Catlin)

„Die einzigen guten Indianer, die ich gesehen habe, waren tot"
General Sheridan, 1868 (zitiert nach: Dee Brown, Begrabt mein Herz an der Biegung des Flusses; München, Zürich 1974, S. 172).

Vorurteile von Weißen gegen Indianer

Jeder von Euch, der schon einmal einen Wild-West-Film gesehen hat, weiß, daß die Indianer die Wagenkolonnen der Weißen, die friedlich in den Westen ziehen wollen, meistens aus dem Hinterhalt angreifen. Unter lautem Indianergebrüll überfallen sie die Lager der Weißen am liebsten dann, wenn die Männer weggegangen sind, um anderswo nach dem Rechten zu sehen. Sie metzeln die Frauen und die Kinder nieder, skalpieren sie, plündern den Ort und ziehen sich schnell in ihre sicheren Berge zurück, bevor sie sich auf einen richtigen Kampf mit den Männern einlassen müssen. Was Wunder, daß die weißen Siedler und Bauern sich gegen die Indianer zusammenschließen und sie bekämpfen, wo immer sie ihnen begegnen?

Yellow Wolf von den Nez Perces meint dazu:

„*Die Weißen haben nur die eine Seite erzählt. Sie haben sie erzählt, um sich selbst als gut hinzustellen. Sie haben viel erzählt, was nicht wahr ist. Nur von seinen eigenen besten Taten und von den schlechtesten der Indianer hat der Weiße Mann erzählt.*" (Dee Brown, Begrabt mein Herz an der Biegung des Flusses, S. 308)

Tatsächlich ist die Geschichte der Indianer und der Weißen nicht so verlaufen, wie sie in den Wild-West-Filmen dargestellt wird:

Die Indianer sind die Ureinwohner von Amerika. Sie haben das ganze Land bereits bewohnt, bevor die Weißen eingewandert sind. Sie haben die Weißen zuerst friedlich empfangen und ihnen oft sogar geholfen, sich in der Neuen Welt zurechtzufinden. Die Weißen aber haben die Indianer mit Gewalt nach und nach aus ihren alten Gebieten verdrängt. Schließlich haben die weißen Einwanderer die Indianer gezwungen, in bestimmten Landstrichen

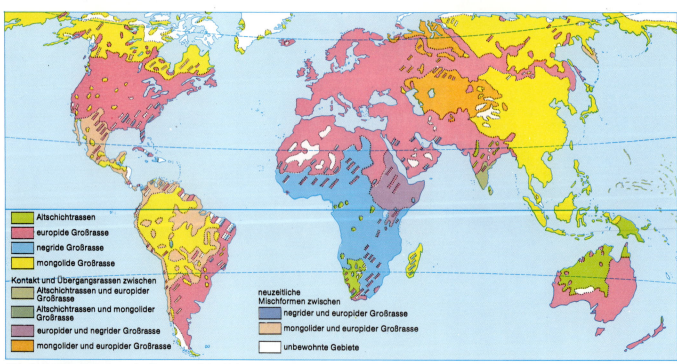

Abb. 2: Heutige Verteilung der Rassen auf der Erde

Abb. 3: Bahnhof in Südafrika

Abb. 4: Wohngebiet von Weißen in Südafrika

Abb. 5: Wohngebiet von Farbigen in Südafrika

zu leben. Diese Landstriche heißen *Reservationen*. Die Indianer durften sie nicht verlassen, auch nicht zum Jagen. Doch in den Indianergebieten gab es zu wenig Wild, um alle Indianer zu ernähren. Bewohner, die aus den Reservationen ausbrachen, wurden von den Weißen gejagt, erschossen und skalpiert, denn für Indianerskalps wurden Prämien gezahlt. Die Weißen sagten von den Indianern, sie seien tolle Hunde und hungrige Wölfe, die ausgerottet werden müßten.

Wenn Ihr mehr über die Geschichte der Indianer erfahren wollt, dann lest das Buch von Dee Brown, *Begrabt mein Herz an der Biegung des Flusses*.

Was sind Vorurteile?

Die Geschichte der Indianer zeigt, wie *Vorurteile* unser Denken beeinflussen. Vorurteile sind Meinungen, auf die wir uns berufen, obwohl wir nicht geprüft haben, ob die Meinungen mit den Tatsachen übereinstimmen. Vorurteile sind häufig schlechte Meinungen, die wir über andere haben. Vorurteile haben wir gegenüber allen, die nicht so sind, wie wir selbst.

Vorurteile von Weißen gegen Farbige

Vorurteile können wir also nicht nur gegenüber Indianern haben, sondern auch gegenüber allen anderen Völkern nicht-weißer Hautfarbe (zu den Rassen auf unserer Erde vgl. Abb. 2). Die Schwarzen und die Gelben ebenso wie die Roten halten wir oft für dümmer als wir selbst sind, für faul und schmutzig. Wir behaupten, man kann sich nicht auf sie verlassen. Weil wir schlechte Meinungen über andere haben, die nicht genauso sind wie wir selbst, deshalb wollen wir auch nichts mit diesen Leuten zu tun haben. Wir wollen nicht in derselben Gegend wohnen, wie die Farbigen und wir wollen sie nicht zu unseren Freunden machen.

Die Trennung der Menschen nach ihrer Hautfarbe ist in einigen Ländern auch heute noch üblich, z. B. Südafrika. Weiße und farbige Menschen dürfen dort nicht auf derselben Parkbank sitzen, sie dürfen nicht in denselben Taxis und Bussen fahren und sie dürfen nicht zusammen arbeiten und wohnen oder miteinander spielen (vgl. Abb. 3 bis 5). Diese Politik der *Rassentrennung* nennt man *Apartheid*. Die Weißen, die den Schwarzen vorschreiben, wo sie zu wohnen haben und wo sie arbeiten dürfen, sind der Meinung, daß die Schwarzen zu dumm sind, um für sich selbst zu sorgen, daß sie faul und schmutzig sind und unzuverlässig bei der Arbeit. Daher müsse man sie immer beaufsichtigen. Diese Beaufsichtigung der Schwarzen durch die Weißen bedeutet, daß die Weißen die Schwarzen unterdrücken. Sie behandeln sie so, als ob sie keine vollwertigen Menschen wären.

Vorurteile in Deutschland

In Deutschland gibt es heute keine Rassentrennung. Vor 45 Jahren war dies anders. Damals wurden die Juden aus Deutschland vertrieben und vernichtet, weil sie einer anderen Rasse angehörten als die Deutschen. Zur Kennzeichnung mußten die Juden in der Öffentlichkeit ab 1938 den „Judenstern" tragen (vgl. Abb. 6). Heute haben alle Deutschen unabhängig von ihrer Hautfarbe oder ihrer Rassenzugehörigkeit dieselben Rechte (vgl. S. 118).

Allerdings haben wir auch Vorurteile gegenüber anderen Völkern, und zwar sowohl gegenüber Farbigen wie auch gegenüber anderen Weißen, die nicht Deutsche sind.

1 Fragt Eure Nachbarn, ob sie ein Zimmer an einen Schwarzen, einen Türken, einen Deutschen ... vermieten würden. Vergleicht die Ergebnisse und wertet sie aus.

Abb. 6: Juden mit Judenstern

Andere sehen uns

Abb. 1: Für manche Ausländer eine typische deutsche Familie

Wie wir Deutschen uns sehen

Wir Deutschen haben ein Bild von uns selbst, wir haben eine Vorstellung von unserem Verhalten und von unseren Eigenschaften. Wir beschreiben uns selbst als fleißig, zuverlässig, tapfer und mutig, kultiviert, demokratisch, aufrichtig, beweglich, geistreich, warmherzig, großzügig, tolerant, phantasievoll und bescheiden (Der Spiegel, 48/1977).

Unsere Meinungen über uns selbst sind durchweg positiv (günstig, gut). Wir können uns selbst kaum vorstellen, daß wir auch negative (ungünstige, schlechte) Eigenschaften haben. Das Bild, das wir uns von uns selbst machen, entspricht in vieler Hinsicht einem (positiven) Vorurteil.

Wie andere uns sehen

Nach Meinung vieler Ausländer sind wir zwar auch in erster Linie fleißig, diszipliniert, ordentlich und zuverlässig. Aber darüber hinaus sind wir auch steif, kühl, aggressiv, rücksichtslos, ungeduldig, überheblich, humorlos und phantasielos. Das Bild, das sich die anderen von uns machen, ist keineswegs so günstig, wie wir uns selbst gern sehen wollen.

Schwarz-Weiß-Malerei: Kennzeichen für Vorurteile

Für Vorurteile gilt, daß meist die Gruppe, zu der der einzelne sich rechnet, als die gute Gruppe beschrieben wird, während die andern als schlecht und böse hingestellt werden. Diese Schwarz-Weiß-Malerei ist ein sicheres Kennzeichen dafür, daß wir ein Vorurteil über uns selbst haben: Wir sehen uns selbst als die Besten und die Größten. Wir übersehen unsere eigenen Fehler, die wir sogar noch anderen ankreiden.

Wie wir alle aber auch wissen, gibt es keinen Menschen, der nur gute Eigenschaften hat. Jeder von uns hat auch ein paar schlechte Eigenschaften, auf die er nicht sehr stolz ist. Wenn wir unsere eigenen Vorurteile vermeiden wollen, dann müssen wir uns diese schlechten Eigenschaften auch eingestehen.

Abb. 2: Asterix und die Goten, S. 27

1 Schreibt Euch auf, was Ihr im Ausland erlebt habt und was Ihr dort besser findet als in Deutschland. Wenn Euch dazu nichts einfällt, obwohl Ihr schon einmal Eure Ferien im Ausland verbracht habt, dann überlegt, woran das liegt.

2 In Abb. 2 ist dargestellt, wie sich Asterix und Obelix die Deutschen bzw. deren Vorfahren vorstellen.
Stellt einige Eigenschaften zusammen, die aus dem Text und den Bildern erkennbar werden.
Überlegt, ob diese Eigenschaften häufig vorkommen.

D 3 Sammelt weitere Beispiele, die Vorurteile erkennen lassen (aus Zeitungen, Zeitschriften, Comics, Büchern).

Wir sehen andere

Abb. 1: Gastarbeiterfamilie bei der Urlaubsreise ins Heimatland

Abb. 2: Wohnviertel von Gastarbeitern

Abb. 3: Eine nicht alltägliche Berufsausbildung für Mädchen

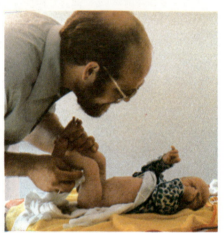

Abb. 4: Vater und Sohn

Vorurteile gegen Gastarbeiter

Vorurteile gibt es nicht nur von Deutschen gegen Menschen, die im Ausland wohnen und umgekehrt, sondern auch gegenüber einer Vielzahl von anderen Menschen, mit denen wir zusammenleben.
Da sind zunächst einmal die Gastarbeiterkinder, mit denen deutsche Kinder zusammen zur Schule gehen. Sie sind so alt wie die deutschen Kinder, sie sind vielleicht genau so groß wie die deutschen Kinder, aber sonst sind sie – wie manche meinen – ganz anders. Die Türken und die Italiener, die Griechen und die Jugoslawen unter unseren Mitschülern sprechen eine andere Sprache, mit der sie sich untereinander verständigen und sie haben manche anderen Gewohnheiten als die Deutschen. Alles an ihnen ist irgendwie verdächtig, denn sie sind anders.
Aber stimmt das überhaupt? Sind die Gastarbeiterkinder, die mit deutschen Kindern in dieselbe Schule gehen, wirklich so viel anders als diese?

1 Stellt fest, wie viele in Eurer Klasse Kinder von Gastarbeitern kennen.

D 2 Berichtet, was Euch an den Kindern von Gastarbeitern am meisten auffällt.

D 3 Erstellt eine Liste, welche Eigenschaften Eurer Meinung nach Gastarbeiterkinder haben, und zählt das Ergebnis an der Tafel aus.

D 4 Überprüft, ob Eure Beurteilungen von Gastarbeiterkindern von Vorurteilen bestimmt sind.

5 Fragt die Kinder von Gastarbeitern nach ihren Erfahrungen, die sie in der Bundesrepublik Deutschland gemacht haben. Schreibt genau auf, worüber sie sich freuen und unter welchen Schwierigkeiten sie leiden. Fragt sie danach, ob sie mit gleichaltrigen Deutschen befreundet sind.

6 Laßt Euch von den Gastarbeiterkindern berichten, worin sich ihr Leben in ihrer Heimat von dem in der Bundesrepublik Deutschland unterscheidet.

7 Vergleicht die Berichte der Kinder der Gastarbeiter mit Euren eigenen Berichten.
Welche Unterschiede lassen sich feststellen?

Vorurteile zwischen Jungen und Mädchen

Es gibt noch viele andere, mit denen wir zusammenleben und über die wir eine schlechtere Meinung haben als über uns selbst. Dies gilt zum Beispiel für die Jungen, die meinen, daß Mädchen weinerlich, feige und unzuverlässig sind (vgl. S. 12). Ihr größtes Vergnügen ist es, Mädchen zu ärgern, bis diese schließlich anfangen zu weinen. Dann rufen sie ihnen nach, sie seien Heulsusen und man könne sie zu nichts gebrauchen. Wieder einmal haben sie so ihre eigenen Vorurteile bestätigt und fühlen sich als Sieger über einen schwachen Gegner.

1 Fragt gleichaltrige Mädchen, was sie am Verhalten von Jungen am meisten ärgert und fragt Jungen, was ihnen an den Mädchen am wenigsten gefällt.
Überlegt anhand dieser Ergebnisse, woher die Mißverständnisse zwischen den Jungen und den Mädchen kommen und wie man sie beseitigen kann.

> Es ist notwendig, daß man erkennt, welche Vorurteile jeder einzelne von uns hat; denn Menschen, die viele Vorurteile haben und die nicht nachprüfen, ob ihre Meinungen, die sie sich über andere machen, auch mit den Tatsachen übereinstimmen, haben eine *Radfahrernatur*: Sie buckeln nach oben und sie treten nach unten. Da sicherlich keiner von Euch eine Radfahrernatur haben will, müßt Ihr selbst daran arbeiten, um Eure Vorurteile abzubauen. Ein Weg dazu ist es, die andern, die man für die schlechteren Menschen hält, genauer kennenzulernen.

Abb. 5

Massenmedien

Aufgaben der Massenmedien

Am 18. Februar 1943, während der Zeit der Nazidiktatur in Deutschland, ließen die Studenten Hans und Sophie Scholl Flugblätter von einem oberen Stockwerk in die Eingangshalle der Münchener Universität hinabsegeln. Darin forderten sie zum Widerstand gegen Hitler auf. Sie wurden beobachtet, verhaftet und durch das Beil hingerichtet ...

Artikel 5 des Grundgesetzes für die Bundesrepublik Deutschland: „Jeder hat das Recht, seine Meinung in Wort, Schrift und Bild frei zu äußern und zu verbreiten und sich aus allgemein zugänglichen Quellen ungehindert zu unterrichten ..."

Das Recht auf Meinungs- und Informationsfreiheit

Die Geschwister Scholl wurden von den damaligen Machthabern für eine Handlung mit dem Tode bestraft, die in unserer Demokratie durch das Grundgesetz geschützt ist: Sie äußerten ihre Meinung. Neben diesem Grundrecht auf *Meinungsfreiheit* wird jedem von uns auch das Recht auf *Informationsfreiheit* garantiert. Diese beiden Rechte zusammen bilden die Grundvoraussetzung für die *Pressefreiheit*. Unser Recht auf Informationsfreiheit nehmen wir vor allem wahr, indem wir Zeitungen, Zeitschriften und Bücher lesen, Rundfunk hören, Filme anschauen und fernsehen. Zeitungen, Zeitschriften, Rundfunk und Fernsehen werden als *Massenmedien* bezeichnet: „Massen", weil sie viele Menschen erreichen; „Medien", Einzahl „Medium", kommt aus dem Lateinischen und bedeutet „Mittelglied, Mittler". Wir benutzen die Informationsmöglichkeiten, die uns Journalisten in den Massenmedien bieten und nehmen so unser Recht auf Informationsfreiheit wahr.

Die Massenmedien haben in der Demokratie drei politische Aufgaben. Sie sollen
– uns informieren,
– uns bei unserer Meinungsbildung unterstützen,
– kontrollieren und kritisieren.

Informierung durch die Massenmedien

Die wichtigste Form, in der uns Massenmedien über Ereignisse informieren, ist die *Nachricht* (Meldung). Eine gute Meldung soll Auskunft geben über die sechs „W": Wer? Wann? Wo? Was? Wie? Warum?

Die wichtigste Forderung an eine Nachricht aber ist: Sie soll objektiv sein, d. h. in ihr sollen die Tatsachen und Zustände so dargestellt sein, wie sie wirklich sind. Um die Erfüllung dieser Forderung kann sich jeder Journalist aber immer nur bemühen, erreichen kann er sie kaum, da sich jeder Vorgang aus der Sicht eines jeden Menschen anders darstellt.

Meinungsbildung durch die Massenmedien

Neben den Nachrichten findet Ihr in jeder Zeitung und auch in Rundfunk und Fernsehen die Stellungnahme eines Journalisten zu einer bestimmten Meldung. Solche Beiträge, in denen der Redakteur (Journalist) seine Meinung zu einem Ereignis oder einer Entwicklung äußert, nennt man *Kommentar*.

Nach einer Grundregel für eine gute Tageszeitung sollen Nachricht und Kommentar immer deutlich voneinander getrennt sein.

Rundfunk und Fernsehen sind zu einer besonderen Kenntlichmachung eines Kommentars sogar gesetzlich verpflichtet.

In der Zeitung werden die Kommentare in der Regel immer an gleichbleibender Stelle abgedruckt und als Kommentare gekennzeichnet. Der Verfasser wird mit vollem Namen genannt. Er teilt dem Leser seine Meinung zu dem Ereignis mit und versucht, durch überzeugende Argumente und geschickte Formulierungen, diesen für seine Sicht der Dinge zu gewinnen.

Typische Kennzeichen eines Kommentars sind Wörter wie „scheint, sicher, wahrscheinlich, selbstverständlich, vielleicht, offenbar, bestimmt, schließlich, bekanntlich ..." Als Zeitform findet man oft das Futur (die Zukunft).

Kontrollfunktion der Massenmedien

Zeitungen werden von Hunderttausenden gelesen, Rundfunk- und Fernsehsendungen werden von Millionen gehört und gesehen. Sie alle werden in ihrem Urteil über Geschehnisse durch die Berichterstattung und die Kommentare dieser Massenmedien beeinflußt. Zeitungen, Zeitschriften, Rundfunk und Fernsehen ist damit eine große Macht in die Hand gegeben. Politiker und Beamte kennen diese Einflußmöglichkeiten der Massenmedien und reagieren darum auf deren Kritik eher als auf die Äußerungen einzelner Bürger.

1 Während der Nazizeit war es unter Androhung schwerer Strafen verboten, ausländische Rundfunksender zu hören.
Überlegt, was die damaligen Machthaber damit erreichen wollten und begründet, warum ein solches Gesetz heute grundgesetzwidrig wäre.

2 Prüft, ob der Zeitungsartikel Abb. 1 die Anforderungen an eine gutgemachte Nachricht erfüllt.

3 Schreibt jeder für Euch eine Meldung über ein gemeinsam erlebtes Ereignis. Vergleicht Eure Arbeiten. Stellt Ihr Unterschiede fest?

4 Abb. 2 zeigt Euch eine Nachricht

Schießwütiger kapitulierte

München (dpa). Über acht Stunden belagerte die Polizei am Montag im Münchner Osten die Wohnung eines 54 Jahre alten Schriftstellers, der auf Polizisten geschossen und sich dann in seiner Unterkunft verschanzt hatte. Dem vermutlich unter Verfolgungswahn leidenden Mann hatten am frühen Morgen zwei an seiner Wohnungstür läutende Beamte einen Beschluß des Amts für öffentliche Ordnung präsentiert, mit dem er aufgefordert worden war, seine Pistole und seinen Waffenschein abzugeben. Der Schriftsteller kam dieser Aufforderung jedoch nicht nach, sondern feuerte durch die von ihm schnell wieder geschlossene Tür sechs Schüsse auf die Polizisten ab, die jedoch nicht getroffen wurden. Bei der Belagerung setzte die Polizei mehrmals mit dem Schützen in Verbindung und versuchte, ihn zum Aufgeben zu bewegen. Nach einem Gespräch mit dem Münchner Polizeipräsidenten Dr. Manfred Schneider kapitulierte der Mann schließlich und ließ sich abführen.

Abb. 1: Zevener Zeitung, 17. 2. 1976

Jönköping (dpa). Der Deutsche Schwimm-Verband (DSV) hat am Sonntag telegrafisch bei den Intendanten der Arbeitsgemeinschaft der Rundfunkanstalten Deutschlands (ARD) und des Zweiten Deutschen Fernsehens (ZDF) gegen das Verhalten der deutschen Fernsehanstalten bei den 14. Schwimm-Europameisterschaften protestiert.

Wegen Werbung am Beckenrand des Schwimmstadions in Jönköping hatten ARD und ZDF auf jegliche Übertragungen von den Titelkämpfen verzichtet. „Die Kriterien der doppelten Bandenwerbung, die von den Fernsehanstalten als Maßstab genommen worden sind, sind hier in keiner Form erfüllt worden. Auch hinsichtlich der Größe der Werbung ist das Verhalten beider Anstalten, die bei Profisportarten wesentlich großzügiger handeln und erheblich umfangreichere Werbung dulden, unverständlich", erklärte Ortwin Kaiser (Hannover), Vizepräsident des DSV, am Sonntag in Jönköping. „Dem Schwimmsport der Bundesrepublik hat man jedenfalls im Hinblick auf die Weltmeisterschaften im nächsten Jahr in Berlin mit diesem Verhalten keinen Gefallen getan."

Von unserem Korrespondenten
Karl Morgenstern

Die Verlierer der 14. Europameisterschaften im Schwimmen, Springen und Wasserball waren daheim geblieben – vor den Bildschirmen. Acht Tage lang glänzten die Schwimmer der Bundesrepublik mit Rekorden und Siegen, wie sie in dieser Fülle sicherlich nicht erwartet werden konnten und wie sie sich gewiß auch nicht so bald wiederholen werden. Europas Anhänger des feuchten Elements erlebten die Gala-Schau der Schwimmer der Bundesrepublik mit Respekt und Verwunderung in Farbe und Schwarzweiß mit. Nur in Bonn, Heidelberg, Wuppertal, Dortmund oder Saarbrücken, wo die besten bundesdeutschen Schwimmer zu Hause sind, herrschte Dunkelheit. Nicht jedermann in der Bundesrepublik genießt den geographischen Vorteil, gegebenenfalls beim DDR-Fernsehprogramm Zuflucht suchen zu können.
Solange es Fernsehen hierzulande gibt, ist noch nie eine so bedeutende Sportveranstaltung wie die Europameisterschaften in Jönköping so total von den Bildschirmen ausgesperrt worden wie diesmal. Die Werbung am Beckenrand störte ARD und ZDF. Sie störte alle anderen europäischen Fernsehanstalten in Ost und West nicht, zumal ohnehin kein Mensch in Deutschland mit den kaum erkennbaren schwedischen Reklametexten etwas anzufangen weiß, die harmlos klein und bescheiden gegenüber den Reitern in den Fußballstadien, der schreiend aufdringlichen Reklame bei den Ski- und Automobilrennen waren, die Wochenende für Wochenende über die Bildschirme flimmert. Mit Kundendienst hatte die Entscheidung gegen Jönköping nichts zu tun, mit Logik auch nichts. Verteten konnte sie ernsthaft niemand, der Jönköping selbst miterlebt hat.
Die Fehlschaltung von Jönköping hatte auch einen kurios-grotesken Akzent: ZDF-Moderator Harry Valérien, dem Schwimmsport sehr verbunden und in diesem Metier auch bewandert, hatte vergeblich wider die unverständliche Ausblendung plädiert. Sein Wort wurde nicht gehört. Harry Valérien tat, was Millionen in Deutschland nicht möglich war. Er nahm Urlaub, kaufte sich ein paar Eintrittskarten in Jönköping und erlebte die Schwimm-Europameisterschaften ganz privat mit.

Abb. 2: Zevener Zeitung, 22. 8. 1977

mit dem dazu geschriebenen Kommentar.
Vergleicht!

5 Wißt Ihr, wie im Fernsehen der Kommentar von den Nachrichten abgehoben wird?
Achtet einmal darauf.

6 Ein Beispiel für die Kontrollfunktion der Massenmedien soll Euch der Artikel Abb. 3 geben.
Schildert, welche Mißstände der Journalist hier anprangert und wen er dafür verantwortlich macht. Wodurch wird die kritische Wirkung des Artikels noch verstärkt? Bedenkt auch: Die „Bild-Zeitung" wird in ihrer Hamburg-Ausgabe täglich in mehr als 500 000 Exemplaren verkauft und noch von wesentlich mehr Menschen gelesen. Beurteilt die Chancen, daß sich die Unterrichtsbedingungen in der Schule Musäusstraße bald bessern.

7 Begründet, warum besonders Politiker an einer positiven Berichterstattung über sich interessiert sind.

D 8 Diskutiert die Frage, ob der große Einfluß der Massenmedien auf uns Leser nur positiv zu sehen ist.

D 9 Artikel 5, Absatz 2 des Grundgesetzes beschränkt die Pressefreiheit in bestimmten Punkten.
Informiert Euch über die Grenzen der Pressefreiheit.

D 10 Seht Euch Berichte in Eurer Zeitung auf Vermischung von Nachricht und Kommentar hin an (im politischen Teil, Sportteil usw.).

700 Kinder frieren in der Schule und keiner hilft!

elü. Hamburg, 5. 2. „Unser Klassenraum ist ein Kühlschrank. Im Klassenraum ist es fast so kalt wie auf dem Pausenhof. Viele aus unserer Klasse haben schon einen Schnupfen."

Zwei Mädchen, zwölf Jahre alt, haben diesen Brief an BILD geschrieben. Und sie haben dadurch einen handfesten Skandal enthüllt:

Seit vier Wochen frieren die 700 Schülerinnen und Schüler der Haupt- und Realschule Musäusstraße (Iserbrook): Nur selten steigt das Thermometer in den 18 Klassenräumen über 12 Grad, da die vier Heizkessel defekt sind.

Und obgleich Schulleiter Martin Hettwer auf die 26 Jahre alte, kaputte Heizungsanlage alle zuständigen Behörden aufmerksam gemacht hat, ist nichts geschehen.

Schulsenator Apel: „Ich bin dafür nicht zuständig. Das ist Sache des Bezirksamtes."

Das Bezirksbauamt: „Wir haben eine Firma beauftragt. Die kann im Winter nicht viel machen. Die ganze Heizungsanlage muß für 188 000 Mark repariert werden. Das geht frühestens in sechs Wochen."

Volks- und Realschule Musäusstraße: Hier und in den angrenzenden Pavillons frieren 700 Schüler, weil die Heizkessel kaputt sind

BILD-Hamburg meint

● *Merkwürdig! Der Schulsenator ist „nicht zuständig", wenn Schüler in eiskalten Klassenräumen frieren? Eine Mutter dagegen fühlte sich „zuständig": Frau Erika Marr stiftete der Klasse ihres Sohnes zwei Heizsonnen, damit die Kinder nicht länger frieren sollten.*

Beschämend für Sie, Herr Senator!

Abb. 3: Bild, 5. 2. 1976

Zeitungen, Zeitungen, Zeitungen

Abb. 1

Boulevardzeitung – Abonnementzeitung

Du kennst sie von den Straßen Deiner Stadt oder aus Film und Fernsehen. Mit lauten Rufen oder auffälliger Kleidung versuchen sie, ihre Kunden, die an ihnen vorbeiströmen, für ihre Ware zu interessieren: die Straßen-Zeitungsverkäufer.

Heute werden sie seltener und häufig durch stumme, mechanische Verkaufsautomaten ersetzt, aber immer noch wird eine bestimmte Art von Zeitung auf der Straße oder am Kiosk verkauft: die *Boulevardzeitung*. Ihren Namen hat sie vom französischen Wort „Boulevard", was „breite Straße" bedeutet. Auch die zweite Zeitungsart hat ihren Namen von der Art, wie sie meist verkauft wird. Sie wird ihren Käufern täglich oder wöchentlich durch den Zeitungsboten oder die Post ins Haus gebracht: die *Abonnementzeitung*. Auch „Abonnement" kommt aus dem Französischen und bedeutet „etwas fest bestellt haben".

Abonnementzeitungen haben also eine

Olympia
Neckermann: „Lebensgefährlich! Ich hatte Angst um meine Frau"
Chaos! Panik!
Viele Verletzte

rb. Innsbruck, 5. Februar

Das sah man im Fernsehen nicht: Ohnmächtige Frauen, weinende Kinder, wütende Touristen — und 20 Verletzte, die ins Krankenhaus eingeliefert werden mußten. Chaos und Panik bei der Eröffnungsfeier der 12. Olympischen Winterspiele bei der Bergisel-Schanze oberhalb von Innsbruck.

Hinter den Kulissen der feierlichen Eröffnungs-Schau war die Organisation restlos zusammengebrochen. Prominentestes Opfer: Ehrengast und Sporthilfe-Chef Josef Neckermann.

„Es war ein lebensgefährliches Chaos", schimpfte er. „Ich hatte Angst um meine Frau und wollte ihr nicht zumuten, weiterhin der österreichischen Organisation ausgesetzt zu sein." Neckermann verließ das Stadion und sah sich die Feier in einer Gaststätte am Fernsehschirm an.

Ursache der Panik: Es wurden zu viele Stehplatzkarten ausgegeben.

Totale Verstopfung! Nicht einmal der Notarztwagen kam durch.

Toller Auftakt für unsere Rodler: Nach dem 1. Lauf liegen Fendt, Winkler und Hölzwimmer hinter Günther („DDR") auf den Plätzen zwei bis vier; bei den Damen Monika Scheftschik hinter Margit Schumann („DDR") auf Platz zwei (Bericht auf den Seiten 15, 16, 17 und 19)

Abb. 2: Bild, 5. 2. 1976

feste Leserschaft, die sich irgendwann einmal für die tägliche oder wöchentliche Abnahme der Zeitung entschieden hat. Ihre Bezieher brauchen sich nicht für den Kauf jeder einzelnen Ausgabe neu zu entscheiden.

Die Leser einer Boulevardzeitung dagegen müssen sich jeden Tag aufs Neue zum Kauf eben jener Zeitung, die ihnen dort auf der Straße im Vorbeigehen angeboten wird, entschließen. Die Hersteller einer Boulevardzeitung wissen also im Gegensatz zu denen einer Abonnementzeitung nie, wieviel Exemplare einer Ausgabe sie an den Kunden bringen werden. Natürlich sind sie bestrebt, täglich möglichst viele Zeitungen zu verkaufen. Deshalb versuchen sie jeden Tag, ihre „Ware" so zu gestalten, daß sich möglichst viele Menschen zu ihrem Kauf entschließen.

Eine besondere Bedeutung bei der Gestaltung einer Boulevardzeitung kommt den Überschriften, den *Schlagzeilen*, zu. Bei der Schlagzeile der Titelseite liegt ein Großteil der Verantwortung für den guten Verkauf einer Ausgabe. Dieser *Aufmacher* enthält meistens irgendeine Sensation, um Käufer anzulocken. Gibt es keine wahre Sensation zu berichten, werden Nebensächlichkeiten dazu gemacht. Häufig enthält die Schlagzeile schon alle Informationen der dazugehörenden Nachricht. Oft ist sie größer als die gesamte Meldung.

Lokalzeitung – überregionale Zeitung

Man kann Zeitungen auch nach ihrem Verbreitungsgebiet unterscheiden. Ein Blatt, das nur in einem eng begrenzten Umkreis um seinen Erscheinungsort vertrieben wird, nennt man *Lokal-* oder *Heimatzeitung*.
Wenn das Vertriebsgebiet dagegen ein gesamtes Land umfaßt, spricht man von einer *überregionalen Zeitung*.

1 Beschreibt, wie Ihr eine Zeitung in Form und Inhalt gestalten würdet, damit sie sich auf der Straße in vielen Exemplaren verkaufen läßt.

2 Am 4. Februar 1976 wurden in Innsbruck die XII. Olympischen Winterspiele eröffnet. Über dieses Ereignis berichteten am nächsten Tag auch „Bild" und „Frankfurter Rundschau" auf ihren Titelseiten (Abb. 2 und 3).
Vergleicht die Berichte miteinander. Achtet dabei auf folgende Gesichtspunkte:
– Gestaltung der Überschrift (Größe, Satzbau, Satzzeichen, Farbe...)
– Inhalt des Berichts
– Gestaltung des Berichts (Satzbau/wörtliche Rede, Drucktechnik).

3 Überprüft, ob die von Euch erarbeiteten Unterschiede auch an den bei Euch verkauften Zeitungen deutlich werden.

D 4 Prüft, wo in den folgenden Überschriften einer Boulevardzeitung Meinung oder Kommentar verborgen ist (s. S. 66):
„Nur kleine Hallen – das ist doch absoluter Blödsinn!"
„Klasse! Unsere Rodler rasten auf Platz zwei!"
„Brutal: Italiener zerschlitzten fünf Nationalspielern die Beine!"
„Das ist die Höhe: Einer ahnungslosen Sekretärin diese Kiste anzudrehen"
„Verrückt! Niki Lauda startet in Monza"
Findet Ihr selbst ähnliche Beispiele? Beurteilt diese Art der Nachrichtengebung.

5 Könnt Ihr den Ausdruck „Regional-Zeitung" erklären?

D 6 Überlegt, wie sich die Größe des Vertriebsgebietes auf die Berichterstattung einer Zeitung auswirken wird.

7 Stellt eine Liste der bei Euch vertriebenen Zeitungen auf und ordnet sie nach Zeitungstypen und Verbreitungsgebiet.

8 Ihr habt gesehen, daß verschiedene Zeitungen Euch vom gleichen Ereignis einen sehr unterschiedlichen Eindruck vermitteln können.
Diskutiert, wie Ihr solch einseitiger Informierung entgehen könnt.

Abb. 3: Frankfurter Rundschau, 5. 2. 1976

Politische Interessen - auch bei Journalisten

> Von zwei gesunden Beinen sind die Koalitionsparteien gestern auf Krücken umgestiegen. Sie humpeln zurück an die Macht.
> Was für eine Macht ist das, was für eine Regierung?
> SPD und FDP haben stark verloren – die einen deftig, die anderen milde, beide blamabel: blaugelbes Auge.
> Helmut Kohl hat die Wahlen gewonnen. Sein Ergebnis liegt am Rand der absoluten Mehrheit. Ein Erfolg, wie ihn bisher nur Adenauer und Erhard erringen konnten – als Kanzler, nicht als Oppositonsführer.
> Ist es richtig, daß die beiden Verlierer sich gegen den eindeutigen Gewinner und Sieger zusammentun? Kann das gutgehen? Ist das noch Demokratie? Ja, es ist Demokratie.
> Aber es ist auch Trotz. Und es ist noch nicht aller Tage Abend. In den nächsten Tagen wird die SPD unter schweren Druck geraten. Im Bund und in Hessen.
> Ob Genscher am Ende doch die Stabilität wählen wird.?

Abb. 1: Bild, 4. 10. 1976

> Die Wahl hat Nerven gekostet, bis zur letzten Sekunde. Nun wird das Ergebnis auch noch Kopfzerbrechen bereiten.
> Vor allem die Koalitionspartner werden einige Fragen haben. War der Wähler nicht bereit, die sichtbaren Erfolge der Regierung Schmidt/Genscher zu honorieren, haben sie gar diese Erfolge nicht gesehen?
> Hat sich der Wähler tatsächlich fangen lassen von dem teuflischen CDU/CSU-Wahlslogan „Freiheit statt Sozialismus"?
> Waren gar Wähler darüber enttäuscht, daß die SPD in den vergangenen Jahren nicht in der Lage war, alle ihre Reformen im angekündigten Umfang durchzuführen?
> Fragen über Fragen; die Antworten wird man erst nach gründlichen Wahlanalysen geben können.
> Fest steht: Die SPD hat den negativen Trend nicht stoppen können, selbst die FDP trägt mit einem Minus zur jetzigen schwierigen Situation bei. Wahlsieger, davor kann niemand die Augen verschließen, ist die CDU/CSU.
> Hamburg und Schleswig-Holstein machen eine rühmliche Ausnahme zugunsten der SPD und tragen zusammen mit Nordrhein-Westfalen dazu bei, daß eine Koalitionsregierung weiter möglich ist.
> Mit dem verbleibenden Vorsprung wird das Regieren für die Koalition schwieriger, unmöglich wird es nicht, wenn bei SPD und FDP nicht Schwierigkeiten aus den eigenen Reihen hinzukommen.
>
> Bodo Grosch

Abb. 2: Hamburger Morgenpost, 4. 10. 1976

Die Abb. 1 und 2 zeigen Euch Ausschnitte aus „Bild" und „Hamburger Morgenpost" vom 4. Okt. 1976, dem Tag nach der Bundestagswahl 1976. Beide Artikel behandeln dasselbe Ereignis.

Bei ihrer Arbeit nehmen die Journalisten in den Massenmedien ihre Rechte aus Art. 5 des Grundgesetzes wahr. Sie werden in der Regel für solche Presseorgane arbeiten, die ihrer politischen Grundeinstellung nahekommen. Man muß darum die politische Grundlinie einer Zeitung oder Zeitschrift kennen, um die durch sie verbreiteten Informationen und Meinungen richtig beurteilen zu können.

In einigen Fällen ist die politische Einschätzung einer Zeitung verhältnismäßig leicht; denn jede Zeitung und Zeitschrift muß einen Vermerk enthalten, der Auskunft gibt über den Herausgeber, den Schriftleiter, die Druckerei, den Verlagsort, die Erscheinungsweise usw. Wenn in diesem *Impressum* die Namen bekannter Politiker auftauchen, kann man daraus Rückschlüsse auf die politische Linie des Blattes ziehen.

Überparteiliche Zeitungen und Zeitschriften

In der Mehrzahl der Fälle ist es für den Leser aber nicht so einfach, sich über den politischen Standort eines Blattes klarzuwerden. 90 Prozent aller deutschen Zeitungen bezeichnen sich als „überparteilich". Dennoch zeigen viele von ihnen eine politische Grundhaltung, die sie bestimmten Parteien näherstehen läßt als anderen. Dieser Standort läßt sich aber meist nicht schon am Impressum ablesen. Vielmehr wird man ihre Berichterstattung über einen längeren Zeitraum beobachten müssen, um die politische Grundtendenz erkennen zu können. Wichtige Anhaltspunkte liefern einem dazu die Stellungnahmen zu herausragenden politischen Ereignissen.

Redaktionsgemeinschaften

Viele kleine Zeitungen haben sich aus wirtschaftlichen Gründen in *Redaktionsgemeinschaften* zusammengeschlossen. Der „Redaktionsgemeinschaft Deutscher Heimatzeitungen" mit Sitz in Frankfurt/M. gehörten 1973 z. B. 41 Blätter an, deren Verbreitungsgebiet sich vom Saarland über das Rheinland und Hessen bis in den Harz erstreckte. Kritiker sehen bei solchen Zusammenschlüssen neben den wirtschaftlichen Vorteilen auch politische Nachteile. Sie argumentieren, daß die Leserschaft der einen Zeitung überwiegend CDU-freundlich eingestellt ist, während die der anderen hauptsächlich mit der SPD sympathisiert, beide aber mit denselben politischen Kommentaren und Nachrichten versorgt werden. Um keine der Lesergruppen vor den Kopf zu stoßen, werde die Redaktion in solchen Fällen im politischen Teil der Zeitung nicht eindeutig Stellung beziehen.

1 Sucht das Impressum in Zeitungen und Zeitschriften. Prüft, ob die im Text genannten Angaben aufgeführt sind.

2 Die Abb. 3 und 4 zeigen Euch das jeweilige Impressum der Wochenzeitungen „Vorwärts" und „Bayernkurier". Als Herausgeber tauchen die Namen bekannter Politiker auf.
Informiert Euch, welcher Partei sie angehören und welche Parteien von den beiden Zeitungen journalistisch unterstützt werden.

Herausgeber: Wilhelm Dröscher, Fritz Heine, Heinz Kühn, Alfred Nau
Chefredakteur: Friedhelm Merz. Stellvertretender Chefredakteur: Hermann Schueler. Chef vom Dienst: Helmut Morell. Redaktion: Sigurd Baecker, Jens Fischer, Uly Foerster, Romain Leick, Walter Leo, Margret Meyer, Lothar Romain, Ulrich Rosenbaum, Ursula Ruby, Klaus Vater, Günter Walter, Eckhard Wiemers. Foto: Marlen Woltersdorf. Dokumentation: Inez da Venza-Tillmanns. Layout: Werner Steffens.
Anschrift der Redaktion: Postfach 910, Kölner Straße 108–112, 5300 Bonn-Bad Godesberg, Telefon: (0 22 21) 37 66 11. Telex: 8 86 603.

Abb. 3

Herausgeber:
Dr. h. c. Franz Josef Strauß
Geschäftsführend: Wolfgang Horlacher; Stellvertreter: Wilfried Scharnagl; Leo M. Bensch (Chef vom Dienst und verantwortlich für den Inhalt). Verlagsdirektor: Richard Mantlik.
Redaktionsgemeinschaft: Leo M. Bensch, Wolfgang Horlacher, Detlef Kleinert, Marie-Helene Lammers, Wolfgang Johannes Müller, Wilfried Scharnagl. Bundeshauptstadt und Nordrhein-Westfalen: Dr. Karl Friedrich Grosse, Bonn/Buschhoven. – Kolumnenbeiträge geben Meinungen der Verfasser wieder, die nicht unbedingt mit denen des Herausgebers oder der Redaktion übereinstimmen müssen. – Keine Haftung für unverlangt eingesandte Manuskripte. – Redaktionsschluß Montag abend.
Verlag und Redaktion Bayernkurier
8000 München 19, Lazarettstr. 19, Telefon 18 20 11.
8000 München 19, Postfach 27 – Telex: 52 15 812.

Abb. 4

Von Hans-Herbert Gaebel
Der Ärger in der Union darüber, daß es trotz hohem Zugewinn doch nicht gereicht hat, ist verständlich. Aber deshalb müssen die christlichen Parteien und ihre publizistischen Helfer nicht unentwegt Unsinn reden und schreiben. Moralische Sieger gibt es in der parlamentarischen Demokratie höchstens in Sonntagsreden, und es ist schon gar nicht undemokratisch, wenn die Freien Demokraten der CDU/CSU die kalte Schulter zeigen. Die Wähler der FDP wußten, daß sie mit ihrem Kreuz für einen Bundeskanzler Schmidt stimmen würden; die Koalition hat etwas mehr als die absolute Mehrheit, zwei Prozent mehr Stimmen als die Opposition. Knapp, aber klar. Es wäre im Gegenteil ein Betrug an den FDP-Wählern, wenn die dritte Partei jetzt plötzlich vergessen wollte, was sie vor der Wahl gesagt hat. Die Regierungsbildung kommt also „zwangsläufig" nicht auf CDU/CSU zu, wie Ex-Kanzlerkandidat Kohl, wohl wider besseres Wissen, meint, sondern auf SPD und FDP...

Abb. 5: Frankfurter Rundschau, 5. 10. 1976

Von Herbert Kremp
Die beiden Bonner Koalitions-Parteien haben mit einem knappen Mandats-Vorsprung das Ziel durchlaufen. Die Zunge hängt heraus, der Atem geht schwer. Wie soll das Land mit einer derart knappen Mehrheit seriös regiert werden? Die Bundestagswahlen haben kein Plus an Stabilität gebracht. Sogar 1969 war das Polster der sozial-liberalen Koalition dikker, von 1972 zu schweigen. Und hat sich für die Freien Demokraten die Nibelungen-Treue wirklich ausgezahlt?
Nach Stimmen und Mandaten gezählt hat die Bonner Koalition verloren, die SPD für sich genommen sogar eine schwere Niederlage erlitten. Schmidt zog immerhin so viele mit, daß eine Katastrophe verhindert werden konnte. Ohne ihn wäre die Partei unter 40 Prozent gerutscht, in die Tiefe der Erhard-Wahlen von 1965 (39,9) oder sogar der letzten Adenauer-Wahl 1961 (31,0 Prozent)...

Abb. 6: Die Welt, 5. 10. 1976

3 Bei den Bundestagswahlen am 3. Oktober 1976 mußten die Regierungsparteien SPD und FDP erhebliche Stimmenverluste hinnehmen, konnten ihre Mehrheit aber knapp mit zehn Mandaten Vorsprung verteidigen.
Arbeitet die Kommentare von „Bild" und „Hamburger Morgenpost" (Abb. 1 und 2) durch und sucht Textstellen heraus, die die Stellung der jeweiligen Zeitung zur Regierung bzw. Opposition erkennen lassen.

4 Auch „Welt" und „Frankfurter Rundschau" kommentierten das Ergebnis der Wahl. Vergleicht die Kommentarausschnitte (Abb. 5 und 6).

5 Überlegt, wie man einer einseitigen Beeinflussung der eigenen Meinung durch einen Kommentar entgegenwirken kann.

D 6 In den Zeitungen der „Redaktionsgemeinschaft Nordsee" mit Sitz in Bremerhaven werden im wöchentlichen Wechsel Beiträge der Spitzenpolitiker Kohl (CDU), Ravens (SPD) und Genscher (FDP) abgedruckt.
Bringt dieses Verfahren in Zusammenhang mit der oben beschriebenen Kritik an Redaktionsgemeinschaften.

7 Abb. 7 zeigt den Anfang aus dem Kommentar der „Redaktionsgemeinschaft Nordsee" zu den Ergebnissen der Bundestagswahlen.
Vergleicht mit Abb. 1, 2, 5 und 6.

8 Untersucht Zeitungs- und Zeitschriftenkommentare auf die ihnen zugrundeliegenden politischen Interessen, indem Ihr zum gleichen Ereignis mehrere Kommentare vergleicht.

Von Rudolf Dahmen
Die Bundestagswahl 1976 hat zwei Sieger: Die CDU/CSU ist die stärkste Partei geworden, aber die SPD/FDP-Koalition hat sich behauptet. Der von der CDU/CSU angestrebte Macht- und Regierungswechsel findet in Bonn nicht statt.
Wer das Bild vom Kopf-an-Kopf-Rennen auch auf das Ergebnis der Wahl anwenden will, der muß zugeben: die SPD/FDP-Koalition hat die Wahl um eine Kopf-Länge gewonnen. Sie hat eine sehr knappe Mehrheit im Bundestag, etwas weniger als 1969, aber sie hat genug zur Wahl des Bundeskanzlers.
Das Ergebnis ist für die SPD und FDP sicher nicht zufriedenstellend. Aber man muß wohl feststellen, daß diese Koalition diese Wahl gewonnen hat trotz all der Schwierigkeiten, Zwischenfälle und Pannen, die in ihrer Regierungszeit von 1972 bis 1976 passierten. Personell läßt sich das nennen in den Stichworten Brandt-Rücktritt, Regierungswechsel in Niedersachsen von Kubel zu Albrecht und Verfall der Autorität der Regierung Osswald in Hessen. Sachlich sind aufzuzählen: Arbeitslosigkeit, Inflation, Währungsprobleme, Vertrauensschwund in der Wirtschaft, Schwierigkeiten bei den Renten und noch so manches andere. Wenn die Regierung nach solch schweren vier Jahren noch immer die Mehrheit behält und den Angriff der Opposition abschlagen kann, ist das schon eine ganze Menge...

Daß die CDU, vor allem die CSU, einen großen Erfolg errungen hat, ist ganz eindeutig. Besonders auffällig ist der starke Zuwachs der CSU in Bayern und der CDU in Hessen und Baden-Württemberg – also in jenen CDU/CSU-Ländern, in denen der Wahlkampf besonders hart und scharf geführt wurde. Hier galt, mehr als im Norden, die Wahlperiode „Freiheit oder Sozialismus". Im Norden und im Westen unserer Republik, wo es „Freiheit statt Sozialismus" hieß, hat die CDU nicht den Erfolg errungen, den sie gebraucht hätte, um den Machtwechsel in Bonn zu erzwingen. Ob das nun nachträglich noch zu Diskussionen in der CDU/CSU führen wird, wird sich zeigen...

Alles in allem: das Ergebnis der Bundestagswahl hat nicht jene „Zeitwende" gebracht, die von der CDU/CSU gewünscht wurde. Die CDU/CSU ist ihrem Ziel des Machtwechsels sehr nahe gekommen, hat es aber um ein Haar verfehlt. Ob der Prozeß der sozusagen „weltanschaulichen" Wandlung, der sich in diesem Wahlergebnis abzeichnet, anhält oder ob er wieder zurückschlägt, ob die SPD/FDP-Regierung die nächsten vier Jahre durchhält und ob es in einigen Bundesländern zu einer Koalition zwischen CDU und FDP kommt: darüber wird in den nächsten Monaten und Jahren noch viel zu reden sein.

Abb. 7: Zevener Zeitung, 4. 10. 1976

Wie abhängig sind ‚unabhängige' Zeitungen?

„Als die ‚New York Times' unlängst eine kritische Medizinserie druckte, stornierten [stornieren = einen Auftrag zurückziehen] US-Pharmafirmen [Arzneimittelfirmen] bei einem zum ‚Times'-Konzern gehörenden medizinischen Fachblatt Anzeigen im Gegenwert von 500 000 Dollar."
(Der Spiegel, 38/1976)
Sollte es da einen Zusammenhang geben?

Die meisten Zeitungen nennen sich in ihrem Untertitel „unabhängig". Sind sie es aber wirklich?
Zeitungs- und Zeitschriftenverlage sind Wirtschaftsunternehmen, die sich aus zwei Einnahmequellen finanzieren:
– aus dem Verkaufserlös der Zeitungen bzw. Zeitschriften,
– aus dem Anzeigengeschäft.
Allein durch den Verkaufspreis sind heute die Kosten für keine Zeitung mehr aufzubringen, da sie weit unter ihren Herstellungskosten verkauft werden. So müßten „Die Zeit" das Doppelte, „Die Welt" fast das Dreifache und „Der Stern" das Dreieinhalbfache kosten, wollten die Verlage die Herstellungskosten nur über den Verkaufspreis einbringen.
Solche Bezugspreiserhöhungen sind aber wirtschaftlich unmöglich durchzusetzen. Schon bei Verteuerungen um wenige Groschen im Monat bestellen erfahrungsgemäß viele Leser die Zeitung ab.
Zeitungen sind darum wirtschaftlich abhängig vom Anzeigengeschäft.

Redaktionsbeilagen

Da Zeitungen und Zeitschriften von den Einnahmen aus dem Anzeigengeschäft abhängig sind, sind sie bestrebt, sich der werbenden Wirtschaft als besonders geeignet für eine verkaufsfördernde Anzeige darzustellen.
So findet man häufig in Zeitungen von der Redaktion gestaltete Sonderseiten oder Redaktionsbeilagen wie „Reise und Urlaub", „Haus und Garten" oder „Auto und Motor", deren hauptsächlicher Zweck es ist, für die Werbung ein anzeigenfreundliches Umfeld zu schaffen.

Versuche der Einflußnahme

Die Abhängigkeit der Zeitungen vom Anzeigengeschäft ermutigt Anzeigenkunden, auch auf den redaktionellen Teil Einfluß nehmen zu wollen.
„Der vereint auftretende Einzelhandel einer norddeutschen Stadt erreichte durch Anzeigenboykott, daß die Zeitung eine Meldung von Käuferstreiks widerrufen mußte, nachdem sie einen Anzeigenverlust von 40 000 DM erlitten hatte. Ein anderes Mal rühmte eine Lokalzeitung nach einem Anzeigenboykott des Einzelhandels wochenlang den vorteilhaften Einkauf in der eigenen Stadt, obwohl sie vorher behauptet hatte, in den Städten der Umgebung könne man billiger einkaufen", berichtet H. Meyn in seinem Buch „Massenmedien in der Bundesrepublik Deutschland".

Auflagenstarke, überregionale Blätter sind zwar nicht so leicht erpreßbar, aber auch bei ihnen gibt es Versuche der Einflußnahme (s. ‚New York Times').

Konzentrationstendenzen auf dem Pressemarkt

Im Jahre 1954 gab es in der Bundesrepublik Deutschland noch 225 Redaktionen, die den gesamten Inhalt ihrer Zeitung selbst gestalteten. Bis 1975 war ihre Zahl auf 125 geschrumpft. Dieser Rückgang bedeutet aber nicht, daß die Zahl der gedruckten Exemplare im gleichen Umfang abgenommen hat, denn viele Zeitungsverlage sind von anderen aufgekauft worden oder haben sich in Redaktionsgemeinschaften zusammengeschlossen.
Dieser Trend zur Konzentration im Pressewesen hält weiter an. Dafür gibt es verschiedene Gründe:
– Automation und moderne Drucktechnik erfordern hohe Investitionen, die

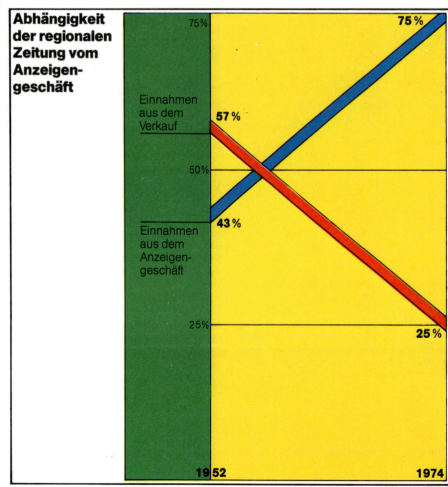

Abb. 1 (Angaben nach: D. Meyn, Massenmedien in der Bundesrepublik Deutschland, S. 56)

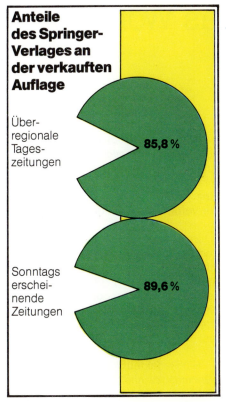

Anteile des Springer-Verlages an der verkauften Auflage

Überregionale Tageszeitungen: 85,8 %

Sonntags erscheinende Zeitungen: 89,6 %

Abb. 2 (Angaben nach: D. Meyn, Massenmedien in der Bundesrepublik Deutschland, S. 64)

Tab. 1: Preise für einfarbige Geschäftsanzeigen in überregionalen Tages- und Wochenzeitungen (Höhe 10 cm, ganze Breite einer Seite) und Zeitschriften (ganzseitig) 1978 (nach: Presse- und Medienhandbuch, Stamm, Leitfaden durch Presse und Werbung; Essen 1978)

Zeitung/Zeitschrift	Auflagenhöhe	Anzeigenpreis (in DM)
Tageszeitungen		10 cm hoch, Breite einer Seite:
Abendpost – Nachtausgabe	182 700	2 880
Bild	5 853 000	37 000
Die Welt	281 900	4 400
Frankfurter Allgemeine Zeitung	355 900	5 120
Frankfurter Rundschau	193 000	3 920
Süddeutsche Zeitung	344 400	5 280
Wochenzeitungen		
Bayernkurier	193 000	2 030
Das Parlament	106 700	1 190
Deutsches Allgemeines Sonntagsblatt	132 800	2 000
Deutsche Zeitung	152 600	2 600
Die Zeit	421 300	4 960
Vorwärts	65 800	2 400
Welt am Sonntag	458 000	6 580
		Seitenpreis:
Bild am Sonntag	3 112 100	36 820
Zeitschriften		
Bunte	1 714 600	27 520
Der Spiegel	1 101 000	25 200
Fernsehwoche	2 641 400	25 216
Funk Uhr	2 147 900	24 000
Hör zu	4 178 700	62 400
Quick	1 276 800	23 296
Stern	1 897 700	39 776
TV Hören und Sehen	2 735 600	29 984
Weltbild	468 000	7 040

kleine Verlage nicht aufbringen können,
– steigende Kosten für Herstellung und Vertrieb sollen aufgefangen werden,
– Zeitungen mit hoher Auflage werden von werbenden Firmen bevorzugt.
Mehrere Kommissionen und Ausschüsse haben sich darüber Gedanken gemacht, wie man die für unsere Demokratie wünschenswerte Vielfalt der Presse erhalten kann.
Vorschläge wurden erwogen, wie
– Festlegung von Höchstgrenzen für Marktanteile,
– finanzielle (z. B. steuerliche) Unterstützung kleiner und mittlerer Verlage,
– Einführung einer Anzeigensteuer, die mit der Auflagenhöhe steigt und die Anzeigen in auflagenstarken Zeitungen verteuern würde.

1 Überklebt in verschiedenen Zeitungen und Zeitschriften die Flächen für Anzeigen mit Papier und vergleicht die Anteile von redaktionellem Text und Anzeigentext.

2 Beschreibt, wie sich der Grad der Abhängigkeit der regionalen Zeitungen vom Anzeigengeschäft im Laufe der letzten beiden Jahrzehnte entwickelt hat (Abb. 1).
Könnt Ihr Euch diese Entwicklung erklären?

3 Tab. 1 zeigt Euch die Anzeigenpreise einiger Presseorgane. Worauf sind wohl die unterschiedlichen Preise zurückzuführen?

D 4 In der Phase des Rückgangs der Wirtschaftskonjunktur 1966/67 verbuchte die „Frankfurter Allgemeine" einen Anzeigenverlust von 2 Mill. DM. Zeigt die Gründe dafür auf.

5 Versetzt Euch in die Rolle eines Werbechefs einer Firma, die für ihren neuen Lippenstift werben möchte.
An welche Zeitschriften würdet Ihr den Auftrag vergeben. Begründet Eure Entscheidung.

D 6 Welche Firmen werden in einer Redaktionsbeilage „Motor und Sport" werben? Begründet Eure Meinung und überprüft die Richtigkeit Eurer Vermutung bei Gelegenheit.

D 7 Könnt Ihr den Ausdruck „anzeigenfreundliches Umfeld" erklären?

D 8 Überlegt, welche Informationen die Entscheidung werbender Firmen beeinflussen werden, eine Anzeige an eine bestimmte Zeitung oder Zeitschrift zu geben.

D 9 Begründet, warum kleine Lokalzeitungen durch ihre Anzeigenkunden eher erpreßbar sind als auflagenstarke, überregionale Blätter.

D 10 Um 1000 Abonnenten anzusprechen, muß ein werbendes Unternehmen bei Zeitungen mit Auflagen bis zu 5000 Exemplaren 278 DM, bei Zeitungen mit Auflagen über 150 000 hingegen nur 54 DM aufbringen.
Bringt diese Zahlen in Zusammenhang mit den Konzentrationstendenzen auf dem Zeitungsmarkt.

D 11 Der Springer-Verlag ist der größte deutsche Zeitungskonzern. Abb. 2 zeigt Euch seinen Anteil an der verkauften Auflage zweier wichtiger Zeitungsarten.
Überlegt, ob so hohe Anteile an Bereichen des Zeitungsmarkts geeignet sind, unser Grundrecht auf Informationsfreiheit zu gefährden.

D 12 Was meint Ihr zu den Vorschlägen der Kommissionen, die sich mit den Konzentrationstendenzen auf dem Zeitungsmarkt auseinandergesetzt haben.

Meinungsbeeinflussung durch das Wort

Ein Ereignis, zwei Schlagzeilen, drei Zeitungen

Zeitung A: „Regierungspartei in Island mußte große Stimmenverluste hinnehmen"
Zeitung B: „Regierungspartei in Island blieb stärkste Partei"
Zeitung C: keine Meldung über die Wahl in Island

Meinungsbeeinflussung durch Kommentare

In den Kommentaren wird für jeden sichtbar der Versuch unternommen, unsere Meinung über ein Ereignis zu beeinflussen. Dazu gehört oft schon die Formulierung der Überschrift.

Meinungsbeeinflussung durch Auswahl der Meldungen

Unsere Meinungsbildung wird aber nicht nur durch Kommentare gesteuert, sondern mehr noch durch die Auswahl der Nachrichten, die Massenmedien uns übermitteln. Dazu soll die Entstehungsgeschichte einer Zeitungsmeldung (Abb. 1) als Beispiel dienen.
An jeder der Stationen dieses Weges müssen aus einer Flut von Nachrichten diejenigen ausgewählt werden, die weiterverwendet werden. Nur ungefähr zehn Prozent der eingehenden Meldungen leitet die *Nachrichtenagentur* an die Zeitungen weiter; nur ein Bruchteil dieser Auswahl gelangt in die Zeitung. Es wird immer Meldungen geben, auf deren Veröffentlichung wegen ihrer hervorragenden Bedeutung kein Blatt verzichten kann. So wird keine Zeitung in unserem Lande es versäumen, über Bundestagswahlen zu berichten. Anders sieht es dagegen bei den „zweitrangigen" Nachrichten aus (z. B. Wahl in Island).

Abb. 3 zeigt zwei der vielen hundert Agenturmeldungen, die am 19. 2. 1976 in der Nachrichtenzentrale einer Zeitung einliefen. Eine von ihnen erschien am 20. 2. in der Zeitung (Abb. 2).

Ärztin beschwindelte Kasse
Karlsruhe (dpa). Weil eine 43jährige Ärztin für Untersuchungen, die nie gemacht worden waren, von den Krankenkassen Geld kassiert hatte, wurde sie jetzt zu 21 600 Mark Geldstrafe verurteilt.

Abb. 2: Zevener Zeitung, 20. 2. 1976

1 Welche Meldungen hättet Ihr ausgewählt? Hättet Ihr sie auch so formuliert?

2 Redakteur A ist aktiver Gewerkschaftler, sein Kollege B ist überzeugter Katholik. Beiden liegen zwei Meldungen vor: „Fristlose Kündigung beschäftigt die Arbeitsgerichte" und „Pfarrer hilft Drogenabhängigen".
Eine von beiden kann aus Platzmangel nur veröffentlicht werden.

3 Zeitung X ist regierungsfreundlich, Zeitung Y oppositionsfreundlich eingestellt. Beide wollen über die kritischen Äußerungen eines Oppositionspolitikers zur Regierungspolitik berichten.
Platz für den Artikel ist sowohl auf der Titelseite wie auch im Innern des Blattes!

4 Ein Redakteur kann schreiben: „*Geländegewinne für die Freiheitskämpfer*" oder „*Geländegewinne für die Terroristen*".
Er kann formulieren: „*Der Bundeskanzler behauptet ...*" oder „*Der Bundeskanzler stellt fest ...*"
Man kann „*DDR*" drucken oder *DDR*.
Wenn die Meinung eines Menschen beeinflußt wird, ohne daß dieser es merken soll, spricht man von *Manipulation*.
Sucht Beispiele von Manipulation durch den Vergleich, was verschiedene Zeitungen zum gleichen Ereignis berichten oder verschweigen.

5 Überlegt, wie man sich vor solchen Manipulationen schützen kann.

Abb. 1

Abb. 3 ▷

zczc xna014 190210

sprengsatz in nachtlokal geschleudert

    san remo, 19. februar 76 (ddp). - ein sprengsatz ist in der nacht zum donnerstag in das nachtlokal ''lord brummel'' in san remo geworfen worden. durch die detonation entstand ein grossfeuer. die etwa 50 gaeste, die sich in dem lokal aufhielten, konnten sich ins freie retten.

    bereits vor mehreren monaten war ein restaurant der stadt, das dem besitzer von ''lord brummel'' gehoerte, ebenfalls nach einer explosion abgebrannt.

ddp   nnnn

dpa 129 id

aerztin betrog krankenkasse - hohe geldstrafe =

    karlsruhe, 19. februar 76 dpa/Lsw - wegen betruegerischer manipulationen von honorarabrechnungen und behandlungsdaten hat ein karlsruher schoeffengericht am donnerstag eine 43jaehrige aerztin zu 21 600 mark geldstrafe verurteilt. nach ueberzeugung des gerichts hatte sie bei krebsvorsorgetests in mindestens 41 faellen unberechtigterweise untersuchungen auf krankenscheinen der allgemeinen ortskrankenkasse (aok) karlsruhe abgerechnet und so jeweils mehrere hundert mark kassiert. in dem verfahren waren 88 zeugen gehoert worden.

    um ihre manipulationen zu verschleiern, hatte die aerztin nach meinung der richter jeweils unterschiedliche behandlungstermine fuer den krebsvorsorgetest und die angebliche untersuchung angegeben, die angeklagte, die in ihrer praxis taeglich etwa 140 patienten behandelte, begruendete ihr verhalten mit ''irrtuemern'' sowie der annahme, zur mehrfachabrechnung berechtigt gewesen zu sein.

dpa f e kn vd   19. feb 76   1319 nnnn

Meinungsbeeinflussung durch das Bild

Abb. 1

Abb. 2

Von unseren Sinnesorganen trauen wir Menschen in der Regel den Augen am ehesten. Wenn wir die Richtigkeit der Schilderung eines Vorgangs oder Zustands besonders unterstreichen wollen, sagen wir: *„Das habe ich mit eigenen Augen gesehen!"*

So sprechen wir dem Bild meist eine höhere Glaubwürdigkeit zu als dem gesprochenen oder geschriebenen Wort. Seitdem es die Möglichkeit gibt, nimmt der Einsatz von Bildern in den Massenmedien immer mehr zu. Es ist sogar eine besondere Zeitschriftenart entstanden, die *Illustrierte,* in der Fotos aus dem Zeitgeschehen einen Großteil des Inhalts ausmachen.

Zeigen uns nun aber Bilder immer die „Wahrheit"?

Leider gibt es verschiedene Möglichkeiten, die Aussage von Bildern zu manipulieren. Veränderungen in der Aufnahmetechnik, des Bildausschnitts oder des Begleittextes können unsere Meinung über das Gezeigte stark beeinflussen. Journalisten wissen natürlich um diese Möglichkeiten.

1 Ein Fotograf kann Menschen so aufnehmen, daß sie auf den Betrachter des Bildes unterschiedlich wirken. Seht Euch Abb. 1 und 2 an. Auf welchem Bild macht der Mann auf Euch einen gewinnenderen Eindruck? Begründet Eure Meinung.

2 Stellt Euch vor, der Mann sei Politiker und wolle bei der nächsten Wahl gewählt werden. Die Zeitung X steht von ihrer politischen Grundhaltung her dem Politiker positiv gegenüber, das Nachrichtenmagazin Y hält nicht viel von ihm.

3 Entscheidet jeder für Euch, welche der folgenden Bildunterschriften die richtige für Abb. 3 ist und vergleicht Eure Entscheidungen:
– *„Malerisch schmiegen sich die Häuser der Armen an die steilen Hügel."*
– *„Ständig in Gefahr, bei Regengüssen abzurutschen: die Häuser der Armen."*
– *„Mit ihren eigenen Händen haben sich hier die Armen der Stadt eine Unterkunft geschaffen."*
– *„Ist es nicht eine Schande, daß Menschen so wohnen müssen?"*
– *„Auch dieses Wohnviertel der Armen wird eines Tages durch moderne Neubauten ersetzt werden."*

4 Diskutiert, ob und wie sich die Aussage des Bildes durch die verschiedenen Unterschriften verändert.

D 5 Könnt Ihr einen aussagenneutralen Text formulieren?

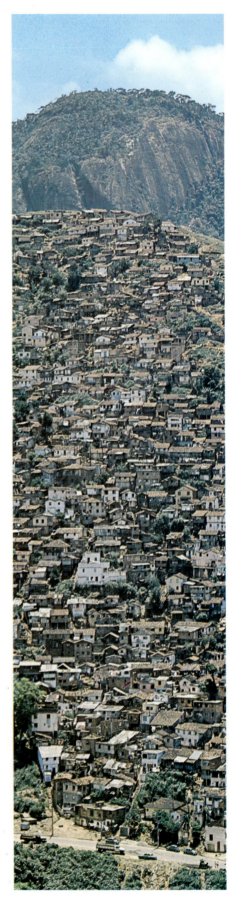

Abb. 3 ▷

Arbeitnehmer

Gewerkschaften: Vereint sind Arbeitnehmer stark

Abb. 1, ein Abbildungsausschnitt aus einer Werbeschrift der Industriegewerkschaft Bau – Steine – Erden, gibt den Grundgedanken aller gewerkschaftlichen Zusammenschlüsse wieder.

> § 182. Gehülfen, Gesellen oder Fabrikarbeiter, welche entweder die Gewerbetreibenden selbst oder die Obrigkeit zu gewissen Handlungen oder Zugeständnissen dadurch zu bestimmen suchen, daß sie die Einstellung der Arbeit oder die Verhinderung derselben bei einzelnen oder mehreren Gewerbetreibenden verabreden oder zu einer solchen Verabredung andere auffordern, sollen mit Gefängnis bis zu einem Jahre bestraft werden ...
> § 183. Die Bildung von Verbindungen unter Fabrikarbeitern, Gesellen, Gehülfen oder Lehrlingen ohne polizeiliche Erlaubnis ist, sofern nach den Kriminalgesetzen keine härtere Strafe eintritt, an den Stiftern oder Vorstehern mit Geldbuße bis zu fünfzig Talern oder Gefängnis bis zu vier Wochen, an den übrigen Teilnehmern mit Geldbuße bis zu zwanzig Talern oder Gefängnis bis zu vierzehn Tagen zu ahnden.

Abb. 2: Allgemeine Preußische Gewerbeordnung, 1845

Freie Gewerkschaften

Für uns sind freie Gewerkschaften selbstverständlich. Andere Länder kennen aber auch heute noch keine freien Gewerkschaften. Auch in unserem Land ist ihre Geschichte erst kurz.
Die Dokumente Abb. 2 und folgendes Zitat aus der Mitte des vorigen Jahrhunderts stehen in einem engen Zusammenhang. Wem nützen bzw. schaden offensichtlich die Bestimmungen der Gewerbeordnung? Für wen nimmt hier der Staat offensichtlich Partei?
„... Inzwischen wurden die Not und das Drängen nach Arbeit von einzelnen Fabrikanten möglichst genutzt, um für geringen Lohn viel Ware zu erhalten. Unter diesen ragten die Gebrüder Zwanziger in Peterswaldau besonders hervor. Für eine Webe [gewebtes Stoffstück] Kattun [Baumwolle] von 140 Ellen [Längenmaß], woran ein Weber neun Tage zu arbeiten hat und wofür andere Lohnherren 32 Silbergroschen zahlten, gaben sie nur 15 Sgr. ... Ja, sie erklärten sich bereit, noch 300 Weber in Arbeit zu nehmen, sofern diese ebensoviel für zehn Sgr. arbeiten wollten. Das bittere Elend zwang die Armen, auch unter diesen Bedingungen zu arbeiten ..."
(W. Wolff, Das Elend und der Aufruhr in Schlesien 1844)

Das Recht, sich in Gewerkschaften zu vereinigen, ist ein Bestandteil der *Koalitionsfreiheit*. Sie wird in der Bundesrepublik Deutschland in Art. 9, Abs. 3 des Grundgesetzes garantiert (Abb. 3). Die Bedeutung der Koalitionsfreiheit für die Verbesserung der Lebens- und Arbeitsbedingungen der Arbeitnehmer läßt sich aus der „Erfolgsbilanz" in der Werbeschrift der IG Bau – Steine – Erden ablesen (Abb. 4).

Gewerkschaften in der Bundesrepublik Deutschland

Vom „Recht, zur Wahrung und Förderung der Arbeits- und Wirtschaftsbedingungen Vereinigungen zu bilden", hatten in der Bundesrepublik Deutschland Ende 1975 rund 39 Prozent der Arbeitnehmer Gebrauch gemacht: Sie hatten sich zur Wahrung ihrer Interessen in *Gewerkschaften* organisiert.
Entgegen der Entwicklung in den meisten Industriestaaten gelang es der Gewerkschaftsbewegung bei uns, sich bei dem Neuaufbau nach dem 2. Weltkrieg vor einer Zersplitterung zu bewahren (Tab. 1).
Während es den Gewerkschaften am Beginn ihrer Geschichte im 19. Jh. vorwiegend darum gehen mußte, die unmittelbare Not der Arbeitnehmer ent-

> Das Recht, zur Wahrung und Förderung der Arbeits- und Wirtschaftsbedingungen Vereinigungen zu bilden, ist für jedermann und für alle Berufe gewährleistet. Abreden, die dieses Recht einschränken oder zu behindern suchen, sind nichtig, hierauf gerichtete Maßnahmen sind rechtswidrig ...

Abb. 3: Grundgesetz Art. 9, Abs. 3

Tab. 1: Die wichtigsten gewerkschaftlichen Zusammenschlüsse in der Bundesrepublik Deutschland (Stand: Dezember 1975)

Gewerkschaft	Abkürzung	Mitgliederzahl
Christlicher Gewerkschaftsbund Deutschlands	CGB	229 400
Deutsche Angestelltengewerkschaft	DAG	475 000
Deutscher Beamtenbund	DBB	750 000
Deutscher Gewerkschaftsbund	DGB	7 364 900
Gewerkschaft der Polizei (jetzt im DGB)	GdP	132 000

scheidend zu bekämpfen, haben sich ihre Aufgaben in unserer Zeit verlagert und erweitert. Die gegenwärtigen Ziele und Aufgaben werden in den Satzungen aller Gewerkschaften ähnlich beschrieben (Abb. 5).

Wie jede Organisation brauchen die Interessenvertretungen der Arbeitnehmer Geld zur Erfüllung ihrer Aufgaben. Sie finanzieren sich aus den Beiträgen ihrer Mitglieder. Sie benötigen ihre finanziellen Rücklagen besonders im Falle eines *Streiks,* der gemeinschaftlichen Arbeitsniederlegung der organisierten Arbeitnehmer zur Erreichung eines Zieles. Wenn sie ihre Mitglieder dann nicht finanziell unterstützen könnten, wäre das Instrument des Streiks eine stumpfe Waffe.

Zur günstigen Versorgung ihrer Mitglieder gründeten die Gewerkschaften verschiedene Selbsthilfeeinrichtungen, die zu großen Wirtschaftskonzernen herangewachsen sind (Abb. 6).

1 Ordnet die gewerkschaftlichen Zusammenschlüsse in der Bundesrepublik Deutschland nach ihrer Größe (Tab. 1).

2 Beschreibt mit Euren Worten die Ziele der DAG (Satzung § 4, 1) und erläutert, durch welche Maßnahmen die DAG sie erreichen will (§ 4, 2).

3 An den Wirtschaftsbereichen, in denen die Konzerne in Gewerkschaftsbesitz tätig sind (Abb. 6), kann man noch heute erkennen, in welchen Lebensbereichen die Versorgung der Mitglieder ursprünglich verbessert werden sollte!

D 4 Kritiker werfen dem DGB vor, daß er als Organisation zur Interessenvertretung der Arbeitnehmer große Wirtschaftsunternehmen besitzt, in denen Zehntausende von Arbeitern und Angestellten beschäftigt sind.

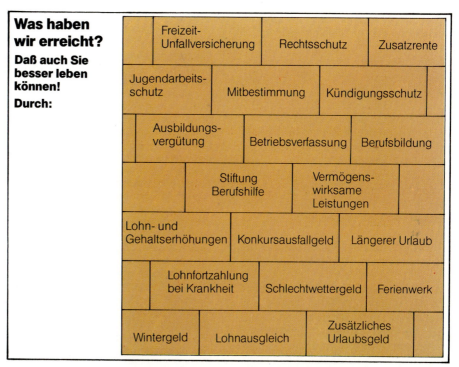

Abb. 4: Aus einer Werbeschrift der IG Bau-Steine-Erden, nachgezeichnet

(1) Die DAG wahrt und fördert die wirtschaftlichen, sozialen, beruflichen und kulturellen Interessen ihrer Mitglieder.
(2) Dies soll erreicht werden durch
a) Mitbestimmung bei der Gestaltung der Gehalts- und der übrigen Arbeitsbedingungen, insbesondere durch den Abschluß von Tarifverträgen ...
b) Einwirkung auf die Gesetzgebung ...
c) Demokratisierung der Wirtschaft und der Verwaltung sowie Verhütung und Bekämpfung von staats- und verfassungsgefährdenden Einflüssen,
d) Sicherung des Mitbestimmungsrechts in allen wirtschaftlichen und sozialen Fragen ...
e) Mitwirkung bei der Wahl der Betriebsvertretungen, deren Unterstützung in der Erfüllung ihrer Aufgaben und Befugnisse ...
f) Weiterentwicklung des allgemeinen und beruflichen Bildungswesens ...
g) gewerkschaftliche Schulung der Mitglieder ...
h) berufliche und politische Weiterbildung der Mitglieder ...
i) Aufklärung ... über die wirtschaftliche und soziale Lage der Angestellten.

Abb. 5: Aus § 4 der Satzung der DAG, 1975

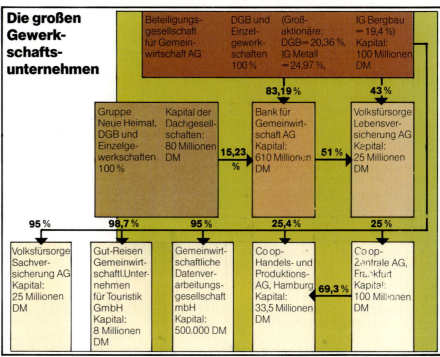

Abb. 6: (Angaben aus: D. Schuster, Die deutsche Gewerkschaftsbewegung, S. 161)

Findet Ihr Ansatzpunkte dieser Kritik und könnt Ihr dazu Stellung nehmen?

5 Der DGB bestand aus 16 selbständigen Einzelgewerkschaften unterschiedlicher Größe (Tab. 2); durch Beitritt der GdP sind es inzwischen 17 Einzelgewerkschaften geworden.
Nennt die beiden Einzelgewerkschaften, die fast 50 Prozent der Mitglieder in den DGB einbringen.
– Neben Arbeitern und Angestellten sind im DGB auch viele Beamte organisiert. In welchen Einzelgewerkschaften werden sie hauptsächlich zu suchen sein?
– Nur zwei Einzelgewerkschaften haben mehr Frauen als Männer!

D 6 In der Bundesrepublik Deutschland ist in den Betrieben meist nur jeweils eine Industriegewerkschaft des DGB vertreten. Anders in Großbritannien: Dort konkurrieren im selben Betrieb oft ein Dutzend oder mehr Gewerkschaften um die Interessenvertretung von manchmal nur wenigen Arbeitnehmern. Die Mitglieder solcher Minigewerkschaften legen durch Streiks oftmals ganze Betriebe lahm. Sammelt und besprecht Zeitungsberichte dazu.

D 7 Neben den grundsätzlichen Aufgaben setzt sich jede Gewerkschaft Nahziele, die sie innerhalb eines überschaubaren Zeitraums erreichen will. Solche Ziele werden in Aktionsprogrammen zusammengefaßt. Abb. 7 zeigt einen Ausschnitt der Forderungen aus dem Aktionsprogramm des DGB von 1972.
Unterscheidet im Programm zwischen allgemeinpolitischen Zielen und solchen, die nur die Arbeitswelt betreffen.

D 8 Vergleicht die Höhe des Mitgliedsbeitrags in der IG Bau – Steine – Erden (Tab. 3) mit dem Beitrag in anderen Vereinen.

9 Die meisten von Euch werden später als Arbeiter, Angestellte oder Beamte erwerbstätig sein. Dann müßt Ihr die Frage beantworten, ob Ihr in eine Gewerkschaft eintreten sollt oder nicht. Man kann diese Frage verschieden beantworten und für die Antworten verschiedene Begründungen nennen. Das Politik-/Sozialkundebuch kann und darf diese Frage nicht für Euch beantworten. Es kann einiges Material zu Eurer Information beitragen. Wichtiger aber ist, daß es Hinweise geben kann, wie man sich weiteres Material besorgt, z. B.:
Befragt berufstätige Eltern und Bekannte, weshalb sie in einer Gewerkschaft sind oder nicht.
Besorgt Euch von den Geschäftsstellen der Gewerkschaften Unterlagen.

> ... Ein jährlicher Erholungsurlaub von mindestens sechs Wochen soll die Gesundheit sichern ...
> Für gesundheitsgefährdende und besonders schwere Arbeiten ist ein zusätzlicher Urlaub zu vereinbaren ...
> Männer und Frauen müssen auch im Arbeitsleben gleichberechtigt sein.
> Für gleichwertige Arbeit ist gleiches Arbeitsentgeld zu zahlen ...
> Den Arbeitnehmern ist ein zusätzliches Urlaubsgeld zu zahlen ...
> Sie müssen zusätzlich ein 13. Monatsgehalt erhalten ...
> Die Benachteiligung der Arbeitnehmer bei der Vermögensbildung ist zu beseitigen ...
> Das Steuersystem muß vereinfacht und sozial gerechter werden ...
> Die Vollbeschäftigung ist zu sichern ...
> Es ist ein besonderes Programm zum Schutze älterer Arbeitnehmer gegen die sozialen Folgen der Veränderungen in Wirtschaft und Technik zu entwickeln ...
> Sicherheit am Arbeitsplatz und Gesundheitsschutz müssen erhöht werden ...
> Die Gesundheitsvorsorge ist auszubauen ...
> Das Arbeitslosengeld soll mindestens zwei Drittel des letzten Arbeitseinkommens betragen ...
> Jedem ist die Möglichkeit zu geben, mit Vollendung des 60. Lebensjahres aus dem Arbeitsleben auszuscheiden ...
> Mitbestimmung der Arbeitnehmer am Arbeitsplatz, im Betrieb, im Unternehmen und in der gesamten Wirtschaft sowie in öffentlichen Verwaltungen und Betrieben muß die politische Demokratie ergänzen ...
> In allen Bundesländern ist die Vollzeitschulpflicht auf elf Jahre unter Einbeziehung eines Berufsgrundbildungsjahres auszudehnen ...
> Überall ist die integrierte Gesamtschule einzuführen ...
> Der Lehrermangel ist zu beseitigen ...
> Der soziale Wohnungsbau muß stärker als bisher gefördert werden ...
> Der Mieterschutz ist weiter auszubauen ...
> Verstöße gegen Umweltschutzvorschriften sind streng zu ahnden.

Abb. 7: Aus dem Aktionsprogramm des DGB, 1972

Tab. 2: Mitgliederzahlen der Einzelgewerkschaften im DGB (Stand: Dezember 1975)

Einzelgewerkschaft	Mitgliederzahlen		
	männlich	weiblich	zusammen
IG Bau-Steine-Erden	500 519	8 903	509 422
IG Bergbau und Energie	372 399	5 970	378 369
IG Chemie-Papier-Keramik	530 109	114 162	644 271
IG Druck und Papier	129 673	28 312	157 985
Gew. der Eisenbahner Deutschlands	427 269	20 645	447 914
Gew. Erziehung und Wissenschaft	75 777	63 517	139 294
Gew. Gartenbau, Land- und Forstwirtschaft	37 394	1 915	39 309
Gew. Handel, Banken und Versicherungen	127 204	129 919	257 123
Gew. Holz und Kunststoff	117 900	14 154	132 054
Gew. Kunst	30 731	5 730	36 461
Gew. Leder	33 484	22 974	56 458
IG Metall	2 218 570	337 614	2 556 184
Gew. Nahrung-Genuß-Gaststätten	175 919	72 805	248 724
Gew. Öffentliche Dienste, Transport und Verkehr	826 996	231 529	1 058 525
Deutsche Postgewerkschaft	316 211	103 374	419 585
Gew. Textil – Bekleidung	131 736	151 498	283 234
DGB insgesamt	6 051 891	1 313 021	7 364 912

Tab. 3: Stundenlöhne und Beitragshöhen (in DM) am Beispiel der Feuerungs- und Ofenbauer und der IG Bau-Steine-Erden

Tätigkeit	Stundenlohn	Monatsbeitrag
Ofenwärter im Koksofenbau	13,06	28
Feuerungs- und Ofenbauhilfspolier	12,87	28
Feuerungs- und Ofenbau-Vorarbeiter	12,04	26
Feuerungs- und Ofenmaurer	11,32	24
Feuerungs- und Ofenmaurer-Anwärter	10,82	24
Feuerungs-Fachwerker	9,90	22

Untersucht Nachrichten und Kommentare in Zeitungen, Zeitschriften, im Rundfunk und Fernsehen auf Begründungen, die für oder gegen einen Gewerkschaftsbeitritt sprechen.

Das regelt der Tarifvertrag

> Gesucht: Baufacharbeiter und Hilfsarbeiter bei **übertariflicher Bezahlung**. Zuschriften unter ...

Abb. 1

Wißt Ihr, was damit gemeint ist?

Der Tarifvertrag

Verträge begegnen Euch im Leben recht häufig: Miet-, Kauf-, Staatsvertrag ... Mit einem Tarifvertrag habt Ihr bisher aber wohl kaum zu tun gehabt. Wenn Ihr ins Berufsleben eintretet, wird Euer Leben jedoch entscheidend durch diese Vertragsart beeinflußt werden. Tarifverträge regeln dann nämlich die Bedingungen Eurer Arbeit. Sie haben ihren Namen von „Tarife", womit man die Vergütung bestimmter Arbeiten bezeichnet.
Derartige Verträge werden zwischen den Tarifvertragsparteien („Tarifpartnern") abgeschlossen. Es sind dies einerseits die Gewerkschaften und andererseits einzelne Arbeitgeber oder Vereinigungen von Arbeitgebern.

Lohn- und Gehaltstarifvertrag – Mantel- oder Rahmentarifvertrag

Kernstück eines Tarifvertrags sind die Vorschriften über Lohn, Gehalt und Ausbildungsvergütungen. Daneben können in ihm u. a. geregelt werden:
– Arbeitszeit/Urlaub und Urlaubsgeld,
– Zulagen für Gefahren, Schmutz, Schicht-, Sonntags-, Nacht- und Mehrarbeit,
– Eingruppierung in Lohn- und Gehaltsklassen,
– Lohnfortzahlung bei Arbeitsverhinderungen (Heirat, Tod, Umzug ...),
– Lohnformen wie Akkord, Prämien usw.,
– 13. Monatsgehalt,
– vermögenswirksame Leistungen,
– menschengerechte Gestaltung der Arbeit ...

Häufig sind aber nicht alle diese Punkte in ein und demselben Vertrag geregelt.
Der *Lohntarifvertrag* enthält die Bestimmungen über die Bezahlung, der *Mantel-* oder *Rahmentarifvertrag* (vgl. Abb. 2) regelt alle übrigen Fragen. Wenn es im Inhaltsverzeichnis Abb. 2 „§ 5 Lohn" heißt, so steht dort doch nichts über die Höhe des Lohnes eines Arbeiters.

Bundesrahmentarifvertrag für das Baugewerbe

vom 1. April 1971 in der Fassung der Änderungstarifverträge vom 16. Oktober 1972 und 8. April 1974
Zwischen
dem Zentralverband des Deutschen Baugewerbes e. V., Bonn, Adenauerallee 93,
dem Hauptverband der Deutschen Bauindustrie, e. V., Frankfurt (Main), Friedrich-Ebert-Anlage 38, und
der Industriegewerkschaft Bau-Steine-Erden im Gebiet der Bundesrepublik Deutschland,
Frankfurt (Main), Bockenheimer Landstraße 73–77,
wird folgender Tarifvertrag geschlossen:

Inhaltsverzeichnis

§ 1 Geltungsbereich
§ 2 Beginn des Arbeitsverhältnisses
§ 3 Arbeitszeit
§ 4 Arbeitsversäumnis und Arbeitsausfall
§ 5 Lohn
§ 6 Erschwerniszulage
§ 7 Auswärtsbeschäftigung
§ 8 Urlaub
§ 9 Freistellung zu Arbeitsgemeinschaften
§ 10 Sterbegeld
§ 11 Besondere Bestimmungen für Hilfspoliere, Hilfsschachtmeister, Hilfsmaschinenmeister und Ofenwärter im Feuerungsbau
§ 12 Beendigung des Arbeitsverhältnisses
§ 13 Verwaltung von Kantinen, Speisewirtschaften und Verkaufsmagazinen
§ 14 Unterkünfte auf der Baustelle
§ 15 Arbeitssicherheit und Unfallverhütung
§ 16 Ausschlußfristen
§ 17 Besondere Bestimmungen für Auszubildende
§ 18 Behandlung von Auslegungsstreitigkeiten
§ 19 Besondere Lohn- und Arbeitsbedingungen für Spezialgewerbezweige
§ 20 Durchführung des Vertrages
§ 21 Inkrafttreten und Laufdauer

Abb. 2: Tarifvertragsparteien und Inhaltsverzeichnis eines Rahmentarifvertrags

Diese wird ja im Lohntarifvertrag festgelegt. Im Manteltarifvertrag steht unter „Lohn" u. a., welche Lohngruppen es gibt und wie der Lohn ausbezahlt werden soll. Während der Lohntarifvertrag zumeist nur für die Dauer von zwölf Monaten abgeschlossen wird, haben die Manteltarife im allgemeinen längere Laufzeiten (z. B. drei Jahre).

Friedenspflicht

Während der Laufzeit des Vertrages verbietet die *Friedenspflicht* jede Arbeitskampfmaßnahme (vgl. S. 82) der beiden Parteien um Arbeitsbedingungen, die im laufenden Vertrag geregelt sind. Die Friedenspflicht verlangt sogar, daß die Vertragsparteien sich bemühen, Arbeitskämpfe ihrer Mitglieder um solche Punkte zu verhindern.

D 1 Der Gebrauch des Wortes „Tarifpartner" statt Tarifvertragsparteien ist umstritten. Welchen Begriff haltet Ihr für angemessen?

2 Bei uns herrscht *Tarifautonomie*, d. h. außer den Tarifvertragsparteien darf niemand in die Vertragsverhandlungen eingreifen. Beurteilt diese Regelung.

D 3 Auch staatliche Stellen dürfen von sich aus nicht in die Verhandlungen eingreifen. Das Problem ist aber komplizierter: Der Staat ist auch Tarifvertragspartei als Arbeitgeber im öffentlichen Dienst!

4 Abb. 2 zeigt einen Ausschnitt aus dem „Bundes-Rahmentarifvertrag für das Baugewerbe".
Stellt fest
– wer die Vertragsparteien sind,
– was darin geregelt wird.

5 Überlegt, warum Lohn- und Rahmentarifverträge meist unterschiedliche Laufzeiten haben.

D 6 Haltet Ihr die „Friedenspflicht" für eine notwendige Bestimmung?

7 Die Tarifverträge gelten rechtlich nur für die in den Gewerkschaften organisierten Arbeitnehmer, werden von den Arbeitgebern aber auf alle Betriebsangehörigen angewendet!

D 8 Hat es Vorteile für den Arbeitnehmer und für das Unternehmen, daß Tarifverträge zwischen großen Verbänden und nicht von Arbeitnehmer zu Einzelbetrieb geschlossen werden?

Ein neuer Tarifvertrag wird ausgehandelt

Abb. 1

Vorbereitungen

Jedes Jahr werden in der Bundesrepublik Deutschland mehrere hundert Tarifverträge ausgehandelt. Sie gelten jeweils für bestimmte Tarifgebiete (Abb. 2), die für die verschiedenen Wirtschaftsbranchen unterschiedlich aussehen können. Es gibt auch Tarifverträge, deren Bestimmungen für das ganze Bundesgebiet verbindlich sind. Die Auseinandersetzungen um die neuen Tarife nennt man *Tarifrunden*. Sie beginnen schon lange vor ihrer offiziellen Eröffnung. Die Tarifparteien versuchen über die Massenmedien, die Öffentlichkeit für ihre Sicht der Dinge einzunehmen (Abb. 3 und 4).
In den *Tarifkommissionen* von Gewerkschaft und Arbeitgebern werden zu dieser Zeit die Forderung bzw. das Angebot beraten. Die wirtschaftswissenschaftlichen Institute beider Seiten haben die Kommissionen mit den aktuellen Daten aus der Wirtschaft und

Abb. 2: Die Tarifgebiete der Metallindustrie

Arbeitgeber rechnen mit Streiks,

Baden-Baden (ddp). Das Bestehen auf Lohnerhöhungen von sechs Prozent in der Metallindustrie werde nach Ansicht des Vorsitzenden des Gesamtverbandes der metallindustriellen Arbeitgeberverbände, Thiele, in der bevorstehenden Tarifrunde einen Arbeitskampf auslösen. Bereits bei Lohnerhöhungen um fünf Prozent würden Arbeitslosigkeit und Inflation zunehmen, betonte Thiele am Sonntag in einem Interview. Abzulehnen seien auch alle Versuche, aus Lohn und anderen Forderungen ein Gesamtpaket zu schnüren. Wer Lohnerhöhungen von wesentlich mehr als dem zu erwartenden Wachstum fordere, der sei zugleich für mehr Arbeitslosigkeit, sagte Thiele weiter. Die Alternativen in der neuen Lohnrunde hießen Verschlechterung oder Verbesserung der wirtschaftlichen Probleme. Bei günstigeren Lohnkosten könne mehr exportiert, bei mehr Unternehmensgewinnen mehr investiert werden.

Abb. 3: Zevener Zeitung, 21. 11. 1977

Aussperrung verurteilt

Hannover (dpa). Die DAG hat die wiederholt vorgebrachten Aussperrungsdrohungen der Arbeitgeber für die beginnende Tarifrunde verurteilt. Vor Betriebsräten und Vertrauensleuten aus dem Bereich der Metallindustrie sagte DAG-Landesverbandsleiter Dunst am Dienstag in Hannover, die Arbeitgeber seien offensichtlich fest entschlossen, bei den kommenden Tarifverhandlungen Arbeitskämpfe zu provozieren.

Abb. 4: Zevener Zeitung, 23. 11. 1977

einer Voraussage über die vermutliche zukünftige Entwicklung versorgt. Die Vertrauensleute der Gewerkschaft haben in den Betrieben die Erwartungen der Arbeitnehmer erkundet, die Arbeitgeberverbände in Versammlungen ihrer Mitglieder die bevorstehenden Verhandlungen und ein mögliches Angebot diskutiert. In den Kommissionen sitzen Tarifexperten der Gewerkschaft bzw. des Arbeitgeberverbandes und die von deren Mitgliedern aus ihrer Mitte gewählten Vertreter.

Nach der Kündigung des laufenden Vertrages leitet die Gewerkschaft der Arbeitgeberseite dann ihre Forderung zu (Abb. 5, als Beispiel einer Tarifrunde 1976).

1 Verfolgt die Veröffentlichungen zu einer Tarifrunde in der Presse. Sammelt die Zeitungsausschnitte und hängt aus ihnen ein Verlaufsschema in Eurer Klasse aus.
Diskutiert die jeweilige Phase im Unterricht.

2 Diskutiert, ob Tarifverhandlungen auch für Euch von Bedeutung sind. Denkt dabei auch an das in den Abb. 3 und 4 Gesagte.

3 Erklärt, warum beide Tarifparteien versuchen, die Öffentlichkeit auf ihren Standpunkt aufmerksam zu machen.

D 4 Nennt Wirtschaftsdaten, die bei der Höhe der Forderung einer Gewerkschaft eine Rolle spielen werden. Könnten daneben auch noch andere Überlegungen von Bedeutung gewesen sein? Denkt z. B. an gewerkschaftliche Zielvorstellungen oder politische Rücksichten ..."

5 Nennt die Einzelheiten der Forderung im Beispiel Abb. 5.

D 6 Herr A. verdient 3000 DM, Herr B. 1500 DM monatlich. Die Gewerkschaft handelt eine Lohnerhöhung von fünf Prozent aus. Berechnet, wieviel beide dann verdienen und prüft, wie sich der Verdienstunterschied entwickelt hat. Bei einer Lohnerhöhung von 150 DM für beide würde der Gehaltsunterschied zwar gleich bleiben, berechnet aber, wie dann die jeweilige prozentuale Erhöhung aussieht.

D 7 Untere Einkommensgruppen werden durch Preissteigerungen der reinen Lebenshaltungskosten besonders betroffen, da sie einen größeren Teil ihres Lohnes dafür benötigen als Gutverdienende. Überlegt, warum häufig die Forderung auf Erhöhung um einen Festbetrag *(Sockelbetrag)* in Verbindung mit einer prozentualen Erhöhung lautet.

Abb. 5: Beispiel eines Forderungsschreibens 1976

D 8 Ein Tarifvertrag gilt für alle Betriebe des Arbeitgeberverbandes. Wie könnte sich diese Tatsache auf das Angebot der Arbeitgeber auswirken?

Die Verhandlungen

Die Verhandlungen werden von den Tarifkommissionen beider Seiten geführt. Ein Beispiel aus der Tarifrunde der chemischen Industrie für 1972 findet sich in: W. Hromadka, Tarif-Fibel. Damals eröffneten die Arbeitgeber die Sitzung mit einem Angebot von fünf Prozent Lohnerhöhung. Die Forderung der Gewerkschaft hätte umgerechnet eine durchschnittliche Erhöhung um 9,2 Prozent bedeutet. Mit ihrem Angebot ließen die Arbeitgeber in den Betrieben ein Flugblatt verteilen, in dem es hieß:

„Trotz anderslautender Aussagen der IG Chemie hat sich die Ertragssituation noch nicht normalisiert: Löhne und Gehälter sind den Umsätzen davongelaufen. Von 1969 bis 1971 stieg die Umsatzleistung je Beschäftigten nur um 3,2 %, die Lohn- und Gehaltssumme je Beschäftigten kletterte jedoch um über 27 %. Dazu kommen Erlöseinbußen im Export, anhaltender Druck auf die Chemieerzeugerpreise, die immer noch unter dem Stand von 1962 liegen. Andererseits trifft die Chemie auf der Kostenseite die ganze Welle der Preissteigerungen, wie z. B. für Investitionsgüter (+ 8 %)."
(Aus: W. Hromadka, Tarif-Fibel, S. 45)

Schon bei der zweiten Sitzung gelang es den Tarifkommissionen, sich nach nur 22stündigen Verhandlungen zu einigen:
Löhne und Gehälter stiegen um durchschnittlich 6,4 Prozent, bei einer stärkeren Erhöhung der niedrigeren Einkommen. In einem Flugblatt schrieb die Gewerkschaft dazu:

„Wir glauben, daß dieser Tarifvertrag der wirtschaftlichen Situation der chemischen Industrie entspricht und für unsere Kolleginnen und Kollegen ein akzeptables Ergebnis darstellt."
(Aus: W. Hromadka, Tarif-Fibel, S. 46)

1 In der Tarifkommission der Gewerkschaft saßen auch Jugenddelegierte. Welches Sachgebiet wird diese bei den Verhandlungen besonders interessiert haben?

2 Erläutert die Absichten der Arbeitgeber bei ihrer Flugblattaktion.

3 Beurteilt das Ergebnis der Tarifrunde gemessen an der Ausgangsposition beider Seiten.

4 Die Gewerkschaften des DGB sind unterschiedlich groß, die Anteile der gewerkschaftlich organisierten Arbeitnehmer in den Wirtschaftsbranchen recht verschieden. Wie wird sich das auf die Verhandlungsposition der jeweiligen Gewerkschaft auswirken?

Die Schlichtung

Daß Arbeitgeber und Gewerkschaft sich so schnell einigen, ist die Regel. Ansonsten gelingt dies häufig in einer neuen Phase der Tarifrunde, der *Schlichtung* (die nicht in allen Tarifverträgen vorgesehen ist). Um der Gefahr eines staatlichen Eingriffs in die Tarifautonomie vorzubeugen, haben sich manche Branchen auf ein Verfahren geeinigt, das den Arbeitsfrieden möglichst erhalten soll: Wenn eine Seite die Verhandlungen für gescheitert erklärt, beginnt eine Schlichtungsstelle mit ihrer Arbeit. Unter dem Vorsitz eines neutralen Außenstehenden bemühen sich zwei bis drei Vertreter beider Seiten, in diesem kleinen, vertraulichen Kreis einen Kompromiß zu finden.

Wird dieser Vorschlag von den Tarifkommissionen angenommen, ist die Tarifrunde beendet, anderenfalls erlischt jetzt die Friedenspflicht. Beide Seiten dürfen nun Arbeitskampfmaßnahmen einleiten.

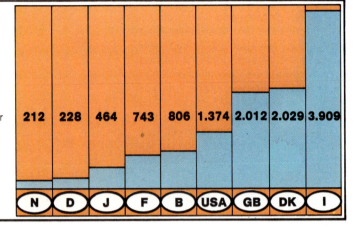

Abb. 7

IG Druck muß nach Streik kräftig sparen

Stuttgart (dpa). Als Folge des kostspieligen Druckerstreiks im vergangenen Jahr muß die IG Druck und Papier jetzt einschneidende Sparmaßnahmen ergreifen. Dem Gewerkschaftstag der Organisation im Oktober in Augsburg werden satzungsändernde Anträge vorliegen, die eine Kürzung der Streikunterstützung, den Wegfall des Treuegeldes, der Arbeitslosenunterstützung und der Invalidenunterstützung vorsehen. In der neuesten Ausgabe der Gewerkschaftszeitung „Druck und Papier" weist der Kassierer der Organisation, Schüßler, darauf hin, daß 1976 den Einnahmen in Höhe von knapp 27 Millionen Mark Ausgaben von 57,3 Millionen Mark gegenüberstanden. Allein die Auszahlung der Streikunterstützung an die Mitglieder habe über 33 Millionen Mark gekostet.

Abb. 6: Zevener Zeitung, 15. 8. 1977

---

1 Erläutert den Begriff „Kompromiß" am Beispiel der oben beschriebenen Tarifrunde.

2 In den meisten Tarifrunden hat die Schlichtung Erfolg. Welche Gründe sind Eurer Meinung nach dafür verantwortlich?

Der Arbeitskampf

Nicht jedes Scheitern der Schlichtung führt zum Streik. Die Entscheidung darüber ist dem Hauptvorstand der Gewerkschaft vorbehalten. Er ist dabei an Bedingungen gebunden:
„Anträge auf Einleitung oder Fortsetzung eines Arbeitskampfes erfordern die durch geheime Abstimmung festgestellte Unterstützung von mindestens 75 % der abstimmungsberechtigten Beteiligten. Bei der Entscheidung über die Genehmigung von Arbeitskämpfen haben die Hauptvorstände nicht nur das Abstimmungsergebnis, sondern auch die Gesamtumstände, wie Konjunktur und Auswirkungen auf andere Betriebe und andere Wirtschaftszweige, zu berücksichtigen."
(Aus: Richtlinien des DGB zur Führung von Arbeitskämpfen)

Auch nach einer erfolgreichen *Urabstimmung* kann der Hauptvorstand noch auf einen Streik verzichten und hoffen, daß die gezeigte Kampfbereitschaft der Arbeitnehmer die Gegenseite erneut an den Verhandlungstisch bringt.

Fällt der Entschluß zu einem Streik, so bedarf es für seine Durchführung vieler Vorentscheidungen und Vorbereitungen: Wo soll gestreikt werden? Wer soll bestreikt werden (alle Betriebe, nur ausgewählte Unternehmen)? Wer soll streiken (alle Arbeiter des Betriebs, nur in „Schlüsselpositionen")? *Warnstreiks* (kurze, demonstrative Arbeitsniederlegungen) können Urabstimmung und Vorbereitungsphase begleiten.

Nach der Klärung der genannten Fragen wird die Gewerkschaft zentrale, örtliche und betriebliche Streikleitungen bilden, die dann die Durchführung des Arbeitskampfes organisieren. Außenstehende sehen davon zumeist nur die *Streikposten*, die die Tore bestreikter Betriebe kontrollieren.

Während des Streiks unterstützt die Gewerkschaft ihre Mitglieder finanziell. Die IG Bau-Steine-Erden zahlt z. B. das Zehnfache des Beitrags und Zuschüsse für die Familienmitglieder pro Woche.

Die Arbeitgeber können auf einen Streik mit der *Aussperrung* antworten, d. h., sie verweigern allen ihren Arbeitnehmern für die Zeit des Arbeitskampfes die Möglichkeit zu arbeiten, wobei sie auch nicht bestreikte Betriebe in diese Maßnahme einbeziehen können. Der Arbeitskampf geht zu Ende, wenn die Tarifvertragsparteien sich in neuen Verhandlungen geeinigt haben und mindestens 25 Prozent der streikenden Gewerkschaftsmitglieder in einer neuen Urabstimmung dem Ergebnis zugestimmt haben.

D 1 Die Auswirkungen eines Druckerstreiks auf die IG Druck und Papier könnt Ihr der Zeitungsmeldung Abb. 6 entnehmen. Damals bestreikte die Gewerkschaft ausgewählte Betriebe, worauf die Arbeitgeber mit der Aussperrung auch in nicht bestreikten Unternehmen antworteten. Zeigt die Ziele der Taktik beider Seiten auf.

D 2 Im Gegensatz zu der Rechtsprechung in einigen westlichen Industrieländern hat das Bundesarbeitsgericht in einer Entscheidung Streik und Aussperrung als gleichwertige Maßnahmen des Arbeitskampfes bezeichnet. Diskutiert darüber.

3 Überlegt, warum bei der Urabstimmung über das Ergebnis der Tarifverhandlungen schon 25 Prozent Ja-

Stimmen für eine Annahme ausreichen.

4 Obwohl die Ergebnisse der Tarifverhandlungen nur für die gewerkschaftlich organisierten Arbeitnehmer gelten, werden sie von den Arbeitgebern auch auf die Nichtorganisierten übertragen. Die Gewerkschaften wenden sich dagegen, daß auch die „Trittbrettfahrer" in den Genuß der von den Gewerkschaften erreichten Verbesserungen kommen. Erklärt den Begriff und nehmt Stellung zu dem aufgezeigten Problem.

5 Wertet Abb. 7 aus.

Klein – aber mächtig

Nicht jeder Streik führt zu den gleichen Folgen für die Allgemeinheit (s. Abb. 8 und 9). Manchmal sind es gerade die Arbeitskämpfe kleiner Arbeitnehmergruppen, die das Wohl der Masse der Bevölkerung mehr beeinträchtigen als die großen Tarifauseinandersetzungen. Neben den großen Gewerkschaften gibt es eine Vielzahl kleiner und kleinster Berufsvereinigungen und -verbände, welche die Interessen ihrer Mitglieder vertreten. Die Fluglotsen z. B., die den Luftverkehr über der Bundesrepublik Deutschland lenken und überwachen, haben sich zu mehr als 90 Prozent im „Verband Deutscher Flugleiter" (VDF) organisiert. Durch ihre Arbeit in den Flugsicherungszentren und Kontrolltürmen machen sie den dichten Flugverkehr über der Bundesrepublik Deutschland erst möglich.

Für 1973 verlangte der VDF für die Fluglotsen Gehaltsverbesserungen bis zu 700 DM monatlich, wobei er darauf hinweisen konnte, daß die Kollegen in der europäischen Flugsicherungsbehörde für die gleiche Arbeit auch bei einer Erfüllung der 700-DM-Forderung noch wesentlich mehr verdienen würden. Als die Bundesregierung den Gehaltsvorstellungen nicht folgte, begannen die Lotsen im Hochsommer einen „*Dienst nach Vorschrift*". Sie erschienen zwar weiter zum Dienst, legten ihre Dienstvorschriften aber so eng aus, daß der Flugsicherungsdienst fast zum Erliegen kam. Dazu trug auch bei, daß viele Fluglotsen plötzlich tageweise erkrankten.

Nach Beendigung des „Dienstes nach Vorschrift" wurde die Bundesregierung – als verantwortlich für die Fluglotsen – von Reiseunternehmen, Fluggesellschaften und Flughafenverwaltungen auf Schadensersatzzahlungen in Höhe von 220 Mill. DM verklagt und durch ein Gericht zur Zahlung verurteilt. Die Bundesregierung wiederum verklagte den VDF auf Übernahme der Schadensersatzansprüche. Im Januar 1978 wurde vom Bundesgerichtshof in diesem Rechtsstreit das Urteil gesprochen (vgl. Abb. 11).

1 Zeigt die Unterschiede zwischen den großen Gewerkschaften und Verbänden wie dem VDF auf.

2 In der Bundesrepublik Deutschland sind Beamtenstreiks nach der vorherrschenden Rechtsauffassung und der Rechtssprechung gesetzwidrig. 1962 ernannte die Bundesregierung die Fluglotsen zu Beamten. Welches Ziel sollte mit dieser Maßnahme wohl erreicht werden? Ist es auch erreicht worden?

3 Abb. 10 zeigt Euch Auswirkungen des „*Bummelstreiks*" der Fluglotsen. Urlaubsflüge nach Mallorca – reine Flugzeit 2 1/2 Stunden – dauerten jetzt 15 bis 16 Stunden, wenn sie überhaupt stattfanden. Beschreibt, gegen wen sich die Bummelmaßnahmen richteten, wer aber in Wirklichkeit hauptsächlich durch sie getroffen wurde.

4 Für Streiks gilt als „*anerkannter Rechtsgrundsatz, daß durch den Einsatz von Kampfmitteln nicht ein größerer Schaden verursacht werden darf als zur Erreichung des legalen Kampfzieles notwendig ist (Verbot des Übermaßes)*" (so Rechtsprofessor Wilhelm Reuß in Der

Abb. 10: Flugplanänderungen Frankfurt, 3. 7. 1973

Karlsruhe (dpa). Bei ihrem Bummelstreik im Jahre 1973 sind die Fluglotsen nach Ansicht des Bundesgerichtshofes (BGH) durch die Öffentlichkeitsarbeit des Verbandes Deutscher Flugleiter (VDF) in ihrem Streikwillen bestärkt worden.

Dies ist einer der Kernsätze in der am Freitag teilweise veröffentlichten Urteilsbegründung des BGH zu dem Anfang der Woche gegen den Flugleiter-Verband gefällten Urteil. Weiter heißt es in dem Urteil, die Fluglotsen hätten mit ihrer Aktion die Grenzen eines fairen Arbeitskampfes überschritten. Der Verband wurde für die Schäden in Höhe von über 220 Millionen Mark verantwortlich gemacht.

Abb. 11: Zevener Zeitung, 4. 2. 1978

Spiegel 28/1973). Seht Ihr diesen Rechtsgrundsatz beim beschriebenen „Streik" als erfüllt an?

5 Vergleicht den Streik der britischen Feuerwehrmänner (Abb. 8 und 9) in seinen Auswirkungen mit dem der Fluglotsen.

6 Beurteilt den „verkappten" Streik der beamteten Fluglotsen im Vergleich mit einem offenen Arbeitskampf gewerkschaftlich organisierter Arbeitnehmer.

D 7 In Zusammenhang mit dem „Dienst nach Vorschrift" der Fluglotsen hat man vor einer „Diktatur der Spezialisten" gesprochen, der unsere moderne Industriegesellschaft ausgeliefert sei. Erklärt den Ausdruck und prüft, ob es nicht weitere kleine Spezialistengruppen gibt, deren Arbeitsniederlegung unsere Gesellschaft noch härter treffen würde als der Bummelstreik der Lotsen.

D 8 Um für kommende Arbeitskämpfe klare Fronten zu schaffen, wird vorgeschlagen, den Fluglotsen den Beamtenstatus wieder zu nehmen. Beschreibt, wie eine solche Maßnahme zukünftige Arbeitskämpfe verändern würde.

London
In ganz England wird es morgen früh brandgefährlich: 48 000 britische Feuerwehrleute legen um Punkt 9 Uhr die Spritze aus der Hand.
An ihre Stelle treten 12 000 Soldaten, um im Notfall zu retten. Sie verfügen jedoch nur über 850 völlig veraltete Löschwagen. Die Bevölkerung ist über Fernsehen aufgefordert worden, ständig mehrere gefüllte Wassereimer parat zu haben. Aber ein Gewerkschaftssprecher gab zu: „Trotz aller Vorkehrungen ist es unvermeidlich, daß es Tote geben wird."
Die Feuerwehrleute fordern 30 Prozent mehr Lohn.

Abb. 8: Bild am Sonntag, 13. 11. 1977

Kinder starben bei Bränden
London (dpa). Fünf Kinder und eine Frau sind in der Nacht zum Montag bei zwei Wohnungsbränden in England ums Leben gekommen. In der Ortschaft Wisbech bei Cambridge starben vier Kinder und ihre Mutter, in London erstickte ein sechsjähriger Junge im Rauch eines Feuers, das ein Ladengeschäft im East End und die darüberliegende Wohnung zerstörte. In beiden Fällen waren die anrückenden Soldaten-Feuerwehren machtlos.

Abb. 9: Zevener Zeitung, 6. 12. 1977

Der Betriebsrat

Frau M. ist seit vier Jahren bei der Firma N. beschäftigt, einem Betrieb der Elektronikbranche. Seit der Scheidung von ihrem Mann arbeitet sie hier am Fließband, um den Lebensunterhalt für sich und ihre beiden Kinder zu verdienen. Ihr Vorgesetzter hat sie in letzter Zeit mehrere Male wissen lassen, daß ihre Arbeitsleistung nicht den Ansprüchen genügt. Eines Tages teilt er ihr mit, daß die Firma sie entlassen will. Frau M. ist völlig verzweifelt, denn sie weiß, daß sie große Schwierigkeiten haben wird, mit ihren 50 Jahren einen neuen Arbeitsplatz zu bekommen. Eine Kollegin, mit der sie sich ausspricht, rät: „Geh' doch mal zum Betriebsrat!" ...

Der Betriebsrat

Wenn Ihr in der Schule ein Problem habt, wendet Ihr Euch an die Schülervertretung (Schülerrat), die sich dann im Rahmen ihrer Möglichkeit für Euch einsetzt. Eine ähnliche Einrichtung wird in allen Betrieben mit mindestens fünf Arbeitnehmern eingerichtet, ein *Betriebsrat*. Seine Aufgaben und Rechte sind im *Betriebsverfassungsgesetz (BetrVG)* beschrieben, dem die Auszüge Abb. 1 entnommen sind.

Je nach der Zahl der Beschäftigten gehören dem Betriebsrat unterschiedlich viel Mitglieder an. Im Falle der Firma N. mit ca. 650 Arbeitnehmern sind es z. B. elf. Sie werden in geheimer Wahl gewählt. Die Wahlvorschläge werden in der Regel von den Gewerkschaften aufgestellt. Es ist typisch für die Betriebsratsarbeit, daß bei der Firma N. nur vier der elf Mitglieder Frauen sind, obwohl sie 86 Prozent der Beschäftigten stellen.

Je nach der Zahl der Arbeitnehmer sind verschieden viel Mitglieder des Betriebsrats von allen anderen Tätigkeiten im Betrieb freigestellt und widmen sich nur der Betriebsratsarbeit. Bei Firma N. sind es zwei.

In regelmäßigen Sitzungen und zu besonderen Anlässen berät der Betriebsrat die an ihn herangetragenen Angelegenheiten. Die Beratungen finden während der Arbeitszeit statt. Ein Vertreter des Betriebes kann zu den Sitzungen geladen werden. Die Kosten der Betriebsratsarbeit trägt der Arbeitgeber.

Vierteljährlich hat der Betriebsrat der Belegschaft auf *Betriebsversammlungen* über seine Arbeit zu berichten und sich ihren Fragen zu stellen. Er kann dazu auch den Arbeitgeber einladen, der über die wirtschaftliche Lage und das Personalwesen des Betriebs informieren soll. Auch Vertretern der Gewerkschaften ist die Teilnahme erlaubt.

---

§ 2 Stellung der Gewerkschaften und Vereinigungen der Arbeitgeber

(1) Arbeitgeber und Betriebsrat arbeiten unter Beachtung der geltenden Tarifverträge vertrauensvoll und im Zusammenwirken mit den im Betrieb vertretenen Gewerkschaften und Arbeitgebervereinigungen zum Wohl der Arbeitnehmer und des Betriebs zusammen.

§ 76 Einigungsstelle

(1) Zur Beilegung von Meinungsverschiedenheiten zwischen Arbeitgeber und Betriebsrat, Gesamtbetriebsrat oder Konzernbetriebsrat ist bei Bedarf eine Einigungsstelle zu bilden. Durch Betriebsvereinbarung kann eine ständige Einigungsstelle errichtet werden.

(2) Die Einigungsstelle besteht aus einer gleichen Anzahl von Beisitzern, die vom Arbeitgeber und Betriebsrat bestellt werden, und einem unparteiischen Vorsitzenden, auf dessen Person sich beide Seiten einigen müssen ...

§ 80 Allgemeine Aufgaben

(1) Der Betriebsrat hat folgende allgemeine Aufgaben:
1. darüber zu wachen, daß die zugunsten der Arbeitnehmer geltenden Gesetze, Verordnungen, Unfallverhütungsvorschriften, Tarifverträge und Betriebsvereinbarungen durchgeführt werden;
2. Maßnahmen, die dem Betrieb und der Belegschaft dienen, beim Arbeitgeber zu beantragen;
3. Anregungen von Arbeitnehmern und der Jugendvertretung entgegenzunehmen und, falls sie berechtigt erscheinen, durch Verhandlungen mit dem Arbeitgeber auf eine Erledigung hinzuwirken; er hat die betreffenden Arbeitnehmer über den Stand und das Ergebnis der Verhandlungen zu unterrichten;
...

(2) Zur Durchführung seiner Aufgaben nach diesem Gesetz ist der Betriebsrat rechtzeitig und umfassend vom Arbeitgeber zu unterrichten. Ihm sind auf Verlangen jederzeit die zur Durchführung seiner Aufgaben erforderlichen Unterlagen zur Verfügung zu stellen.

§ 87 Mitbestimmungsrechte

(1) Der Betriebsrat hat, soweit eine gesetzliche oder tarifliche Regelung nicht besteht, in folgenden Angelegenheiten mitzubestimmen:
1. Fragen der Ordnung des Betriebs und des Verhaltens der Arbeitnehmer im Betrieb;
2. Beginn und Ende der täglichen Arbeitszeit einschließlich der Pausen sowie Verteilung der Arbeitszeit auf die einzelnen Wochentage;
3. vorübergehende Verkürzung oder Verlängerung der betriebsüblichen Arbeitszeit;
4. Zeit, Ort und Art der Auszahlung der Arbeitsentgelte;
5. Aufstellung allgemeiner Urlaubsgrundsätze und des Urlaubsplans sowie die Festsetzung der zeitlichen Lage des Urlaubs für einzelne Arbeitnehmer, wenn zwischen dem Arbeitgeber und den beteiligten Arbeitnehmern kein Einverständnis erzielt wird;
6. Einführung und Anwendung von technischen Einrichtungen, die dazu bestimmt sind, das Verhalten oder die Leistung der Arbeitnehmer zu überwachen;
7. Regelungen über die Verhütung von Arbeitsunfällen und Berufskrankheiten sowie über den Gesundheitsschutz im Rahmen der gesetzlichen Vorschrift oder der Unfallverhütungsvorschriften;
8. Form, Ausgestaltung und Verwaltung von Sozialeinrichtungen, deren Wirkungsbereich auf den Betrieb, das Unternehmen oder den Konzern beschränkt ist;
9. Zuweisung und Kündigung von Wohnräumen, die den Arbeitnehmern mit Rücksicht auf das Bestehen eines Arbeitsverhältnisses vermietet werden, sowie die allgemeine Festlegung der Nutzungsbedingungen;
10. Fragen der betrieblichen Lohngestaltung, insbesondere die Aufstellung von Entlohnungsgrundsätzen und die Einführung und Anwendung von neuen Entlohnungsmethoden sowie deren Änderung;
11. Festsetzung der Akkord- und Prämiensätze und vergleichbarer leistungsbezogener Entgelte, einschließlich der Geldfaktoren;
12. Grundsätze über das betriebliche Vorschlagswesen.

(2) Kommt eine Einigung über eine Angelegenheit nach Absatz 1 nicht zustande, so entscheidet die Einigungsstelle. Der Spruch der Einigungsstelle ersetzt die Einigung zwischen Arbeitgeber und Betriebsrat.

§ 102 Mitbestimmung bei Kündigungen

(1) Der Betriebsrat ist vor jeder Kündigung zu hören. Der Arbeitgeber hat ihm die Gründe für die Kündigung mitzuteilen. Eine ohne Anhörung des Betriebsrats ausgesprochene Kündigung ist unwirksam ...

(3) Der Betriebsrat kann ... der ordentlichen Kündigung widersprechen, wenn
1. der Arbeitgeber bei der Auswahl des zu kündigenden Arbeitnehmers soziale Gesichtspunkte nicht oder nicht ausreichend berücksichtigt hat,
3. der zu kündigende Arbeitnehmer an einem anderen Arbeitsplatz im selben Betrieb oder in einem anderen Betrieb des Unternehmens weiterbeschäftigt werden kann,
4. die Weiterbeschäftigung des Arbeitnehmers nach zumutbaren Umschulungs- oder Fortbildungsmaßnahmen möglich ist oder
5. eine Weiterbeschäftigung des Arbeitnehmers unter geänderten Vertragsbedingungen möglich ist und der Arbeitnehmer sein Einverständnis hiermit erklärt hat.

Abb. 1: Aus dem Betriebsverfassungsgesetz

In Betrieben mit jugendlichen Arbeitnehmern kann zu deren Vertretung eine besondere *Jugendvertretung* gewählt werden.

Der Fall Frau M.

Zum Fall Frau M. berichtet der Betriebsratsvorsitzende Herr D.:
„Das war eine ziemlich einfache Sache. Ein glatter § 102,3-Fall. Wir haben der Betriebsführung gesagt: ‚Bevor Sie es mit Frau M. nicht an anderen Arbeitsplätzen versucht haben, stimmen wir der Kündigung nicht zu. Wenn die Frau in ihrem Alter der Bandarbeit nicht mehr gewachsen ist, dann probieren Sie es mit ihr doch mal bei den Baugruppen. Dort unterliegt sie nicht dem Takt (Arbeitstakt des Fließbandes) und dann kann die Frau immer noch ihre Leistungen bringen.' Das mußten sie dann machen, wohl oder übel! ... Übrigens Frau M. arbeitet heute noch bei uns."

1 Auf welche Bestimmungen des § 102, Abs. 3 BetrVG hat sich der Betriebsrat bei seiner Entscheidung gestützt?

2 Nennt allgemeine Aufgaben und wichtige Mitbestimmungsrechte nach dem BetrVG. Vergleicht sie mit den Rechten Eurer Schülervertretung.

3 Von den Arbeitnehmern wird der Betriebsrat nur als ihre Interessenvertretung gesehen. Ist diese Beurteilung nach dem Text des § 2 BetrVG richtig?

4 Vergleicht die Aufgaben der Einigungsstelle mit denen der Schlichtungsstelle in den Tarifauseinandersetzungen (S. 84).
Worin besteht der wesentliche Unterschied?

5 Überlegt, warum besondere Jugendvertretungen eingerichtet werden sollen.

D 6 Von den Betriebsräten waren 81,1 Prozent 1975 in Gewerkschaften organisiert und noch mehr über Gewerkschaftslisten gewählt worden.
Seht Ihr Interessenkonflikte, die sich aus diesen Tatsachen und den Bestimmungen des Betriebsverfassungsgesetzes ergeben können?

7 Probleme, mit denen sich der Betriebsrat der Firma N. in letzter Zeit zu beschäftigen hatte:
– Beschwerden über Zugluft in Halle B,
– fristlose Kündigung des P. wegen wiederholter Trunkenheit bei der Arbeit,
– Einlegung von Sonderschichten wegen hohen Auftragsbestandes.
Spielt in einem Rollenspiel den Betriebsrat der Firma N. Bedenkt, daß auch die Rolle des Vertreters der Betriebsleitung zu besetzen ist.

D 8 Ladet ein Betriebsratsmitglied der Umgebung ein, Euch von seiner Arbeit zu berichten. Sprecht mit ihm auch Eure Entscheidung in den Fällen von Aufgabe 7 durch.

D 9 Der Betriebsrat hat nach dem BetrVG bei der Festlegung neuer Arbeisabläufe zu kontrollieren, ob diese den *„arbeitswissenschaftlichen Erkenntnissen über die menschengerechte Gestaltung der Arbeit"* entsprechen (vgl. Abb. 2). Auch aus dieser Bestimmung ergibt sich, daß der Betriebsrat besonders qualifizierte Mitglieder haben muß.
Welche Wege bleiben einem Betriebsrat, wenn er selbst keinen solchen Fachmann unter seinen Mitgliedern hat?

10 Gibt Eurer Meinung nach die Karikatur Abb. 3 die Situation des Betriebsrates richtig wieder?
Befragt evtl. auch dazu das Euch besuchende Betriebsratsmitglied.

Abb. 2

Abb. 3

Gleicher Lohn für gleiche Arbeit

Szenen aus einer Schulfernsehsendung des „NDR" (Thema: „Gerechter Lohn"): Auf der einen Hälfte des Bildschirms wird ein Maschinenführer in einer Margarinefabrik an seinem Arbeitsplatz gezeigt. Auf der anderen Hälfte sieht man gleichzeitig eine Maschinenführerin in einer Käsefabrik bei ihrer Arbeit. Die Arbeitsabläufe, Handgriffe und Anforderungen gleichen einander offensichtlich. Auf die Frage nach dem Lohn sagt der Mann: „7,74 DM Grundlohn pro Stunde." Die Antwort der Frau: „6,63 DM pro Stunde!" ...

In unserem Grundgesetz heißt es zwar im Artikel 3: *„Männer und Frauen sind gleichberechtigt. Niemand darf wegen seines Geschlechts ... benachteiligt oder bevorzugt werden"*, aber in unserer Arbeitswelt sind wir von der Verwirklichung dieses Verfassungsgebots noch ein ganzes Stück entfernt. Frauen stellen zwar ungefähr ein Drittel der Arbeitnehmer in der Bundesrepublik Deutschland, aber ihre berufliche Situation unterscheidet sich wesentlich und typisch von der ihrer männlichen Arbeitskollegen (vgl. Abb. 1). Frauenarbeit wird in der Industrie in weit höherem Maße in *Leichtlohngruppen* eingestuft als Männerarbeit. Als Leichtlohngruppen bezeichnet man die in Tarifverträgen vereinbarten Lohngruppen 1–3, denen *„körperlich leichte Arbeiten"* zugeordnet werden. Zur Bewertung der Schwere einer Arbeit wird dabei ausschließlich die Beanspruchung der Muskeln herangezogen. Solche Leichtlohngruppen gab es 1975 noch in 104 von 356 Tarifverträgen. In der Süßwarenindustrie Nordrhein-Westfalens verdienten danach die Frauen in den Leichtlohngruppen nur 65 Prozent des Facharbeiterlohns, während männliche Hilfsarbeiter mit *„schwerer Arbeit"* 80 Prozent davon bekamen.
Die Gewerkschaften sehen es deshalb als eine wichtige Aufgabe an, solche Unterbewertungen der Frauenarbeit zu beseitigen. Sie arbeiten darauf hin, daß die Leichtlohngruppen aus den Tarifverträgen verschwinden. Nach Beobachtungen des „Stern" (44/1973) bleiben den Betrieben auch dann noch Möglichkeiten, Lohnunterschiede zwischen Mann und Frau beizubehalten:
– Beide sind zwar in der gleichen Lohngruppe, aber der Arbeitgeber zahlt dem Mann übertariflich mehr.
– Beide machen zwar die gleiche Arbeit, aber sie machen sie in anderer Reihenfolge oder haben es mit etwas anderem Material zu tun.
– Mann und Frau machen nicht das gleiche, haben aber gleichwertige Aufgaben.
– Männer steigen schneller in Führungspositionen auf.

1 Wertet Abb. 1 aus.

2 Beschreibt mögliche Auswirkungen von Eheschließung und Mutterschaft auf die Berufsausübung der Frau. Überlegt, wie sich diese Umstände auf die Aufstiegs- und Verdienstmöglichkeiten erwerbstätiger Frauen auswirken können.

3 Diskutiert, ob man bei der Bewertung der Schwere einer Arbeit nur die Beanspruchung der Muskeln als Maßstab nehmen sollte. Denkt bei Eurer Diskussion vor allem an Fließbandarbeit.

D 4 Die Abschaffung der Leichtlohngruppen in den Tarifverträgen ist in verschiedenen Branchen bisher am entschiedenen Widerstand der Arbeitgeber gescheitert. Erklärt diese Haltung.

D 5 Überlegt, warum Frauen in geringerem Maße gewerkschaftlich organisiert sein könnten als Männer und beurteilt, wie sich diese Tatsache auf die Durchsetzung ihrer Interessen auswirken wird.

6 Man sagt, Frauen hätten schlechtere Aufstiegschancen als Männer. Überprüft die Richtigkeit dieser Behauptung am Beispiel Eurer Schulen und der Schulen der Umgebung. Stellt den Anteil der Frauen an der Lehrerschaft fest und überprüft, wieviel Lehrerinnen in den Schulleitungen tätig sind. Wertet diese Ergebnisse aus.

D 7 *„Die Frage der Lohngleichheit zwischen Mann und Frau ist trotz der im Grundgesetz verankerten Gleichberechtigung wie seit jeher ein Bewußtseinsproblem"* (Spiegel-Redaktion [Hrsg.], Arbeitnehmerinnen; in: Unterprivilegiert; vgl. dazu auch das „Familien"-Kapitel). In dieser Aussage stimmen

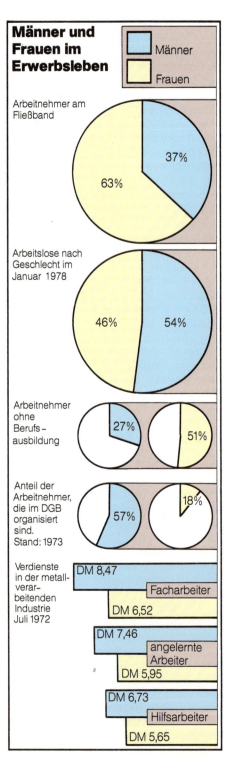

Abb. 1: (Zahlenangaben nach: Spiegel-Redaktion [Hrsg.], Arbeitnehmerinnen; in: Unterprivilegiert)

die Sprecher der drei im Bundestag vertretenen Parteien überein.
Erklärt den Ausdruck *„Bewußtseinsproblem"*. Stimmt Ihr dieser Aussage zu?

Gemeinde

Gemeinden und ihre Aufgaben

Abb. 1

Der Urlaub naht. Dieses Jahr soll es sogar ins Ausland gehen. Aber – Uwes Ausweis muß verlängert werden. Zuständig ist die Gemeinde (vgl. Abb. 1). Wie Uwe oder aus einem anderen Anlaß hatten vielleicht auch schon einige von Euch mit einer Einrichtung Eurer Gemeinde zu tun!

In der Bundesrepublik Deutschland gibt es rund 8700 *Städte* und *Gemeinden* (1978, Tab. 1 gibt den Stand 1976). Vor ein paar Jahren waren es noch fast 24 000. Den Vorgang, der zur Verminderung der Zahl der Städte und Gemeinden in unserem Land geführt hat, nennt man *kommunale Neugliederung*. Vor ihrer Durchführung kam es zu heftigen Auseinandersetzungen, weil viele kleinere Gemeinden sich gegen den Verlust ihrer Selbstständigkeit wehrten. Inzwischen ist die Neugliederung in den Städten und Gemeinden abgeschlossen.

Stadtgemeinde – Landgemeinde

Tab. 1 gibt eine genaue Übersicht über die Zahl der Gemeinden in den einzelnen Bundesländern. Gleichzeitig wird ihre Größe nach Einwohnerzahlen ersichtlich. Es ist leicht, die eigene Gemeinde einzuordnen. Das Land mit den meisten Großstädten läßt sich aus der Tabelle finden. Andere Bundesländer haben nur wenige Großstädte. Der Unterschied zwischen einer Stadt- und Landgemeinde liegt in der Größe und der Bebauung. Eine Stadt hat im allgemeinen eine viel größere Zahl von Einwohnern, die häufig in großen Mietshäusern leben. Ein weiteres Kennzeichen einer Stadt sind ein deutlich erkennbares Geschäftsviertel (vgl. Abb. 2) mit vielen mehrstöckigen Büro- und Geschäftshäusern und zahlreichen Industrie- und Gewerbegebieten.

Gemeindeordnung

In der Aufgabenstellung gibt es allerdings zwischen einer kleinen Gemeinde und einer großen Stadt keinen wesentlichen Unterschied. Vielmehr gebraucht man in der Politik das Wort *Gemeinde* ohne Rücksicht darauf, ob es sich um eine Stadt oder eine Gemeinde handelt. München, Frankfurt, Köln und Dortmund sind deshalb ebenso Gemeinden wie ein kleiner Ort auf dem Lande. Für alle gelten die Vorschriften der *Gemeindeordnung*, nach der sich das politische Leben in ihnen vollzieht.

Nun gibt es aber in der Bundesrepublik Deutschland nicht nur eine Gemeinde-

Tab. 1: Gemeinden nach Ländern und Einwohnerzahlen am 1. 1. 1976 (für NRW 1. 7. 1976)

Land- bzw. Stadtstaat	Gemeinden insgesamt	Einwohner										
		< 100	500– 1 000	1 000– 2 000	2 000– 5 000	5 000– 10 000	10 000– 20 000	20 000– 50 000	50 000– 100 000	100 000– 200 000	200 000– 500 000	> 500 000
Schleswig-Holstein	1 164	536	307	152	84	39	29	12	3	–	2	–
Hamburg	1	–	–	–	–	–	–	–	–	–	–	1
Niedersachsen	1 035	29	258	277	185	117	95	56	9	7	1	1
Bremen	2	–	–	–	–	–	–	–	–	1	–	1
Nordrhein-Westfalen	396	–	–	–	8	82	122	117	38	13	11	5
Hessen	598	25	35	56	203	154	90	24	6	2	2	1
Rheinland-Pfalz	2 325	1 171	542	323	182	69	19	10	4	5	–	–
Baden-Württemberg	1 113	58	44	189	407	227	110	57	14	4	2	1
Bayern	4 045	1 255	930	869	640	214	98	23	9	4	2	1
Saarland	50	–	–	–	–	10	26	12	1	–	1	–
Berlin (West)	1	–	–	–	–	–	–	–	–	–	–	1
Bundesgebiet	10 730	3 074	2 116	1 866	1 709	912	589	311	84	36	21	12

Abb. 2

Abb. 3

ordnung, sondern viele. Jedes Bundesland hat eine eigene. Viele Bestimmungen in ihnen sind gleich, haben manchmal sogar einen ähnlichen Wortlaut. In anderen Punkten unterscheiden sie sich sehr stark, vor allem in den Bezeichnungen für die verschiedenen Gemeindeorgane. Da gibt es einen *Magistrat* und eine *Stadtverordnetenversammlung*, einen *Stadtrat* und einen *Gemeinderat*. Einmal ist vom *Bürgermeister* die Rede, ein andermal vom *Gemeinde-* oder *Stadtdirektor*. Einmal spricht man vom *Rathaus*, ein andermal von der *Stadtverwaltung*. Statt des Begriffs „Gemeinde" gebraucht man häufig das Wort *Kommune*. Es kommt von communis (lat.) = gemeinsam (engl. common). Die Ableitung „kommunal" bedeutet „die Gemeinde betreffend". Ihr findet sie in vielen Begriffen: z. B. Kommunalpolitiker – Kommunalwahlen – Kommunalbeamter – Kommunalabgabengesetz.

Aufgaben der Gemeinde

Abb. 3 und 4 geben einen Überblick über die Aufgaben einer Gemeinde. Für die Wahrnehmung dieser zahlreichen Aufgaben braucht eine Gemeinde sehr viel Geld. Sie erhält es von ihren Bürgern in Form von Steuern, Beiträgen und Gebühren (vgl. Abb. 5). Für bestimmte Aufgaben geben die Länder und der Bund auch Zuschüsse, z. B. für den Schulbau und die Errichtung von Sportanlagen. Wir wollen uns auch nicht mit allen Aufgaben einer Gemeinde beschäftigen, sondern im nächsten Kapitel beispielhaft nur mit einer.

1 Erkundigt Euch nach der Einwohnerzahl Eurer Heimatgemeinde und vergleicht mit Tab. 1.

2 Bringt in Erfahrung, ob sich die Grenzen Eurer Heimatgemeinde bei der kommunalen Neugliederung verändert haben.

3 Erarbeitet an Beispielen aus Eurer Heimat die Unterschiede zwischen einer Stadt- und einer Landgemeinde.

D 4 Ladet den Bürgermeister oder ein Ratsmitglied ein und laßt Euch von ihm die Aufgaben der verschiedenen Organe der Gemeinde erklären.

D 5 Diskutiert mit Eurem Gast auch über die im Augenblick anstehenden Aufgaben in Eurer Heimatgemeinde.

D 6 Verschafft Euch einen Überblick über die Einnahmen und die Ausgaben Eurer eigenen Gemeinde. Der Haushaltsplan hilft dabei.

Aufgaben der Gemeinde			
	Schulwesen	Sozialhilfe, Altersheim	Wohnungswesen
	Gesundheitspflege	Kulturwesen	Kindergärten
	Straßenbau	Feuerwehr	Verkehrswesen
	Müllabfuhr	Friedhöfe	Elektrizitäts- und Wasserversorgung

Abb. 4

Einnahmen der Gemeinde			
	Steuern Gewerbesteuer (von den	Betrieben) Grundsteuer Anteil an der Einkom-	menssteuer Hundesteuer Vergnügungssteuer
	Gebühren z. B. für Entwässerung Müllabfuhr	Standgebühren auf Märkten Straßen-	reinigung Benutzung der Friedhofsanlagen
	Beiträge z. B. für Erschließungsbeiträge für den	Neubau von Straßen und Straßenlaternen in Neubau-	gebieten. Kanalanschlußbeiträge
	Zuschüsse des Landes und des Bundes:	allgemeine Zuschüsse für den Bau bestimmter	Anlagen: z. B. Sportanlagen – Schulbauten

Abb. 5

Ein neuer Busbahnhof für Fahrschüler (Planspiel)

Abb. 1

Abb. 2

Die in Abb. 1 und 2 dargestellten Situationen sind Euch sicher aus eigener Erfahrung bekannt. In der Bundesrepublik Deutschland, aber auch in anderen Ländern, sind Tag für Tag viele Millionen Schüler mit Bussen, Eisenbahn, Fahrrad, Mofas und Mopeds oder zu Fuß auf dem Weg von oder zur Schule. Jeder von Euch kennt aus eigener Anschauung die dabei auftretenden Gefahren und Probleme! Sicher hat der eine oder andere schon einmal einen Unfall auf dem Schulweg miterlebt.

Für Bus-Fahrschüler treten besonders oft die folgenden drei Probleme auf:
- gefährliche Situationen und Belästigung der Passanten an den Haltestellen
- lange Wege von den Haltestellen zu den Schulen
- lange Wartezeiten in Wind und Wetter an den Haltestellen.

Dazu hat das Oberlandesgericht in Koblenz ein Urteil gesprochen, aus dem sich für die Gemeinden als *Schulträger* eine wichtige Aufgabe ergibt. Der Zeitungsartikel (Abb. 3) macht diese Aufgabe deutlich.

Am Beispiel der kleinen Stadt Ennigerloh (20 000 Einw.), in der Nähe von Münster in Westfalen gelegen, wollen wir erarbeiten, wie eine Gemeinde eine solche Aufgabe löst. Wir erfahren dabei, wie viele Gesichtspunkte zu bedenken sind, wer alles an der Entscheidung beteiligt ist und warum der Weg vom Wunsch bis zu seiner Erfüllung sehr lang werden kann.

Oberlandesgericht fordert die Sicherung der Bushaltestellen

Zivil- und Strafjustiz stellen Amtspflicht für den Unfallschutz fest

Von Hans Wülenweber

Koblenz/Münster. Die Schulbehörden in der Bundesrepublik müssen sich jetzt schleunigst etwas einfallen lassen, um Haltestellen für Schulbusse sicherer zu machen und Unfälle unter den sich drängelnden Kindern zu vermeiden. In letzter Instanz sprach das Oberlandesgericht Koblenz in einem soeben veröffentlichten Urteil einen Schulbusfahrer frei, der vom Amtsgericht Mayen und vom Landgericht Koblenz zunächst zu einer hohen Geldstrafe wegen fahrlässiger Tötung verurteilt worden war.

Am Tod der elfjährigen Monika V., die 1974 in dem Eifeldörfchen Rüber unter das Rad des langsam ankommenden Schulbusses gestolpert war und dabei getötet wurde, treffe den Fahrer keine Schuld.

Das Oberlandesgericht erklärte in dem Grundsatzurteil, die Schulbehörden hätten Vorkehrungen gegen solche Unglücke zu treffen. An den Haltestellen müßten die Kinder genauso von der Schule beaufsichtigt werden wie im eigentlichen Schulbereich. Damit liegt nun auch ein strafrechtliches Urteil zu dieser wichtigen neuen Rechtsprechung vor. In einem Zivilprozeß hatte der Bundesgerichtshof (BGH) in Karlsruhe vor wenigen Wochen erstmals eine Amtspflicht der Schulbehörde für die Sicherung der Schulbushaltestellen erklärt. Einem schwer verletzten Mädchen, das bei Münster unter einen Schulbus geraten war, sprach der BGH Schmerzensgeld aus der Staatskasse zu.

Nunmehr können sich Schulverwaltungen und Schulleiter nicht mehr länger als nicht verantwortlich für den Schulbusverkehr bezeichnen. Die Aufsichtspflicht der Lehrer ende, wenn die Kinder das Schulgrundstück verlassen hätten, hatte es bislang oft geheißen.

Als wirksames Sicherungsmittel, um ein Drängeln und Nebenherlaufen der Kinder neben einem ankommenden Bus zu verhindern, schlägt das OLG Koblenz Sperrgitter vor. Anderenfalls müsse stets eine Aufsichtsperson das Ein- und Aussteigen der Kinder überwachen. (Aktenzeichen: BGH III ZR 128/74, OLG Koblenz 289/76)

Abb. 3

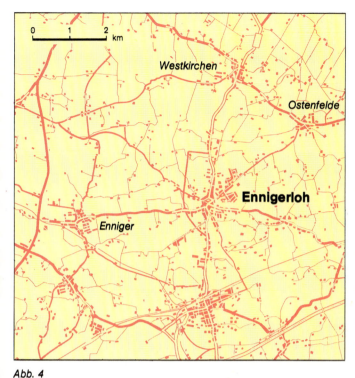

Abb. 4

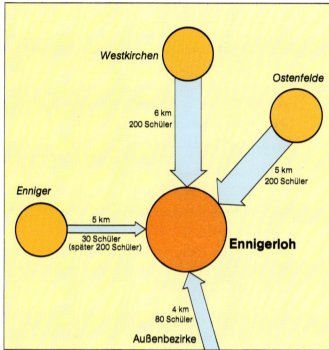

Abb. 5

Die Situation

Die Gemeinde Ennigerloh wurde am 1. Januar 1975 um die ehemals selbständigen Gemeinden Enniger, Ostenfelde und Westkirchen vergrößert. Wenige Monate später wurde ihr der Titel „Stadt" verliehen. Die Karte Abb. 4 zeigt diese Veränderung. Die Hauptschule in den neuen Stadtteilen Ostenfelde und Westkirchen wurde aufgelöst, weil sie zu klein war. Auch die Hauptschule in Enniger soll geschlossen werden. Für alle Schüler mußte in Ennigerloh Schulraum geschaffen werden. Gleichzeitig unterhält die Stadt eine Realschule, die ebenfalls von Schülern aus allen Stadtteilen besucht wird. Abb. 5 zeigt alle diese Schülerströme.

Die neue Hauptschule wurde durch Anbau an eine ehemalige Grundschule, die viel kleiner war, geschaffen. Die Grundschüler stammten alle aus den angrenzenden Wohngebieten. Beim Bau dieser ehemaligen Grundschule hatte man also nicht auf Fahrschüler und Verkehrsprobleme achten brauchen. Das Gebäude lag abseits der großen Straßen in einem sehr ruhigen Bezirk. Was aber damals als besonderer Vorzug gelobt wurde, entpuppte sich nun als schwerwiegender Nachteil. Durch den Umbau zu einem Schulzentrum für mehr als tausend Schüler änderte sich die Lage vollkommen. Jetzt ergaben sich Schwierigkeiten, die vorher unbekannt waren (vgl. Abb. 6):

– Die Kinder, die den Kindergarten und die Grundschule besuchten, sowie die Hauptschüler wurden durch den verstärkten Verkehr, vor allem in den Morgenstunden, stark gefährdet.
– Die auf den schmalen Bürgersteigen auf die Schulbusse wartenden Schüler belästigten oft mit oder ohne Absicht Anwohner, behinderten Passanten und warfen Papier und Abfälle in die Vorgärten. Die Anwohner ärgerten sich und versuchten sich zu wehren. Dauernd gab es Streitigkeiten. Die Beschwerden beim Schulleiter und beim Bürgermeister häuften sich.
– Bei Beerdigungen, Trauergottesdiensten, Hochzeiten usw. entstand ein weiteres Verkehrschaos.
– Auf den engen Bürgersteigen eines reinen Wohnbezirks ließen sich keine Unterstellmöglichkeiten schaffen. Bei schlechtem Wetter waren die Fahrschüler die Leidtragenden.

Alle Beteiligten waren sich einig, daß hier bald eine Änderung herbeigeführt werden mußte, damit die engen Straßen entlastet und die Gefährdungen aufhören würden, bevor ein Unglück geschähe.

Die Aufgabe der Gemeinde

Überall in der Bundesrepublik sind die Gemeinden *Schulträger*. Sie sind damit gesetzlich verpflichtet, die äußeren Voraussetzungen für einen ordnungsgemäßen Ablauf des Schulbetriebes zu sorgen. Dazu gehören die Schulräume, die Ausstattung mit Lehr- und Unterrichtsmitteln, die Beförderung der Fahrschüler und vieles andere mehr. Gleichzeitig aber ist eine Gemeinde auch zuständig für die innerörtlichen Straßen. Eine der Fraktionen des Stadtrates stellte deshalb den Antrag Abb. 7. Der Stadtrat beschloß ohne große Diskussion, diesen Antrag zur weiteren Bearbeitung an die zuständigen Ratsausschüsse weiterzuleiten. Diese sollten die Angelegenheit beschleunigt behandeln.

Die Zahl der Ratsmitglieder richtet sich nach der Einwohnerzahl einer Gemeinde. So besteht der Stadtrat in Ennigerloh aus 39 Mitgliedern. Ein solcher Rat ist zu groß und hat so viele unter-

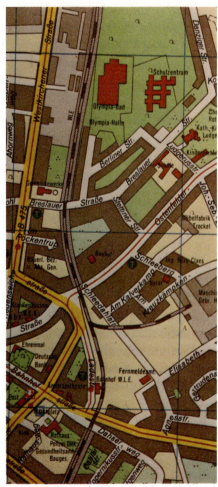

Abb. 6

... -Fraktion   4722 Ennigerloh, den 25.Aug.1976
Ennigerloh

An den
Rat der Gemeinde Ennigerloh
d.d. Bürgermeister

4722 ENNIGERLOH

Betr.: Antrag auf sofortige Einrichtung von Bushaltestellen
am Schulzentrum

Sehr geehrte Damen und Herren!

Nach der Aufnahme des Unterrichts im neuen Schulzentrum werden täglich mehr als 500 Schüler dorthin befördert. Sechs Omnibusse fahren kurz vor 8.00 Uhr das Schulzentrum an. Gleichzeitig sind weitere 700 bis 800 Schüler zu Fuß oder per Fahrrad auf dem Wege zu den Grund- und Hauptschulen dieses Bezirks.

Die Straßen in diesem Bereich, z.B. die Ludgeri-, die Breslauer- und die Berliner Straße sind enge Wohnstraßen und deshalb nicht geeignet, ein solches Verkehrsaufkommen aufzunehmen. Vor allem ist es nicht möglich, die notwendigen Haltestellen dort einzurichten.

Bei schlechtem Wetter bringen erfahrungsgemäß sehr viele Eltern ihre Kinder mit dem eigenen Pkw zur Schule. Dann dürfte erst recht mit chaotischen Zuständen zu rechnen sein.

In einer solchen Situation ist die Sicherheit der Grund- und Hauptschüler nicht mehr gewährleistet. Außerdem werden die Anwohner der genannten Straße in unzumutbarer Weise durch Lärm belästigt.

Die ...-Fraktion schlägt deshalb vor, auf dem freien Gelände nordöstlich des Schulzentrums eine große Haltestelle einzurichten. Dort steht Gelände in ausreichender Größe zur Verfügung, um eine Art Busbahnhof mit mehreren Bussteigen einzurichten. Die bereits bestehende Baustraße kann dafür genutzt werden.

Die ...-Fraktion mißt diesem Antrag eine hohe Dringlichkeit zu. Die zuständigen Ratsausschüsse und die Verwaltung sollten sich deshalb umgehend mit diesem Antrag beschäftigen. Die notwendigen Mittel sind im Nachtragshaushalt 1976 zur Verfügung zu stellen.

Mit freundlichen Grüßen

....
(Vorsitzender)

Abb. 7

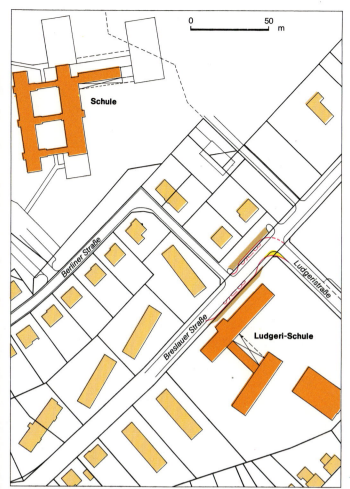

Abb. 8: Vorschlag „Breslauer Straße"

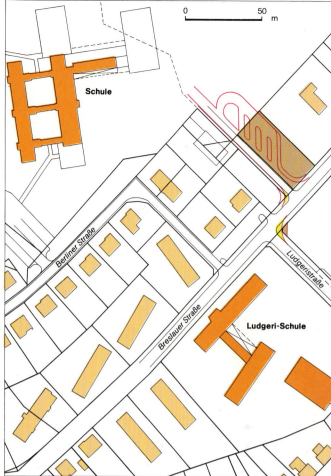

Abb. 9: Vorschlag „Vorderer Baustraßenbereich"

schiedliche Themen zu beraten, daß er sich nicht mit jeder Einzelheit beschäftigen kann. Zu Beginn der Ratsarbeit sind deshalb für bestimmte Fachgebiete kleine Ausschüsse gebildet worden. Tab. 1 gibt einen Überblick.

Tab. 1: Ausschüsse des Rates der Stadt Ennigerloh

Haupt- und Finanzausschuß
Rechnungsprüfungsausschuß
Bauausschuß
Ausschuß für Jugend, Senioren, Familie und Soziales
Ausschuß für Kultur- und Heimatpflege
Schulausschuß
Sportausschuß
Ausschuß für Wirtschaft und Verkehr
Werksausschuß

Auf der Suche nach der richtigen Lösung: viele Vorschläge

Für jedes Problem gibt es meistens mehr als nur eine Lösungsmöglichkeit. Eine gute und sachgerechte Entscheidung läßt sich dann leichter treffen, wenn man mehrere Vorschläge miteinander vergleichen und ihre Vor- und Nachteile gegeneinander abwägen kann.
Der *Bauausschuß* der Stadt Ennigerloh nimmt deshalb zunächst eine *Ortsbesichtigung* vor. An Ort und Stelle werden Möglichkeiten gesucht. Schon hier stellt man einige Vor- und Nachteile heraus. Dabei werden selbstverständlich auch Gespräche mit den Bewohnern der anliegenden Häuser geführt, um deren Meinung kennenzulernen. Daran ist ebenfalls der Schulleiter beteiligt.
Am Ende der Besichtigung erhalten die Fachleute des *Bauamtes* der Stadt den Auftrag, für jede der gefundenen Möglichkeiten eine genaue Zeichnung anzufertigen. Dabei sind zu berücksichtigen:
– der Platz für ankommende, wendende und abfahrende Busse,
– Platz für die Zahl der wartenden Schüler mit einem entsprechenden Regenschutz (= Wartehäuschen).
Außerdem sind jeweils die voraussichtlichen Baukosten zu ermitteln. Das *Liegenschaftsamt* (zuständig für alle Grundstücksangelegenheiten) wird gleichzeitig beauftragt, zu ermitteln, wem die jeweils benötigten Flächen gehören und wie teuer ein Kauf sein würde.
Schon zwei Wochen später liegen diese Zeichnungen und die entsprechenden Informationen vor. Wieder tagt der Bauausschuß. Er diskutiert die Vor- und Nachteile anhand der genauen Unterlagen.

Der Vorschlag „Breslauer Straße" (Abb. 8) scheidet schon bald aus, obwohl er sehr billig ist (ca. 60 000 DM). Begründung:
1. Der auf den Bürgersteigen vorhandene Platz reicht für die wartenden Schüler nicht aus.
2. Unterstellmöglichkeiten für schlechtes Wetter können nicht geschaffen werden.
3. Die haltenden Busse würden auf der schmalen Straße die Schüler gefährden und den Verkehr stark behindern.
4. Die Anwohner würden weiterhin belästigt werden.
Dieser Vorschlag bringt also im Grunde keine Verbesserung gegenüber dem augenblicklichen Zustand.
Auch der Vorschlag „Vorderer Baustraßenbereich" (Abb. 9) kann nicht verwirklicht werden. Das Liegenschaftsamt hat nämlich ermittelt, daß die dafür benötigte Grundstücksfläche nicht zu haben ist. Sie gehört der angrenzenden katholischen Kirchengemeinde, die hier ein Pfarrzentrum errichten will. Wichtigster Bestandteil dieses Neubaues sollen Jugendräume sein, die in diesem Wohnviertel dringend benötigt werden. Alle sind sich einig, daß eine solche Einrichtung Vorrang haben muß. Die Kosten hätten ca. 127 000 DM betragen.
Der Ausschuß entscheidet sich schließlich für den Vorschlag „Berliner

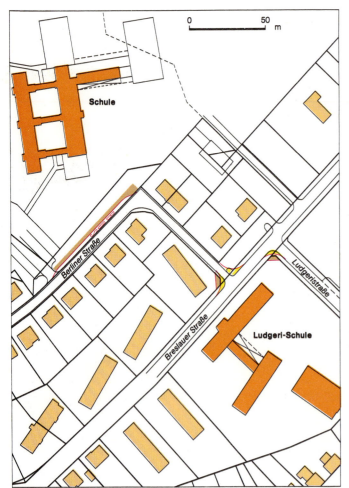
Abb. 10: Vorschlag „Berliner Straße"

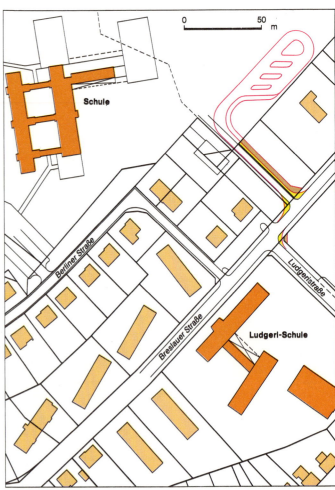
Abb. 11: Vorschlag „Hinterer Baustraßenbereich"

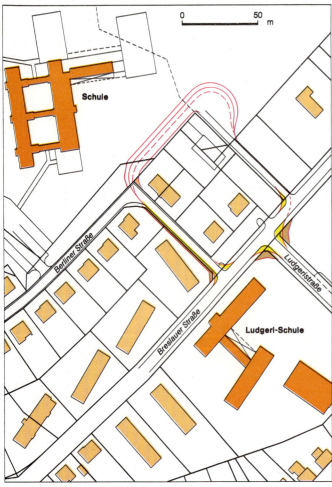
Abb. 12: Vorschlag „Schulhof"

Abb. 13

Straße" (Abb. 10), weil er die meisten Probleme löst:
1. Er liegt nahe am Schulzentrum. Die Schüler hätten also nur einen kurzen Weg zurückzulegen.
2. Das Gelände befindet sich im Besitz der Stadt.
3. Die Schüler brauchen keine Straße zu überqueren. Das Sicherheitsproblem ist also gelöst.
4. Die Belästigung der Anwohner dürfte fast völlig aufhören.
5. Die Kosten sind relativ gering (ca. 73 000 DM).

Bevor jedoch ein endgültiger Baubeschluß gefaßt werden kann, muß noch ein Verkehrsexperte gefragt werden.

Abb. 14   Abb. 15

Das Ergebnis dieser Besprechung, die nur wenige Tage später stattfindet, ist für alle niederschmetternd. Die Aussage des Verkehrsexperten wirft nämlich alle Überlegungen über den Haufen. Die billigste Lösung läßt sich trotz ihrer vorteilhaften Lage unmittelbar am Schulhof nicht verwirklichen, weil die Berliner Straße in ihrem weiteren Verlauf zu schmal wird. Die großen Busse passen nur hindurch, wenn für alle anderen Fahrzeuge ein striktes Halteverbot zu beiden Seiten der Straße eingerichtet wird. Niemand dürfte mehr sein Auto am Straßenrand parken. Das aber würde zu einer letztlich unzumutbaren Belastung der Bewohner der Berliner Straße führen.

Der Bauausschuß wird zu einer weiteren Sitzung eingeladen. Die Suche nach der besten Lösung muß fortgesetzt werden.

Wieder findet eine Beratung an Ort und Stelle statt. Um jetzt endlich eine brauchbare Lösung zu finden, werden zur Sitzung weitere Personen eingeladen. Neben den Mitgliedern des Bauausschusses und den Vertretern des städtischen Bauamts sind auch der Bürgermeister, einige Verkehrsexperten und der Schulleiter dabei.

Zwei weitere Möglichkeiten werden gefunden.

Zunächst wird eine Lösung diskutiert, die sich ganz in der Nähe der Schulgebäude ergibt (Abb. 11).

Hier gehört das ganze Gelände der Stadt. Außerdem bietet sich genügend Platz für die Anlage von Bussteigen. Hier muß allerdings erst ein fester Untergrund aus Schotter und Sand geschaffen werden. Daraus ergeben sich Baukosten von etwa 176 000 DM. Das ist zu teuer. So viel Geld hat die Stadt in diesem Jahr nicht mehr zur Verfügung. Wegen der Eilbedürftigkeit muß deshalb nach einer weiteren Möglichkeit gesucht werden.

Nach langen Überlegungen findet sich schließlich eine Lösung, die sich aus Teilen verschiedener anderer Vorschläge zusammensetzt. Abb. 12 zeigt Einzelheiten. Die Zufahrt erfolgt über die Baustraße. Der Busbahnhof selbst liegt am Rande des Schulhofs, der zwar etwas kleiner wird, aber noch genügend Platz bietet. Die Ausfahrt erfolgt über den ersten Teil der Berliner Straße, der noch um etwa einen Meter verbreitert werden kann. Die Kreuzungen an der Breslauer Straße werden etwas erweitert, damit die großen Busse leichter einbiegen können. Die Kosten betragen ca. 120 000 DM.

Damit hat der Bauausschuß seine Arbeit erfolgreich abgeschlossen. Der Auftrag des Stadtrates ist erfüllt. Nun muß noch der *Haupt- und Finanzausschuß* seine Zustimmung geben, damit das Geld zur Verfügung gestellt werden kann. Dabei ergeben sich keine Probleme mehr.

Beide Ausschüsse empfehlen dem Stadtrat, den Bau des Busbahnhofs in der Form der Lösung Abb. 12 zu beschließen.

In seiner nächsten Sitzung setzt der Rat den Bau des Busbahnhofs noch einmal auf die Tagesordnung. Er nimmt einen Bericht über die Arbeit der Ausschüsse entgegen und folgt ohne Diskussion der Empfehlung. Damit ist die parlamentarische Entscheidung abgeschlossen. Der Rat beschließt nunmehr, daß das Bauamt der Stadt die Arbeiten *ausschreiben* soll.

Alle Baufirmen der Umgebung werden angeschrieben, von dem Vorhaben in Kenntnis gesetzt und aufgefordert, in genauen Angeboten mitzuteilen, zu welchem Preis sie die notwendigen Arbeiten durchführen würden.

An einem vorher festgelegten Tag werden im Bauamt alle Angebote geöffnet und miteinander verglichen. Die Firma mit dem niedrigsten Preis erhält den Auftrag zum Bau.

Schon bald beginnen die Arbeiten. Ein Bauingenieur der Stadt überwacht die Ausführung. Nach wenigen Wochen ist der neue Busbahnhof fertig (Abb. 13). Er erfüllt alle Anforderungen:
1. Bei vernünftigem Verhalten der Schüler ergeben sich keine Gefahren mehr beim Aus- und Einsteigen.
2. Wartende Schüler können bei schlechtem Wetter im Schulgebäude bleiben, bis die Busse vorfahren.
3. Die schmalen Wohnstraßen werden durch die Busse kaum noch belastet.
4. Die Belästigungen der Anwohner durch Schüler hören fast ganz auf.

Ablaufschema kommunaler Entscheidungen

Am Beispiel des Busbahnhofs am Schulzentrum in Ennigerloh ist deutlich geworden, wie der lange Prozeß vom Auftauchen eines Problems bis zu seiner endgültigen Lösung abläuft. Jetzt ist auch verständlich, warum manchmal so viel Zeit vergeht, bis ein Wunsch oder ein Anliegen der Bürger in Erfüllung geht.

Wir wollen uns die verschiedenen Stationen noch einmal ins Gedächtnis rufen, damit wir sie deutlich zu unterscheiden lernen:

Aus Veränderungen und Entwicklungen, aber auch aus Wünschen von Bürgern nach Verbesserungen ergeben sich für eine Gemeinde neue Probleme und Aufgaben.

In unserem Beispiel machen neue Schulgesetze den Bau größerer Schulen und die Auflösung kleinerer erforderlich (vgl. Abb. 14). Daraus ergibt sich auch die Aufgabe, täglich viele Schüler transportieren zu müssen. Die dabei entstehenden Probleme haben wir kennengelernt.

Diese Probleme müssen untersucht werden, damit alle Gesichtspunkte in der Diskussion berücksichtigt werden können.

In unserem Beispiel (vgl. Abb. 15): Zahl der Schüler – Entfernungen zu den Stadtteilen – Zahl und Größe der Busse – Breite der Bürgersteige und der Straßen – beteiligte Interessengruppen (Schüler – Anwohner – andere Verkehrsteilnehmer – Kirchenbesucher).

Verschiedene Lösungsmöglichkeiten werden erarbeitet und miteinander verglichen. Das nennt man Alternativen. In unserem Beispiel erarbeiten Bauausschuß und Bauamt viele Vorschläge

Abb. 16 Abb. 17 Abb. 18

(Abb. 16). Sie vergleichen die Vor- und Nachteile und überprüfen, ob die Vorstellungen auch zu verwirklichen sind. Schließlich fällt die Entscheidung zugunsten eines der Lösungsvorschläge. In unserem Beispiel beschließt der Stadtrat endgültig, den Busbahnhof auf dem Schulplatz zu bauen (vgl. Abb. 17). Mit der Durchführung, der Verwirklichung, wird die *Verwaltung* betraut. Die Stadtverwaltung ist das ausführende Organ der Gemeinde. In unserem Beispiel schreibt das Bauamt die Arbeiten aus und überwacht die Firmen (vgl. Abb. 18).

1 Mit Hilfe des Ablaufschemas kommunaler Entscheidungen (Abb. 19) könnt Ihr in einem Planspiel ein Thema aus Eurer Gemeinde erarbeiten.
Denkt dabei zum Beispiel an notwendige Freiluft- und Hallensportstätten, an Einrichtungen für alte Menschen, an Kinderspielplätze und an sonstige Einrichtungen für die Freizeit. Vielleicht fehlen in Eurer Heimatgemeinde Bauplätze für neue Wohnhäuser, oder es müßten dringend neue Arbeitsplätze geschaffen werden. Neue Verkehrswege und Anlagen für den Umweltschutz könnten ebenfalls Grundlage für Eure Arbeit sein.
Der Spielplatz, das Jugendheim, das Hallenbad usw. sollten nach den Wünschen der zukünftigen Besucher gestaltet werden. Diese Wünsche sind zu erforschen. Sie werden oft eingeschränkt durch fehlendes Geld. Die Wünsche verschiedener Besuchergruppen können sich auch widersprechen (z. B. Sportbecken mit Sprungturm oder Saunaanlage im Hallenbad, wenn nur eines davon gebaut werden kann).

Die Suche nach dem geeigneten Standort soll davon ausgehen, wie die Besucher den Spielplatz, das Heim, das Bad ... erreichen können.
Es ist auch wichtig, zu welchen Bedingungen ein Grundstück zur Verfügung steht (Eigentum der Gemeinde, billig, teuer zu erwerben?).
Die möglichen Konflikte mit verschiedenen Interessengruppen müssen vorher bedacht werden (Lärmbelästigung von Anwohnern, mögliche Einbußen von Geschäftsleuten ...).
So sollte vor dem Spiel geklärt werden:
1. Wer entscheidet?
2. Wer berät, nimmt Stellung zu den möglichen Entscheidungen?
Während und nach dem Spiel solltet Ihr überdenken, wem eine mögliche oder getroffene Entscheidung nützt, wem sie schadet.

Abb. 19

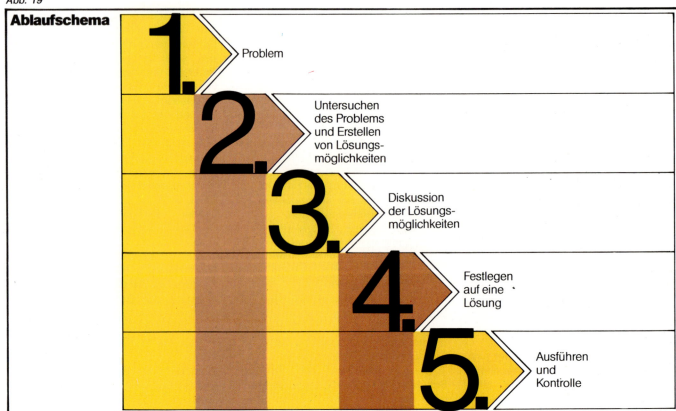

Demokratie

Demokratische Herrschaft

Abb. 1: Ludwig XIV., Der Staat bin ich

Abb. 2: Alle Staatsgewalt geht vom Volke aus!

Nicht alle Staaten sind gleich. Wie in ihnen *Politik* getrieben, die Macht verteilt und die Ordnung gestaltet wird, das läßt sich nach ganz unterschiedlichen Grundsätzen organisieren. Abb. 1 und 2 zeigen Beispiele dafür. *Demokratie*, auf die sich heute fast alle berufen, ist also keine Selbstverständlichkeit.

Der Staat bin ich

„Der Staat bin ich (L'Etat c'est moi)." Dieser Satz wird dem französischen König Ludwig XIV. zugeschrieben. Er meinte damit, daß er allein den Bürgern alle Gesetze und Befehle geben dürfe; denn Gott habe ihn zum Herrscher eingesetzt. Jede Beschränkung seiner Macht lehnte er ab. Als Ludwig XIV. 1661 die Regierung übernahm, eröffnete er seinen Ministern:

„Meine Herren! Sie werden mich mit Ihrem Rat unterstützen, sooft ich Sie befrage. Ich verbiete Ihnen, auch nur das Geringste, selbst einen Paß, ohne meinen Befehl zu unterzeichnen. Sie werden mir in Person täglich Rechenschaft geben."

Diskussion, Kritik an der Regierung, politische Mitbestimmung wurden nicht geduldet. Dieses Beispiel übernahmen viele europäische Fürsten des 17. und 18. Jahrhunderts. Diese Zeit der von allen Beschränkungen gelösten Herrschaft heißt *Absolutismus* (absolut = von allen Bedingungen befreit). Absolutismus war eine Willkürherrschaft. Der Fürst nahm sich das Recht, mit seinen „Untertanen" zu machen, was er für richtig hielt, ohne sie zu fragen: Kriege zu führen, Steuern zu erheben, Verhaftungen und Hinrichtungen anzuordnen.

Führer befiehl, ...

„Führer befiehl, wir folgen Dir." – Dieser Satz kennzeichnete die Herrschaft Adolf Hitlers im nationalsozialistischen Deutschland 1933–1945. Der moderne Diktator Adolf Hitler stellte sich, wie ein absoluter Fürst früherer Jahrhunderte, über das Recht. *„Der Wille des Führers ist Gesetz"* – dies wurde den Deutschen eingehämmert. Im Unterschied zum Absolutismus behauptete Hitler aber, die Zustimmung des Volkes zu seiner Herrschaft zu besitzen; denn sein Wille sei der gleiche wie der Wille des Volkes. Es hieß: *„Der Führer erkennt den Willen des Volkes und setzt ihn durch".* Gefragt aber wurde das Volk nicht. Seine Meinung war in Wirklichkeit belanglos. Im *Führerstaat* waren die Menschen nicht freie Bürger, sondern genauso wie bei Ludwig XIV. Untertanen.

Die Partei hat immer recht

Das gleiche gilt, wenn es heißt: *„Die Partei hat immer recht".* Wer immer recht hat, will nicht Kritik und Mitbestimmung. Eine Gruppe aus der DDR, die abweichende Ansichten zur herrschenden Richtung vertritt, beschrieb die Lage der Bürger so:

„Sie können sich nicht wehren. In der Partei, in der Gewerkschaft, ... beim Arbeitsgericht, ... in den Parlamentsausschüssen, kurz, wo immer sie auch Klage führen wollen, ertönt immer nur die Stimme der Nummer eins der jeweiligen Leitungsebene des dazugehörigen Fachsekretärs und seines diensthabenden Apparatschiks".
(Aus: DDR. Das Manifest der Opposition, München 1978)

Bezeichnend für die hier kritisierte Herrschaftsordnung ist, daß diese Kritik nicht in der DDR selbst, sondern nur außerhalb der DDR, in der Bundesrepublik Deutschland, veröffentlicht werden konnte. Die Kritiker konnten dabei ihre Namen nicht nennen; denn in einem Staate wie der DDR riskiert Verhaftung oder Ausbürgerung, wer Kritik übt.

Alle Staatsgewalt geht vom Volke aus

„Alle Staatsgewalt geht vom Volke aus." Dieser Satz besagt, daß Herrschaft nur dann legitim, d. h. gerechtfertigt ist, wenn sie sich auf den Willen des Volkes stützt. Er besagt allerdings nicht, daß „das Volk" selbst regiert. Es vertraut vielmehr die Herrschaft „besonderen Organen" an (vgl. Grundgesetz Art. 20). Das Volk wählt und stimmt ab. Auch die Demokratie ist also eine Herrschaftsordnung, in der es Herrschende und Herrschaftsunterworfene gibt. Allerdings gibt es große Unterschiede zur Herrschaft des Absolutismus, des Führerstaats oder der Parteidiktatur. Das Bundesverfassungsgericht hat die *freiheitlich demokratische Grundordnung* so beschrieben:

„Sie ist eine Ordnung,
die unter Ausschluß jeglicher Gewalt und Willkürherrschaft
eine rechtsstaatliche Herrschaftsordnung auf der Grundlage der Selbstbestimmung des Volkes
nach dem Willen der jeweiligen Mehrheit und der Freiheit und Gleichheit darstellt.
Die freiheitlich demokratische Grundordnung ist das Gegenteil des totalen Staates, der als ausschließliche Herrschaftsmacht Menschenwürde, Freiheit, Gleichheit ablehnt.
Zu den grundlegenden Prinzipien dieser Ordnung sind insbesondere zu rechnen:
die Achtung vor den im Grundgesetz konkretisierten Menschenrechten, vor allem dem Recht auf Leben und freie Entfaltung der Persönlichkeit,
die Volkssouveränität,
die Gewaltenteilung,

*die Verantwortlichkeit der Regierung gegenüber der Volksvertretung,
die Gesetzmäßigkeit der Verwaltung,
die Unabhängigkeit der Gerichte,
das Mehrparteienprinzip,
die Chancengleichheit für alle politischen Parteien,
das Recht auf verfassungsmäßige Bildung und Ausübung einer Opposition".*

Manches an dem Text des höchsten Gerichts mag nicht einfach zu verstehen sein. Im Kern besagt er folgendes: Wer Herrschaft vom Volk anvertraut bekommt, ist ihm verantwortlich: Herrschaft wird begründet durch Zustimmung und kann folglich auch entzogen und anderen anvertraut werden. Um dies zu ermöglichen, ist sie befristet: *Parlamente* werden nur für eine bestimmte Zeit (vier oder fünf Jahre) gewählt. Sie können in der Regel die *Regierung* jederzeit abberufen. Zur *Verantwortlichkeit der Regierung* gehört aber noch mehr als die von Zeit zu Zeit wiederkehrende Wahl.

Verantwortlichkeit heißt auch, daß Herrschaft grundsätzlich, nahezu tagtäglich versucht, Zustimmung zu gewinnen. Wer Zustimmung sucht, muß aber zugleich immer offen sein für Kritik und Kontrolle. Verliert eine Regierung diese Zustimmung mehr und mehr, wird sie abgelöst und durch eine andere ersetzt. So kam es in der Bundesrepublik Deutschland 1969 zu einem Machtwechsel; 1976 wurde er knapp verfehlt.

Demokratische Herrschaft heißt zugleich Beschränkung staatlicher Macht und ihre Bindung an Recht und Verfassung. Nichts darf geschehen, was beiden widerspricht. Gebunden ist selbst das souveräne Volk: *„Das Volk hat nicht das Recht, einen Unschuldigen zu schlagen"* (Benjamin Constant).

Demokratische Herrschaft ist diesen Begrenzungen besonders unterworfen, um die *Minderheiten* zu schützen. Politisch haben alle die gleichen Rechte. Wer gerade herrscht, befindet sich nicht im Besitz der Wahrheit, und die nicht gerade herrschenden Minderheiten sind nicht in Irrtum verfallen. Die *Mehrheit* hat lediglich die breitere Zustimmung zu ihren politischen Ansichten und damit die Gelegenheit erhalten, sie in die Tat umzusetzen. Die Minderheit behält das Recht und die Möglichkeit, ihre Ansichten denen der Mehrheit kritisch entgegen zu stellen. Darüber, welche Außenpolitik, welche Sozialpolitik oder welche Wirtschaftspolitik betrieben werden soll, gibt es unterschiedliche Ansichten. Minderheiten haben das gleiche garantierte Recht wie die herrschende Mehrheit, ihre Ansichten in die öffentliche Diskussion einzubringen. Demokratische Herrschaftsordnung bedeutet also nicht zuletzt – anders als unter dem

---

Demokratische Herrschaft ist „legitim", auf Zustimmung gegründet. Sie ist rechtlich und zeitlich begrenzt. Sie unterliegt Kritik und Kontrolle. Sie garantiert jene Freiheit des politischen Prozesses, die gerade auch die Möglichkeit einräumt, daß Minderheiten zur Mehrheit werden.
Letztlich heißt das, demokratische Herrschaft stellt sich immer selbst in Frage.
Demokratische Herrschaft ist gekennzeichnet durch die Chance zum Machtwechsel. Diese Chance wiederum beruht auf dem Grundsatz des politischen Wettbewerbs, der Vielfalt der Ansichten und Positionen und der Freiheit, sie zur Geltung zu bringen.

Abb. 3

Absolutismus oder im Führerstaat – Wettbewerb der Meinungen und Kampf um die Herrschaft. Diese Diskussion, die Auseinandersetzung um die politische Entscheidung, nennt man den *politischen Prozeß*. Demokratische Herrschaft wird also gekennzeichnet durch Freiheit und Offenheit eben dieses politischen Prozesses – bis zum Regierungssturz. 1972 z. B. versuchte die Minderheit in der Bundesrepublik Deutschland, nachdem die Mehrheit immer kleiner geworden war, durch ein *Mißtrauensvotum* selbst an die Regierung zu kommen.
Der Text in Abb. 3 versucht eine Zusammenfassung für *demokratische Herrschaft*.

Freiheit zur Mitbestimmung

Die Freiheit zur Mitbestimmung wird durch das Grundgesetz der Bundesrepublik Deutschland durch eine Reihe demokratischer Grundrechte gesichert.
Unabdingbare Voraussetzung für eine freie Demokratie ist das Grundrecht der freien Meinungsäußerung und die Freiheit von Presse, Funk und Fernsehen (vgl. S. 66). Es ermöglicht die Auseinandersetzung der Meinungen und die öffentliche Verbreitung dieser Auseinandersetzung, sowie auch der Auseinandersetzung um die Herrschaft.
Das Recht, für politische Auffassungen zu werben und zu demonstrieren, wird zusätzlich durch die Freiheit, sich zu versammeln, abgesichert.
Die Vereinigungsfreiheit eröffnet Gleichgesinnten die Möglichkeit, sich zu organisieren, um gemeinsam, geplant und aufeinander abgestimmt ihre Ansichten und Interessen wirksamer vertreten zu können. Solche Vereinigungen müssen nicht schon politische Parteien sein, wenn sie nur ein begrenztes Ziel, z. B. nur für einen Stadtteil oder für eine kleine Gruppe Betroffener, verfolgen. Aber auch Parteien können jederzeit gegründet werden.
Schließlich haben Vereinigungen und jeder einzelne das Recht, sich an Behörden und an die Volksvertretung zu wenden. Diese demokratischen Grundrechte, die Rechte, sich politisch zu äußern, diese Äußerungen zu verbreiten und für sie zu werben, sich zu organisieren, um wirksamer als allein in die politische Auseinandersetzung eingreifen zu können, bilden den äußeren Rahmen für Mitbestimmung. Im Grundgesetz sind diese Grundrechte in Art. 5, 8, 9, 17 und 21 festgelegt. Es bleibt dem einzelnen überlassen, dieses Angebot anzunehmen. Niemand kann dazu gezwungen werden. Andererseits kann aber keine Demokratie leben, wenn von der Freiheit zur Mitbestimmung kein Gebrauch gemacht wird.

1 Sucht im Grundgesetz jene Artikel, aus denen das Bundesverfassungsgericht wohl die „grundlegenden Prinzipien" der freien Demokratie ableitet.

D 2 Prüft (evtl. in Gruppen):
– welche dieser Prinzipien dienen der Beschränkung von Macht und Herrschaft,
– welche dienen der Rückbindung dieser Herrschaft an die Zustimmung des Volkes,
– welche dienen einem offenen und freien, insbesondere Minderheiten schützenden politischen Prozeß?

3 In Artikel 1 der Verfassung der DDR von 1968 hieß es:
„Die Deutsche Demokratische Republik ist ein sozialistischer Staat deutscher Nation. Sie ist die politische Organisation der Werktätigen in Stadt und Land, die gemeinsam unter Führung der Arbeiterklasse und ihrer marxistisch leninistischen Partei den Sozialismus verwirklichen" (vgl. S. 153 und 162).
Überlegt, welchen Prinzipien freier Demokratie diese Aussage widerspricht.

4 Informiert Euch über die typischen Verstöße des nationalsozialistischen Regimes zwischen 1933 und 1945 in Deutschland gegen die Grundsätze der Demokratie.

5 Versucht herauszubringen, wo es gegenwärtig noch Länder gibt, in denen die Grundsätze der Demokratie nicht gelten und welche Methoden gegen Bürger dieser Länder angewendet werden, die demokratische Rechte in Anspruch nehmen wollen. In den Zeitungen findet Ihr sicher Beispiele.

Das Volk entscheidet: Wahlen in der Demokratie

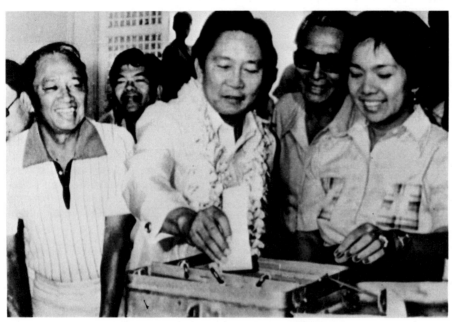

Abb. 1: „Wahl" auf den Philippinen 1978 – Stimmabgabe des Präsidenten

Wahl ist nicht gleich Wahl

Im Zeitalter der Demokratie bemühen sich auch Diktaturen wenigstens um den Anschein, sich auf die Zustimmung des Volkes zu stützen: Im April 1978 waren Wahlen auf den Philippinen. Das friedliche Bild (Abb. 1), das um die Welt ging, vermittelte davon einen falschen Eindruck. Denn seit 1972 ist dort „Kriegsrecht" verhängt; d. h., die Grundrechte sind außer Kraft gesetzt, politische Diskussion und Demonstration verboten, Wettbewerb zwischen politischen Gruppen ist untersagt, Opposition unmöglich. Dieser Zustand wurde nur für wenige Wochen unterbrochen, um der Welt einen Kampf um Wählerstimmen vorzuspielen. Tatsächlich mußte der Führer der Opposition seinen Wahlkampf aus der Gefängniszelle führen; Beobachtern der Opposition wurde der Zutritt zu Wahllokalen verwehrt, in denen sie nach dem Rechten sehen wollten. Die Wahl wurde verfälscht. Nicht ein einziger der 200 Sitze im Parlament ging an die Opposition. Ihr im Volk beliebter Führer landete in der Hauptstadt Manila auf dem 22. Platz: 21 Sitze waren dort zu vergeben. Der regierende Präsident hatte vorgesorgt, daß seine Herrschaft durch diese „Wahl" nicht in Frage gestellt werden konnte.

Ein ähnliches Schauspiel bieten „Wahlen" in Staaten, in denen nicht einmal für die kurze Zeit eines vorgetäuschten Wahlkampfes der Anschein erweckt wird, Opposition zu dulden. Wo eine einzige Partei bedingungslos vorherrscht oder sogar ausschließlich besteht und wo die Geheimhaltung der Abstimmung nicht gesichert ist, erzielen solche herrschenden Parteien gewöhnlich 99 Prozent der Stimmen zur Bestätigung ihrer Herrschaft. Die nationalsozialistische Diktatur in Deutschland bis 1945 ist ebenso wie die kommunistische in der DDR heute ein Beispiel dafür.

Wie und wodurch solche Beispiele gegen die Grundlagen freier Demokratie verstoßen, läßt sich leicht feststellen, wenn man sie mit der Beschreibung der freiheitlich demokratischen Grundordnung durch das Bundesverfassungsgericht vergleicht (siehe Kapitel vorher). Daß die Demokratie mit der freien Wahl und der Chance zum Herrschaftswechsel steht und fällt, hat dieses Gericht erst vor kurzem verdeutlicht. Das Problem, das zu entscheiden war, läßt sich nicht im entferntesten mit den bisher erörterten Beispielen vergleichen. Daß es so ernst genommen wurde, zeigt, wie überlegen die demokratische anderen Herrschaftsformen ist:

Im Bundeswahlkampf 1976 hatte die Bundesregierung mit hohem finanziellem Aufwand Wahlwerbung für sich betrieben und in großem Umfang Werbematerial jenen Parteien zur Verfügung gestellt, denen die Minister angehören und mit denen sie ihre politischen Ansichten teilt. Die Regierung hat sich massiv für die Verlängerung ihres Herrschaftsauftrages eingesetzt. Da die Wahl aber nach offener und chancengleicher Auseinandersetzung darüber zu entscheiden hat, wer auf begrenzte Zeit herrschen soll, muß zwischen der herrschenden Mehrheit und der Minderheit bei jeder Wahl erneut die gleiche Chance im Wettbewerb um die Wähler bestehen. Die Regierung darf weder Macht noch Geld dafür einsetzen, im Amt zu bleiben. Denn diese Mittel stehen der Minderheit nicht zur Verfügung. Aber gerade durch die Möglichkeit, daß sie Mehrheit werden kann, verwirklicht sich die Demokratie.

Nach der Entscheidung des Gerichtes verstieß der Einsatz regierungsamtlicher Werbung im Wahlkampf gegen die Chancengleichheit und damit gegen die Verfassung. Nach dieser Grundsatzentscheidung würde in Zukunft ähnliches Verhalten dazu führen, daß die Wahl für ungültig erklärt und ein neuer Wahlgang angesetzt werden müßte.

Grundsätze demokratischer Wahlen

Die Bestellung demokratischer Herrschaft durch Wahl verdeutlicht ihre Grenzen: Herrschaft ist anvertraut – also kann sie durch Wahl auch entzogen werden; Herrschaft ist befristet – daher ist sie begrenzt auf *Wahlperioden,* d. h., die Verfassung sieht vor, daß in regelmäßigen Abständen neu gewählt wird.

Die Beispiele haben aber gezeigt, daß die Abhaltung von Wahlen allein nicht garantiert, daß tatsächlich das Volk Einfluß auf die Bestellung oder Ablösung von Herrschaft besitzt.

Entscheidend für eine demokratische Wahl ist, daß bestimmte Grundsätze eingehalten werden. Das Grundgesetz bestimmt, daß die *Wahl allgemein, unmittelbar frei, gleich* und *geheim* sein muß (Grundgesetz Art. 38):

„Allgemein" ist eine Wahl nur, wenn grundsätzlich alle Staatsbürger wahlberechtigt sind. Im 19. Jh. durfte z. B. nur wählen, wer ein bestimmtes Vermögen besaß. Frauen erhielten Stimmrecht oft erst im 20. Jh. Mitte des 19. Jh. waren in Großbritannien nur sieben Prozent der erwachsenen Bevölkerung wahlberechtigt.

"Unmittelbar" ist die Wahl, wenn die Stimmabgabe über die zu vergebenden Ämter entscheidet. Früher war es üblich, nur *Wahlmänner* zu wählen, die ihrerseits frei über die Amtsinhaber bestimmten. Durch solch ein Wahlmännergremium wird äußerlich bis auf den heutigen Tag z. B. der Präsident der USA gewählt; freilich sind die Wahlmänner inzwischen nicht mehr frei in ihrer Entscheidung, sondern an den Wählerauftrag gebunden.

"Frei" ist eine Wahl nur, wenn jeder Druck und Zwang zu bestimmter Wahlentscheidung ausgeschlossen ist.

Die "geheime" Wahl – niemand darf kontrollieren, was der Bürger wählt, Stimmzettel dürfen nicht in der Öffentlichkeit gekennzeichnet werden – ist eine wesentliche Voraussetzung für die freie Wahl. Steht nur eine Liste zur Wahl, wird Druck ausgeübt, sich an der Wahl zu beteiligen und wird öffentliche Kennzeichnung des Stimmzettels erwartet, dann sind Wahlfreiheit und Wahlgeheimnis nicht gesichert.

"Gleich" ist die Wahl, wenn jede Stimme das gleiche Gewicht hat. In Preußen, dem damals größten deutschen Staat, galt bis 1918 das *Dreiklassenwahlrecht*. Die Stimmen waren nach der Steuerkraft im Wahlbezirk verteilt: Die steuerkräftigsten Bürger der ersten Klasse hatten durchschnittlich siebzehnmal soviel Stimmen wie die steuerschwachen der dritten. In Essen war z. B. der Maschinen- und Waffenfabrikant Alfred Krupp der einzige Wähler der ersten Klasse. Er wählte allein ein Drittel der Mitglieder der Essener Stadtverordnetenversammlung (Stadtrat). Solche Probleme stellen sich heute nicht mehr. Aber für die Gleichheit der Wahl ist es z. B. wichtig, daß jeder Abgeordnete etwa gleich viel Wähler vertritt.

Die demokratische Wahl ist nicht selbstverständlich

Das gleiche und freie Wahlrecht für alle ist nicht selbstverständlich. In zahlreichen Staaten wird es den Menschen noch heute vorenthalten. Auch in Deutschland ist seine Sicherung Ergebnis eines geschichtlichen Kampfes.

1875 forderte die Sozialistische Arbeiterpartei in ihrem Gothaer Programm: *"Allgemeines, gleiches, direktes [unmittelbares] Wahl- und Stimmrecht mit geheimer und obligatorischer [verpflichtender] Stimmabgabe aller Staatsangehörigen vom zwanzigsten Lebensjahr an für alle Wahlen und Abstimmungen in Staat und Gemeinde."*

Diese Forderung, die auch andere Parteien erhoben, wurde Schritt für Schritt verwirklicht. Heute ist lediglich das Wahlalter auf 18 Jahre gesenkt; außerdem hat sich die Überzeugung durchgesetzt, daß niemand zur Beteiligung an einer freien Wahl gezwungen werden soll. Die Stimmabgabe ist daher nicht "obligatorisch".

Aus der Übersicht Tab. 1 läßt sich entnehmen, wie stark im Laufe des

Tab. 1: Wahlrecht und Wahlberechtigung in Deutschland 1871–1976 (nach Vogel, Nohlen, Schultze, Wahlen in Deutschland; Berlin, New York 1971. Stat. Bundesamt)

Jahr	Wahlberechtigte in % der Bevölkerung	Wahlbeteiligung in % der Wahlberechtigten
1871	19,4	52,0
1890	21,7	71,5
1912	22,2	84,2
1919	63,1	83,0
1930	68,9	82,0
1949	68,4	78,5
1976	68,0	90,7

Abb. 3: Stimmzettel Bundestagswahl 1976 (geschlossene Liste)

letzten Jahrhunderts die Zahl der Wahlberechtigten gestiegen ist. Die Tabelle erteilt zugleich Auskunft über die Entwicklung der Wahlbeteiligung.

Wahlen in unserem Land

In der Bundesrepublik Deutschland finden Wahlen statt in den Gemeinden, in den Ländern und auf Bundesebene, im gesamten Staat also. Dabei wählt das Volk jeweils als seine Vertreter *Abgeordnete*. Diese bilden gemeinsam das *Parlament*, die Volksvertretung:
– *Stadtrat* oder *Stadtverordnetenversammlung* als *Gemeindeparlament*.
– *Landtag* (Bürgerschaft, Abgeordnetenhaus) als *Landesparlament*,
– *Deutscher Bundestag* als Parlament der Bundesrepublik Deutschland.

Das Wahlverfahren ist nicht überall gleich. Die Grundsätze demokratischer Wahl können auf unterschiedliche Weise verwirklicht werden.

Überall in der Bundesrepublik Deutschland wird aber nach den Grundsätzen des *Verhältniswahlrechts* gewählt. Danach bemißt sich die Zahl der Abgeordneten, die eine politische Gruppe stellt, nach dem Prozentsatz der Wählerstimmen, den sie erhält.

Ein anderes Modell wäre das *Mehrheitswahlrecht*. Danach zieht als Abgeordneter ins Parlament ein, wer in einem Wahlkreis die meisten Stimmen erhält. Da die Stimmen der unterlegenen Kandidaten nicht mehr zählen, kann eine Partei die Mehrheit der Abgeordneten gewinnen, ohne die Mehrheit der Stimmen im ganzen Land zu besitzen. Das Mehrheitswahlrecht kann jedenfalls zu starken Verzerrungen des Verhältnisses zwischen Stimmen und Parlamentssitzen führen. In Großbritannien erhielten bei den letz-

Wahlvorschlag Nr. 1 A-Partei		Wahlvorschlag Nr. 2 B-Partei	
	○		○
	1. Meier Franz		1. Schwarz Wilhelm
3	2. Huber Josef		2. Adler Anton
	3. Lang Karl	2	3. Burger Konrad
	4. Roth Rosa		4. Vogl Hermann
	5. Moser Georg	X	5. Wimmer Max
	6. Bock Fritz		6. Lechner Paula

Abb. 2: Stimmzettel (Modell), Kommunalwahl Bayern (offene Liste)

ten Wahlen die Liberalen zwar 18,3 Prozent der Stimmen, aber nur zwei Prozent der Sitze.
Bei der Wahl zum Bundestag soll der Wähler sich nicht nur zwischen Parteilisten, sondern auch zwischen Persönlichkeiten entscheiden können. Er hat daher zwei Stimmen: eine für die Wahl des Wahlkreisabgeordneten und eine für die Wahl einer Partei (vgl. Abb. 3).
Wahlkreisabgeordneter wird, wer in einem *Wahlkreis* die meisten Stimmen gewinnt. Dieses *Mandat* wird nach den Grundsätzen des Mehrheitswahlrechtes vergeben. Das Bundesgebiet ist in 248 Wahlkreise eingeteilt. 248 Abgeordnete werden also auf diese Weise mit der *Erststimme* bestimmt. Weitere 248 Abgeordnete rücken über die Listen der Parteien ins Parlament ein. Zu diesen 496 Abgeordneten kommen noch 22, die das Berliner Abgeordnetenhaus entsendet.

Durch die Möglichkeiten, einen Wahlkreisabgeordneten zu wählen, kann der Wähler ein wenig das Gesicht der Parteien im Parlament bestimmen. Tatsächlich spielen Personen keine große Rolle mehr: Schon 1961 konnten nur noch 22 Kandidaten in den 248 Wahlkreisen über zwei Prozent mehr Stimmen erzielen als ihre Partei.
Keinen Einfluß hat der Wähler gegenwärtig auf die Listen der Parteien. Es sind „geschlossene", nicht veränderbare Listen. Die Kandidaten kommen in der Reihenfolge zum Zuge, in der sie aufgeführt sind. Bei der Landtagswahl in Bayern hat der Wähler dagegen die Möglichkeit, seine Zweitstimme innerhalb einer Liste einem Kandidaten zu geben. Die Liste ist „begrenzt-offen". Dadurch kann die Reihenfolge der Bewerber verändert werden. Von dieser Möglichkeit wird stark Gebrauch gemacht.
Ein Arbeitsausschuß zur Verfassungsreform, den der Bundestag eingesetzt hatte, schlug in seinem Abschlußbericht 1976 vor, aus grundsätzlichen verfassungspolitischen Überlegungen begrenzt-offene Listen auch bei der Wahl zum Bundestag einzuführen:
„*Die begrenzt-offene Liste bedeutet zunächst eine effektive [wirksame] Verstärkung der politischen Mitwirkungsrechte der Bürger. Die Bürger erhalten die Möglichkeit, auf die Auswahl der Personen, die in der Volksvertretung das Volk repräsentieren [vertreten], einen bedeutend stärkeren Einfluß zu nehmen als bisher.*"
Die Freiheit zur Mitbestimmung in der Demokratie würde ohne Zweifel noch verstärkt, folgte das Parlament dieser Empfehlung. Die größte Freiheit genießt der Bürger bei völlig „offenen Listen". Bei einem solchen Verfahren hat er in der Regel so viele Stimmen, wie Mandate zu vergeben sind. Er kann sie über alle Wahlvorschläge streuen und auch mehrere Stimmen auf Kandidaten „häufeln", die er bevorzugt. Solch ein Verfahren gibt es bei den Gemeindewahlen in Baden-Württemberg und Bayern (vgl. Abb. 2). Es führt stets zu erheblichen Veränderungen der von den Parteien vorgeschlagenen Reihenfolge.

Die Wahl bestimmt über die Regierung

Durch das gewählte Parlament hat das Volk Teil an der in der Demokratie ausgeübten Herrschaft. Sichtbarster Ausdruck dafür ist das Recht, etwa des Deutschen Bundestages, ähnlich auch der Landtage, den Kanzler, den Regierungschef zu wählen. Das heißt politisch, daß die vom Volk bestimmte Parlamentsmehrheit die Regierung bildet. Die Mehrheit regiert mit. Regieren ohne ständige Unterstützung durch die Mehrheit ist nicht möglich. Die Regierung wird also nicht erst nachträglich kontrolliert. Sie kann nichts ohne Zustimmung ihrer parlamentarischen Basis tun. Als etwa nach den Wahlen 1976 Versprechungen, die den Rentnern gemacht worden waren, gebrochen werden sollten, fegten die Abgeordneten der Mehrheit diese Absichten der Regierung vom Tisch. Die scharfe öffentliche Kritik hatte sie dazu veranlaßt.
An diesem Beispiel zeigen sich aber auch die Bindungen, denen das Parlament bei uns unterliegt. So wie die Regierung ihren Kurs im Gespräch mit ihrer Mehrheit festlegt, so suchen die Abgeordneten das Gespräch mit den Wählern. Denn wie die Regierung ihnen verantwortlich ist, so sind sie es gegenüber dem Volk: Das Volk hat die Abgeordneten ins Amt gebracht; es kann sich bei der nächsten Wahl anders entscheiden.
Die Abgeordneten genießen ein *freies Mandat*, d. h., sie können rechtlich zu nichts gezwungen werden. Sie unterliegen aber zahlreichen Einflüssen. So werden die Abgeordneten unter anderem Wählermeinungen und Wählerinteressen berücksichtigen.
Freies Mandat heißt also Freiheit von Zwang, nicht Freiheit von Einfluß. Daß alle demokratischen Verfassungen das Parlament verpflichten, öffentlich zu tagen, hat den Zweck, es ständig solchem Austausch mit den Bürgern auszusetzen.

1 Zu Beginn dieses Kapitels wurden einige Beispiele für den Mißbrauch von Wahlen genannt.
Überlegt, gegen welche Grundgedanken der Demokratie dort verstoßen wird.

D 2 Diskutiert darüber, wieso das Bundesverfassungsgericht der Regierung untersagt hat, für sich im Wahlkampf zu werben.

3 Sucht Antwort auf die Frage, was die Hauptaufgabe der Wahl in der Demokratie ist.

4 Diskutiert die Grundsätze des demokratischen Wahlrechts. Überprüft sie auf Vor- und Nachteile.

5 Vergleicht das Wahlergebnis der letzten Bundestagswahl mit dem Ergebnis in Eurem Wahlkreis.

6 Informiert Euch über die Wahlergebnisse zu Eurem Gemeinde- und Landesparlament.

D 7 Beurteilt, was die Daten aus Tab. 1 über die Verwirklichung von Demokratie aussagen.

8 Versucht herauszufinden, welche Abgeordnete Euren Wahlkreis im Landesparlament und im Bundestag vertreten.

D 9 Untersucht, wie diese Abgeordneten das Gespräch mit den Bürgern suchen.
Was kann man tun, um als Bürger Kontakt zum Abgeordneten zu erhalten?

D 10 Untersucht die Erst- und Zweitstimmen in Eurem Wahlkreis.
Gibt es wesentliche Unterschiede? Könnt Ihr sie erklären?

D 11 Sammelt und besprecht Zeitungsberichte über Einflußnahme von Interessenverbänden auf Regierung und Abgeordnete.

D 12 J. J. Rousseau, ein Gegner der Demokratie, die das Volk nicht direkt, sondern über Abgeordnete an der Staatsmacht beteiligt, schrieb 1762:
„*Das englische Volk wähnt frei zu sein; es täuscht sich außerordentlich; nur während der Wahlen der Parlamentsmitglieder ist es frei; haben diese stattgefunden, dann lebt es wieder in Knechtschaft, ist es nichts.*"
Gemeint ist, daß unsere Form von Demokratie politische Freiheit und Mitbestimmung auf den Wahlakt beschränkt.
Diskutiert diese Aussage.

Parteien werben um Wählerstimmen

Abb. 1

Abb. 2

Abb. 3

Abb. 4

Ähnliche Plakate wie in Abb. 1–4 sind Euch sicher schon aufgefallen!

Ein Kandidat sucht Wähler, und Wähler suchen Kandidaten

Ihr kennt unterschiedliche Wahlverfahren: geschlossene Listen; offene Listen, die es ermöglichen, ohne Bindung an Parteigrenzen aus allen Vorschlägen Kandidaten anzukreuzen, die man kennt und schätzt. Es gibt Reformbestrebungen: Die offene Liste lädt ein zur *Persönlichkeitswahl*. Es fragt sich, warum man dieses Verfahren, das sich in den Städten und Gemeinden bewährt hat, nicht in die Überlegungen zur Reform der Wahl zum Deutschen Bundestag einbeziehen will.
Zur Lösung dieses Problems helfen die beiden folgenden Hinweise:

Wenn Ihr einen Klassensprecher wählt, ist es eigentlich ziemlich leicht, sich eine Meinung zu bilden, Kandidaten zu benennen und zwischen ihnen zu entscheiden.
Herr Müller, Lehrer an einer Hauptschule, möchte gern als Abgeordneter in den Deutschen Bundestag. Seine Freunde und Kollegen sind auch dafür und würden ihn als Kandidaten vorschlagen. Herr Müller hat Freunde und Nachbarn. Neben seinen Kollegen kennen ihn auch die Eltern seiner Schüler. Zusammen mögen das 200 Wähler sein, vielleicht sogar ein paar hundert mehr. Um gewählt zu werden, braucht Herr Müller aber die Mehrheit der Stimmen von etwa 150 000 Wahlberechtigten. So groß ist nämlich ein Bundestagswahlkreis.
Herr Müller müßte also versuchen, sich selbst und seine politischen Ansichten einer entsprechenden Anzahl von Wählern bekannt zu machen: Er könnte Plakate drucken lassen und Versammlungen abhalten; er könnte versuchen, möglichst viele Wähler zu besuchen – an einem Nachmittag schafft er vielleicht zehn Besuche. Zeit und Geld von Herrn Müller sind begrenzt. Ob er auf diese Weise sein Ziel erreichen kann?

Herr Müller könnte sich aber noch mit anderen, die seine Meinung teilen, zusammenschließen. Eine solche Organisation ist stärker; sie kann breiter werben.

Oder Herr Müller könnte sich einer Organisation, einer *Partei,* die schon besteht, anschließen und versuchen, dort als Kandidat aufgestellt zu werden.
Herr Müller würde sich die Partei aussuchen, deren Ziele er am meisten teilt.
Als Kandidat einer Partei verändert sich Herrn Müllers Lage entscheidend: Nicht nur seine 200 Bekannten könnten nun seinen politischen Standort abschätzen, sondern alle Wähler – zumindest alle, die wenigstens in groben Zügen über die Parteien Bescheid wissen.
So wird es dem Wähler leichter, sich zu orientieren. Es kommt ja nicht nur darauf an, daß jemand kandidieren will. Wichtig ist vor allem, daß den über hunderttausend Wahlberechtigten in den Wahlkreisen und den Millionen im Land überhaupt deutliche Auswahlmöglichkeiten angeboten werden; denn noch größer als die Schwierigkeiten Herrn Müllers, auf sich allein gestellt mit Aussicht auf Erfolg zu kandidieren, wären vermutlich die Schwierigkeiten

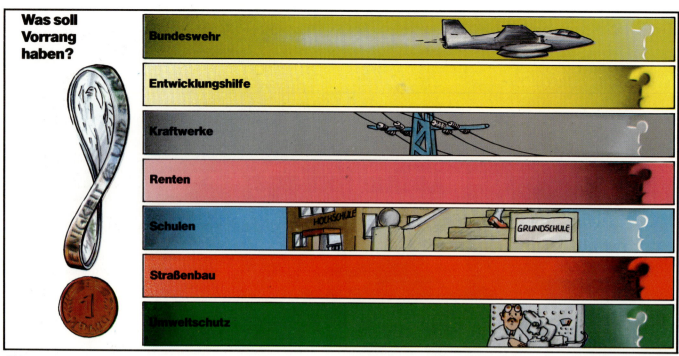

Abb. 5

der Wahlberechtigten, auf sich allein gestellt Kandidaten zu benennen.
Wer gewählt werden will, muß bekannt sein: nicht nur als Person. Noch mehr müssen die Wähler seine politische Position einschätzen können. Umgekehrt ist Wahlentscheidung in einer Massendemokratie nur möglich, wenn entsprechende Angebote für den Wahltag und über den Wahltag hinaus gemacht werden. Dadurch werden Meinungsbildung und Mitbestimmung für die Vielzahl der Bürger erst möglich.

Parteien vermitteln zwischen Bürger und Staat

Diese wichtige Aufgabe in der Demokratie fällt den politischen Parteien zu. Sie sind Zwischenglieder zwischen den Bürgern und dem Staat. Von dieser wichtigen Rolle nahm die Verfassung der ersten Demokratie auf deutschem Boden noch keine Notiz. Das Grundgesetz erkennt die Parteien nun ausdrücklich an (Art. 21,1).
Parteien sind Vereinigungen von Bürgern, die sich dauernd auf Bundes- oder wenigstens Landesebene an der politischen Willensbildung beteiligen und an der Vertretung des Volkes im Bundestag oder im Landtag beteiligen wollen. Sie verlieren ihre Rechtsstellung als Partei, wenn sie sechs Jahre an keinen Wahlen teilnehmen.
Ihre Aufgabe, an der politischen Willensbildung des Volkes mitzuwirken, erfüllen Parteien – so beschreibt es das Parteiengesetz – insbesondere, indem sie
„*auf die Gestaltung der öffentlichen Meinung Einfluß nehmen,
die politische Bildung anregen und vertiefen,
die aktive Teilnahme der Bürger am politischen Leben fördern,
zur Übernahme öffentlicher Verantwortung befähigte Bürger heranbilden,
sich durch Aufstellung von Bewerbern an den Wahlen in Bund und Ländern und Gemeinden beteiligen,
auf die politische Entwicklung in Parlament und Regierung Einfluß nehmen,
die von ihnen erarbeiteten politischen Ziele in den Prozeß der staatlichen Willensbildung einführen und
für eine ständige lebendige Verbindung zwischen dem Volk und den Staatsorganen sorgen.*"
Die Wahl hat große Bedeutung. Aus der Aufgabenbeschreibung ergibt sich aber zugleich, daß die Rolle der Parteien umfassender angelegt ist. Sie sollen dem Bürger nicht nur die Entscheidung am Wahltag ermöglichen. Sie sollen vielmehr auch seinen Einfluß und seine Mitwirkung zwischen den Wahlterminen sichern: Parlament und Regierung sollen ständig dem Einfluß der Parteien ausgesetzt sein; die Parteien selbst sollen ständig das Gespräch mit dem Bürger suchen – nicht nur im Wahlkampf; und sie sollen ständig an Parlament, Regierung, Verwaltung herantragen, was die Bürger bewegt.

Parteien entwickeln Programme

Aber es gibt über Politik sehr unterschiedliche Meinungen. Und es gibt eine Vielzahl schwieriger Probleme, die nicht einfach zu lösen sind und bei denen Entscheidungen immer zu Konflikten führen: Wir brauchen Energie; sie aber sicherzustellen, führt zu Belastungen unserer gefährdeten Umwelt. Es können auch nicht alle Probleme gleichzeitig angepackt werden. Die einen wollen mehr Schulen, die anderen mehr Straßen. Keiner möchte mehr Steuern zahlen; doch viele wollen, daß der Staat mehr Geld ausgibt: etwa für soziale Sicherung, für Universitäten oder für Entwicklungshilfe (vgl. Abb. 5). Herr Müller versteht als Lehrer sicher viel von der Schule – aber von den anderen Problemen? Man braucht also eine geordnete Vorstellung darüber, was Vorrang hat, wie Widersprüchlichkeiten vermieden werden, wie die Zukunft aussehen soll.
Solche Vorstellungen entwickeln Parteien in ihren Programmen, die sie erarbeiten und der Öffentlichkeit übergeben. Dabei kann Herr Müller seine Vorstellungen zur Schulpolitik einfließen lassen – andere ihre Vorstellungen zu anderen Fragen. Aber außer Herrn Müller verstehen auch noch andere etwas von der Schule. Mit ihnen muß er sich einigen; er kann seine Meinung nicht einfach durchsetzen. Die Schulpolitiker wiederum müssen sich abstimmen mit den Fachleuten auf den anderen Gebieten. Ein Programm zu erarbeiten ist also gar nicht so einfach.
Das *Parteiprogramm* enthält die Ziele, mit denen eine Partei versucht, Politik zu treiben. Diese Ziele verleihen ihr jenes Gesicht, nach dem der Wähler entscheiden kann, ob er mehr der einen oder der anderen Partei zuneigt. Je nachdem wird er sich bei der Wahl, bei der Überlegung, einer Partei beizutreten oder bei einem sich aktuell stellenden Problem entscheiden.
Das Programm ist also die Basis, auf der Bürger ihre Partnerschaft zu einer Partei errichten. In Wahlkämpfen werden wichtige Programmpunkte oft sehr verkürzt und schlagwortartig darge-

Abb. 6

Abb. 7

stellt. Abb. 6–9 zeigen Beispiele aus dem Bundestagswahlkampf 1976. Die Aufgaben des Staates werden aber immer komplizierter. Programme sind also eine wesentliche Voraussetzung für politische Willensbildung. Ein einzelner könnte heute solche abgestimmten Lösungsvorschläge nicht mehr entwickeln; selbst wenn er dazu in der Lage wäre – Mehrheiten braucht er in der Demokratie für ihre Verwirklichung immer. Aber selbst Parteien tun sich zunehmend schwer. Altbundespräsident Scheel hat dies in einem Interview angesprochen:

„Der Bürger braucht ein Bild der Zukunft, um Vertrauen in die Zukunft zu gewinnen, Vertrauen in die Politiker. Heute erleben Sie beim Bürger eine gewisse Skepsis, ob denn unsere demokratischen Institutionen in der Lage sind, alle diese großen Aufgaben auch zu lösen, die vor uns liegen. Dem Bürger fehlen die Orientierungspunkte... Er braucht aber Angebote und Alternativen. Die Parteien und Politiker tun sich schwer... Sie müßten sich um Gesamtkonzepte bemühen, in denen alles zusammenpaßt: Energie- und Wirtschaftspolitik, Verkehrspolitik und Umweltschutz."
(Der Spiegel 10/1978)

Das Aufstellen von Programmen ist eine der wichtigsten Aufgaben der Parteien: sowohl wegen ihrer Bedeutung für die politische Willensbildung, als auch wegen der Bewältigung der Zukunft.

Parteien stellen Kandidaten auf

Die zweite wichtige Aufgabe haben wir bereits am Beispiel von Herrn Müller, der in den Bundestag will, gestreift: die Parteien filtern aus ihren Mitgliedern Kandidaten und bieten sie den Wählern an (vgl. Abb. 1–4).

Das Gesicht der Partei überträgt sich auf den Kandidaten. Daß dieser in die Programmgemeinschaft seiner Partei eingebunden ist, daß er ihre wichtigen politischen Aussagen teilt, ist für die Entscheidung des Wählers eine wich-

Abb. 8

Abb. 9

107

Tab. 1: Zusammensetzung der Wählerschaft von SPD und CDU (Angaben in %)

	SPD 1953	SPD 1976	CDU 1953	CDU 1976	SPD + CDU 1953	SPD + CDU 1976
Arbeiter	71	36	30	23	43	28
Angestellte, Beamte	19	46	29	44	26	45
Selbständige, Landwirte	10	5	41	19	31	12

Tab. 2: Aus einer Befragung (Dittberner/Ebbighausen) zu: „Es gibt verschiedene Gründe dafür, in eine Partei einzutreten. Welcher von den folgenden Gründen ist Ihrer Meinung nach am überzeugendsten?" (Angaben in %)

	CDU	SPD	SPD + CDU
Herr A.: Ich bin in die Partei gegangen, da man in unserer Demokratie aktiv auf die Politik Einfluß nehmen muß.	48	41	44
Herr B: Ich bin in die Partei gegangen, um sie zu stärken und ihre politischen Ziele zu unterstützen.	37	45	42
Herr C: Ich bin in die Partei gegangen, da man dort besser über Politik informiert wird und mehr Menschen findet, mit denen man über Politik diskutieren kann.	10	10	10
Nichts davon	1	1	1
Weiß nicht, keine Angabe	4	3	3

tige Hilfe: Wahlkreise sind so groß, daß der Wähler seine Entscheidungen kaum aufgrund persönlicher Kenntnis der Bewerber treffen kann. Wie wichtig die parteiliche Bindung geworden ist, zeigt sich auch daran, daß es nur 1949, als der Bundestag zum erstenmal gewählt wurde, drei unabhängigen Kandidaten gelang, ins Parlament einzuziehen. Seither ist dies keinem einzigen mehr gelungen.

Auch bei der Kandidatenauswahl besteht ein aktuelles Problem. Als Volksvertretung sollte das Parlament so zusammengesetzt sein, daß seine „ständige lebendige Verbindung" zum Volk zumindest nicht erschwert ist. Ein Abgeordnetenmandat ist aber als Beruf auf Zeit für die Angehörigen unterschiedlicher Berufsgruppen unterschiedlich attraktiv, weil die Sicherung der persönlichen Existenz das eine Mal mit großem, das andere Mal mit gar keinem Risiko behaftet ist. Als Lehrer hat Herr Müller z. B. gar keine Probleme. Sein Arbeitsplatz bleibt ihm sicher. Daher sind Angehörige des Öffentlichen Dienstes – im Bundestag etwa 40 Prozent, in den Landtagen im Bundesdurchschnitt über 50 Prozent der Abgeordneten – zu stark, Selbständige zu gering vertreten. Auch wenn das Parlament kein Spiegelbild der Bevölkerung sein kann (die äußerst schwierig zu lösenden aktuellen Probleme verlangen z. B. ein relativ hohes Ausbildungsniveau), wird man sagen dürfen, daß etwa Arbeiter und Frauen nicht ausreichend vertreten sind. Es gibt Anzeichen dafür, daß die Wähler hier gern Korrekturen sähen. Bei den Stadtratswahlen im März 1978 in München haben sie mit Hilfe der offenen Listen die bei den Parteien festgelegte Reihenfolge erheblich zu Gunsten weiblicher Kandidaten korrigiert.

Parteien besetzen Ämter im Staat

Als weitere wichtige Aufgabe der Parteien ist, worauf die Kandidatenauswahl bereits hinweist, ihr Streben nach Ämtern in Parlament und Regierung zu nennen. Deshalb muß ein Parteiprogramm auch eine Erklärung sein, wie eine Partei sich die Leitung des Staates vorstellt.

Die heutigen Parteiprogramme können nicht mehr nur kleine Gruppen und begrenzte Interessen begünstigen. Moderne Parteien nehmen eine Fülle von Interessen in sich auf und gleichen sie aus. Sie sind nicht mehr Parteien der Arbeiter, der Bauern, des bürgerlichen Mittelstandes oder der Großindustrie. Denn durch die Bindung an solch enge Interessen würden sie unfähig zur Verantwortung für das Ganze. Umgekehrt führt die Öffnung für möglichst viele Interessen dazu, daß Parteien heute zunehmend um die gleichen Wählerschichten wetteifern. Darüber gibt ein Vergleich der Entwicklung der Wählerschaft von SPD und CDU zwischen 1953 und 1976 Aufschluß (vgl. Tab. 1).

Die Tabelle zeigt, daß sich die soziale Schichtung der Wählerschaft der beiden großen Parteien in der Bundesrepublik Deutschland an die soziale Schichtung der Bevölkerung stark angeglichen hat. Keine Partei kann für sich beanspruchen, eine soziale Schicht speziell oder besonders zu vertreten. Für die Wahlentscheidung, für die Zuneigung zu einer Partei, sind heute politische Gründe maßgebend, keine sozialen oder weltanschaulichen.

Diese Entwicklung hat auch in der Bundesrepublik Deutschland zu einer Konzentration des Parteiensystems geführt. Im ersten Bundestag (1949 bis 1953) saßen noch elf Parteien; im achten (seit 1976) vier (vgl. Abb. 10 und 11). Die Zahl der kandidierenden Parteien – 1949: 16 – hat sich etwas verringert. Politischer Extremismus oder verengte Interessenpolitik haben beim Wähler keine Chance mehr.

Zustimmung findet die *Volkspartei* – ein Parteientyp, der es versteht, vielfältige Interessen in einer Partei zu vereinigen. Solche Parteien finden in allen sozialen Schichten so große Zustimmung, daß sie keineswegs mehr einer bestimmten Schicht zugeordnet werden können. Trotz ihrer langen Tradition ist auch die SPD längst nicht mehr „Arbeiterpartei".

In der deutschen Parteiengeschichte war dies lange Zeit umgekehrt. Die soziale Orientierung stand stark im Vordergrund. Parteien vertraten eng begrenzte Interessen. Sie wollten nicht die Politik umfassend gestalten, sondern in der Politik nur diese Interessen verteidigen. Infolgedessen bestanden zwischen ihnen unübersteigbare Schranken. Fast für jedes Interesse und für jede Weltanschauung gab es eine Partei: für die Arbeiter die SPD, für Katholiken das Zentrum usw.

Diese Zersplitterung wirkte sich auch auf die Zusammensetzung und die Arbeitsfähigkeit des Parlaments aus: 1928 saßen im Deutschen Reichstag 13 Parteien (vgl. Abb. 12). 1930 waren es bereits 17! Regierungsfähig war dieses Parteiensystem nicht.

Aufgrund dieser Erfahrung besteht in der Bundesrepublik Deutschland eine Sperrklausel: Abgeordnetensitze erhalten nur Parteien, die mindestens fünf Prozent der Stimmen auf sich vereinigt haben oder in mindestens drei Wahlkreisen einen Sitz errungen haben (vgl. Bundeswahlgesetz, § 6, Abs. 4).

Parteien ermöglichen aktive Mitbestimmung

In Parteien organisieren sich jene Bürger, die sich besonders aktiv politisch betätigen wollen. Politische Beteiligung kann sich im Rahmen einer Partei am wirksamsten entfalten. Parteien besetzen eine Schlüsselstellung in der politischen Willensbildung. Mitgliedschaft in einer Partei ist die Voraussetzung, auf diese Schlüsselstellung unmittelbar Einfluß auszuüben.

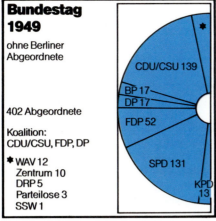

Abb. 10: Bundestag 1949

Abb. 11: Bundestag 1976

Abb. 12: Reichstag 1928

Ohne Parteien kann die moderne Massendemokratie nicht funktionieren. Durch Parteien bietet Massendemokratie wirksame Chancen zur Mitbestimmung. Aus diesen beiden Gründen hebt das Grundgesetz nicht nur die Stellung der Parteien hervor; es legt ihnen vielmehr auch Verpflichtungen auf: Insbesondere muß ihre innere Ordnung demokratischen Grundsätzen entsprechen. Wenn Demokratie von den Parteien abhängt, können diese nicht selbst demokratiewidrig verfaßt sein.

Das *Parteiengesetz* trifft Regelungen, mit denen das Verfassungsgebot innerparteilicher Demokratie gesichert werden soll.

Es verlangt organisatorisch, daß die Parteien sich in Gebietsverbände zu gliedern haben.

„Die gebietliche Gliederung muß so weit ausgebaut sein, daß den einzelnen Mitgliedern eine angemessene Mitwirkung an der Willensbildung der Partei möglich ist" (§ 7,1).

Neben diesen organisatorischen Voraussetzungen für Mitbestimmung treten Bestimmungen zur Gewährleistung demokratischer Willensbildung: Die Rechte der Mitglieder müssen in einer Satzung festgelegt sein. Die Mitglieder- bzw. die Vertreterversammlung (Parteitag) ist jeweils das oberste Organ aller Gebietsgliederungen. Sie wählt den Vorstand auf höchstens zwei Jahre. Mitglieder können nicht willkürlich aus der Partei ausgeschlossen werden – etwa, weil sie den Vorstand kritisieren. Diese – und andere ähnliche Bestimmungen – schaffen den rechtlichen Rahmen für freie Diskussion und offene Willensbildung.

Parteien dürfen nicht von oben herab geführt werden. Es muß Austausch der Meinungen zwischen Vorstand und Basis stattfinden. Den Kurs bestimmt die freie Diskussion.

Über die Praxis innerparteilicher Demokratie entscheiden vor allem die Parteimitglieder. Kein Gesetz kann sie zur Aktivität anstacheln. Dennoch sind gesetzliche sichernde Vorschriften wichtig: denn alle Parteien in der Bundesrepublik Deutschland sind auf dem Weg zur *Mitgliederpartei*. Die Mitgliederzahl der vier im Bundestag vertretenen Parteien stieg in dem knappen Zeitraum zwischen 1970/71 und 1975 um ein Drittel an: von 1,3 Mill. auf über 1,7 Mill. Der Zuwachs hält an. Immer mehr Bürger wollen durch Parteimitgliedschaft stärker politisch mitbestimmen.

Das stellt sich auch heraus, wenn man nach den Motiven für den Parteieintritt fragt. Für eine starke Gruppe drückt er ein Bekenntnis aus ohne weiteren Drang zur Aktivität. Noch größer ist inzwischen aber die Gruppe derer, die in Parteien gehen, um aktiv Einfluß zu nehmen (vgl. Tab. 2).

Es gibt Überlegungen und Versuche, gerade diesen aktiven Parteibürgern mehr Mitbestimmungschancen einzuräumen. Bei der Kandidatenaufstellung etwa können sich nur zehn bis zwanzig Prozent der Mitglieder beteiligen: die gewählten Vertreter (Delegierten) der Parteigliederungen. Eine Möglichkeit, diesen aus technischen, räumlichen und organisatorischen Gründen zwingenden Grundsatz der Vertretung zu korrigieren, könnte in der Einführung eines Briefwahlverfahrens bestehen, an dem sich alle Parteimitglieder beteiligen. Solche Versuche sind bereits erfolgreich unternommen worden.

Wie auch immer die innerparteiliche Demokratie organisiert ist, folgender Grundsatz ist zu beachten: Die mühselige und beharrliche Suche nach Zustimmung und Mehrheit, auf der Demokratie beruht, hat besonders für die Willensbildung der Parteien große Bedeutung – gerade weil sie eine Schlüsselstellung in der demokratischen Willensbildung einnehmen.

1 Erarbeitet, weshalb die Parteien eine Schlüsselstellung in der politischen Willensbildung einnehmen.

2 Faßt die wichtigsten Aufgaben der Parteien zusammen.

3 Diskutiert: Wieso ist innerparteiliche Demokratie wichtig?

D 4 Versucht herauszubringen, auf welche Weise in Eurer Stadt/Gemeinde die Ortsverbände der Parteien arbeiten.

5 Das Bundesverfassungsgericht kann nach Grundgesetz Art. 21 verfassungswidrige Parteien verbieten.
Überlegt, warum.

D 6 Informiert Euch im Geschichtsbuch über die Rolle der Parteien in der Weimarer Republik.
Vergleicht mit den Parteien heute.

D 7 Überlegt Gründe, die Euch veranlassen könnten, in eine Partei zu gehen.
Überlegt und diskutiert Gründe, dies nicht zu tun.

D 8 Sammelt Informationen über die Ortsverbände der Parteien in Eurer Stadt.
Wie hoch ist die Mitgliederzahl? Wie ist die soziale Schichtung? Wie hoch ist der Anteil der Frauen?

Kontrolle und Mitbestimmung

Ein Kritiker des Grundgesetzes der Bundesrepublik Deutschland wirft diesem vor:
„Dieses Gesetz schränkt die Wirksamkeit des Volkes auf ein Minimum ein. Alle vier Jahre wählt es den Bundestag".
(Karl Jaspers, Wohin treibt die Bundesrepublik?)
Zur gleichen Zeit, da diese Kritik aufkam, organisierte sich im Süden Münchens eine mächtige Protestbewegung, um die Zerstörung des einzigartigen Erholungs- und Fremdenverkehrsgebietes „Bayerisches Oberland" durch einen geplanten Großflughafen zu verhindern, der nach Ansicht der Bayerischen Staatsregierung bis zur Olympiade 1972 erbaut sein sollte. Der in vielfältigen Formen vorgetragene Protest war erfolgreich: Ein anderer Standort wurde gesucht; diesmal im Münchener Norden. Das Ergebnis war gleich: erbitterter Protest. Die Entscheidung, zu bauen, fiel zwar 1970. Der Widerstand der Betroffenen hat aber bewirkt, daß noch 1978 nicht ein einziger Spatenstich getan ist. Schon regen sich Fragen, ob der Bau volkswirtschaftlich überhaupt noch vertretbar ist.

Die Protestbereitschaft im Zusammenhang mit Fragen des Umweltschutzes hat seither sogar noch zugenommen. Gegen den Bau von Kernkraftwerken (Wyhl, Brokdorf, Kalkar, Grohnde) fanden mächtige Demonstrationen statt. Rechtliche Schritte führten allein 1977 zur Blockierung einer Bausumme von 25 Mrd. DM (Schätzung der Bundesregierung). Bürgerwiderstand gab es auch bei der Gebietsreform, in der Bildungspolitik oder im Bereich der gemeindlichen Aufgaben. Schätzungen besagen, daß sich hier inzwischen ebenso viel Bürger aktiv beteiligen, wie in den politischen Parteien.
Kann man wirklich sagen, der Bürger sei nach den Wahlen der Herrschaft ausgeliefert?

Es gibt viele Formen der Beteiligung

Regierung, Parlament und Parteien sind für die Demokratie äußerst wichtig. Auch sie „herrschen" nicht unbefragt, sondern immer im Gespräch mit dem Bürger. Die Beispiele, die gerade genannt wurden, zeigen aber, daß Demokratie nicht nur durch die in der Verfassung genannten Institutionen verwirklicht wird. In der Gesellschaft gibt es viele Formen und Bereiche politischer Beteiligung, für die die Verfassung keine ins einzelne gehenden Vorschriften macht. Sie sichert nur die Freiheit dazu.
Diese Sicherung beginnt bei den Freiheitsrechten des Individuums, der Gewährleistung der Würde des Menschen und der freien Entfaltung der Persönlichkeit. Politische Mitbestimmung ist ein wesentlicher Teil dieser Freiheit. Das Grundgesetz trifft dafür zahlreiche Bestimmungen, die bereits genannt sind.
Aus dieser Freiheit des einzelnen folgt die Anerkennung der Vielfalt, der *Pluralität*. Die einzelnen Bürger haben unterschiedliche Interessen und Meinungen – gerade in der Politik. Da Demokratie durch Mehrheitsbildung funktioniert, gehört zu ihr unabdingbar gerade die Freiheit, daß Bürger gleicher Interessen oder Meinungen sich zusammenschließen, Gruppen bilden. Solche Gruppen wollen Mehrheit werden; oder sie wollen durch den Zusammenschluß möglichst vieler erreichen, daß ihr gemeinsames Interesse möglichst stark zu Wort kommt. Dies schlägt sich nieder in der Freiheit der Parteigrün-

Abb. 1

dung und im *Mehrparteienprinzip.* Aber auch vor dieser Schwelle gibt es die verfassungsrechtlich abgesicherte Möglichkeit, sich zu Vereinigungen und Verbänden zusammenzuschließen. Solche Verbände haben in der Regel kein umfassendes politisches Programm, sondern verfolgen engere Interessen. Sie streben aber danach, diese Interessen in der Politik wirksam zu machen und sie nach Möglichkeit dort durchzusetzen. Das gilt für die zahlreichen *Bürgerinitiativen* genauso wie für die Gewerkschaften oder für die Verbände der Arbeitgeber.

Eng damit hängt ein zweiter Grundsatz zusammen: Der *Mehrheitsherrschaft* entspricht auf der anderen Seite der *Minderheitenschutz.* Nicht nur die Mächtigsten wirken mit, sondern alle sollen die Chance dazu haben. Sie sollen ja auch stärker werden können – oder auch Mehrheit. Die abweichende Meinung, die kleinere Gruppe ist voll wettbewerbsberechtigt. Im Bereich der Parteien und Parlamente drückt sich dies aus im Grundsatz der *Oppositionsfreiheit* und in besonderen *Minderheitsrechten*, die durch Verfassung und parlamentarische Geschäftsordnung der Opposition eingeräumt werden. Mehrheitsbesitz heißt nicht Wahrheitsbesitz. Und gerade um die Mehrheit geht der politische Streit. Mehrheiten sind flüchtig. Das zügelt ihr Handeln. Denn auch sie wollen Rechte in Anspruch nehmen und mitbestimmen können, wenn sie in die Minderheit geraten sind.

Der Bürger dankt nach der Wahl nicht ab. Auch die, die sich nicht zur Parteimitgliedschaft entscheiden können, können politisch Einfluß nehmen. Sie können sich
– informieren,
– artikulieren (d. h. ihre Meinungen zum Ausdruck bringen),
– organisieren (d. h. durch Zusammenschluß mit anderen in Verbänden oder Bürgerinitiativen ihre Wirksamkeit verstärken). Um an der Willensbildung beteiligt zu sein, stehen ihnen eine Reihe von Möglichkeiten zur Verfügung (vgl. Abb. 1):

– Um Unterstützung zu finden:
„Mundpropaganda . . ., Protestgedichte und Kampflieder, Postwurfsendungen, Zeitungsanzeigen und Zeitungsartikel, Flugblätter, Plakate, Wandzeitungen, Transparente, Wanderausstellungen, Vortrags- und Diskussionsveranstaltungen, Protestveranstaltungen, Protestlieder und Protestmärsche sowie auch alle sonstigen direkten und indirekten Bemühungen um eine Aktivierung der Massenmedien Zeitung, Rundfunk, Fernsehen" (P. C. Mayer-Tasch, Die Bürgerinitiativbewegung).

– Um Druck auf die Entscheidungsträger direkt auszuüben:

„. . . Einsprüche, Protestbriefe, . . . Drohungen mit (Dienst-)Aufsichtsbeschwerden, mit Verwaltungs- und Verfassungsprozessen oder auch mit Massenmobilisierungen jeder Art." (P. C. Mayer-Tasch).

Mit solchen Aktionen können sich Betroffene oder Interessierte allgemein an die Öffentlichkeit wenden – hauptsächlich, um Mitbetroffenheit zu verdeutlichen und dadurch die Front zu verbreitern. Der Großflughafen im Münchener Süden scheiterte nicht zuletzt daran, daß hier nicht nur Landwirte und Grundbesitzer ihren Boden verteidigten; sie verstanden es auch, den Großstädtern und den weiter entfernten Fremdenverkehrsorten, ihre Mitbetroffenheit zu verdeutlichen: den Großstädtern durch den drohenden Verlust eines bevorzugten Naherholungsgebietes, den Fremdenverkehrsorten durch die Lärmbelästigung.

Bürgerinitiativen wenden sich aber auch an Abgeordnete, örtliche Parteigliederungen, Verwaltungsbehörden von Stadt und Land, Ministerien – also jene, die letztlich entscheiden.

Einzelne Bürger, kleinere Gruppen, Bürgerinitiativen und Verbände dringen auf diese Weise in den Entscheidungsvorgang ein. Sie gestalten ihn durch ihre Vorstellungen mit und üben so auch Kontrolle aus gegenüber denen, die rechtlich Entscheidungen fällen können.

Viele teilen sich in die Macht

Demokratie ist ein Angebot. Man kann es annehmen oder ausschlagen. Die eben geschilderten Formen von Mitbestimmung und Kontrolle sind solche Angebote. Darüber hinaus sieht die Verfassung aber auch feste und beständige Formen von Mitbestimmung und Kontrolle vor, um den Bestand der Demokratie ständig zu sichern: Herrschaft soll stetig mißbrauchsfest sein.

Der Gedanke der Mitbestimmung steht im Vordergrund bei *Volksbegehren* und *Volksentscheid.* Das Grundgesetz räumt solche Volksentscheide nur ein bei der Neugliederung der Bundesländer. Eine ganze Reihe von Länderverfassungen kennt jedoch den Volksentscheid in seiner ursprünglichen Form: Der Bürger kann damit Gesetze beantragen oder gegen bereits getroffene Regelungen angehen: z. B. ist die Einführung der Gemeinschaftsschule in Bayern einem solchen Volksbegehren zu verdanken. 1978 erfolgte auf ähnlichem Weg in Nordrhein-Westfalen die Abschaffung der soeben erst gesetzlich von der parlamentarischen Mehrheit beschlossenen „Kooperativen Schule" aufgrund eines Volksbegehrens.

Mit dem Volksbegehren greift der Bürger direkt in die politische Entscheidung ein.

In Bayern wie in Nordrhein-Westfalen trug zum Erfolg des Volksbegehrens aber auch wesentlich bei, daß es jeweils die Unterstützung der Oppositionsparteien fand.

Volksbegehren und Volksentscheid finden nur in seltenen Ausnahmefällen statt. Ein Grundsatz, der beständig Freiheit sichern und Macht zügeln soll, ist die *Gewaltenteilung* (vgl. etwa Grundgesetz Art. 20).

Die Staatsgewalt wird durch besondere Organe der *Gesetzgebung*, der *vollziehenden Gewalt* und der *Rechtsprechung* ausgeübt. Man spricht oft von *Legislative, Exekutive* und *Judikative* und meint damit *Parlament, Regierung* und *Verwaltung, Gerichte.* Aus diesem Sprachgebrauch entstehen manchmal Mißverständnisse. Das Parlament hat nicht nur die Aufgabe, Gesetze zu geben. Es nimmt die Gesetzgebung auch nicht allein wahr: Gewaltenteilung heißt nicht Gewaltentrennung.

Die drei Gewalten wirken vielmehr zusammen und sind ineinander verschränkt:

An der Gesetzgebung beteiligt sich auch die Regierung; die Regierung wird durch das Parlament bestellt; das Parlament kann sie befragen und kontrollieren; Parlamentsgesetze können durch das Verfassungsgericht auf ihre Übereinstimmung mit der Verfassung geprüft werden; Parlamentsmitglieder sitzen in der Regierung.

Getrennte Gewalten hätten keine Verbindung miteinander. Sie könnten sich dann auch nicht gegenseitig kontrollieren oder aufeinander einwirken. So aber teilen sich die drei selbständigen Gewalten in die Macht. Verbindliche Entscheidungen, Gesetze, kommen nur zustande, wenn Parlament und Regierung zusammenwirken. Sie haben nur Bestand, wenn sie mit Recht und Verfassung übereinstimmen; daher unterliegen sie der Kontrolle durch die (Verfassungs-)Gerichtsbarkeit.

Weil die Gewalten zusammenwirken, spricht man von Gewaltenteilung, nicht Gewaltentrennung. Trotzdem besitzt jede Gewalt einen Kernbestand an Rechten und Aufgaben, den sie mit den anderen nicht teilt. Abb. 2 versucht, das zu verdeutlichen.

Im parlamentarischen Regierungssystem der Bundesrepublik Deutschland (und anderswo) ist das Zusammenwirken der drei Gewalten dadurch bestimmt, daß die Spitzenpolitiker der Mehrheitsparteien im Parlament die Regierung bilden. Darin kommt zum Ausdruck, daß die Staatsleitung in der Demokratie der Mehrheit zufällt: die Regierung führt politisch die Verwaltung. Daß die Regierungsmitglieder Ab-

Abb. 2

geordnete bleiben, hat den Zweck, sie in dieser Mehrheit zu verankern und ihre Loslösung von der demokratischen Willensbildung zu verhindern.

Die Opposition kontrolliert und bestimmt mit

Im Parlament gibt es unterschiedliche Interessen. Mehrheit und Regierung haben das gleiche politische Programm. Man sieht es bei fast allen Debatten, in denen Sprecher der Mehrheitsparteien grundsätzliche Unterstützung der Regierung zum Ausdruck bringen.
Die kritische Rolle fällt der Minderheit, der Opposition zu (vgl. Abb. 3). Sie kontrolliert öffentlich die Mehrheit in Regierung und Parlament, während Kontrollvorgänge im Mehrheitslager in der Regel nach außen nicht sichtbar werden.
Insofern ist ein Grundgedanke der Gewaltenteilung auf die Opposition übergegangen: Nicht das Parlament kontrolliert die Regierung, sondern die Opposition die regierende Mehrheit. *Fragestunden, Anfragen, Untersuchungsausschüsse* und *Debatten* stehen ihr dafür zur Verfügung.
Das Parlament bildet Kompromisse, weil Entscheidungen für alle Bürger erträglich sein sollen. In Entscheidungen gehen also auch die Überlegungen der Opposition ein. Spielraum und Macht der Mehrheit werden dadurch eingeschränkt.
Kurt Schumacher (SPD), der erste Oppositionsführer in der Geschichte der Bundesrepublik Deutschland, hat das so formuliert:
„Das Wesen der Opposition ist der permanente [ständige] Versuch, an konkreten Tatbeständen mit konkreten Vorschlägen der Regierung und ihren Parteien den positiven Gestaltungswillen der Opposition aufzuzwingen."

Darin kommt die besondere verfassungspolitische Aufgabe der Opposition zum Ausdruck, Regierungsmacht zu zügeln. Diese Aufgabe nimmt die Mehrheit im Parlament nur noch abgeschwächt wahr; denn sie hat Teil an dieser Regierungsmacht.

Mitwirkung durch Bundesländer

Geteilt wird die Macht auch durch den bundesstaatlichen Aufbau der Bundesrepublik Deutschland. Dieser bundesstaatliche Aufbau wird *Föderalismus* genannt. Die elf Bundesländer bzw. Stadtstaaten besitzen zum einen wichtige eigene Zuständigkeiten, die sie unabhängig vom Bund ausüben: die Kulturhoheit zählt dazu, also auch das Schulwesen. Zum anderen regieren die Länder im Bund mit. Grundgesetz Art. 50 bestimmt:
„Durch den Bundesrat wirken die Länder bei der Gesetzgebung und Verwaltung des Bundes mit."
Im *Bundesrat* sitzen Mitglieder der Landesregierungen.
Bundestag oder Bundesregierung oder Bundesrat haben das Recht, Gesetze vorzuschlagen. Gegen Gesetzesbeschlüsse des Bundestages kann der Bundesrat Einspruch einlegen. Vielen Gesetzen muß er sogar zustimmen, damit sie zustande kommen. Einspruchsmöglichkeit bzw. Zustimmungsvorbehalt des Bundesrats eröffnen den Ländern erhebliche Mitgestaltungs- und Kontrollchancen. Sie verwalten einen großen Teil der Macht im Staat. Föderalismus ist eine starke Säule der Gewaltenteilung. Man spricht hier von „vertikaler Gewaltenteilung" – also einer Gewaltenteilung, die entsprechend dem Aufbau des Staates von unten nach oben reicht. Abb. 4 verdeutlicht dies am Beispiel der Gesetzgebung.
In Grenzfällen können alle die hier genannten Kräfte zusammenwirken, um demokratische Kontrolle zu sichern: Z. B. verabschiedete 1977 die Mehrheit des Bundestages ein Gesetz, das den Wehrpflichtigen freie Wahl zwischen dem Dienst in der Bundes-

Abb. 3

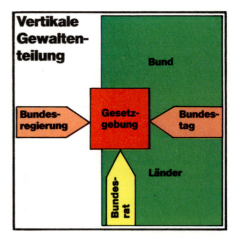

Abb. 4

wehr und dem Zivildienst einräumte. Weil sie darin einen Verstoß gegen die Verfassung sahen, erhoben einige Bundesländer und die Opposition im Bundestag Klage vor dem Bundesverfassungsgericht. Das Gericht gab ihnen Recht und hob das Gesetz auf.

D 1 Vergleicht dieses Kapitel mit der Beschreibung der freiheitlich demokratischen Grundordnung und den politischen Grundrechten zu Beginn des Großkapitels. Überlegt, welche Grundrechte hier besonders wichtig sind.

D 2 Diskutiert, welche Bedeutung Mehrheitsprinzip und Minderheitenschutz für die Demokratie haben.

D 3 Informiert Euch über Bürgerbeteiligung oder Bürgerinitiativen in Eurer Stadt, in der näheren Umgebung.
Was war der Auslöser, wer hat sich organisiert? Mit welchen Mitteln wurde das Ziel angestrebt? Wie war der Erfolg?

D 4 Der freie, offene Willensbildungsprozeß (vgl. auch S. 66 f.), das Rechtsstaatsprinzip (vgl. auch S. 118 f.), Föderalismus und Opposition bewirken Gewaltenteilung – Hemmung von Macht.
Sucht im Text noch einmal die entsprechenden Informationen.
Versucht, aktuelle Beispiele zu finden, wo diese Grundsätze eingehalten oder mißachtet werden (Zeitungs-, Rundfunk-, Fernsehnachrichten).
Sucht Minderheitenschutz im Grundgesetz. Sucht dort auch Stellen über die Rechte der Bundesländer.

D 5 Demokratie heißt verantwortliche Herrschaft und Freiheit zur Mitbestimmung. Versucht, diese These zu begründen.

Rechtsstaat

Staatliche Verwaltung (Beispiel Schule)

Zeitungsnotiz:
„Am 15. 7. 1977 wurde im Waggumer Holz der 17jährige Schüler Torsten F. tot aufgefunden. Neben ihm lag eine halbvolle Flasche Rum. Bei der gerichtsmedizinischen Untersuchung wurde eine erhebliche Überdosis Schlaftabletten festgestellt. In der Tasche des Toten fand die Polizei einen Brief mit folgendem Inhalt: ‚Liebe Eltern, seitdem ich nicht versetzt worden bin, findet Ihr kein gutes Haar mehr an mir. Ich schaffe es doch nie. Es hat alles keinen Zweck mehr. Torsten.'
Wie wir in der S.-Schule, die Torsten F. besucht hatte, in Erfahrung bringen konnten, war die Nichtversetzung des Jungen keineswegs ein ‚eindeutiger Fall'."

Die Schule greift tief in das Leben der Schüler ein

Der Bericht zeigt in einem tragischen Beispiel auf, wie tief im schlimmsten Fall die Schule das Leben einer Familie beeinflussen kann. Die Schule soll Euch Wissen, Fähigkeiten und Fertigkeiten vermitteln. Dabei greift sie auch unter gewöhnlichen Umständen stark in Euer Leben und in das Eurer Familien ein: Zum Beispiel verlangt sie die Erfüllung der Schulpflicht, prägt sie den weiteren Lebensweg dadurch, daß sie Euch einem bestimmten Leistungskurs oder einem bestimmten Schultyp zuweist. Das sind Eingriffe, die Eure späteren persönlichen und beruflichen Möglichkeiten wesentlich mitbestimmen. Schule steht bei uns unter der Aufsicht des Staates. Sie gehört zur staatlichen Verwaltung. Da Schule für Euch etwas leistet, indem sie Wissen, Fähigkeiten und Fertigkeiten vermittelt, kann man sie *leistende Verwaltung* nennen. Da Schule Euer Leben stark beeinflußt und Ihr Euch ihren Forderungen nicht entziehen könnt, ist sie auch *eingreifende Verwaltung*.
Jede staatliche Verwaltung muß sich an bestimmte Gesetze und Vorschriften halten. Werden diese Gesetze und Vorschriften verletzt, kann der Bürger sich wehren. Es gibt also keine schrankenlose Eingriffsbefugnis. Das heißt auch für den Bereich der Schule, daß der Schüler und die Eltern nicht alle diese möglichen Eingriffe einfach hinnehmen müßten.
Das *Bundesverfassungsgericht* (an das sich jeder Bürger wenden kann, wenn er glaubt, von der Verwaltung oder den Gerichten in seinen *Grundrechten* verletzt worden zu sein) hat in mehreren Urteilen klargemacht, daß alle wichtigen Entscheidungen im Schulbereich auf der Grundlage eines Gesetzes ergehen müssen. Das bedeutet, daß die Schule sich bei allen wichtigen

Abb. 1

Entscheidungen (z. B. bei Versetzungen, bei Einführung des Sexualkundeunterrichts) daran halten muß, was im Gesetz vorgesehen ist.
Wichtigste Folgerung: Wenn der Schüler oder seine Erziehungsberechtigten meinen, die Entscheidung der Schule entspreche nicht dem Gesetz, können sie sich dagegen wehren.

Wie wehrt man sich gegen Verwaltungsakte der Schule?

Es ist klar, daß man zuerst das Gespräch mit dem Fachlehrer, dem Klassenlehrer, dem Vertrauenslehrer und schließlich dem Schulleiter suchen kann. Wenn das keinen Erfolg hat, kann man den sog. *Rechtsweg* wählen, d. h. vor dem Gericht klagen, und zwar in diesem Falle vor dem Verwaltungsgericht.

Hat eine Klage beim Verwaltungsgericht Erfolg?

Nicht jede Klage dieser Art hat Erfolg. Es ist zwar heute durch das Grundgesetz garantiert, daß man gegen Verwaltungsakte einer Schule (vgl. Abb. 1) das Verwaltungsgericht anrufen kann. Ob das Verwaltungsgericht aber die Entscheidung der Schule beseitigt, hängt davon ab, ob bei dieser Entscheidung das Gesetz beachtet wurde oder nicht. Wenn es um Entscheidungen von Lehrern und Konferenzen geht, ist es besonders schwer zu sagen, ob ein Gesetzesverstoß vorliegt. Denn immer da, wo es erzieherische Beurteilungen zu geben gilt, muß der Lehrer eine sehr persönliche Entscheidung treffen, die andere – so meinen die Gerichte – nur schwer nachvollziehen können. Deshalb stehen die Verwaltungsgerichte immer noch auf dem Standpunkt, daß man solche Lehrerentscheidungen nur beseitigen kann, wenn sie eindeutig eine Vorschrift des Gesetzes verletzen (z. B. bei nur einer „5" die Nichtversetzung aussprechen) oder wenn es sich um schwere Beurteilungsfehler handelt (z. B. nachweisbar gleiche Leistungen unterschiedlich bewertet werden, also ein Verstoß gegen den *Gleichheitsgrundsatz* vorliegt).

1 Besprecht den Zeitungsbericht und evtl. andere Meldungen ähnlicher Art. Sucht dabei besonders nach Möglichkeiten, solche „Kurzschlußhandlungen" von Mitschülern zu vermeiden. Erkundigt Euch auch, welche Hilfen – wie Schülernotruf, Telefonseelsorge, Beratungsstellen – es gibt, falls man in eine solche Situation gerät.

2 Sucht Beispiele dafür, wo die Schule als „eingreifende" oder als „leistende Verwaltung" Euer Leben mitbestimmt.

3 Warum billigt man dem Lehrer bei der Zensurengebung einen „Beurteilungsspielraum" zu?

Jugendgerichtsbarkeit

Ausschnitt aus einem Gespräch zwischen zwei Freundinnen:

Renate: Was ist denn heute bloß mit Dir los?
Gabi: Ach, gestern hab ich was Furchtbares erlebt ...
Renate: Was war denn los? Erzähl schon!
Gabi: Ich war doch gestern bei Karstadt und hab' von meinem Geburtstagsgeld einen Kassettenrecorder gekauft. Danach hab' ich Wimperntusche geklaut und bin erwischt worden ...
Renate: Au weia, wissen Deine Eltern schon Bescheid?
Gabi: Ja, war dolle Stimmung zu Hause. Aber das war ja nicht das Schlimmste. Schlimmer war es im Kaufhaus mit dem Detektiv und bei der Polizei, richtig peinlich.
Renate: Bist'e verhaftet worden?
Gabi: Nein, aber erst hat mich eine Verkäuferin durchsucht; dann mußte ich unterschreiben, daß ich's gemacht hab' und nicht mehr zu Karstadt darf. Und meine letzten 30 Mark haben sie mir auch noch abgeknöpft.
Renate: Wozu denn das?
Gabi: Weiß nicht, Bearbeitung oder so. Das Schönste ist, daß Ilona – die war nämlich auch mit und hat einen Lippenstift geklaut – daß die gar nichts bezahlen mußte. Bei der haben sie nur das Jugendamt angerufen, weil sie erst 13 ist.
Renate: Und dann?
Gabi: Na, dann kam die Polizei, hat alles aufgeschrieben. Ich mußte mit zur Wache. Und meine Eltern haben mich dann abgeholt. Die waren am meisten darüber sauer, daß ich für das Geburtstagsgeld den Recorder gekauft habe; das Geld sollte nämlich für mein Mofa zurückgelegt werden. Mein Vater sagt, ich mit meinen 15 Jahren kann noch gar keinen Recorder kaufen.
Renate: Mensch, Gabi, was machst'e nun? Mußt'e auf 'ne andere Schule?
Gabi: Weiß nicht. Ich hab' solche Angst, daß alle es erfahren und daß ich 'ne ganz schöne Strafe kriege. Mein Vater sagt, eine Woche Arbeitshaus wäre richtig und jeden Tag Prügel. Taschengeld hat er mir schon gesperrt.

Wenn Ihr über das Gespräch zwischen Renate und Gabi diskutiert habt, könnten folgende Fragen aufgetreten sein, die Ihr nach Bearbeitung dieses Kapitels besser beantworten können solltet:
– Ist der Kauf des Kassettenrecorders wirksam?
– Muß das Kaufhaus die „Bearbeitungsgebühr" zurückzahlen?
– Durfte die Polizei Gabi mit zur Wache nehmen?
– Was darf die Polizei überhaupt alles tun, wenn sie eine Straftat aufklären will?
– Wird Gabi nun bestraft?
– Kann sie ins Gefängnis oder ins Arbeitslager kommen?
– Warum ist die Polizei bei der Freundin Ilona nicht eingeschaltet worden?
– Wie geht die ganze Angelegenheit nun weiter?

Zivilprozeß und Strafprozeß

Viele Menschen können nicht verstehen, daß man in unserer Rechtsordnung den *Strafprozeß* und den *Zivilprozeß* auseinanderhalten muß. Dabei ist die Sache ganz einfach: Im Zivilprozeß stehen sich *Kläger* und *Beklagter* gleichberechtigt gegenüber.
Sie streiten zum Beispiel darum, ob der Kläger Schadenersatz wegen des

Tab. 1: Entwicklung der rechtlichen Stellung

Alter	Rechtsstellung
Geburt	Rechtsfähigkeit
6 Jahre	Schulpflicht
7 Jahre	beschränkte Geschäftsfähigkeit beschränkte Schadensersatzpflicht
14 Jahre	Strafmündigkeit (als Jugendlicher)
16 Jahre	Ehefähigkeit Eidesmündigkeit Führerschein Kl. 4 möglich
18 Jahre	Volljährigkeit (= volle Geschäftsfähigkeit und Schadensersatzpflicht)
21 Jahre	volle Strafmündigkeit (als Erwachsener)

blauen Auges verlangen kann, das ihm der Beklagte nach Wildwestart beigebracht hat; in einem anderen Prozeß geht es darum, ob der Beklagte den Gebrauchtwagen, der schon nach der ersten Fahrt zusammengebrochen ist, bezahlen muß. Der Richter entscheidet diesen Streit.
Im Strafprozeß ist es anders. Es geht nicht um private Ansprüche. Hier steht der *Angeklagte* sozusagen dem Staat gegenüber. Es geht darum, ob er eine Straftat (Mord, Körperverletzung, Raub, Vergewaltigung, Beleidigung) begangen hat und ob und wie er zu bestrafen ist.
Wenn Gabis Eltern also den Kassettenrecorder nicht behalten und das Geld wiederhaben wollen, das Kaufhaus aber das Geld nicht zurückzahlt, müssen sie das Kaufhaus in einem Zivilprozeß beim *Amtsgericht* verklagen. Ob Gabi wegen des Diebstahls der Wimperntusche bestraft werden muß, wird dagegen in einem Strafprozeß entschieden.
Es kommt oft vor, daß sich an einen Strafprozeß noch ein Zivilprozeß anschließt. So wird z. B. ein Angeklagter im Strafprozeß wegen schwerer Körperverletzung verurteilt; der Verletzte klagt dann im Zivilprozeß auf Schadenersatz und Schmerzensgeld.

Können Kinder und Jugendliche schon selbst Geschäfte abschließen?

Kinder und Jugendliche bekommen nicht „mit einem Schlag" alle Rechte und Pflichten eines erwachsenen Staatsbürgers. Vielmehr wächst man sozusagen Stück für Stück in die volle Rechtsstellung hinein (vgl. Tab. 1): Schon mit der Geburt erwirbt man die Fähigkeit, Rechte und Pflichten zu haben (= *Rechtsfähigkeit*); d. h., man kann erben oder Eigentümer von Sachen sein.
Wenn man das 7. Lebensjahr vollendet hat, darf man vorteilhafte Geschäfte schon selbst abschließen, also z. B. eine Schenkung annehmen. Den Kassettenrecorder konnte Gabi dagegen nicht rechtswirksam kaufen, weil sie sich ja auch zur Bezahlung des Kaufpreises verpflichtete. Das Geld war von den Eltern aber für einen anderen Zweck bestimmt; die Eltern waren mit dieser Verwendung nicht einverstanden. Mit 18 Jahren ist man *volljährig*. Man darf nun alle denkbaren Geschäfte

Erziehungsmaßregeln (§§ 9 ff JGG)
- Weisungen (z. B. in einem Krankenhaus zu arbeiten, am Verkehrsunterricht teilzunehmen)
- Erziehungsbeistandschaft (d. h. die Beiordnung einer Person, die die Eltern bei der Erziehung berät und unterstützt)
- Fürsorgeerziehung (d. h. bei Verwahrlosung Unterbringung in einem Heim)

Zuchtmittel (§§ 13 ff JGG)
- Verwarnung
- Auferlegung besonderer Pflichten (z. B. den Schaden wiedergutzumachen, Geld an eine gemeinnützige Einrichtung zu zahlen)
- Arrest (nämlich über ein oder mehrere Wochenenden oder für eine bis vier Wochen)

Jugendstrafe (§§ 16 ff JGG)
- bestimmte Jugendstrafe (zwischen sechs Monaten und zehn Jahren, je nach Schwere der Tat; sie wird beim ersten Mal meist zur Bewährung ausgesetzt)
- unbestimmte Jugendstrafe (ihre Dauer wird endgültig erst während des Aufenthalts in der Strafanstalt festgesetzt; sie liegt zwischen sechs Monaten und vier Jahren)

Abb. 1: Maßnahmen, die der Jugendrichter nach dem Jugendgerichtsgesetz (JGG) ergreifen kann (Auswahl)

selbst abschließen; die Eltern brauchen nicht mehr zuzustimmen. Die Kehrseite der Medaille ist: Man muß jeden Schaden, den man anrichtet (z. B. bei Unfall mit dem Fahrrad) selbst bezahlen.

Werden Kinder und Jugendliche auch bestraft?

Ob man für das, was man anrichtet, auch bestraft wird, ist eine andere Frage. Wer – wie die Freundin Ilona – noch nicht 14 Jahre alt ist, wird als *strafunmündig* bezeichnet. Wenn er eine Straftat begeht, wird sich freilich das *Jugendamt* um seine Familie kümmern und prüfen, ob eine Betreuung nötig ist.
Ab 14 ist man dann *strafmündig*, d. h. man muß sich auch beim Strafrichter oder Jugendrichter für die Straftaten, die man begeht, verantworten. Allerdings wird man vom Jugendrichter nicht wie ein Erwachsener behandelt (d. h. mit Geldstrafe oder Freiheitsstrafe bestraft), sondern es gibt andere Maßnahmen; denn Jugendliche sind ja noch dabei, in die Rechts- und Sozialordnung hineinzuwachsen. Deshalb sieht das *Jugendgerichtsgesetz* (JGG) viele Maßnahmen vor, mit denen man – je nach den Bedürfnissen des einzelnen Jugendlichen – günstig auf die Entwicklung einwirken will (vgl. Abb. 1). Dies Gesetz gilt auch für die sog. *Heranwachsenden* (nach Vollendung des 18. Lebensjahres, aber vor Vollendung des 21.), wenn sie in ihrer Entwicklung noch nicht so weit sind wie Erwachsene.
Wer nach Vollendung des 21. Lebensjahres eine Straftat begeht, wird strafrechtlich wie ein Erwachsener behandelt. Es kommen dann nur noch Geldstrafe, Freiheitsstrafe oder Freiheitsstrafe mit Bewährung in Frage (vgl. Abb. 2).
Arbeitslager und Prügelstrafe wird der Jugendrichter für Gabi also nicht anordnen. Wenn keine ernsthafte Störung in der Familie festzustellen ist, wird er Gabi voraussichtlich anweisen, eine bestimmte Zahl von Stunden (zwischen zehn und 30) in einem Krankenhaus oder einer Jugendeinrichtung zu arbeiten. Von einer solchen Verurteilung erfährt grundsätzlich weder die Schule noch der Arbeitgeber des Angeklagten. Sie wird auch nicht in das polizeiliche *Führungszeugnis* aufgenommen.

Wichtige Grundsätze des Strafverfahrens

Aber eine solche Verurteilung steht erst am Ende eines genau geregelten Verfahrens. In diesem Verfahren muß vor allem garantiert sein, daß sich der Angeklagte auch wirklich verteidigen kann.
Nicht alles, was unmoralisch oder sozial schädlich ist, wird auch als strafbare Handlung verfolgt. Art. 103 Abs. 2 Grundgesetz lautet:
„Eine Tat kann nur bestraft werden, wenn die Strafbarkeit gesetzlich bestimmt war, bevor die Tat begangen wurde."
Dies ist einer der wichtigsten Sätze unseres Strafrechts.
Ebenso wichtig ist, daß Strafe Schuld voraussetzt. Das bedeutet vor allem, daß geistig oder seelisch schwer gestörte Menschen nicht bestraft werden dürfen. Ihnen muß z. B. durch psychiatrische Behandlung geholfen werden.
Das Gericht versucht im Strafprozeß, die Wahrheit herauszufinden. Wenn der Richter noch an der Schuld des Angeklagten zweifelt, muß er ihn freisprechen. Denn es gilt der wichtige Grundsatz: *„Im Zweifel für den Angeklagten."*
Bis zu einer rechtskräftigen *Verurteilung* muß der Angeklagte wie ein Unschuldiger behandelt werden. Daraus folgt, daß er immer die Gelegenheit haben soll, sich frei und unbeeinflußt zu verteidigen. Dazu sollen ihm auch folgende Gesetzesvorschriften verhelfen:
„Der Vorsitzende hat ... dem Angeklagten und dem Verteidiger zu gestatten, Fragen an die Zeugen ... zu stellen." (§ 240 Abs. 2 Strafprozeßordnung.)

Bei Jugendlichen (nach Vollendung des 14. aber vor Vollendung des 18. Lebensjahres)	nur Maßnahmen und Strafen des Jugendgerichtsgesetzes und einige Maßregeln der Besserung und Sicherung aus dem Strafgesetzbuch
Bei Heranwachsenden (nach Vollendung des 18., aber vor Vollendung des 21. Lebensjahres)	ebenso wie bei Jugendlichen, wenn der Heranwachsende in seiner Reife einem Jugendlichen gleichsteht
Bei Erwachsenen (nach Vollendung des 21. Lebensjahres)	nur Strafen und Maßregeln des Strafgesetzbuches

Abb. 2: Maßnahmen des Staates bei strafbaren Handlungen

„Nach der Vernehmung eines jeden Zeugen, Sachverständigen oder Mitangeklagten ... soll der Angeklagte befragt werden, ob er dazu etwas zu erklären habe." (§ 257 Abs. 1 Strafprozeßordnung.)

Was darf die Polizei?

Nach diesen Grundsätzen nun zum Ablauf des Strafprozesses: Da jedem Strafprozeß die polizeilichen Ermittlungen vorausgehen, ist es für jeden Bürger wichtig zu wissen, was die Polizei darf und was nicht.
Die Polizei muß, wenn sie von einer Straftat erfährt, Ermittlungen anstellen. Sie versucht also, durch Vernehmung des Verdächtigen oder von Zeugen, durch Sicherung von Spuren u. ä. den Vorfall zu klären. Dabei darf sie nicht, wie man es manchmal in Kriminalfilmen (z. B. Kojak) sehen kann, rücksichtslos vorgehen; besonders bei der Vernehmung des Verdächtigen hat sie strenge Regeln zu beachten.
So heißt es in § 136 a Strafprozeßordnung:
„Die Freiheit der Willensentschließung und der Willensbetätigung des Beschuldigten darf nicht beeinträchtigt werden durch Mißhandlung, Ermüdung, durch körperlichen Eingriff, durch Verabreichung von Mitteln, durch Quälerei, durch Täuschung oder durch Hypnose. Zwang darf nur angewandt werden, soweit das Strafverfahrensrecht dies zuläßt. Die Drohung mit einer nach diesen Vorschriften unzulässigen Maßnahme und das Versprechen eines gesetzlich nicht vorgesehenen Vorteils sind verboten."
Die Polizei darf Verdächtige festnehmen, wenn sie flüchten wollen. Sie muß sie aber bis zum Ablauf des folgenden Tages einem Richter vorführen, der

dann darüber entscheidet, ob ein *Haftbefehl (Untersuchungshaft)* erlassen wird oder nicht. Die Durchsuchung von Wohnungen und die Beschlagnahme von Sachen sind der Polizei auch erlaubt, aber nur wenn besondere Eile nötig ist; sonst muß vorher eine Erlaubnis des Richters vorliegen.

Die Polizei hält alles, was sie ermittelt hat, in Protokollen und Vermerken fest und schickt die so entstandene Akte dann der Staatsanwaltschaft.

Der Staatsanwalt entscheidet, ob Anklage erhoben wird

Der *Staatsanwalt* arbeitet diese Akte durch. Wenn er meint, daß der Verdacht gegen den Beschuldigten nicht ausreicht, stellt er das Verfahren ein. Auch wenn er den Verstoß des Beschuldigten nur als geringfügig einstuft, kann er das Verfahren (u. U. mit Zustimmung des Richters) einstellen. In allen anderen Fällen erhebt er *Anklage*. Erst dadurch gelangt die Sache endlich zum *Gericht*.

Der Richter entscheidet

Bei leichteren Straftaten ist das Amtsgericht (Strafrichter oder Jugendrichter allein oder Schöffengericht) zuständig, bei schwereren das *Landgericht*. Die Richter sind durch unsere Verfassung deutlich von allen anderen Staatsbediensteten abgehoben.

„Die Richter sind unabhängig und nur dem Gesetz unterworfen" (Art. 97 Grundgesetz). Das bedeutet, daß Richter (im Gegensatz zu Staatsanwälten) nicht von ihrem Dienstvorgesetzten angewiesen werden dürfen, wie sie entscheiden sollen. Auch dürfen sie nicht gegen ihren Willen abgesetzt oder an ein anderes Gericht versetzt werden. Die einzige Überprüfung ihrer Entscheidung, die sie sich gefallen lassen müssen, ist die durch das *Berufungs-* oder *Revisionsgericht* (vgl. Abb. 3).

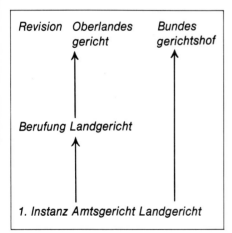

Abb. 3: Berufung und Revision

Jugendkriminalität

Die Gesamtzahl der begangenen Straftaten ist in den letzten Jahrzehnten immer weiter gestiegen. Das gilt besonders für Straftaten von Jugendlichen und Heranwachsenden (vgl. Tab. 2 und 3).

Deshalb ist heute sicher eine der wichtigsten Aufgaben die Bekämpfung der *Jugendkriminalität*. Erste Frage muß dabei sein: Was sind die Ursachen? Darauf mit einem Satz zu antworten, ist unmöglich; man ist sich heute darüber einig, daß eine Vielzahl von Bedingungen für die Jugendkriminalität und ihr Ansteigen verantwortlich sind (vgl. Abb. 4).

Zweite Frage ist: Was kann getan werden? Diese Frage ist noch schwerer zu beantworten als die nach den Ursachen. Mit dem Jugendgerichtsgesetz, vor allem mit der dort vorgesehenen Jugendgerichtshilfe und Bewährungshilfe, ist vom Staat der Versuch gemacht worden, die Jugendkriminalität abzubauen. Die damit geschaffenen Möglichkeiten reichen aber nicht aus, um die tiefer liegenden Ursachen zu beheben, wie sie ungünstige Verhältnisse in der Familie, Arbeitslosigkeit, Verführung durch Gleichaltrige u. ä. darstellen. Hier ist jeder von uns mitverantwortlich.

Tab. 2: Tatverdächtige je 100 000 der jeweiligen Altersgruppe (nach Bundestagsdrucksache 8/922)

	1963	1972	1976
Kinder	1313	1866	1674
Jugendliche	2461	4411	3932
Heranwachsende	3856	5469	5468
Erwachsene	1620	1600	1742

Tab. 3: Tatverdächtige bei Raub je 100 000 der jeweiligen Altersgruppe (nach Bundestagsdrucksache 8/922)

	1963	1972	1976
Kinder	4,2	25,8	29,0
Jugendliche	21,9	84,8	83,0
Heranwachsende	48,9	125,6	133,0
Erwachsene	8,0	17,8	20,0

1 Versucht zu erklären, wie sich der Strafprozeß und der Zivilprozeß unterscheiden. Ist diese Unterscheidung sinnvoll?

2 Muß es in unserem Staat Bestrafung geben?

3 Wie unterscheidet sich die staatliche Strafe von der innerhalb einer Familie?

4 Diskutiert darüber, ob es gerechtfertigt ist, daß Jugendliche nicht ebenso wie Erwachsene bestraft werden.

In ungünstigen Familienverhältnissen scheint oft der Grund für spätere Kriminalität zu liegen, wobei unharmonische, unglückliche Verhältnisse schädlicher zu sein scheinen, als das Fehlen eines Elternteils. Auch eine Überforderung durch die Schule, insbesondere die falsche Reaktion auf Versagenserlebnisse bei gleichen Anforderungen, aber unterschiedlicher Lernfähigkeit wirkt kriminalitätsfördernd. Fehlende Erfolgserlebnisse in Ausbildung und Beruf sind ebenfalls zu nennen. Die Änderung der Lebensverhältnisse, die Abnahme der menschlichen Kontakte durch Verstädterung..., das Fehlen allgemeinverbindlicher Wertvorstellungen führen zu Unsicherheit und Orientierungsschwierigkeiten. Schließlich führt das Beispiel der Erwachsenenwelt mit ihren materiellen Statussymbolen und der ständige Anreiz durch die Werbung zu einer Begehrlichkeit mit Ansprüchen, die für junge Menschen ‚überzogen' sind, die ihrer sozialen Stellung und ihrer finanziellen Abhängigkeit von den Erwachsenen nicht entsprechen, so daß ihnen weitgehend der Zugang zu diesen Gütern fehlt; sie können diese Bedürfnisse oft nicht legal befriedigen.

Abb. 4: Bundestagsdrucksache 8/922 (Auszug)

5 Begründet, warum § 136 a Strafprozeßordnung bestimmte Vernehmungsmethoden verbietet.

6 Überlegt, warum der Gesetzgeber dem Staatsanwalt auch bei ausreichendem Verdacht noch die Möglichkeit zur Einstellung des Verfahrens gibt.

7 Polizei – Staatsanwalt – Richter: Versucht, ihre Aufgabenbereiche zu beschreiben und wichtige Unterschiede zu erarbeiten.

8 Welches sind die wichtigsten Ursachen für Kriminalität?

D 9 Überlegt, ob die staatlichen Versuche, die Kriminalität zu bekämpfen, ausreichen. Was sollte evtl. noch geschehen? Wer müßte mitwirken?

Grundrechte und Menschenrechte

In den Abschnitten
„Staatliche Verwaltung" und „Jugendgerichtsbarkeit"
habt Ihr drei wichtige Grundsätze des Rechtsstaates kennengelernt:
– Die gesamte Tätigkeit des Staates ist an das Gesetz gebunden. Jede staatliche Verwaltung, also auch Schule und Polizei, muß sich an die Gesetze halten.
– Jeder Bürger kann unabhängige Gerichte anrufen, um prüfen zu lassen, ob er vom Staat in seinen Rechten verletzt worden ist.
– Bestraft werden darf man nur für eine Tat, deren Strafbarkeit durch Gesetz vorher festgelegt wurde.
Zum Rechtsstaat gehört aber noch mehr: Die Bürger müssen nicht nur dagegen geschützt werden, daß der Staat die bestehenden Gesetze verletzt.
Sie müssen auch vor Gesetzen geschützt werden, die die Freiheit bedrohen.
Heute können wir uns kaum vorstellen, daß unsere Volksvertretung, der Bundestag, ein Gesetz verabschieden würde, das die wichtigsten Freiheitsrechte der Bürger aufhebt.
Doch etwas Ähnliches hat es in Deutschland schon gegeben.
Im Februar 1933 duldete der von den Nationalsozialisten beherrschte Reichstag, daß die Regierung mit einer „Notverordnung zum Schutze von Volk und Staat" die Freiheitsrechte der Bürger beseitigte und der Nazi-Diktatur eine gesetzliche Grundlage gab.
Kritiker der Nationalsozialisten wurden von der politischen Polizei („Geheime Staatspolizei") in „Schutzhaft" genommen und ohne Gerichtsverfahren in „Konzentrationslager" gebracht. Der Schriftsteller und Wissenschaftler Eugen Kogon gehört zu den wenigen, die eine Konzentrationslagerhaft überlebt haben. Er schildert die Einlieferung der Gefangenen in das Lager in seinem Buch „Der SS-Staat". Abb. 1 ist ein Auszug von S. 45 dieses Buches.

In manche Grundrechte darf durch Gesetz eingegriffen werden. Das Grundrecht der Versammlungsfreiheit ist z. B. dadurch eingeschränkt, daß Versammlungen unter freiem Himmel z. B. Demonstrationen, verboten werden können, wenn sie zu einer schweren Gefährdung der öffentlichen Sicherheit führen können.
Ein Beispiel dafür bot eine Demonstration der rechtsradikalen Nationaldemokratischen Partei Deutschlands in Frankfurt im Sommer 1978. Der Oberbürgermeister wollte die Demonstration verbieten lassen, weil er schwere Zusammenstöße zwischen der NDP und Gegendemonstranten fürchtete. Das zuständige Verwaltungsgericht lehnte jedoch auf Einspruch der NPD den Verbotsantrag ab. Die Folge waren Schlägereien zwischen den NPD-Anhängern, den Gegendemonstranten und der Polizei, die den Zusammenstoß verhindern wollte.
Sehr wichtige Grundrechte gibt der Ausschnitt aus dem Grundgesetz, Abb. 2, wieder.

Die Gefangenen wurden von den Bahnhöfen entweder in den bekannten geschlossenen Polizeilastwagen oder auf Lastautos zusammengepfercht oder in langen Elendsreihen zu Fuß zum KL [Konzentrationslager] gebracht. Die dritte Art war besonders schlimm, weil nicht wenige der Schutzhäftlinge Gepäck mithatten, das sie nun im Laufschritt und unter beständigen Prügeln auch noch schleppen mußten. Fielen sie nieder, so wurden sie zusammengehauen oder einfach über den Haufen geschossen ... Der Ankunft folgte die Empfangszeremonie: Ein Rudel herumlungernder Scharführer [SS-Dienstgrad] stürzte sich lüstern auf die Meute. Es regnete Schläge und Fußtritte, die ‚Neuen' wurden mit Steinen beworfen und mit kaltem Wasser begossen; wer lange Haare oder einen Bart hatte, wurde daran zu Boden gerissen; Krawattenträger hatten ebenfalls nichts zu lachen, wenn sie gewürgt wurden. Dann hieß es stundenlang mit dem ‚Sachsengruß': die Arme hinter dem Kopf verschränkt, häufig auch noch in Kniebeuge, vor der Politischen Abteilung ausharren – in Kälte, Regen oder Sonnenglut, ohne Essen, ohne Trinken, ohne austreten zu dürfen. Dabei konnte jeder SS-Mann mit den Erschöpften treiben, was ihm beliebte.

Abb. 1

Grundrechte

Um zu verhindern, daß die Freiheiten der Bürger durch Regierung und Volksvertretung beseitigt werden, sind in das Grundgesetz der Bundesrepublik Deutschland *Grundrechte* aufgenommen worden. Diese Grundrechte binden nicht nur Regierung und Verwaltung, sondern auch den Gesetzgeber, also die Volksvertretung. Wer glaubt, in einem Grundrecht durch den Staat verletzt worden zu sein, kann vor dem *Bundesverfassungsgericht* klagen. Dieses höchste Gericht der Bundesrepublik Deutschland prüft dann, ob durch Regierung, Verwaltung oder durch ein von der Volksvertretung beschlossenes Gesetz tatsächlich ein Grundrecht verletzt worden ist.
Der Volksvertretung ist es durch das Grundgesetz ausdrücklich verboten, ein Grundrecht *„in seinem Wesensgehalt"* anzutasten (Art. 19 Abs. 2 Grundgesetz). Das bedeutet: Der Bundestag darf nicht ein Grundrecht in seinen wichtigsten Bestimmungen außer Kraft setzen – auch nicht, wenn er mit großer Mehrheit oder einstimmig dafür wäre. Die Grundrechte stehen nach unserem Verfassungsrecht über dem Staat, also auch über dem Gesetzgeber.

Menschenrechte

Die wichtigsten Grundrechte, so
– das Recht auf Würde des Menschen und Unantastbarkeit seiner Person,
– die Glaubens- und Meinungsfreiheit,
– die Rechtsgleichheit
werden als *Menschenrechte* bezeichnet. Damit soll gesagt werden:
Alle Menschen, ganz gleich, ob sie weiß oder schwarz, Deutsche oder Russen, Christen oder Juden sind, ob sie in den USA, in der Bundesrepublik Deutschland oder der Sowjetunion wohnen, haben diese Rechte.
Und zwar haben sie diese Rechte einfach deshalb, weil sie Menschen sind. Der Staat hat sie ihnen nicht gegeben, Menschenrechte sind „überstaatliche" oder „vorstaatliche" Rechte.
In der Bundesrepublik Deutschland sind die Menschenrechte durch das Grundgesetz zu staatlichen Gesetzen, den „Grundrechten", geworden. In vielen Staaten werden die Menschenrechte nicht anerkannt, weil die Regierungen sich nur an der Macht halten können, wenn sie Menschenrechte, z. B. die Meinungsfreiheit, unterdrücken.

Verletzung der Menschenrechte

Nach dem Jahresbericht der Gefangenen-Hilfsorganisation *Amnesty International* 1975/76 ergibt sich über die Menschenrechte in Europa folgendes Bild: Den nicht-kommunistischen Staaten Europas werden mit Ausnahme Spaniens unter der Diktatur Francos nur in Sonderfällen wesentliche Verletzungen der Freiheitsrechte vorgeworfen. So wird etwa der Bundesrepublik Deutschland die achtzehnmonatige Untersuchungshaft von vier türkischen Gastarbeitern wegen Bildung einer kriminellen Gruppe vorgehalten. Aus den neun kommunistischen Staaten Europas werden durchweg weitreichende Einschränkungen der Meinungsfreiheit berichtet. Die Zahl der politischen Gefangenen ist in der Sowjetunion, in Bulgarien, Albanien, aber auch in der DDR besonders groß. In der DDR sitzen rund 5000 politische Gefangene in den Haftanstalten. Fast alle kommunistischen Staaten schränken die Religionsfreiheit ein, am stärksten wohl die Sowjetunion und Albanien. Besonders hervorgehoben wird der unzureichende Rechtsschutz für politisch oder religiös Andersdenkende in der Sowjetunion. Die Einweisung in Irrenanstalten ohne Nennung von Gründen, schlechte Haftbedingungen in den Gefängnissen, Gefangenenlager und Sonderkliniken steigern sich nach dem Jahresbericht nicht selten zu Mißhandlungen und Folterungen.

Art. 1 (1) Die Würde des Menschen ist unantastbar. Sie zu achten und zu schützen ist Verpflichtung aller staatlichen Gewalt.
Art. 2 (1) Jeder hat das Recht auf die freie Entfaltung seiner Persönlichkeit, soweit er nicht die Rechte anderer verletzt und nicht gegen die verfassungsmäßige Ordnung oder das Sittengesetz verstößt.
Art. 3 (1) Alle Menschen sind vor dem Gesetz gleich.
Art. 4 (1) Die Freiheit des Glaubens, des Gewissens und die Freiheit des religiösen und weltanschaulichen Bekenntnisses sind unverletzlich.
Art. 5 (1) Jeder hat das Recht seine Meinung in Wort, Schrift und Bild frei zu äußern ...
Art. 8 (1) Alle Deutschen haben das Recht, sich ohne Anmeldung oder Erlaubnis friedlich und ohne Waffen zu versammeln.
Art. 9 (1) Alle Deutschen haben das Recht, Vereine und Gesellschaften zu bilden.
Art. 10 Das Briefgeheimnis sowie das Post- und Fernmeldegeheimnis sind unverletzlich ...
Art. 11 (1) Alle Deutschen genießen Freizügigkeit im ganzen Bundesgebiet.

Abb. 2

Geschichtliche Entwicklung der Menschenrechte

Die Idee der Menschenrechte ist uralt. Schon die alten Griechen sprachen darüber. Auch im 18. und 19. Jh. wurde viel über sie diskutiert; aber sie wurden nur sehr selten angewendet. Erst in unserem Jahrhundert erkannten einzelne Staaten die Menschenrechte richtig an: Am 10. Dezember 1948 wurde von den Vereinten Nationen der Text einer *Allgemeinen Erklärung der Menschenrechte* beschlossen. Er stellt den Versuch dar, den Staaten moralische und rechtliche Richtlinien zu geben.

Trotz dieser feierlichen Erklärung wird heute fast überall in der Welt diese Erklärung verletzt (vgl. Abb. 3). Allein bei den Vereinten Nationen gehen jährlich 16 000 Berichte über Verletzungen der Menschenrechte ein. Die UN-Erklärung wurde zwar feierlich beschlossen. Aber kein Staat kann gezwungen werden, sich ihr zu unterwerfen.

Die Konferenz über Zusammenarbeit und Sicherheit in Europa und die Menschenrechte

Die Menschenrechte spielen heute auch bei den Auseinandersetzungen zwischen den westlichen Demokratien und der Sowjetunion eine Rolle. Am 1. August 1975 endete die *Konferenz über Sicherheit und Zusammenarbeit in Europa* (vgl. S. 192). An dieser Konferenz nahmen 33 europäische Staaten, die USA und Kanada teil.

Die von den Vertretern der Teilnehmer feierlich unterzeichnete Schlußakte hat auch einen Abschnitt über die „*Zusammenarbeit in humanitären und anderen Bereichen*", den sogenannten *Korb 3*. Er enthält insbesondere Grundsätze über menschliche Kontakte, Information, Zusammenarbeit und Austausch im Bereich der Kultur sowie der Bildung. Diese Grundsätze dienen auch einer Erweiterung der Freiheit des einzelnen Bürgers. Zwar enthält die *Schlußakte von Helsinki* keinen Katalog von Grundfreiheiten; auch können die Staaten nicht zur Einhaltung dieser Grundsätze gezwungen werden. Dennoch ist dieser Korb 3 für die Entwicklung der Menschenrechte in einigen Teilnehmerstaaten dieser Konferenz von großer Bedeutung. Denn obwohl diese Schlußakte kein verbindlicher Vertrag ist, sondern lediglich eine moralische Absichtserklärung, hat sie doch eine große Wirkung. Versuche von einzelnen oder kleinen Gruppen in der Tschechoslowakei oder in der Sowjetunion, einen Anfang von Meinungsfreiheit zu erreichen, haben durch die Helsinki-Erklärung einen be-

Folter '77 ...

Die Würde des Menschen

Diese Folterszene aus Uruguay wurde heimlich von einem Offizier fotografiert. Der Gefangene ist mit einer Kapuze über dem Kopf nackt auf eine Eisenstange gefesselt. Die Füße können den Boden nicht berühren. Die Folter dauert Stunden – bis der Häftling redet oder ohnmächtig herunterfällt.

(Text und Foto: „Der Stern" 16/1977)

Abb. 3

„Nie gleichgültig gegenüber der Freiheit"

Der Brief von Andrej Sacharow an Jimmy Carter:
Sehr geehrter Herr Carter,
es ist sehr wichtig, diejenigen zu verteidigen, die leiden müssen wegen ihres gewaltlosen Kampfes für Aufrichtigkeit, für Gerechtigkeit und wegen ihres Einsatzes für die Rechte anderer ...
Wir befinden uns in einer schwierigen, fast unerträglichen Lage ... Jetzt, vor der Konferenz von Belgrad..., wollen die Behörden in der Frage der wichtigsten Menschenrechte (Glaubensfreiheit, Informationsfreiheit, die Freiheit, in einem Lande der eigenen Wahl leben zu können usw.) keinerlei Konzessionen machen. Sie sind nicht fähig, sich einem ehrlichen Kampf der Ideen zu stellen. Sie verstärken den Druck und versuchen, die Dissidenten [Abweichler] zu kompromittieren. Sie verfolgen in Moskau und in der Ukraine Mitglieder der Gruppe, die die Erfüllung des Abkommens von Helsinki überwacht ...
Ich bitte Sie, besonders einzutreten für Mihajlo Mihajlow (den jugoslawischen Schriftsteller), die Autoren der „Charta 77" in der Tschechoslowakei und für das Komitee zur Verteidigung der Arbeiter in Polen.
Kennen Sie die Wahrheit über das Los der Gläubigen in der Sowjetunion? Die beschämende Lage der Konfessionen, die von den Behörden geduldet sind, die Verfolgung der Baptisten, der wahren orthodoxen Kirche, der Pfingstbewegung, der Unierten und anderer? ...
Auch andere Dissidenten werden terrorisiert. Während des vergangenen Jahres erfuhren wir von Morden an Dissidenten, die überhaupt noch nicht untersucht worden sind. Das bekannteste Beispiel ist der Dichter und Übersetzer Konstantin Bogatirjow ...
Mit vorzüglicher Hochachtung
21. Januar 1977   Andrej Sacharow

Darauf antwortete der amerikanische Präsident:
Lieber Professor Sacharow, ...
Die Menschenrechte sind ein Hauptanliegen meiner Regierung. In meiner Rede zur Amtseinführung habe ich gesagt: „Weil wir frei sind, können wir niemals gleichgültig sein gegenüber dem Schicksal der Freiheit anderswo." Sie können versichert sein, daß das amerikanische Volk und unsere Regierung unserer klaren Verpflichtung weiter nachkommen werden, die Respektierung der Menschenrechte nicht nur in unserem eigenen Land, sondern auch im Ausland zu fördern.
Wir werden unsere guten Dienste zur Verfügung stellen, um die Freilassung von Gefangenen des Gewissens zu erreichen, und wir werden unsere Bemühungen fortsetzen, eine den menschlichen Wünschen entsprechende Welt zu gestalten, in der Nationen mit verschiedenen Kulturen und unterschiedlicher Geschichte Seite an Seite in Frieden und Gerechtigkeit leben können.
Ich bin immer froh, etwas von Ihnen zu hören, und ich wünsche Ihnen alles Gute.   Mit freundlichen Grüßen
Jimmy Carter
(aus: „Die Zeit" 25. 2. 1977)

Abb. 4

Wahrheit und Erfindungen über die Menschenrechte

Bestimmte Kreise im Westen haben in der letzten Zeit eine umfassende Propagandakampagne über die angebliche „Verletzung der Menschenrechte" in der Sowjetunion und den anderen sozialistischen Staaten entfesselt. Hauptorganisatoren dieser Kampagne, die demagogischen und provokatorischen Charakter trägt, sind rechtsreaktionäre Kreise, die gegen die Entspannung und friedliche Zusammenarbeit zwischen Staaten mit unterschiedlichen gesellschaftlichen Systemen auftreten ...

Die Rechte und Freiheiten der Bürger dürfen selbstverständlich nicht gegen unsere Gesellschaftsordnung, zum Schaden der Interessen des sowjetischen Volkes ausgenutzt werden ...

Ja, in der UdSSR gibt es noch Menschen, deren politische und moralische Haltung dem gesellschaftlichen Bewußtsein nicht entspricht, ihm entgegensteht. Das sind persönlich gekränkte Menschen, politische Abenteurer, Verleumder und Nihilisten, die man im Westen „Andersdenkende" nennt. Es ist eine verschwindend kleine Anzahl ...

Abb. 5: Nowosti, 11. 7. 1977

trächtlichen Auftrieb erhalten. Denn nun können sie sich immer wieder auf die Schlußakte von Helsinki berufen (siehe den Briefwechsel zwischen dem sowjetischen Regimekritiker Sacharow und US-Präsident Jimmy Carter, Abb. 4). Auch die Nachfolgekonferenz in Belgrad 1977/78 stand ganz im Zeichen der Menschenrechte. Welche Unterschiede über Menschen- oder Freiheitsrechte in Ost und West bestehen, könnt Ihr aus einer Meldung der sowjetischen Nachrichtenagentur „Nowosti" ersehen (Abb. 5).

1 Lest noch einmal den Bericht von Eugen Kogon über die Einlieferung in ein Konzentrationslager.
Welche der heute in der Bundesrepublik Deutschland geltenden Grundrechte wurden durch diese Art der Verhaftung ohne richterliches Urteil und diese Behandlung verletzt?

D 2 Welche der Grundrechte sind nach Eurer Meinung besonders wichtig, um den einzelnen vor Übergriffen des Staates zu schützen?
Welche anderen sind unentbehrlich, um dem einzelnen und den Gruppen politische Mitwirkungsmöglichkeiten zu garantieren?
Löst diese Aufgabe entweder an Hand des Grundgesetz-Auszuges Abb. 2 oder beschafft Euch den gesamten Text des Grundgesetzes und untersucht den Grundrechtsteil.

D 3 Überlegt, warum es notwendig ist, zwischen Grundrechten und Menschenrechten zu unterscheiden!

4 Stellt einen Katalog von Menschenrechten auf, die nach Eurer Meinung überall in der Welt beachtet werden sollten!

5 Überlegt, wie man gegen Menschenrechtsverletzungen protestieren kann!

D 6 Besprecht im Geschichtsunterricht Menschenrechtsverletzungen in der Vergangenheit.

D 7 Sammelt Nachrichten und Kommentare über Menschenrechtsverletzungen unserer Tage und diskutiert darüber.

Sozialstaat

Gleiche Chancen für alle – aber wie?

Die soziale Marktwirtschaft versorgt die meisten Bürger der Bundesrepublik Deutschland mit so vielen Gütern, daß manche Kritiker schon von einer „Überflußgesellschaft" sprechen.
Zwar gibt es erhebliche Ungleichheiten im Einkommen und Vermögen. Doch der Sozialstaat schützt den einzelnen Bürger wenigstens vor der schlimmsten materiellen Not.
Aber hat bei uns jeder auch die gleichen Chancen, im Leben etwas zu erreichen, einen Beruf, der ihm gefällt, zu ergreifen, Wohlstand und Ansehen zu gewinnen?
In Art. 2 des Grundgesetzes heißt es:
„Jeder hat das Recht auf die freie Entfaltung seiner Persönlichkeit, soweit er nicht die Rechte anderer verletzt und nicht gegen die verfassungsmäßige Ordnung oder das Sittengesetz verstößt."
Bedeutet dieses Grundrecht nicht auch, daß jeder, der etwas leisten will und kann, die gleiche Chance haben muß, vorwärtszukommen, ganz gleich, ob er aus einer armen oder einer reichen Familie stammt? Wie steht es mit der Chancengleichheit in der Bundesrepublik Deutschland?

Kasten, Stände, Klassen

Es gibt Gesellschaften, die Chancengleichheit gar nicht wollen. Bis in unser Jahrhundert hinein war Indien eine *Kastengesellschaft.* Über die Position, die ein Mensch in der Kastengesellschaft einnimmt, entscheidet seine Geburt. Er gehört der gleichen *Kaste* wie seine Eltern an und bleibt in dieser Kaste sein Leben lang. Die niedrigste Kaste bildeten die „Unberührbaren". Sie galten als „unrein", durften von Angehörigen höherer Kasten nicht berührt werden und leisteten die einfachsten, unangenehmsten und am schlechtesten entlohnten Arbeiten. Die höchste Kaste bildeten die „Brahmanen", d. h. die Priester und Gelehrten. Ein Aufstieg in eine höhere Kaste war niemandem möglich, soviel er auch leisten mochte.
Das mittelalterliche Europa hatte eine *Ständegesellschaft.* Auch dabei entschied vor allem die Geburt über die Stellung eines Menschen in der Gesellschaft. Es gab die *Stände* der Bauern, der Bürger, der Geistlichen und des Adels. Die Grenzen zwischen den Ständen waren nicht ganz so starr wie zwischen den Kasten in Indien. So hatte ein Bauernsohn vielleicht die Chance, Geistlicher zu werden. Auch kam es vor, daß Bürger, die dem Fürsten treu gedient hatten, in den Adelsstand erhoben wurden. Doch die allermeisten Menschen blieben während ihres ganzen Lebens in dem Stand, in den sie geboren worden waren. Die Standesunterschiede wurden bei jeder Gelegenheit herausgestellt. So gab es „Kleiderordnungen", die genau vorschrieben, was die Angehörigen der einzelnen Stände tragen durften.
So heißt es in einer Kleiderordnung der Stadt Kiel aus dem Jahre 1417:
„Insbesondere wird befohlen, daß keine Dienstmagd oder Dienstbotin Spangen, Scharlachtuch oder irgendwelches vergoldetes Geschmeide trägt, welches mehr als 8 Schillinge wert ist. Wer dagegen verstößt, soll des Geschmeides sofort verlustig gehen und sein Dienstherr oder Dienstherrin sollen 3 Mark Silber Strafe zahlen oder den Dienstboten innerhalb von 3 Tagen aus dem Brote jagen . . ."
(Zitiert nach K. M. Bolte, Deutsche Gesellschaft im Wandel; Opladen 1967)

Die europäische Gesellschaft des 19. Jahrhunderts wurde von Karl Marx als *Klassengesellschaft* beschrieben (vgl. S. 154 f.). Die wichtigsten *Klassen* waren für ihn die *Kapitalisten* (= Eigentümer des Kapitals, d. h. der Produktionsmittel wie Fabriken, Maschinen, Boden) und die *Proletarier* (die Besitzlosen, die ihre Arbeitskraft an die Kapitalisten verkaufen müssen). Marx glaubte, daß die Kapitalisten immer reicher und mächtiger, die Proletarier immer ärmer und zugleich zahlreicher werden würden. Zwischen beiden Klassen werde es immer schärfere Auseinandersetzungen geben *(Klassenkampf),* bis in der Revolution die zu Proletariern herabgesunkene große Mehrheit des Volkes die wenigen Kapitalisten enteignen und entmachten werde.
Für Marx war nicht die Geburt, sondern der Besitz oder der Nichtbesitz von Produktionsmitteln entscheidend für die Stellung eines Menschen in der Gesellschaft.

Gesellschaft in demokratischen Staaten

In den modernen demokratischen Gesellschaften gehen die meisten Menschen von der Vorstellung aus, daß alle Menschen, ohne Rücksicht auf Geburt oder Besitz, gleichberechtigt sein sollten. Unterschiede im Einkommen, im Vermögen oder im Ansehen sollten in erster Linie auf unterschiedliche Leistung zurückzuführen sein.
Die Wirklichkeit weicht von diesem Modell in allen Ländern mehr oder weniger ab. Wir finden viele Ungleichheiten, die sich nicht auf nachweisbare Leistung zurückführen lassen. Wer von seinen Eltern ein Haus erbt, kann sich einen höheren Lebensstandard erlauben, ohne dafür mehr leisten zu müssen. So mancher bezieht ein hohes Einkommen nicht, weil er mehr leistet oder mehr geleistet hat als andere, sondern weil er zu geringem oder gar keinem Wettbewerb ausgesetzt ist.

Stellung im Beruf

Um das Ausmaß an – gerechtfertigter oder nicht gerechtfertigter – Ungleichheit in unserer Gesellschaft feststellen zu können, brauchen wir genaue Angaben über den Aufbau unserer Gesellschaft.
Zunächst können wir die Menschen nach ihrer Stellung im Beruf unterscheiden.
Von den knapp 62 Mill. Einwohnern der Bundesrepublik Deutschland im Jahre 1975 waren 26 Mill. erwerbstätig. Diese *Erwerbstätigen* gliederten sich in die Gruppen nach Tab. 1.

Tab. 1: Erwerbstätige 1975 (Angaben nach: Statistisches Jahrbuch für die Bundesrepublik Deutschland, 1978)

	in Mill.	in % der Erwerbstätigen
Arbeiter	11,15	42,9
Angestellte	8,98	34,6
Beamte	2,14	8,3
Selbständige	2,4	9,2
Mithelfende Familienangehörige	1,3	5,0

Arbeiter leisten überwiegend körperliche Arbeit nach den Anweisungen von Meistern oder Ingenieuren.
Angestellte sind überwiegend in Büros mit Verwaltungsarbeiten oder in Geschäften im Verkauf beschäftigt. Viele Angestellte üben verhältnismäßig einfache Tätigkeiten aus. Es gibt aber auch Angestellte, die viele Untergebene haben und wichtige Entscheidungen treffen müssen. Sie heißen *Leitende Angestellte*.
Beamte sind bei staatlichen Behörden beschäftigt und erfüllen öffentliche Aufgaben. Im Gegensatz zu den Angestellten sind Beamte unkündbar. Arbeiter, Angestellte und Beamte zusammen bilden die große Gruppe der *Arbeitnehmer* oder der *abhängig Beschäftigten*. Sie heißen so, weil sie bei einer privaten Firma oder einer staatlichen Behörde beschäftigt sind und den Weisungen von Vorgesetzten folgen müssen. Sie stellen dem *Arbeitgeber* ihre Arbeitskraft zur Verfügung. Dafür erhalten sie ein festes Einkommen: *Lohn* (Arbeiter) oder *Gehalt* (Angestellte und Beamte).
Zu den *Selbständigen* gehören die Eigentümer von Geschäften, Handwerksbetrieben und Fabriken, Landwirte mit eigenem Hof, Ärzte und Rechtsanwälte mit eigener Praxis. Eigentümer von Industrie- oder Handelsunternehmen heißen *Unternehmer*. Das Einkommen der Unternehmer heißt *Gewinn*. Dabei gibt es große Unterschiede. Unternehmer können sehr hohe Gewinne erzielen. Selbständige mit kleinen Geschäften verdienen oft kaum mehr als ein Arbeiter.
Mithelfende Familienangehörige gibt es vor allem in den Haushalten von Landwirten und Geschäftsinhabern.
Die Einteilung der Gesellschaft der Bundesrepublik Deutschland in Arbeiter, Angestellte, Beamte und Selbständige ist zwar leicht vorzunehmen, weil es darüber amtliche Angaben gibt. Doch wenn wir wissen wollen, wie gleich oder ungleich die Gruppen in unserer Gesellschaft nach Einkommen, Lebenschancen und Ansehen sind, helfen uns diese Angaben noch nicht viel.

Schichten

Nach welchen Merkmalen viele Leute ihre Mitmenschen in eine soziale Stufenleiter einordnen, zeigt folgende Geschichte:
„Herr X steht am Fenster seines Hauses und blickt auf die Straße. Da sieht er einen weißen Mercedes 450 SE vorfahren, aus dem ein ihm unbekannter wohlbeleibter und gut angezogener Herr steigt und auf das Haus von X zugeht. In diesem Moment beginnt X zu überlegen, was der Besucher wohl will und ‚was das

Tab. 2: Schüler verschiedener Schulformen 1974 nach der Stellung ihrer Eltern im Beruf (in %)

	Hauptschule	Realschule	Gymnasium
Kinder von Selbständigen	14,7	20	23,7
Kinder von Beamten	7,4	10	17,4
Kinder von Angestellten	19,9	24,6	36,7
Kinder von Arbeitern	52,9	41,0	17,3
Zuordnung ungewiß	5,1	4,4	4,9
	100	100	100

überhaupt für einer ist'. Mehr oder weniger unbewußt kommt X aufgrund des repräsentativen Autos und der guten Kleidung zu dem Schluß, daß der Besucher eine ‚höherstehende Persönlichkeit' sein müsse, und er beginnt sich innerlich auf die Begegnung einzustellen. X wartet aber vergeblich auf das Klingeln. Als es gar zu lange dauert, beginnt X sich nach dem Besucher umzusehen und entdeckt mit leichter Verwunderung, daß dieser um das Haus herum in den Keller gegangen ist. X betritt auch den Keller und findet dort den Besucher, der mit dem Zollstock einige Messungen vornimmt. Im Hinblick auf seine früheren hochgespannten Erwartungen denkt X in dem Moment: ‚Ach, es ist ja nur der bestellte Installateur.'
X kommt mit dem ‚Installateur' ins Gespräch und erfährt in dessen Verlauf, daß er es nicht mit einem ‚gewöhnlichen' Installateur zu tun hat, sondern mit einem Meister, ja, daß sein Besucher sogar Innungsmeister und darüber hinaus Stadtrat ist. Mit jedem neu erkannten Merkmal dieser Art beginnt der Besucher in den Augen von X auf der Stufenleiter des empfundenen sozialen Höher und Tiefer wieder zu steigen."
(K. M. Bolte, Deutsche Gesellschaft im Wandel; Opladen 1967)

Die Sozialwissenschaftler versuchen, Modelle zu entwickeln, die eine „soziale Stufenleiter" und damit Ungleichheit sichtbar machen. Sie sprechen von *sozialer Schichtung* und meinen damit, daß in unserer Gesellschaft Gruppen von Menschen wie *Schichten* übereinander gelagert sind. Um die Schichten zu ermitteln, kombinieren sie Merkmale wie Einkommen, Beruf, Bildung, Wertschätzung durch andere. Ein heute oft verwendetes Modell stammt von dem Soziologen Karl Martin Bolte. Er meint, in unserer Gesellschaft sammelten sich immer mehr Menschen in den mittleren Schichten. Ganz arm oder sehr wohlhabend seien nur noch wenige; die Lebenshaltung des größten Teils der Bevölkerung werde immer ähnlicher.
Tatsächlich haben die meisten Familien heute Auto und Fernseher, können sich eine Urlaubsreise leisten, kleiden sich ähnlich. Diese Annäherung der Lebensverhältnisse bedeutet aber noch lange nicht, daß jeder, ganz gleich aus welcher Schicht er stammt, die gleichen Aufstiegschancen in Spitzenstellungen hat. Auch heute noch stammen die meisten Unternehmer, die meisten führenden Politiker, die hohen Beamten aus der Oberschicht oder der oberen Mittelschicht. Für ein Arbeiterkind ist es offenbar viel schwerer, eine leitende Stellung in unserer Gesellschaft zu erreichen, als für ein Kind aus einer Familie der oberen Mittelschicht.

Chancengleichheit

Eine wichtige Ursache dafür, daß Arbeiterkinder selten in leitende Stellungen gelangen, zeigt Tab. 2 im Vergleich mit Tab. 1!
Um der *Chancengleichheit* für alle Kinder näherzukommen, hat der Staat seit Mitte der sechziger Jahre versucht, durch „Bildungswerbung" die Zahl der Schüler, die das Gymnasium besuchen, und die Zahl der Studierenden an den Hochschulen zu erhöhen. Dadurch stieg tatsächlich der Anteil der Arbeiterkinder in den Gymnasien und an den Universitäten. In Nordrhein-Westfalen waren z. B. 1965 nur fünf Prozent der Studierenden an den Hochschulen Arbeiterkinder. 1974 waren es schon 13 Prozent.

1 Sucht Gründe dafür, weshalb Arbeiterkinder seltener das Gymnasium oder die Universität besuchen.

D 2 Denke Dir zusammen mit Deinem Nachbarn eine Geschichte aus, ähnlich der von K. M. Bolte berichteten.
Diskutiert über einige dieser Geschichten in der Klasse. Überlegt auch, welche Merkmale Euer Urteil über sozialen Auf- oder Abstieg beeinflußt haben und ob sie stichhaltig sind.

Armut in Deutschland

Abb. 1

Abb. 1 hat Euch wahrscheinlich in einer Diskussion zu verschiedenen Stellungnahmen veranlaßt. So sieht es aus in der Notunterkunft der Familie des Bauarbeiters Leo Berg. Herr Berg war mit seinem Verdienst zufrieden. Er hatte zuletzt einen monatlichen Bruttolohn von 1998 DM. Das entsprach genau dem Durchschnitt, den ein Arbeitnehmer 1976 verdiente. Sein verfügbares Einkommen rechnete Herr Berg nach Tab. 1 aus.

Herr Berg ist seit dem 1. 2. 1977 arbeitslos. Bis zum 31. 1. 1978 erhielt er Arbeitslosengeld von 912,40 DM. Seit dem 1. 2. 1978 bekommt er nur noch Arbeitslosenhilfe von 829,40 DM. Solange Herr Berg Arbeit hatte, reichte es dazu, seine Miete von 490 DM und einen Betrag von 600 DM an Raten für sein Auto, die Waschmaschine und den Fernseher zu bezahlen. Jetzt aber geriet er immer häufiger mit seinen Ratenzahlungen in Rückstand. Er machte bei seinen Freunden Schulden. Auch seine Miete bezahlte er nicht mehr regelmäßig. Versuche, eine billigere Wohnung zu finden, scheiterten. Sein Auto, die Waschmaschine und den Fernseher mußte er zurückgeben. Zuerst versuchte Familie Berg, durch sparsameres Leben wenigstens einigermaßen zurechtzukommen. Das war bei vier Kindern sehr schwer. Frau Berg hatte auch nicht gelernt, ein Haushaltsbuch zu führen. Deshalb konnte sie keinen Haushaltsplan für die Familie aufstellen. Frau Berg versuchte nach den Angaben aus Tab. 2 und 3 zu wirtschaften.

Der Rest von 175,40 DM reichte für Heizung und Strom, für das Waschen, Reinigen oder Reparieren von Kleidern und Schuhen nicht aus, erst recht nicht für Neuanschaffungen. Herr Berg sollte auf den Besuch von Gaststätten ganz verzichten, aber gerade hier trafen sich seine Kollegen, so daß Herr Berg mit dieser Regelung nicht einverstanden war. Je mehr er sich langweilte, desto häufiger blieb er im Gasthaus und gab viel mehr Geld aus, als geplant war. Darüber hinaus kam Frau Berg mit 650 DM für die Ernährung der Familie auf die Dauer nicht aus. Der Betrag war knapp, und mit knappen Beträgen zu wirtschaften, hatte sie nicht gelernt. Sie machte Schulden bei den Kaufleuten, bis ihr keiner mehr etwas gab. Herr

Tab. 1 (Angaben in DM)

Bruttolohn	1998
abzüglich:	
– Steuern	227
– Sozialabgaben	330
Nettolohn	1441
zuzüglich:	
– Kindergeld	360
– Wohngeld	126
verfügbares Einkommen	1927

Tab. 2 (in DM)

Arbeitslosenhilfe	829,40
Kindergeld	360,00
Wohngeld	126,00
verfügbares Einkommen	1 315,40

Tab. 3 (in DM)

verfügbares Einkommen	1 315,40
Ausgaben	
– Miete	490,00
– Ernährung	650,00
Rest	175,40

Berg kam immer häufiger angetrunken nach Hause. Als Familie Berg mit den Zahlungen der Miete immer mehr in Rückstand geriet, mußte sie die Wohnung räumen. Sie bezog eine Wohnbaracke, die der Stadt gehörte, und für die man keine Miete zu bezahlen brauchte.

Herr Berg hält sich zur Zeit nur noch selten in seiner Notunterkunft auf. Es gefällt ihm weder in seiner Behausung noch in der Umgebung, die aus vielen weiteren Wohnbaracken besteht. Frau Berg hat es aufgegeben, mit dem Geld einigermaßen hinzukommen, die vier Kinder werden vernachlässigt.

Hilfen durch den Staat

Familie Berg mußte nicht zwangsläufig in einer Notunterkunft enden. Wesentliche Gründe für das Absinken in Armut waren die hohe Belastung durch die Kinder, mangelnde schulische Ausbildung und Unkenntnis.

Im Artikel 20 des Grundgesetzes der Bundesrepublik Deutschland heißt es:
„Die Bundesrepublik Deutschland ist ein demokratischer und sozialer Bundesstaat."

Der so formulierte Grundsatz des *Sozialstaates* ist ein Auftrag an die Gesetzgebung in der Bundesrepublik, Gesetze zu schaffen, die sicherstellen, daß die Menschen nicht nur frei sondern auch unter menschenwürdigen Bedingungen leben können.

Ein solches Gesetz ist das *Sozialhilfegesetz*. Es will jedem in Not geratenen Menschen in der Bundesrepublik ein menschenwürdiges Leben sichern und besondere Belastungen des Lebens ausgleichen. Dieses Gesetz verpflichtet den Staat zu persönlicher und finanzieller Hilfe, die ausreichend sein muß, ein Abgleiten in Not und Elend zu verhindern. Die genauen Geldbeträge der *Sozialhilfe* werden von Ernährungswissenschaftlern, Soziologen und anderen Wissenschaftlern errechnet und beschränken sich auf den unbedingt notwendigen Lebensunterhalt. Das Gesetz versteht darunter folgendes:

„Der notwendige Lebensunterhalt umfaßt besonders Ernährung, Unterkunft, Kleidung, Körperpflege, Hausrat, Heizung und persönliche Bedürfnisse des täglichen Lebens. Zu den persönlichen Bedürfnissen des täglichen Lebens gehören in vertretbarem Umfange auch Beziehungen zur Umwelt und eine Teil-

nahme am kulturellen Leben."
(Bundessozialhilfegesetz, § 12 Abs. 1)

Der Betrag der Sozialhilfe berücksichtigt daher auch, daß sich der „Haushaltsvorstand" eine Tageszeitung, monatlich 300 g Kaffee, drei Flaschen Bier und alle zwei Monate eine Kino- oder Theaterkarte kaufen kann.
Nach den zur Zeit (ab 1. 1. 1977) geltenden Sätzen hätte Familie Berg Anspruch auf 1750 DM Hilfe zum Lebensunterhalt gehabt. Vielleicht hätte sie noch Zuschüsse für den Kauf von Bekleidung und Schuhen bekommen. Bei der Berechnung des Betrages wird jedoch das Einkommen der Familie von diesem Betrag abgezogen.

Die Armut der Familie Berg – kein Einzelfall

Einer Statistik über das „Einkommen sozialer Gruppen in der Bundesrepublik" zufolge lagen 1974 neun Prozent aller Haushaltungen mit ihrem Nettoeinkommen unter den Bedarfssätzen der Sozialhilfe (vgl. Tab. 4).
Aus dieser Statistik geht weiter hervor, daß alte Menschen und kinderreiche Familien bei diesen Haushaltungen besonders oft vorkommen. Diese Zahlen dürften sich bis heute kaum geändert haben!
Mehr als drei Viertel aller Personen, deren Einkommen unter den Bedarfssätzen der Sozialhilfe liegen, machen von ihrem Recht auf Sozialhilfe keinen Gebrauch. Die Gründe dafür sind vielschichtig: Viele Arme schämen sich, oder sie befürchten, daß der Staat – was möglich ist – von ihren unterhaltspflichtigen Verwandten, besonders von den Kindern, die gezahlten Gelder zurückverlangt, wenn diese gut verdienen. Hinzu kommt, daß viele Arme gar nicht wissen, daß sie ein Recht auf Sozialhilfe haben.

Randgruppen der Gesellschaft

Ein Bericht des Bundesministeriums für Jugend, Familie und Gesundheit über die Eingliederung von Personen mit besonderen sozialen Schwierigkeiten nennt darüber hinaus vor allem drei Personengruppen, die in unserem Staat unter Bedingungen leben, die menschenunwürdig sind (vgl. Tab. 5).
Da diese Personengruppen mehr ein Eigenleben am Rande der Gesellschaft leben müssen, werden sie oft *Randgruppen* genannt.
Obdachlose sind Menschen, die in Notunterkünften wie die Familie Berg leben müssen. Diese Unterkünfte entsprechen nicht den Anforderungen, die an menschwürdiges Wohnen gestellt werden. Sie liegen meistens abgeson-

Tab. 4: Anzahl der Haushalte und Personen, die 1974 Sozialhilfe hätten beantragen können

Haushaltsvorstand	Haushalte	Personen
Rentner	1 100 000	2 300 000
Arbeiter	600 000	2 200 000
Angestellter	300 000	1 200 000

Tab. 5: Randgruppen in der Bundesrepublik Deutschland

Obdachlose	500 000
Nichtseßhafte	60 000– 80 000
Landfahrer	10 000– 30 000

dert von den übrigen Wohngebieten, so daß das Einkaufen von Waren des täglichen Bedarfs und der Schulbesuch der Kinder mit großen Schwierigkeiten verbunden sind. Bei den Bewohnern der Notunterkünfte fällt auf, daß sie meistens nur einen niedrigen Bildungsstand und keine ausreichende Berufsausbildung haben. Oft sind diese Menschen krank. Obdachlose werden von den anderen verachtet, und keiner will mit ihnen etwas zu tun haben.
Diese Isolierung hat große Nachteile für die schulische, berufliche und soziale Bildung der Kinder dieser Obdachlosen.
Da diese Menschen oft keine Möglichkeit sehen, ihre Situation zu ändern, entsteht Gleichgültigkeit gegenüber ihrem eigenen Schicksal. Oft kommt es aber auch vor, daß die scheinbare Auswegslosigkeit ihres Lebens zu *Aggressionen* und zu kriminellen Handlungen führt. Zeitungsmeldungen über den Werdegang vieler Straftäter belegen das.
Nichtseßhafte sind Stadt- und Landstreicher. Sie haben keinerlei Bindungen gegenüber ihrer Familie und gegenüber ihrem Beruf und gehen keiner geregelten Arbeit nach. Der Gesundheitszustand vieler Nichtseßhafter ist schlecht; sie leiden vielfach an ansteckenden Krankheiten oder sind dem Alkohol verfallen. Belästigungen andrer Leute und Handgreiflichkeiten im Zustand der Volltrunkenheit sowie Diebstähle werden ihnen häufig angelastet.
Landfahrer sind Personen, die im ganzen Familienverband umherziehen; die meisten von ihnen sind Zigeuner. Hilfen brauchen vor allem solche Landfahrer, die wegen der Veränderungen der Industriegesellschaft ihren Beruf nicht mehr richtig ausüben können wie zum Beispiel Korbmacher, Scherenschleifer oder Puppenspieler.

Saat der Gewalt

Wie wichtig es ist, den Menschen dieser Randgruppen zu helfen, wird häufig am Schicksal ihrer Kinder deutlich. Wo man in einer unzureichenden Wohnung leben muß, wo die Eltern sich oft streiten oder geschieden sind und wo ein Elternteil oder gar beide Eltern sich oft betrinken, werden die Kinder meistens vernachlässigt, so daß sie verwahrlosen. Kleinere Diebereien durch diese Kinder, Faulheit und Unverträglichkeit in der Schule und häufiges Schuleschwänzen weisen auf die Gefährdung solcher Kinder hin.
Der Staat versucht, diesen Kindern zu helfen. Die Erzieher der Jugendämter betreuen sie und beraten ihre Eltern. Diese Hilfen sind aber oft unzureichend. Wenn die Kinder besonders gefährdet erscheinen, werden sie in Heimen untergebracht. Die Schwierigkeiten einer Heimerziehung wurden schon im Familienkapitel dieses Buches angesprochen. Sie werden hier noch dadurch vergrößert, daß viele der untergebrachten Jugendlichen durch fehlende oder falsche Erziehung charakterlich und im sozialen Verhalten bereits stark geschädigt sind. Besonders schlimm ist es, daß die anderen diesen Kindern mit großen Vorurteilen begegnen und ihnen eine Eingliederung in Schule und Beruf erschweren. Man schätzt die Zahl der Minderjährigen die durch kleinere Vergehen einmal *aktenkundig* geworden sind, auf ungefähr 500 000. „Aktenkundig" bedeutet, daß sie bereits mit der Polizei zu tun hatten. Die meisten dieser Kinder und Jugendlichen meistern das Leben später, aber immerhin ungefähr 6000 von ihnen landen im Jahresdurchschnitt irgendwann im Gefängnis, wie folgende Zeitungsmeldung beispielhaft aufzeigt:

„Im Prozeß um den Hurler-Geldraub:
Bubi und Luggi erzählen aus ihrem Leben
Gerhard Linden und Ludwig Lugmeier vor dem Landgericht ...
Gerhard Linden (29) und Ludwig Lugmeier (28), die als ‚Deutschlands cleverste Ganoven' und ‚Millionenräuber' schon des öfteren Schlagzeilen gemacht haben, müssen sich seit gestern vor der 16. Strafkammer beim Landgericht München I wegen gemeinschaftlichen schweren Raubes, Diebstahls und diverser Waffendelikte verantworten. Im Hauptpunkt der Anklage geht es um den Geldraub des IKS-Großmarkts in der Leopoldstraße mit einer Beute von 560 000 Mark in bar und 116 000 Mark in Schecks ...
Zunächst berichtet er [Gerhard Linden] über das ‚einschneidende Erlebnis' für seine Entwicklung: ‚Ich bin mit 4 Jahren von einem Haus mit Garten in ein Ruinenviertel gekommen, wo die anderen Kinder durchweg Kriminelle waren.'
Leider ‚nie richtig erwischt'.
So ist er ‚in eine Clique gekommen, in der immer wer was zu stehlen gewußt

hat und immer ein paar saßen'. Nur er habe das Pech gehabt, ‚daß ich nie richtig erwischt worden bin'. Lediglich wegen Pkw-Diebstahls bekam er einmal ein Jahr Jugendstrafe mit Bewährung, konnte so nach der Schule eine Büchsenmacherlehre mit der Gehilfenprüfung abschließen. Es half ihm freilich nicht viel, denn als er Ende 1969 seine Bundeswehrzeit beendet hatte, fand er in München keine Stellung in seinem Beruf. So blieb ihm viel Zeit für seine Clique ...

Auch Lugmeier erklärt seinen Werdegang wortgewandt als Folge des Milieus, in dem er aufwuchs. Bis zum 6. Lebensjahr habe er in einer Art Flüchtlingsasyl gelebt. ‚Daraus entsprang ein beengtes Lebensgefühl, das aber auch in Ausbrüchen von Gewalt sich zeigt.' So sei es in der Schule sehr wichtig für ihn gewesen, daß ‚ich der Stärkste in meiner Klasse war'. Die Krankheit seiner früh an Krebs gestorbenen Mutter bezeichnet er als ‚Trauma für mich', während er zu seinen schlechten Leistungen in der fünften und sechsten Klasse anmerkt: ‚Das lag am Lehrer.' Um diese Zeit begann er bereits mit dem Einbrechen und legte sich so ‚einen Schatz von mehreren tausend Mark an', ging auch einmal zwei Wochen nicht zur Schule, sondern versteckte sich im Wald, ‚was mir später sehr zugute kam' ...

Seine erste Strafe – vier Wochen Jugendarrest – hat er ‚im alten Cornelius abgemacht'. Sie hat ihn ‚geschockt, aber auch beeindruckt' mit der Folge, daß sich weitere Haftstrafen von zusammen vier Jahren anschlossen."
(Süddeutsche Zeitung, 13. 12. 1977)

Armut früher und anderswo

Abb. 2 und 3 zeigen, daß Armut noch viel schlimmer sein kann, als bisher beschrieben wurde. Die Armen der Entwicklungsländer wären zum Beispiel froh, wenn sie das Einkommen unserer Armen hätten. Aber das macht das Leben der Armen in Deutschland heute nicht leichter. Ihr müßt jedoch wissen, daß sich jede Beschreibung der Armut auf die jeweilige Zeit und auf die entsprechende Gesellschaft beziehen muß.

Chancengleichheit für Behinderte

Eine Minderheit in unserer Gesellschaft, der ebenfalls geholfen werden muß, sind geistig und körperlich behinderte Menschen. In der Bundesrepublik Deutschland sind das ungefähr 4 Mill. Früher waren solche Menschen in vielen Fällen zur Armut verdammt, da sich der Staat nicht um sie kümmerte und sie nicht immer Familienmitglieder oder andere hilfreiche Personen hatten, die sie versorgten.

Abb. 2

Heute versucht der Staat zu verhindern, daß die Behinderten als benachteiligte Gruppe weiter an den Rand der Gesellschaft abgedrängt werden. Durch eine Reihe von Gesetzen, zum Beispiel durch das *Schwerbehindertengesetz*, haben Behinderte Anspruch auf staatliche Hilfen. Der Staat unterstützt sie je nach Art und Umfang der Behinderung. Dabei kommt es hauptsächlich darauf an, die Behinderten in alle öffentlichen und privaten Bereiche einzugliedern, damit sie im Beruf die gleichen Chancen wie die anderen haben und auch im privaten Bereich anerkannt werden.

1 Lest die Geschichte der Familie Berg noch einmal durch und überlegt, welche Fehler Herr und Frau Berg Eurer Meinung nach gemacht haben!

2 Vergleicht die Höhe des verfügbaren Einkommens der Familie Berg vor und während der Arbeitslosigkeit Herrn Bergs (Tab. 1 und 2) mit dem verfügbaren Einkommen, wenn Herr Berg Sozialhilfe beantragt hätte (zu errechnen aus Tab. 2 und den Angaben in „Hilfen durch den Staat").

D 3 Versucht die Kosten zu ermitteln, die Eure Eltern für Eure Ernährung,

Abb. 3

Kleidung, Ausbildung und eventuell für Euer Zimmer aufbringen müssen und vergleicht mit dem Kindergeld, das Eure Eltern vom Staat erhalten! Die Beträge für das Kindergeld könnt ihr Abb. 3 auf S. 128/129 entnehmen. Sie unterscheiden sich von den Angaben in Tab. 1, da sie zum 1. 1. 1978 erhöht wurden (für Juli 1979 sind weitere Erhöhungen vorgesehen).

4 Begründet, warum man Menschen, die ein Recht auf Sozialhilfe haben, als arm bezeichnen kann.

D 5 Stellt mit Hilfe von Tab. 4 die Zahl der Haushalte und der Menschen fest, die in der Bundesrepublik Deutschland als arm bezeichnet werden können.

6 Nennt mit Hilfe der Abbildungen 2 und 3 die Unterschiede, die das Leben armer Leute früher und heute, hier und in einem Entwicklungsland kennzeichnen.

D 7 Die Kinder sozial Benachteiligter werden oft „Saat der Gewalt" genannt; mit Recht?

8 Sammelt Vorschläge, wie den Kindern sozial Benachteiligter in Elternhaus und Schule besser geholfen werden kann!

D 9 Ladet nach Absprache mit Eurem Lehrer einen Erzieher aus einem Heim ein!

10 Untersucht die Zeitungsmeldung aus der Süddeutschen Zeitung daraufhin, ob der Verfasser eine „schwere Jugend" als eine Ursache für das geschilderte Verbrechen gelten läßt!

D 11 Sammelt Zeitungsmeldungen über den Lebenslauf von Straftätern und stellt fest, wie oft sie aus sozial benachteiligten Familien stammen!

12 Der Sozialstaat hat gesetzliche und finanzielle Voraussetzungen dafür geschaffen, daß Behinderten geholfen wird. Überlegt, ob die Ausübung eines Berufes für Behinderte ganz besonders wichtig ist!

D 13 Ein Problem, das staatliche Maßnahmen nicht beseitigen können, besteht darin, daß viele Menschen Vorurteile gegenüber Behinderten haben. Mehr als die Hälfte aller Bürger der Bundesrepublik Deutschland will nicht mit Behinderten zusammenleben, weil sie die „Stimmung stören". Sammelt und besprecht Zeitungsmeldungen, wo Behinderte von einer „gesunden Umgebung" abgelehnt werden.

14 Nennt Möglichkeiten, wie Ihr behinderten Kindern helfen könnt.

Das Netz der sozialen Sicherheit

Abb. 1

1 Jeder fünfte Bürger der Bundesrepublik Deutschland ist zur Zeit Rentner. Die Lasten der Altersversorgung werden in den nächsten Jahren stark zunehmen. Ermittelt die Ursachen für diesen „Rentenberg".

2 Informiert Euch über die Höhe der Beiträge zur Sozialversicherung (Eltern, Krankenkassen, Lehrer).

D 3 Der steigende Rentenberg und eine „Kostenexplosion" im Gesundheitswesen, wo sich die Ausgaben der Kassen in den letzten Jahren mehr als verzehnfacht haben, zeigen Schwierigkeiten an, die der Sozialstaat in den nächsten Jahren zu überwinden hat. Diskutiert darüber, ob es sinnvoll sein kann, Leistungen der sozialen Sicherheit wieder zurückzunehmen!

D 4 Sammelt und besprecht Lösungsvorschläge zum Renten- und Krankenkassenproblem.

Die soziale Verpflichtung, wie sie der Artikel 20 des Grundgesetzes festlegt, gehört zum Wesen unseres Staates. Alle Bemühungen, Grundsätze des Sozialstaates zu verwirklichen, nennt man *Sozialpolitik.* Man spricht in diesem Zusammenhang von einem *Netz der sozialen Sicherheit,* das den einzelnen vor einem Abgleiten in Not und Elend auffangen soll.
Die vielfältigen Bemühungen des Staates, dieses Netz zu schaffen, zeigt Abb. 3 auf den folgenden Seiten.
Abb. 3 könnt Ihr entnehmen, daß der Sozialstaat besonders durch Versicherungen versucht, das Netz der sozialen Sicherheit zu knüpfen.
In Deutschland gibt es seit 1883 eine *Krankenversicherung.* Wenige Jahre später entstanden *Renten- und Unfallversicherung.* Alle Arbeiter und alle Angestellten bis zu einer gewissen Gehaltshöhe sind versicherungspflichtig. Der Versicherungsschutz gilt der ganzen Familie. Bei der Renten- und Krankenversicherung bezahlen Arbeitgeber und Arbeitnehmer jeweils die Hälfte des Beitrages, die Unfallversicherung gegen Unfälle am Arbeitsplatz trägt der Arbeitgeber allein.
Diese Versicherungen reichen nicht immer aus, um die Menschen vor Not zu bewahren; der Anteil besonders der alten und kranken Menschen unter den Armen und Notleidenden ist groß. Die Höhe der Rente richtet sich nach den Einzahlungen während der Berufstätigkeit, so daß Menschen, die wegen Krankheit oder wegen eines Unfalls früher als üblich aus dem Erwerbsleben ausscheiden, nur mit einer kleinen Rente rechnen können. Seit 1957 werden die Renten jährlich der Einkommensentwicklung angepaßt. Man spricht in diesem Zusammenhang von einer dynamischen Rente. Dadurch werden die Rentner am steigenden Lebensstandard beteiligt.

5 Ungefähr 40 Prozent aller Bundesausgaben sind für soziale Leistungen vorgesehen. Ermittelt die Gesamtsumme (aus Abb. 2) und ordnet die angegebenen Leistungen nach den in Abb. 3, nächste zwei Seiten, aufgezeigten drei Gruppierungen sozialpolitischer Maßnahmen!

6 Man kann das Netz der sozialen Sicherheit auch anders darstellen, indem man nur zwei Gruppen bildet: In der einen Gruppe kann man alle Maßnahmen aufzählen, die bereits eingetretene Notstände beseitigen oder wenigstens abmildern sollen. In der zweiten Gruppe kann man alle Maßnahmen zusammenfassen, die Notstände gar nicht erst auftreten lassen sollen. Fertigt eine Tabelle nach folgendem Muster an:

Hilfen bei bereits eingetretenen Notständen	Hilfen zur Vermeidung von Notständen
1. Arbeitslosenhilfe	1.
2.	2.

D 7 Durch eine „Umverteilung von Einkommen und Vermögen" versucht der Sozialstaat dafür zur sorgen, daß Armut gar nicht erst auftreten kann. Dieser Versuch ist aber erst in Ansätzen verwirklicht. Besprecht mit Eurem Lehrer, wie Ihr dazu Material erhalten und auswerten könnt.

Ausgaben des Bundes 1978 für das »Netz der sozialen Sicherheit«
alle Angaben in Mrd. DM

Wohngeld	LAG, Wiedergutmachung	Arbeitslosenversicherung	Altershilfe für Landwirte	Ausbildungsförderung	Vermögensbildung	Pensionen	Kriegsopfer	Kindergeld	Rentenversicherung
1,0	1,4	1,7	2,0	2,1	2,7	7,7	12,2	15,1	27,1

Abb. 2

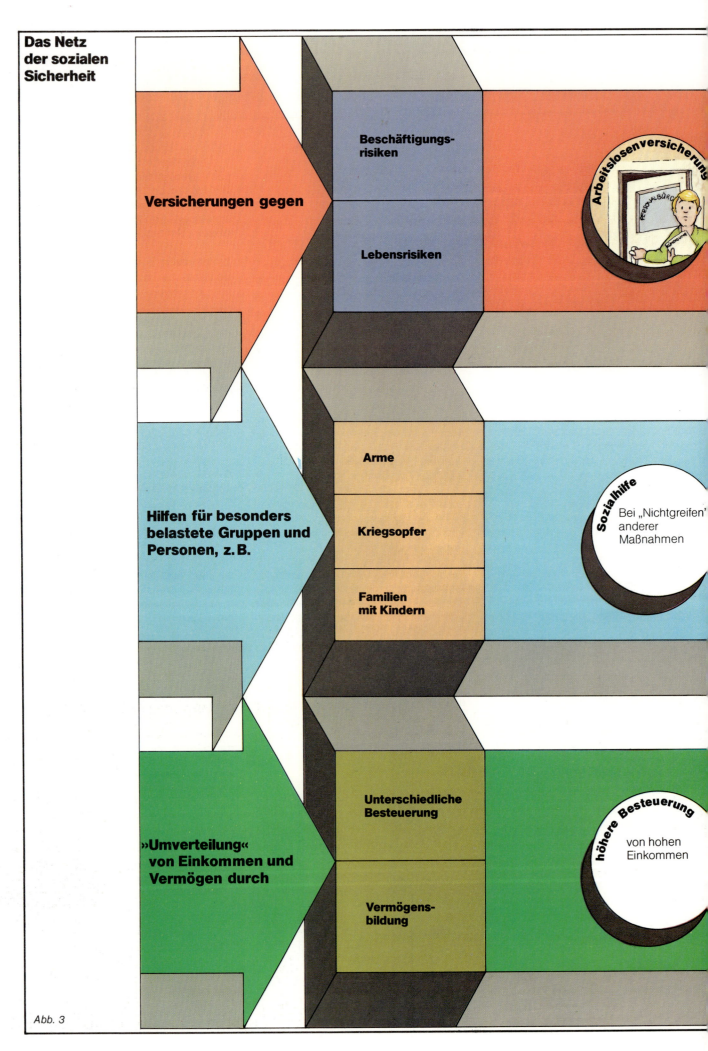

Abb. 3 Das Netz der sozialen Sicherheit

Arbeitslosigkeit früher und heute

Franz Becker ist 17 Jahre, ungelernter Arbeiter. Er war bei der Baufirma Werner & Co. beschäftigt und hatte zu seinem Schrecken am 25. 2. 1978 erfahren, daß seine Firma Konkurs angemeldet hatte. Ihm und seinen vom Konkurs betroffenen Mitarbeitern konnte der Lohn nicht mehr ausgezahlt werden. Wenige Tage nach dem 25. 2. findet sich Franz Becker auf dem Arbeitsamt ein, ihm gegenüber ein Sachbearbeiter:

Franz, nervös den Sachbearbeiter des Arbeitsamts betrachtend: „Meine Firma hat nun Konkurs angemeldet, und ich bin jetzt der Dumme! Meinen letzten Monatslohn kann ich in die Röhre schreiben, da hab' ich ganz umsonst gearbeitet! Hier müßte sich der Staat drum kümmern und so etwas nicht zulassen! Jetzt gibt es eben einen jugendlichen Arbeitslosen mehr! Können Sie mir nicht bald einen neuen Job besorgen, ich hab' mein Motorrad noch nicht ganz bezahlt!"

Sachbearbeiter: „Setzen Sie sich erst mal! Ganz so schlimm, wie Sie befürchten, ist es nicht! Der Staat will Ihnen durchaus helfen: Für den Ihnen durch den Konkurs Ihrer Firma entgangenen Lohn erhalten Sie zunächst ein Konkursausfallgeld, da Sie ja gegen Arbeitslosigkeit versichert sind."

Franz, erleichtert auf den Stuhl fallend: „Das hör' ich gerne! Ich hab' meinen letzten Monatslohn schon ganz abgeschrieben! Es scheint doch gut gewesen zu sein, daß ich gegen Arbeitslosigkeit zwangsversichert bin!"

Sachbearbeiter: „Das ist ganz sicher gut! Für die Zeit Ihrer Arbeitslosigkeit können Sie mit Arbeitslosengeld rechnen, das beträgt ungefähr 68 % Ihres letzten Nettolohnes!"

Franz: „Besser als gar nichts! Und wie lange bekomme ich dieses Geld?"

Sachbearbeiter: „Das hängt alles davon ab, wie lange Sie Beiträge an die Arbeitslosenversicherung bezahlt haben!"

Franz: „Das waren ungefähr 18 Monate!"

Sachbearbeiter: „Sie können dann also für 234 Tage mit Arbeitslosengeld rechnen, den genauen Betrag werden wir natürlich noch ermitteln!"

Franz, unruhig werdend: „Und wenn ich dann immer noch keine Arbeit habe?"

Sachbearbeiter: „In diesem Fall erhalten Sie für die übrige Zeit Ihrer Arbeitslosigkeit Arbeitslosenhilfe. Das sind nur noch 58 % der letzten Nettobeträge!"

Franz, erschrocken und mutlos aufstehend: „Das klingt nicht so gut! Stimmt das, daß ich jede Arbeit, die Sie mir vermitteln, annehmen muß?"

Sachbearbeiter: „Ganz so schlimm ist es nicht! Sie müssen nur eine vergleichbare Tätigkeit annehmen!"

Franz: „Und wie lange muß ich Ihrer Meinung nach auf einen neuen Job warten?"

Sachbearbeiter: „Das kommt drauf an! Wenn Sie einen Beruf erlernt hätten, wären Ihre Aussichten besser! Die meisten Arbeitslosen, die wir haben, sind ohne Berufsausbildung!"

Franz ist erstaunt und schaut den Sachbearbeiter fragend an.

Sachbearbeiter: „Ich rate Ihnen, beginnen Sie sofort eine Berufsausbildung! Wir vermitteln Ihnen gerne einen Ausbildungsplatz und Sie könnten auch mit unserem Berufsberater sprechen!"

Franz schüttelt den Kopf und will aufstehen.

Sachbearbeiter: „Sie sollten bedenken, daß Ihre Aussichten auf dem Arbeitsmarkt auch später dann viel besser sind. Sie brauchen keine Bedenken zu haben! Wir haben schon ganz andere Probleme gelöst. Ich denke da an einen Schuhmachermeister, den wir zum Schreiner umschulen ließen. Für diese Zeit bekam er übrigens Umschulungsgeld. Auch Sie können zur Förderung Ihrer Ausbildung Geld bekommen. Aber darüber reden wir, wenn es soweit ist. Überlegen Sie sich alles in Ruhe." ...

Dieses Gespräch liegt nun einige Zeit zurück. Franz hatte Glück. Seit dem 1. 6. 1978 hat er eine Lehrstelle als Kfz-Mechaniker im 30 km entfernten Nachbarort, den er mit dem Zug erreichen kann.

Arbeitslosigkeit früher

Hätte Franz Becker vor 90 Jahren gelebt, so wäre er wahrscheinlich in ernste Schwierigkeiten geraten: Wie es Arbeitslosen früher erging, kann z. B. einem Buch entnommen werden, das 1891 mit dem Titel *„Drei Monate als Fabrikarbeiter und Handwerksbursche"* erschienen ist. In diesem Buch berichtet der Theologe Paul Göhre (1864–1924) von seinen Erlebnissen und Erfahrungen, die er damals gesammelt hat:

„Wenn ich endlich noch einige Worte über die Erfahrungen sagen darf, die ich bei der Arbeitssuche gemacht habe, so sind es kurz folgende. Tüchtigen Facharbeitern, wie Schlossern und Drehern, war es zu jener Zeit immer noch leichter möglich, Arbeit in Fabriken und kleineren Werkstätten zu erhalten, als Handarbeitern, Webern und Maschinenarbeitern. Auf der Arbeitssuche wurden wir meist schon von den Portiers der Fabriken kurz zurückgewiesen ... Jedenfalls kann ich nach meinen eigenen Erfahrungen es aussagen, wie unsäglich deprimierend [niederdrückend] es ist, erfolglos von Fabrik zu Fabrik, von Werkstatt zu Werkstatt wandern zu müssen, immer von neuem seine Kraft anbietend, mit bitteren Worten und immer erfolglos. Unfreiwillige Arbeitslosigkeit ist, auch wenn der Hunger noch nicht mit seiner eisernen Faust an die Tür pocht, das furchtbarste Los, das einen gesunden, strebsamen, für seine Familie sorgenden Mann treffen kann, um so bitterer, je ernster, tiefer, charaktervoller er ist ..."

Erst seit 1927 kümmert sich in Deutschland der Staat um die Arbeitslosen, indem er eine Arbeitslosenversicherung geschaffen hat.

Hilfen durch den Staat in der Bundesrepublik Deutschland

Heute gilt das *Arbeitsförderungsgesetz*, das auf diesem Bereich den im Artikel 20 des Grundgesetzes festgelegten Grundsatz des Sozialstaates verwirklichen soll. Dieses Gesetz soll die Entstehung von Arbeitslosigkeit verhindern und bereits eingetretene Arbeitslosigkeit beseitigen. Zu diesem Zweck gibt es die *Arbeitslosenversicherung*. Es ist eine staatliche Versicherung, in der sich alle Arbeiter und Angestellte, alle Auszubildenden und Umschüler versichern müssen. Die näheren Einzelheiten könnt Ihr Abb. 1 entnehmen.

Am wichtigsten ist es zu verhindern, daß jemand überhaupt arbeitslos wird. Arbeitslosigkeit bringt auch seelische Probleme mit sich, das zeigt auch der Bericht des Theologen Paul Göhre.

Viele Menschen brauchen Arbeit zu

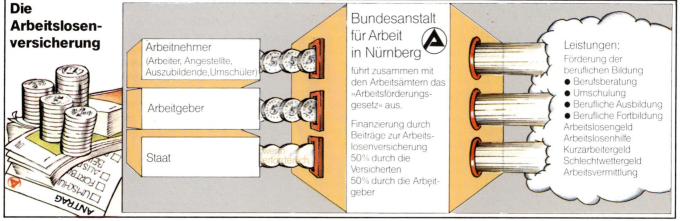

Abb. 1

Abb. 2

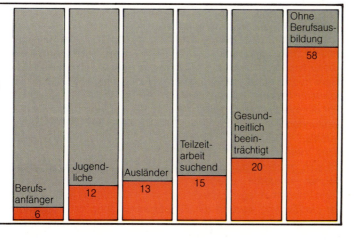

Abb. 3

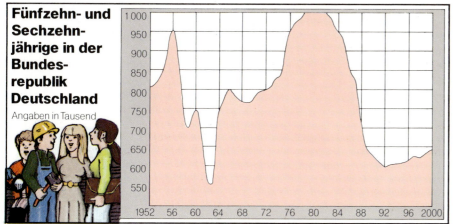

Abb. 4

ihrer Selbstverwirklichung und fühlen sich ohne Arbeit wertlos. Darüber hinaus kostete ein Arbeitsloser den Staat 1978 durchschnittlich 18 500 DM im Jahr.

Aber es ist schwierig und oft unmöglich, die Ursache der Arbeitslosigkeit zu bekämpfen. Das geht aus Abb. 2 hervor!

Die Abb. zeigt, weshalb sich die Zahl der Arbeitslosen in den letzten Jahren so entwickelt hat und daß mehrere Ursachen für die gegenwärtige Arbeitslosigkeit zusammenkommen. Es wird deutlich, daß in vielen Fällen der Aufbau unserer Wirtschaft nicht mehr ganz mit der gewandelten Weltnachfrage nach Gütern übereinstimmt und daß viele in Deutschland hergestellte Güter nicht mehr oder nicht mehr so zahlreich verkauft werden können. Die Folge: In den betroffenen Wirtschaftszweigen werden weniger Arbeitskräfte benötigt.

Einen Überblick über die Maßnahmen, mit denen zur Zeit die Arbeitslosigkeit bekämpft wird, erhaltet Ihr durch Abb. 6, S. 133.

Nahaufnahme der Arbeitslosigkeit

Bestimmte Gruppen der Bevölkerung sind besonders stark von der Arbeitslosigkeit betroffen. Das deutete sich bereits im Gespräch des arbeitslos gewordenen Franz Becker mit einem Sachbearbeiter des Arbeitsamtes an. Nähere Einzelheiten könnt Ihr Abb. 3 auf dieser Seite entnehmen.

Eine besondere Problemgruppe stellen Berufsanfänger, die keinen Ausbildungsplatz finden, und arbeitslose Jugendliche dar. 1978 waren es etwa 96 000. Für sie hat ein kritisches Jahrzehnt begonnen, wie Abb. 4 näher zeigt.

Schulische und berufliche Ausbildung hängen eng mit Arbeitslosigkeit zusammen. Das verdeutlicht Tab. 1. Jugendliche mit nur geringem schulischem und beruflichem Ausbildungsstand sind besonders benachteiligt:

Tab. 1: *Jugendliche Arbeitslose in der Bundesrepublik Deutschland*

		1974	1975	1976
Anzahl der jugendlichen Arbeitslosen		69 793	115 753	102 649
in % an den Arbeitslosen insgesamt		12,5	11,5	11,4
männliche Jugendliche	(in % an den arbeitslosen Jugendlichen insgesamt)	46,1	48,5	40,3
weibliche Jugendliche		53,9	51,5	59,7
ohne abgeschlossene Berufsausbildung		69,8	67,4*	62,6*
mit Anlernung		3,2	–	–
mit betrieblicher Berufsausbildung		25,8	30,5	34,2
mit schulischer Berufsausbildung		1,2	2,1	3,2
Berufsausbildung gewünscht	(in % an den arbeitslosen Jugendl. ohne Berufsausb.)	14,8	8,5	12,0
nicht gewünscht		85,2	91,5	88,0

* Einschließlich Anlernung

Viele Betriebe ziehen schulisch besser ausgebildete Berufsanfänger vor, so daß Schüler bestimmter Schularten benachteiligt sind. Ebenso haben Jugendliche mit einer abgeschlossenen Berufsausbildung größere Chancen als ungelernte Arbeiter.

Arbeitslosigkeit bedroht die Jugendlichen nicht in allen Wirtschaftszweigen und Berufen in gleicher Weise! Wie bereits Abb. 2 zu entnehmen war, sind vor allem die Wirtschaftszweige von der Arbeitslosigkeit betroffen, die der gewandelten Weltnachfrage nach Gütern besonders Rechnung tragen müssen. Es sind dies zur Zeit (1977/78) der Fahrzeugbau (außer Autos), das Baugewerbe und der Handel.

Was Arbeitslosigkeit für Jugendliche bedeutet, könnt Ihr folgendem Zeitungsausschnitt entnehmen:

„Was wird aus einem jugendlichen Arbeitslosen?

Aktion Jugendschutz sorgt sich um Auswirkungen auf die Persönlichkeit und die Gesellschaft ...

Nürnberg, 2. März – Wie wird sich die derzeitige Arbeitslosigkeit auf die Entwicklung der Jugendlichen, die davon betroffen sind, auswirken? Welche Einflüsse sind geeignet, die Persönlichkeit eines arbeitslosen jungen Menschen für die Dauer nachhaltig zu verändern? Was hat die Gesellschaft von der Gruppe jener Menschen zu erwarten, die fast unversehens auf die Schattenseite des Lebens geraten sind? Diese Fragen beschäftigten die erste öffentliche Jahrestagung der Aktion Jugendschutz ...

Bei der Diskussion in fünf Arbeitskreisen kam zur Sprache, daß Jugendliche ohne Arbeits- oder Ausbildungsplatz auf die materielle Hilfe ihrer Eltern angewiesen seien, daß diese aber oft selbst nicht in der Lage seien, den Ansprüchen gerecht zu werden. Das fördere die Neigung mancher Jugendlicher, sich auf nicht legale Weise Mittel zu beschaffen. Der Anspruch an sich selbst und an die Umwelt sinke, eine Isolierung führe zum Abbau sozialer Beziehungen. Ein kurzfristiger Job werde einer langfristigen Berufsausbildung vorgezogen, ein Gefühl der Wertlosigkeit greife um sich. So entstünden diffuse Schuld- und Rachegefühle, aggressive [angriffslustige], nicht zielgerichtete Gefühlsstauungen, die sich gegen imaginäre [eingebildete] Gegner richteten oder in sinnlosen Zerstörungen zutage träten.

Bei der Tagung wurden die Ergebnisse wissenschaftlicher Studien zitiert, nach denen langfristige Arbeitslosigkeit nicht nur zu einem Abbau sozialer Hemmungen führt, sondern auch die Anfälligkeit gegenüber Krankheiten und Suchtgefahren vergrößert sowie psychosomatische Störungen [durch seelische Leiden, bedingte körperliche Krankheiten] vermehrt. Die Sorge, keinen Arbeitsplatz zu bekommen, führe zu Konkurrenzdenken und Konkurrenzverhalten bereits in der Schule ...

Auch das politische Desinteresse [Uninteressiertheit] von Jugendlichen ohne Lebensperspektive [Lebensaussicht], ihr obstruktives [hemmendes] und destruktives [zerstörendes] Verhalten nehme zu und fördere nicht die Demokratisierung der Gesellschaft ..."

(Süddeutsche Zeitung, 3. 3. 1977)

Über 200 000 Arbeitslosen Unterstützung gesperrt

Nürnberg (dpa). In 215 038 Fällen hat die Bundesanstalt für Arbeit, Nürnberg, im Zeitraum von Januar bis September 1977 jeweils für den Zeitraum von vier Wochen die Auszahlung von Arbeitslosengeld und Arbeitslosenhilfe gesperrt. Wie ein Sprecher auf Anfrage erklärte, wurden damit 12,2 Prozent mehr Sperrzeiten verhängt als im gleichen Vorjahreszeitraum. Wegen Arbeitsaufgabe wurden 162 108 (Vorjahreszeitraum: 145 126) Sperrzeiten verhängt, das sind 11,7 Prozent mehr als in den ersten neun Monaten 1976. Wegen Ablehnung einer zumutbaren Arbeit der Bundesanstalt wurden 52 930 oder 13,8 Prozent mehr Sperrzeiten. Wegen zweimaliger Ablehnung einer zumutbaren Arbeit wurde in 692 Fällen jeglicher Leistungsanspruch ersatzlos gestrichen.

Abb. 5: *Süddeutsche Zeitung, 8. 11. 1977*

Arbeitslos – feines Leben auf fremde Kosten?

Es kommt vor, daß Arbeitslose das Netz der sozialen Sicherheit mißbrauchen. Sie melden sich arbeitslos, lassen sich unter vielen Vorwänden keine neue Arbeitsstelle vermitteln und leisten statt dessen Schwarzarbeit. Unter Schwarzarbeit versteht man eine Arbeit, für die man zwar entlohnt, die aber dem Arbeitsamt nicht gemeldet wird und für die man weder Steuern noch Versicherungsbeiträge für die vier vorgeschriebenen Versicherungen bezahlt.

Die Dekorateurin Ingrid S. zum Beispiel verdient 600 DM netto in Form von Schwarzarbeit, 1000 DM erhält sie als Arbeitslosengeld. Die Summe aus Unterstützung und Nebenarbeit ist höher als ihr Verdienst vorher im Kaufhaus. Solche Fälle kommen zwar nicht oft vor, sie zeigen aber, daß der Sozialstaat mißbraucht werden kann. Die Zeitungsmeldung, Abb. 5, weist darauf hin, wie sich der Sozialstaat gegen solche Menschen wehren kann.

1 Die Geschichte von Franz Becker soll Euch einen Überblick über die Aufgaben des Arbeitsamtes vermitteln. Nennt die einzelnen Aufgaben. Unterscheidet dabei zwischen finanziellen Zuwendungen und Hilfen durch Beratungen!

2 Erklärt den Unterschied zwischen Arbeitslosengeld und Arbeitslosenhilfe!

D 3 Abb. 1 zeigt, wie die Arbeitslosenversicherung funktioniert.
Beschreibt, wie die Arbeitslosenversicherung finanziert wird und entnehmt der Abb., was geschieht, wenn die Beiträge zur Arbeitslosenversicherung und die gebildeten Rücklagen (Ersparnisse) aus der Vergangenheit zur Zahlung der notwendigen Leistungen nicht ausreichen!

4 Franz Becker ist Arbeiter. Alle Arbeiter und Angestellten sind – von bestimmten Ausnahmen abgesehen – versicherungspflichtig.
Begründet die Versicherungspflicht aus Eurer Sicht, indem Ihr einen Fall ausdenkt, der zeigt, was geschieht, wenn jemand arbeitslos wird und keine Unterstützung erhält!

D 5 Diskutiert darüber, ob finanzielle Zuwendungen ausreichen, um Arbeitslosigkeit zu bekämpfen! Benutzt dazu die Zeitungsmeldung „Was wird aus einem arbeitslosen Jugendlichen?" Und berücksichtigt die Angaben über die Kosten, die ein Arbeitsloser dem Staat verursacht!

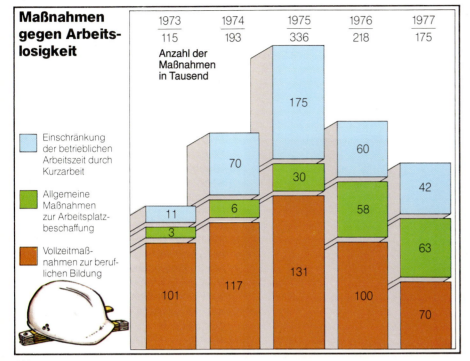

Abb. 6

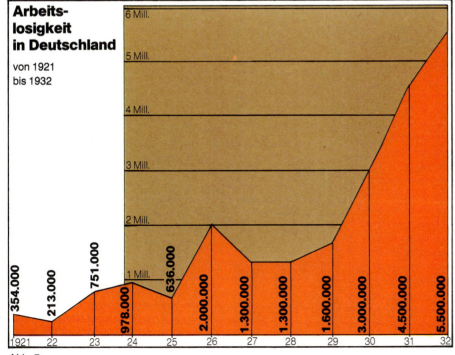

Abb. 7

6 Stellt mit Hilfe von Abb. 3 die von der Arbeitslosigkeit besonders betroffenen Bevölkerungsgruppen fest.

7 Überlegt, warum Franz Becker eine Lehre begonnen hat! Stellt dar, welche (kurzfristigen) Nachteile er dafür in Kauf nehmen mußte!

D 8 Bei jugendlichen Arbeitslosen zeigt sich besonders deutlich, daß Arbeitslosigkeit, wenn sie länger andauert, nicht nur zu finanziellen Problemen führt.
Nennt mit Hilfe der entsprechenden Zeitungsmeldung mögliche Auswirkungen der Arbeitslosigkeit auf Jugendliche und überlegt, warum sich der Staat auch um die Auswirkungen der Arbeitslosigkeit auf Persönlichkeit und Gesellschaft kümmern muß!

9 Es wird gefordert, die Schulpflicht um ein Jahr zu verlängern, um dadurch die Zahl arbeitsloser Jugendlicher zu senken.
Beurteilt diesen Plan gemeinsam in Eurer Klasse und benutzt dazu auch die Abbildungen dieses Kapitels.

10 Arbeitslose Jugendliche haben oft nur einen geringen schulischen und beruflichen Ausbildungsstand. Erklärt diesen Sachverhalt!

11 Versucht, aus Eurer Sicht zu erklären, warum gerade die in Abb. 3 genannten Bevölkerungsgruppen von der Arbeitslosigkeit so hart betroffen sind!

D 12 Beschreibt die in Abb. 6 genannten Maßnahmen, mit denen zur Zeit Arbeitsplätze gesichert werden und vergleicht einige Zahlenangaben miteinander.

13 Entwickelt Vorschläge, wie diesen Bevölkerungsgruppen besser geholfen werden könnte! Bedenkt dabei, daß die Forderung, mehr Arbeitsplätze zu schaffen, nicht ausreicht. Benutzt Abb. 3, S. 128/129!

14 Arbeitslosenversicherung und Arbeitsvermittlung gibt es erst seit 1927. Vergleicht das Schicksal eines Arbeitslosen von früher mit den Auswirkungen, die heute Arbeitslosigkeit mit sich bringt.

15 Die Arbeitslosenversicherung wurde in Deutschland in einer Zeit großer wirtschaftlicher Schwierigkeiten für Staat und Bevölkerung eingeführt. Abb. 7 zeigt, daß es vor 50 Jahren viel mehr Arbeitslose gab als heute.
Ermittelt aus einem Geschichtsbuch Ursachen und Folgen dieser hohen Zahl von Arbeitslosen. Befragt nach Möglichkeit Eure Großeltern über die Auswirkungen der Arbeitslosigkeit auf ihr eigenes Leben!

16 In Zeitungen und Zeitschriften wird manchmal über solche Menschen berichtet, die sich als Arbeitslose auf Kosten der Allgemeinheit ein angenehmes Leben bereiten wollen.
Weist mit Hilfe der Texte in diesem Kapitel nach, welchen Schaden diese Menschen
– sich selbst
– und der Gemeinschaft zufügen und ermittelt mit Hilfe der Zeitungsmeldung „Über 200 000 Arbeitslosen Unterstützung gesperrt", welche Gegenmaßnahmen der Staat ergreifen kann.

17 Stellt eine Liste mit Maßnahmen zusammen, mit deren Hilfe Ihr glaubt, das Risiko, arbeitslos zu werden, verringern zu können und diskutiert über die Ergebnisse in Eurer Klasse!

18 Überlegt gemeinsam, welche Beiträge die Schule Eurer Meinung nach zur Verhinderung von Arbeitslosigkeit leisten könnte!

Ausbildungsbeihilfen

Abb. 1

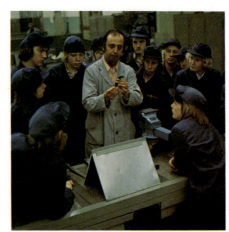

Abb. 2

Heute als Schüler, morgen als Student oder Auszubildender – gibt es staatliche Unterstützung?

Birgit besucht die 9. Klasse eines Gymnasiums. Ihr Schulweg wäre für eine tägliche Anfahrt zu weit, daher wohnt Birgit in einem Internat. Birgit gehört zu den wenigen Schülerinnen und Schülern, die wissen, daß sie ein Anrecht auf finanzielle Unterstützung ihrer Ausbildung durch den Staat haben. Ihre Eltern haben vor einem Jahr beim Amt für Ausbildungsförderung ihres Landkreises einen entsprechenden Antrag gestellt, und da sie recht wenig verdienen, bekamen sie den damaligen Höchstsatz von 380 DM monatlich.
Auf Abb. 1 ist zu erkennen, daß Birgit gerade etwas Wichtiges mit ihren Mitschülerinnen bespricht: Durch Zufall war kurz vorher in einer Pause das Gespräch auf Birgits Ausbildungsbeihilfe gekommen, und sehr schnell hatten alle davon erfahren. Alle wollten wissen, ob sie auch Anrecht auf eine Ausbildungsbeihilfe hätten.
„Alle Studenten und alle Schüler ab Klasse 10 haben Anspruch auf Ausbildungsgeld," erklärt Birgit, „und Schüler von Realschulen und Gymnasien werden bereits ab Klasse 5 gefördert, wenn sie auswärts untergebracht sind!"
Einige Klassenkameradinnen wohnen wie Birgit in einem Internat. „Wieviel Geld gibt es denn?" fragen sie.
„Das weiß ich nicht so genau", erklärt Birgit, „das hängt von vielen Dingen ab, zum Beispiel vom Einkommen der Eltern und vom Alter und von der Zahl der Kinder, die ihre Ausbildung noch nicht abgeschlossen haben."
Die Rede ist vom *Bundesausbildungsförderungsgesetz*, das *BAFöG* abgekürzt wird. Es gilt für alle Arten schulischer Ausbildung einschließlich eines dazugehörigen Praktikums. Das BAFöG soll vor allem die Gruppen der Bevölkerung unterstützten, die durch die Ausbildung der Kinder oder – bei Studenten – durch eigene Ausbildung besonders belastet sind. Es soll vor allem erreicht werden, daß auch diejenigen Eltern ihre Kinder gut ausbilden lassen, die nicht so viel verdienen. Wer sich selbst finanzieren kann oder Eltern hat, die das können, wird nicht unterstützt. Beim Amt für Ausbildung kann sich jeder erklären lassen, ob und wieviel Geld ihm zusteht.
Bei der Stadt- oder Gemeindeverwaltung könnt Ihr erfahren, wo dieses Amt zu finden ist. Meistens ist es in der Kreisstadt oder – bei großen Städten – bei der Stadtverwaltung.
Aber die Hilfen durch dieses Gesetz sind in ihrer Höhe umstritten, wie folgender Ausschnitt aus einer Zeitungsmeldung belegt:
„Studenten fühlen sich von Bonn betrogen ...
Nach dem ... vorgelegten BAFöG-Bericht werden die Förderungssätze so angehoben, daß sich der Höchstsatz bei Studenten von 550 Mark ... auf 580 Mark erhöht ...
Eine kostendeckende Förderung liege bei 690 Mark. Die Förderung nach kostendeckender Ausbildungsförderung ... wird von den Studenten aufrechterhalten ...
1975 wurden insgesamt 619 000 jüngere Menschen gefördert ... Das sind 26 Prozent der Schüler und 42 Prozent der Studenten ..."
(Süddeutsche Zeitung, 7. 1. 1977)
Auch für Jungen und Mädchen, die einen Beruf erlernen, gibt es finanzielle Hilfen. Hier gilt jedoch das *Arbeitsförderungsgesetz*. Beihilfen gibt es für eine Ausbildung in einem anerkannten Ausbildungsberuf und für berufsvorbereitende Maßnahmen. Die Beihilfe kann man beim Arbeitsamt beantragen. Sie wird von ähnlichen Bedingungen abhängig gemacht wie die Hilfen durch das BAFöG.

1 Durch das BAFöG und durch das Arbeitsförderungsgesetz haben junge Menschen einen Rechtsanspruch auf Förderung ihrer Ausbildung durch den Staat.
Stellt fest, wer nach dem jeweils geltenden Gesetz einen Anspruch auf Förderung hat und unter welchen Bedingungen staatliche Gelder gezahlt werden! Stellt sodann fest, wo man die Anträge auf Förderung der Ausbildung nach dem BAFöG und nach dem Arbeitsförderungsgesetz stellen muß und wo das für Euch zuständige Amt zu finden ist!

D 2 Besprecht mit Euren Eltern, ob Ihr zu den Schülerinnen und Schülern gehört, die zwar Anspruch auf Förderung nach dem BAFöG haben könnten, aber noch keinen Antrag gestellt haben.

3 In der auf dieser Seite abgedruckten Zeitungsmeldung *„Studenten fühlen sich von Bonn betrogen"* wird die von der Bundesregierung 1977 vorgesehene Verbesserung der Förderungsbeiträge kritisiert.
Ermittelt die Gründe und findet heraus, wie viele Schüler und Studenten im erwähnten Jahr gefördert wurden!

D 4 Ordnet mit Hilfe von Abb. 3 S. 128/129 die staatlichen Maßnahmen zur Förderung der Ausbildung in das Gesamt der Sozialpolitik ein. Überlegt, ob die Förderung der Ausbildung eine Aufgabe des Sozialstaates sein muß. Welche Maßnahmen haltet Ihr für wichtig? Diskutiert darüber in der Klasse.

Wirtschaft

Marktwirtschaft und Zentralverwaltungswirtschaft

Abb. 1

Wie kommt das Mofa ins Schaufenster, wie es in Abb. 1 zu sehen ist?

Wer es sich leicht machen will, wird sagen: „*Das Mofa steht im Schaufenster, weil es der Verkäufer dort hingestellt hat.*"
Aber das ist natürlich nur der letzte Schritt auf einem langen Wege. Denn: Woher hat der Händler das Mofa? „*Vom Großhändler oder vom Hersteller*", werdet Ihr antworten.
Aber was braucht die Herstellerfirma, um es herstellen zu können? Sie braucht Arbeiter, die wissen, wie man's macht. Sie braucht Leute, die etwa überlegen, ob es besser ist, daß die Firma nur die verschiedenen Einzelteile zusammenbaut oder einige oder gar alle Teile selber herstellt. Es müssen die Fertigteile eingekauft und zum richtigen Zeitpunkt geliefert werden. Für die Teile, die die Firma selber herstellt, muß das Material besorgt werden: etwa Bleche, aus denen die Schutzbleche geformt werden, Rohre, aus denen das Gestänge hergestellt wird. Die Bleche werden vom Walzwerk besorgt, das Walzwerk bekommt sein Material vom Hüttenwerk, das Hüttenwerk bezieht Erz und Kohle von Bergwerksgesellschaften. Und überall werden wieder speziell ausgebildete Menschen, besondere Maschinen, Strom, geeignete Gebäude und noch vieles mehr benötigt, um die Vorprodukte und schließlich das Endprodukt Mofa fertigzustellen.

1 Verschafft Euch einen Einblick in diese komplizierten Vorgänge, indem Ihr den „Stammbaum" eines „Mofas im Schaufenster" (Abb. 2) in Euer Heft, auf ein Blatt Papier, übertragt und vervollständigt.

2 Überlegt, was noch hinzukommt, wenn es sich nicht um ein Mofa im Schaufenster, sondern um ein fahrendes Mofa handelt.

D 3 Entwerft einen ähnlichen „Stammbaum" für den neuesten Modeschrei (zur Zeit, als dieses Buch geschrieben wurde, war dies z. B. ein grobleinener Hosenrock mit Kunststoffreißverschluß).
Zeichnet mindestens 20 Stationen ein. Denkt etwa an die Designer, die Näherinnen, Zuschneiderinnen, das Imprägnieren, die Spinnereien, Webereien, Webstühle, Baumwollfarmen, Baumwollpflückmaschinen und die Herstellkette für den Reißverschluß.

D 4 Entwerft einen ähnlichen „Stammbaum" für 1 kg abgepackten Zucker.
Denkt an Handelsorganisationen, Raffinerien, Zuckerfabriken, Zuckerrübenbauern, Traktoren, Düngemittel und die Herstellkette für die Zuckertüte.

Der „Stammbaum" zeigt uns eigentlich nur, wie es möglich ist, daß das Mofa hinter die Schaufensterscheibe gelangt. Er sagt, wieso der Verkäufer letztendlich ein Mofa ins Schaufenster stellen kann. Aber warum stellt der Händler das Mofa aus? Und warum stellt der Hersteller das Mofa her? Und wie kommt es, daß der Hersteller die Vorerzeugnisse auch tatsächlich bekommt? Und woran liegt es, wenn das Ineinandergreifen der ganzen Vorgänge, die doch wie ein riesiges Zahnräderwerk aufeinander abgestimmt sein müssen, einmal nicht funktioniert? Wer bringt Ordnung in das ganze Geschehen?

Eine Möglichkeit: Zentralverwaltungswirtschaft

Man könnte sich vorstellen, daß der Staat durch eine Zentrale bestimmt, wer was macht. Wir haben dann eine *Zentralverwaltungswirtschaft*. Zentralverwaltungswirtschaften gibt es in sozialistischen Ländern. Das Privateigentum an Produktionsmitteln ist abgeschafft (vgl. S. 157). Das *Staatliche Planbüro* legt nach den Zielen der politischen Führung fest, wieviel Mofas, Autos, Panzer, Lebensmittel, Kleidung, Wohnungen, Maschinen und so weiter hergestellt werden. Natürlich sollen nur solche Güter hergestellt werden, die die Verbraucher, der Staat oder die Betriebe auch gebrauchen können. Darum muß das Planbüro wissen, welche Waren die Verbraucher kaufen wollen. Es muß sich bei den Verbrauchern oder den Angestellten der Verkaufsläden informieren. Das muß frühzeitig geschehen, damit alles gut durchgeplant werden kann, etwa ein oder zwei Jahre vorher, vielleicht auch noch früher, damit die richtigen Maschinen beispielsweise für die Mofa-Herstellung angeschafft werden können.
Die Verbraucher wissen aber oft gar nicht im voraus, was sie in den nächsten Jahren kaufen wollen. Darum muß die Planbehörde die Nachfrage nach Konsumwaren schätzen. Das ist offenbar sehr schwierig, denn oft werden „Ladenhüter" hergestellt, die nicht verkauft werden können, und an anderer Stelle fehlen Waren.
Wenn entschieden ist, was hergestellt werden soll, wird das Planbüro ermitteln, was jeder Betrieb und jeder Arbeiter zu tun hat. Es wird das „Plansoll" festgelegt. Dieses Soll darf natürlich nicht die Leistungsfähigkeit der einzelnen Arbeiter und Betriebe übersteigen. Wenn das der Fall ist, muß der Plan geändert werden. Die Ziele waren zu hoch gesteckt.
Auf der anderen Seite sollen auch alle Fähigkeiten und Möglichkeiten genutzt werden. Das Planbüro muß also möglichst genau wissen, was der einzelne Betrieb und der einzelne Arbeiter leisten können. Dazu muß es sich bei

den einzelnen Betrieben informieren. Es ist auf möglichst genaue Angaben der Betriebsleitungen angewiesen, und die Betriebsleitungen benötigen wiederum genaue Angaben von ihren Abteilungen und letztlich von den einzelnen Arbeitern.

Das Planbüro muß aber auch dafür sorgen, daß die einzelnen Betriebe immer zur rechten Zeit mit den benötigten Rohstoffen, Vorprodukten, Maschinen, Fertigteilen und Ersatzteilen beliefert werden. Es trägt die Verantwortung dafür, daß alle „Zahnräder des Wirtschaftsapparates" richtig ineinandergreifen. Seine Aufgabe ist äußerst kompliziert. Davon geben Abb. 2 und evtl. die von Euch gezeichneten „Stammbäume" einen ersten Eindruck. Man muß weiter bedenken, daß in einer modernen Volkswirtschaft viele Tausende von Verbrauchsgütern hergestellt werden, also ebenso viele „Stammbäume" zu durchdenken sind; und es ist zu berücksichtigen, daß die Materialien, beispielsweise Bleche, die bei der Herstellung eines Mofas verbraucht werden, nun für die Herstellung eines Autos nicht mehr zur Verfügung stehen.

Alle „Stammbäume" einer Volkswirtschaft stehen also miteinander in Verbindung. Da verwundert es nicht, daß bisher kein zentrales Planbüro in der Lage war, alle diese Beziehungen zu überblicken. In Wirklichkeit haben sich denn auch die zentralen Planbüros damit begnügt, die Herstellung nur weniger Produkte ganz genau zu planen, und bei den übrigen haben sie nur die grobe Richtung angegeben. Es wird also zum Beispiel nicht festgelegt, wieviel Schrauben welcher Sorte hergestellt werden sollen, sondern es wird nur festgelegt, wieviel Tonnen Schrauben erzeugt werden sollen. Es kann daher nicht überraschen, wenn es in den Zentralverwaltungswirtschaften immer wieder zu „Engpässen" in der Versorgung von Verbrauchern und Betrieben, aber auch zu unbrauchbaren Überschüssen kommt.

1 Überlegt, was die Hauptaufgaben eines zentralen Planbüros sind.

2 Welche Vor- und Nachteile hätte es, wenn Ihr als Verbraucher heute schon entscheiden müßtet, was Ihr in den nächsten Jahren, eventuell nach Schulabschluß und Heirat, kaufen wollt?

3 Würdet Ihr der Betriebsleitung gegenüber eher zu hohe oder zu niedrige Angaben über Eure Leistungsfähigkeit machen, wenn danach Euer Arbeitssoll festgelegt würde?
Überlegt, wie sich zu hohe oder zu niedrige Angaben für Euch und für die Volkswirtschaft auswirken könnten.

4 Überlegt, ob eine Betriebsleitung gegenüber dem zentralen Planbüro eher zu hohe oder zu niedrige Angaben machen wird.

Eine andere Möglichkeit der Ordnung: Marktwirtschaft

Preise steuern die Wirtschaft
Warum stellt der Händler in unserer Stadt oder in unserem Dorf das Mofa in das Schaufenster? Ihr werdet sagen: „Weil er es verkaufen will." Warum will er es verkaufen? Weil er daran verdienen will.

Sein Warenangebot beruht nicht auf Anweisungen einer Planbehörde, sondern auf seinen eigenen Überlegungen. Seine Tätigkeit wird von seinen eigenen Verdienstaussichten und seinen Neigungen bestimmt. Er kauft nach Möglichkeit nur das ein, was er mit Gewinn verkaufen kann. Ebenso denken die Hersteller. Sie werden zum Beispiel ein Mofa nur dann herstellen, wenn ihre *Kosten* für ein Mofa, also die Ausgaben für Arbeitskräfte, Maschinen, vorgefertigte Teile und so weiter, geringer sind als der *Preis*, den sie für das Mofa bekommen. Denn nur dann machen sie einen *Gewinn*.

Je höher der Preis über den Kosten liegt, desto lieber werden sie eine Ware erzeugen und verkaufen. Wenn sie einen möglichst hohen Preis erzielen und möglichst viel verkaufen wollen, müssen sie solche Waren anbieten, die die Verbraucher gerne haben wollen und bezahlen können. Man sagt: „Die Anbieter müssen sich nach den Nachfragern richten."

Was werden also die Unternehmen, die verkaufen wollen, im einzelnen tun? Zunächst werden sie sich Gedanken über die *Nachfrage* machen.

Das heißt z. B.: Sie werden sich fragen, was die Verbraucher wohl für einen Taschenrechner einfacher Qualität bezahlen würden. Da könntet Ihr ihnen vielleicht einige Auskünfte geben.

Ihr werdet vielleicht überlegen, daß Ihr mit einem Taschenrechner Eure Mathematikaufgaben schneller erledigen könnt. Außerdem würden Euch weniger Rechenfehler passieren. Es ist auch bequemer, Zahlen einzutippen und nur

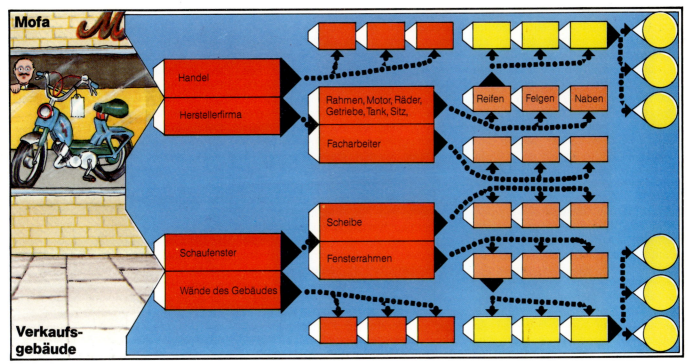

Abb. 2

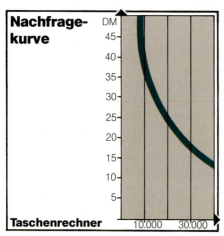

Abb. 3 Lies zum Beispiel: Wenn der Taschenrechner 40 DM kostet, werden die Verbraucher 10 000 Stück kaufen; wenn er aber nur 25 DM kostet, werden sie 20 000 Stück kaufen.

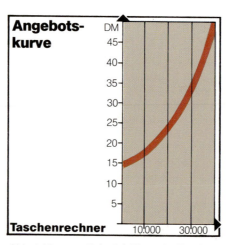

Abb. 4 Lies zum Beispiel: Wenn der Taschenrechner 17,50 DM kostet, werden 10 000 Stück hergestellt werden; wenn er aber 25 DM kostet, werden 20 000 Stück hergestellt werden.

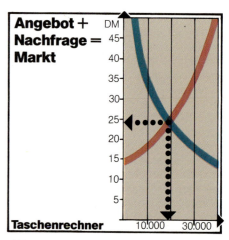

Abb. 5 Lies zum Beispiel: Alle Hersteller, die ihre Taschenrechner für weniger als 25 DM produzieren können, arbeiten rentabel, d. h. erzielen Gewinn.

noch das Ergebnis aufschreiben zu müssen.
Aber der Taschenrechner bringt auch Nachteile mit sich. Ihr verliert die Übung im Kopfrechnen, und einen Teil Eures Taschengeldes müßt Ihr für Batterien verplanen.
Je größer nun die Vorteile und kleiner die Nachteile sind, desto größer kann der Preis sein, den Ihr für einen Taschenrechner bezahlen würdet.
Die Hersteller und Händler können sich denken, daß bei einem sehr hohen Preis nur wenig Taschenrechner gekauft werden, bei einem niedrigen aber mehr. Diesen Zusammenhang stellt Abb. 3 dar.
Außer über die Nachfrage werden sich die Unternehmer Gedanken über ihre Kosten machen. Dabei ist es meistens so, daß der eine Unternehmer höhere Kosten haben wird als der andere (z. B. durch unterschiedliche Mieten, Maschinen, rationelle Betriebsführung...). Das heißt aber auch, daß der eine einen höheren Preis braucht als der andere, wenn er einen Gewinn machen will. Mindestens muß doch der Preis für seine Taschenrechner so hoch sein wie seine Kosten. Sonst lohnt sich die Herstellung oder der Ladenbetrieb nicht. Ein Hersteller wird also die Taschenrechner gleicher einfacher Qualität für 15 DM, ein anderer für 16 DM, ein dritter für 30 DM herstellen können. Das bedeutet: Je teurer die Taschenrechner verkauft werden können, desto mehr werden hergestellt. Diesen Zusammenhang stellt Abb. 4 dar.
Könnt Ihr Euch jetzt denken, wovon es abhängt, wie viele Taschenrechner hergestellt und verkauft werden? Es werden alle Firmen Taschenrechner herstellen, die mit einem Preis für Taschenrechner auskommen, den die Verbraucher bezahlen wollen. Um diese Hersteller zu erkennen, müssen wir Angebot und Nachfrage miteinander vergleichen. Das können wir tun, indem wir die *Angebotskurve* aus Abb. 4 und die *Nachfragekurve* aus Abb. 3 in der Abb. 5 zusammenfassen:
Jetzt sehen wir, daß die Hersteller zum Zuge kommen, die den Taschenrechner für 25 DM und darunter anbieten können. Die Hersteller, die höhere Kosten als 25 DM haben, können nicht „konkurrieren". Ihr erkennt diese Hersteller, wenn Ihr die Angebotskurve in Abb. 5 vom Schnittpunkt mit der Nachfragekurve aus nach rechts weiterverfolgt. Die Hersteller finden hier nur noch Nachfrager, die weniger als 25 DM bezahlen wollen. Der Preis am Schnittpunkt von Angebot und Nachfrage ist der *Marktpreis*. Er beträgt in Abb. 5 25 DM. Jeder Nachfrager, der überhaupt zum Zuge kommt, wird 25 DM bezahlen, auch der, der bereit war, für einen Taschenrechner 40 DM auszugeben. Oder würdet Ihr, wenn Ihr bereit seid, für einen Rechner 40 DM auszugeben, auch 40 DM bezahlen, wenn Ihr ihn schon für 25 DM haben könnt? Wahrscheinlich nicht. Deswegen kann kein Hersteller über dem Marktpreis verkaufen – außer an Leute, die nicht aufpassen. Auf der anderen Seite wird jeder Anbieter, der zum Zuge kommt, 25 DM fordern. Oder würdet Ihr, wenn Ihr Rechner für 15 DM herstellen könntet, diese auch für 15 DM verkaufen, wenn die Abnehmer doch auch 25 DM bezahlen würden?
Nicht nur in der Abb. 5 treten sich Angebot und Nachfrage gegenüber, sondern auch in der Wirklichkeit. Überall, wo sich *Anbieter* und *Nachfrager* begegnen, sprechen wir von einem *Markt*. Zwischen Verkäufern und Käufern von Mofas entsteht ein Markt, aber auch zwischen Händlern und Herstellern von Mofas, zwischen Herstellern und Zulieferern von Fertigteilen, zwischen Herstellern und Maschinenfabrikanten, ja, auch zwischen Herstellern und Facharbeitern – die Hersteller fragen Facharbeit nach, und die Facharbeiter bieten Facharbeit an – und auch zwischen Händler und Glasermeister, der die Schaufensterscheibe einsetzt. Dabei entscheidet die Menge von Mofas, die auf dem Markt von Händlern und Käufern umgesetzt wird, über die Nachfrage auf den nachfolgenden Märkten.
Die Wünsche und Kaufmöglichkeiten der Verbraucher bestimmen also das gesamte Wirtschaftsgeschehen. Man könnte von einer Verbraucherwirtschaft sprechen. Doch werden die Verbraucherwünsche auf jedem Markt mit den Herstellmöglichkeiten verglichen. Aus dem Vergleich von Verbraucherwünschen und Kaufmöglichkeiten einerseits und den Kosten der Anbieter andererseits auf jedem Markt ergibt sich, was passiert. Darum spricht man von *Marktwirtschaft*: Die Wirtschaft wird durch die Preisbildung auf den Märkten gesteuert.
Abb. 5 zeigt aber noch mehr als die Bestimmung des Marktpreises und die Lenkung der Herstellung durch den Marktpreis. Abb. 5 zeigt auch, daß die Firmen, die den Taschenrechner für 15 DM herstellen können, ihn für 25 DM verkaufen können. Sie verdienen 10 DM an einem Rechner. Die Hersteller, die aber Kosten von 24,90 DM haben, verdienen nur zehn Pfennig. Und die, die noch teurer sind, kommen nicht zum Zuge. Die, die wenig oder gar nichts verdienen, werden versuchen, die Rechner ebenfalls mit geringen Kosten herzustellen, um vielleicht auch 10 DM an einem Rechner zu verdienen. Wenn aber nun nach und nach die Hersteller von vielleicht 35 000 Taschenrechnern nur Kosten von 15 DM für einen Taschenrechner haben, sieht die Angebotskurve wie in Abb. 6 aus: Dann ergibt sich auf dem Markt auch ein anderer Preis, wie zu sehen ist, wenn man Abb. 6 und Abb. 3 zu Abb. 7 zusammenfügt:

Der Preis ist jetzt auf 15 DM gesunken. Dadurch können sich viel mehr Schüler einen Taschenrechner kaufen. Die sich bisher schon einen kaufen konnten, wenn sie gewollt hätten, sparen Geld für andere Zwecke. Das gesparte Geld können sie beispielsweise für Schallplatten ausgeben, sie könnten der Freundin ein kleines Geschenk besorgen oder etwas für die Entwicklungshilfe spenden. Aber noch eine andere Wirkung tritt ein. Der Preis deckt nun gerade noch die Kosten auch der anfänglich besten Hersteller. Darum werden sich diese Firmen vielleicht bemühen, sich eine noch billigere Herstellungsmethode auszudenken, um wieder zu höheren Gewinnen zu kommen. Vielleicht versuchen sie ihr Glück mit einem ganz neuen Produkt für den Verbraucher. Die Marktwirtschaft bewirkt also, daß sich viele Menschen überlegen, wie die Waren noch billiger hergestellt werden können und für welche neuen Waren der Verbraucher ein Interesse haben könnte.

Angriffspunkte gegen die Marktwirtschaft
Die Marktwirtschaft scheint also für den Verbraucher viel vorteilhafter zu sein als die Zentralverwaltungswirtschaft.
– Damit aber Marktwirtschaft für den Verbraucher vorteilhaft ist, müssen in jedem einzelnen Markt mehrere Anbieter vorhanden sein, die im Wettbewerb um die Verbraucher stehen. Nur der Wettbewerb zwingt die Hersteller, möglichst gute Ware möglichst billig zu produzieren. Wettbewerb ist den Herstellern daher unbequem. Sie versuchen deshalb manchmal, den Wettbewerb durch Absprachen über Preise oder Absatzgebiete oder Produktionsmengen einzuschränken. Solche Absprachen heißen *Kartelle*. Sie schaden fast immer den Verbrauchern.
Der Wettbewerb wird auch durch die „Konzentration" gefährdet. Von „Konzentration" sprechen wir, wenn auf einem Markt immer weniger Anbieter auftreten, weil die großen Unternehmen die kleinen aufkaufen oder zur Aufgabe ihrer Produktion zwingen. Der Konzentrationsprozeß kann so weit gehen, daß ein einziges Großunternehmen übrig bleibt, das den Markt beherrscht.
– Marktwirtschaft ist anfällig gegenüber Störungen. So gibt es in einer Marktwirtschaft immer wieder Zeiten, in denen Arbeitslosigkeit auftritt. Die Wissenschaftler streiten sich zwar darüber, ob an der Arbeitslosigkeit die Marktwirtschaft selbst oder etwa der Staat, die Arbeitgeber oder die Gewerkschaften schuld sind. Doch ganz gleich, wer dabei recht hat: Arbeitslosigkeit tritt immer wieder auf, in der

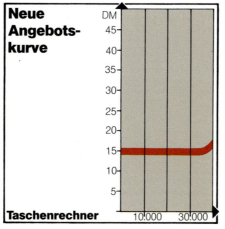
Abb. 6

Bundesrepublik Deutschland z. B. 1966/67 und seit 1974. Dies führt zur Kritik an der Marktwirtschaft.
– In der Marktwirtschaft hängt das Einkommen, das ein Erwerbstätiger erzielt, vor allem davon ab, ob andere bereit sind, ihm für seine Waren oder seine Arbeitsleistung Geld zu bezahlen. Der Unternehmer verdient viel Geld nur, wenn er seine Waren auch verkaufen kann; der Arbeiter erhält einen zufriedenstellenden Lohn nur, wenn sich Unternehmer finden, die seine Arbeitskraft brauchen, um mit seiner Hilfe Waren herzustellen. Menschen, die nicht arbeitsfähig sind, weil sie alt oder krank sind, erhalten über den Markt kein Einkommen. Auch Menschen, deren Kenntnisse oder Fähigkeiten nicht mehr gefragt sind, weil sich die Wünsche der Verbraucher geändert haben oder aber Maschinen die bisher von Menschen geleistete Arbeit billiger verrichten können, geraten in einer reinen Marktwirtschaft in Schwierigkeiten.

Soziale Marktwirtschaft in der Bundesrepublik Deutschland
Nach Auffassung der meisten Wissenschaftler und Politiker in der Bundesrepublik Deutschland muß der Staat versuchen, diese „schwachen Punkte" der Marktwirtschaft auszugleichen. Der Staat muß also:

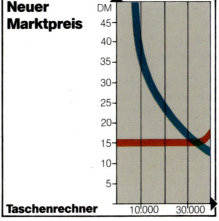
Abb. 7

– dafür sorgen, daß der Wettbewerb erhalten bleibt und nicht durch Kartelle oder Konzentration zerstört wird;
– versuchen, Arbeitslosigkeit zu verhindern;
– durch Kranken-, Renten- und Arbeitslosenversicherung (vgl. S. 128/129) sowie durch Unterstützung aller Menschen, die sozial benachteiligt sind, jedem einzelnen ein Dasein frei von materieller Not ermöglichen.
Die Anhänger des Wirtschaftssystems in der Bundesrepublik Deutschland meinen, daß bei uns die Marktwirtschaft verhältnismäßig gut funktioniert und der Staat im allgemeinen mit Erfolg Wettbewerb, Vollbeschäftigung und soziale Sicherheit für alle angestrebt hat. Sie nennen daher das Wirtschaftssystem der Bundesrepublik Deutschland *soziale Marktwirtschaft*.
Kritiker des Wirtschaftssystems der Bundesrepublik Deutschland meinen hingegen, der Wettbewerb werde immer mehr geschwächt, der Verbraucher außerdem durch Werbung beeinflußt. Vollbeschäftigung sei nicht mehr gesichert, die Einkommen der meisten Arbeiter seien im Vergleich zu den Einkommen der Unternehmer und der Leitenden Angestellten zu niedrig und die sozialen Leistungen seien in der Bundesrepublik Deutschland ungenügend.
Ehe Ihr Euch ein eigenes Urteil über diese Fragen bilden könnt, müßt Ihr in den folgenden Abschnitten prüfen,
– wie stark die Stellung der Verbraucher tatsächlich ist;
– was gegen die Arbeitslosigkeit getan werden kann;
– ob Ihr die soziale Sicherung in der Bundesrepublik Deutschland für ausreichend haltet.

1 Überlegt, ob eher das zentrale Planbüro oder eher das im Wettbewerb stehende Unternehmen in der Marktwirtschaft ein „Gespür" für die Wünsche der Verbraucher hat.
Was spricht für Eure Meinung und was dagegen?

2 Überlegt, ob sich eher der Angestellte in der staatlichen Verkaufsorganisation oder eher Euer Buchhändler freuen würde, wenn ihm mitgeteilt wird, daß Eure Klasse 20 Exemplare eines Schulbuchs braucht.

Marktmacht, Werbung und Verbraucher

Ist der Kunde wirklich König?

Müssen sich die Unternehmen wirklich nach den Verbrauchern richten? Oder ist es so, daß der Wettbewerb der Unternehmen um die Gunst der Verbraucher durch Kartelle und Firmenzusammenschlüsse immer mehr eingeschränkt wird? Wird der Verbraucher außerdem durch die Werbung beeinflußt, Waren zu kaufen, die ihm wenig nützen?

Kartelle und Konzerne: Wettbewerbsbeschränkungen

Versuchen die Unternehmer wirklich, nach den Wünschen der Verbraucher vorzugehen? Gewiß kommt es ihnen darauf an, Gewinne zu erzielen, und darum müssen sie ihre Waren „an den Mann" bringen. Das ist auch um so leichter, je mehr diese Waren den Verbrauchern gefallen. Aber die Unternehmer, also die Hersteller und Händler, wollen nicht möglichst billig, sondern möglichst teuer verkaufen. Wenn ihr Preis gar nicht oder nur wenig über den Kosten liegt, ist ihr Gewinn kleiner, als wenn der Preis hoch über den Kosten liegt. Liegt es nicht nahe, zwar die Kosten zu senken, aber zum alten – höheren – Preis weiterzuverkaufen? Können die Unternehmen nicht den Preis bestimmen? Sie schreiben doch auf jede Ware ihren Preis und die Verbraucher haben nur die Wahl, zu diesem Preis zu kaufen oder nicht.

Doch seht Euch noch einmal die Abb. 7, S. 139 an. Was würde geschehen, wenn die Unternehmen wirklich trotz der gesunkenen Kosten am Preis von 25 DM festhalten würden? Zu diesem Preis würden nun fast 50 000 Taschenrechner angeboten, aber nur 20 000 nachgefragt. Das bedeutet, daß viele Unternehmen auf einem großen Teil ihrer Taschenrechner sitzenbleiben und gar nichts verdienen. Das paßt ihnen nicht, und sie werden ihren Preis ein wenig senken, um die Nachfrager für ihre Taschenrechner zu interessieren. Wenn nun die Nachfrager – und das seid Ihr als Käufer von Taschenrechnern – aufpassen, werden sie sich an die billigeren Angebote halten. Dadurch sehen sich die teureren Anbieter gezwungen, ihre Preise ebenfalls zu senken. Erst wenn ein Preis gefunden ist, bei dem genau so viel nachgefragt wie angeboten wird, hören die Preissenkungen auf. Man sagt dann, daß sich Angebot und Nachfrage im Gleichgewicht befinden und spricht vom *Gleichgewichtspreis*. In der Marktwirtschaft können also die Unternehmen nicht einen beliebigen Preis verlangen, sondern sie können letztlich nur den Gleichgewichtspreis fordern, wenn die Verbraucher aufpassen und die Anbieter um die Verbraucher konkurrieren.

Damit haben es zum Teil die Verbraucher selbst in der Hand, ob sie den maßgebenden Einfluß ausüben. Aber es kommt auch darauf an, daß die Anbieter tatsächlich um die Verbraucher konkurrieren. Wenn die Anbieter klug sind, werden sie erkennen, daß die *Konkurrenz* oder der *Wettbewerb* ihnen allen die Preise verdirbt.

Es liegt daher nahe, daß sie einen Vertrag schließen, in dem sie sich verpflichten, alle den gleichen Preis von vielleicht 25 DM für Taschenrechner zu fordern. Man sagt dann, sie schließen sich in *Kartellen* zusammen. Sie schränken durch Verträge den Wettbewerb untereinander ein. Dadurch verdienen sie sehr viel an einem verkauften Taschenrechner. Allerdings müssen sie nun auch gemeinsam das Angebot auf 20 000 Taschenrechner beschränken, damit es nicht doch noch zur Konkurrenz kommt. Eventuell müssen die, die jetzt viele Taschenrechner verkaufen, den übrigen eine Entschädigung zahlen. Wenn es Unternehmen möglich ist, den Preis über dem Gleichgewichtspreis, also über dem eigentlichen Marktpreis festzusetzen, dann verfügen sie über *Marktmacht*. Konkurrenz ist das Gegenteil von Macht. In der Bundesrepublik Deutschland sind Kartelle durch das *Gesetz gegen Wettbewerbsbeschränkungen* verboten. Mit dem Gesetz gegen Wettbewerbsbeschränkungen sorgt die *Wettbewerbspolitik* dafür, daß die Unternehmen nicht den Wettbewerb einschränken. Die Kartellämter, vor allem das *Bundeskartellamt,* wachen darüber, daß kein Unternehmen gegen das Kartellverbot verstößt. Allerdings werden einige Ausnahmen zugelassen. Außerdem sind unter Umständen gar keine Verträge nötig, in denen sich die Anbieter

---

Berlin genehmigt Vertriebskartell

HB Berlin. Das Bundeskartellamt hat ein Rationalisierungskartell kleiner und mittlerer Hersteller von Beton-Verbundpflastersteinen ... [genehmigt]. Die sieben beteiligten Unternehmen haben den Verkauf ihrer Produkte einer gemeinsamen Vertriebsgesellschaft ... [übertragen] ... Die für die zwischenbetriebliche Zusammenarbeit getroffenen Vereinbarungen dienen der Rationalisierung wirtschaftlicher Vorgänge und sind geeignet, die Leistungsfähigkeit der beteiligten kleinen und mittleren Unternehmen zu fördern, ohne den Wettbewerb wesentlich zu beeinträchtigen. Der Marktanteil des Mittelstandskartells liegt erheblich unter 10 %. Das Kartell unterliegt der Mißbrauchsaufsicht des Bundeskartellamtes, die sich sowohl auf sein Marktverhalten als auch auf Änderungen der Marktverhältnisse und der Größenordnung der beteiligten Unternehmen erstreckt.

Abb. 1: Handelsblatt, 11. 8. 1977

Das, was in anderen Branchen möglich ist, daß die Preise sich in beiden Richtungen bewegen, gilt nicht für den Automarkt ... Benzin kann billiger und teurer werden, bei Kartoffeln, Kühlschränken, Schweinekarbonaden oder HiFi-Anlagen bekriegen sich die Anbieter in heftigen Preiskämpfen. Nur bei Autos gelten offenbar andere Gesetze. Da findet der Wettbewerb über den Preis nicht statt.

Da muß kein Hersteller bangen, ob der Markt seine Preisvorstellung auch akzeptiert. Die Preise werden „angepaßt". Dem Markt etwa? Auf diese Idee käme niemand. Den Kosten wird der Preis angepaßt. Und da die steigen, steigt der Preis. Der Markt schluckt's, das weiß man längst. Und das ist ja auch eine sehr schöne Gewißheit.

Dazu drängen sich natürlich Fragen auf. Ganz banale wie die: Bleiben Benzin- und Kühlschrankhersteller von Kostensteigerungen verschont? Oder die: Wer war das noch, der immer gesagt hat, der Markt bestimme den Preis und nicht immer nur die Seite der Anbieter? Die Antwort ist ebenso banal: Beim Auto ist alles anders. Warum?

Die Autohersteller wissen sich – ohne jede kartellverdächtige Absprache – in jenem einträglichen Frühlingsritus vereint. Solange dies keiner vergißt, ist auch kein anderer in Gefahr, vom Markt die Quittung zu bekommen.

Abb. 2: Die Zeit, 28. 4. 1978

verpflichten, einen gleichen Preis zu fordern, der über dem Gleichgewichtspreis liegt. Das ist besonders leicht, wenn es nur wenige Anbieter gibt. Man spricht dann von einem *Oligopol* (vom Griechischen „oligos" = wenig).
Die Anbieter in einem Oligopol kennen einander und können sich leicht treffen. Sie brauchen gar keine schriftlichen Verträge zu schließen, um Preise zu vereinbaren.
Es genügen Gespräche beim Frühstück oder auch nur ein Augenzwinkern, um den Wettbewerb auszuschalten. Man spricht dann von Frühstückskartellen oder auch von „aufeinander abgestimmten Verhaltensweisen". Nach dem Gesetz gegen Wettbewerbsbeschränkungen sind zwar auch aufeinander abgestimmte Verhaltensweisen verboten. Aber es fällt den Kartellämtern schwer, ein abgestimmtes Verhalten zu beweisen, wenn die Abmachungen nicht schriftlich festgehalten werden.
Weil die Kartellämter abgestimmte Verhaltensweisen nicht verhindern können, wenn es nur wenige Anbieter gibt, muß die Wettbewerbspolitik dafür sorgen, daß es auf jedem Markt viele Anbieter gibt. Es muß so viele Anbieter geben, daß es aussichtslos erscheint, daß sich alle nur durch Augenzwinkern oder Abreden auf einen höheren Preis einigen. Natürlich kann auch eine ganze Reihe von Unternehmen versuchen, sich auf einen höheren Preis zu einigen. Aber je mehr Unternehmen es sind, desto weniger genau können sie sich gegenseitig beobachten. Sie können sich also nicht sicher sein, ob sich alle an die verabredeten Preise halten.

Schließlich ist es für den einzelnen Anbieter am besten, wenn sich die anderen an den hohen Preis halten, er selber aber nicht. Er braucht dann seinen Preis nur wenig zu senken, um sehr viel verkaufen zu können. Wenn mehrere so denken, kommt es doch zur Preiskonkurrenz. Weil die Wettbewerbspolitik dafür sorgen muß, daß es möglichst viele Unternehmen auf einem Markt gibt, sieht das Gesetz gegen Wettbewerbsbeschränkungen seit 1973 auch eine *Zusammenschlußkontrolle* vor. Damit soll verhindert werden, daß die Anzahl der Firmen auf einzelnen Märkten durch Zusammenschlüsse auf nur wenige verringert wird, die sich gegenseitig gut kennen können. Bis 1973 waren jedoch weite Bereiche der Wirtschaft bereits stark konzentriert, das heißt in wenigen bedeutenden Unternehmen zusammengefaßt worden. Unternehmenszusammenschlüsse, vor allem die Zusammenschlüsse zu *Konzernen,* spielen eine große Rolle, so daß heute die 100 größten Unternehmen ein Viertel des Gesamtumsatzes der westdeutschen Wirtschaft abwickeln, während sich die übrigen 1,9 Mill. Unternehmen in die restlichen drei Viertel teilen. Hier liegt offenbar noch eine ungelöste Aufgabe der Wettbewerbspolitik.

D 1 Versucht, anhand von Tab. 1 festzustellen, auf welchen Märkten die Gefahr abgestimmter Verhaltensweisen gegeben, bzw. kaum gegeben ist. Diskutiert die Ergebnisse Eurer Einzel- oder Gruppenarbeit.

D 2 Lest die Zeitungsnotiz Abb. 1 und schreibt auf, welche Argumente für eine Ausnahme vom Kartellverbot angegeben werden.
Diskutiert darüber, ob die Argumente überzeugend sind.

D 3 Lest die Auszüge aus einem Zeitungsartikel von M. Jungblut (Abb. 2) und überlegt, von welcher Art Wettbewerbsbeschränkung die Rede sein könnte.

D 4 Lest die Zeitungsnotiz Abb. 3 „Diesel-Kartell für Zapfsäulen an Autobahnen?", diskutiert die Wettbewerbssituation und überlegt, ob das Kartellamt eventuell noch andere Gründe als die angegebenen hat, um nicht einzugreifen.

D 5 Zu welchen Konsumgütern gibt es wenige Anbieter, zu welchen viele?

D 6 Was spricht dafür und was dagegen, daß die Friseure in Eurer Stadt oder Eurer näheren Umgebung die Preise abstimmen? Wie steht es mit den Bäckern und Fleischern?
Berücksichtigt bei Euren Überlegungen auch folgende Behauptung:
„Solidarität der Kollegen bedeutet oft Betrug an den Verbrauchern. Konkurrenz der Kollegen bedeutet oft Solidarität mit den Verbrauchern."

Diesel-Kartell für Zapfsäulen an Autobahnen?

Handelsblatt, Sa./So., 18./19. 6. 1977
HB Düsseldorf. Die Benzinpreise an den Autobahntankstellen sind wieder einmal unter Beschuß geraten. Doch diesmal geht es nicht um Normalbenzin oder um Super, sondern um Diesel-Stoff. Die Verbraucherzentrale Nordrhein-Westfalen hat bei einer Rundreise auf NRW-Autobahnen festgestellt, daß Dieselkäufer für den Liter an allen Autobahn-Zapfsäulen 89,9 Pfennig berappen müssen, gleichgültig welches Firmenschild am Fahrbahnrand steht.
„Das ist eindeutig ein Fall fürs Kartellamt", erklärte ein Sprecher der Verbraucherzentrale. „Ein Einheitspreis. Von Zufall kann man da wohl kaum reden. Wenn an allen Tankstellen Diesel 89,9 Pfennig kostet, liegt der Verdacht der verbotenen Preisabsprache nahe", meinte der Sprecher weiter.
Den Berliner Wettbewerbshütern ist den Ermittlungen der Verbraucherzentrale zufolge der Diesel-Einheitspreis durchaus nicht unbekannt. Einen Grund zum Eingreifen sehe das Bundeskartellamt aber deshalb nicht, weil nach seinen Informationen nur fünf bis sieben Prozent aller Dieselfahrer den einheitlich teuren Stoff bezahlen müßten.

Abb. 3: Handelsblatt, 20. 6. 1977

Tabelle 1: Prozentualer Anteil der drei bzw. zehn größten Unternehmen am Umsatz des jeweiligen Wirtschaftszweiges 1977.
(Quelle: Sonderaufbereitung des Statistischen Bundesamtes und Berechnungen der Monopolkommission im Hauptgutachten III)

Wirtschaftszweig Bezeichnung	Umsatz gesamt (Mio. DM)	Anteil der ... größten Unternehmen		Gesamtzahl der Unternehmen
		3	10	
Steinkohlenbergbau und Brikettherstellung, Kokerei	16 819,7	81,9	–	13,0
Mineralölverarbeitung	54 214,5	58,1	91,6	54,0
Herst. von großformatigen Fertigbauteilen aus Beton für Hochbau	319,9	31,6	55,1	47,0
Hochofen-, Stahl- u. Warmwalzwerke (ohne Herst. von Stahlrohren)	37 025,5	40,1	76,3	53,0
Herst. von landwirtschaftlichen Maschinen, Ackerschleppern	6 404,4	30,5	49,5	257,0
Herst. von Kraftwagen u. Kraftwagenmotoren	75 587,4	65,5	98,3	35,0
Druckerei, Vervielfältigung	13 656,0	6,2	13,1	1 863,0
Herst. von Herrenoberbekleidung	3 769,0	9,9	22,7	332,0
Herst. von Teigwaren	467,9	44,9	86,3	21,0
Herst. von Süßwaren (ohne Dauerbackwaren)	7 308,9	28,0	49,9	151,0
Verarbeitung von Kaffee, Tee, Herst. von Kaffeemitteln	9 129,2	43,3	79,6	46,0

... Das Militärische, vor einigen Jahren in der Werbung völlig unvorstellbar, ist heute ... eine Verkaufshilfe. Militärisches Grün prägt das Bild der Zigarette: Im Werbefilm fährt der ... [Name der neuen Zigarettenmarke] Mann im grünen Jeep durchs Gelände. Und selbst ein blondes Fotomodell, das neben dem ... Mann als Werbeständer in Lebensgröße vor Geschäften wirbt, signalisiert Militärisches. Sie ist mit einem grünen Drillich bekleidet, um die Hüfte hängen Patronentaschen.
Für die Einführung ist ein ganzes Arsenal von Verkaufshilfen entwickelt worden.
... In grünen Werkzeugkästen liegen Unterlagen für Händler über die Zigarette und die Werbekampagne, andere sind als Verkaufsständer auf dem Ladentisch konzipiert [vorgesehen]. Insgesamt 39 verschiedene Verkaufshilfen werden jetzt eingesetzt, unzählige andere wurden verworfen. Darunter auch eine, die den militärischen Charakter allzu deutlich gemacht hätte: ein Feuerzeug in Form einer Eierhandgranate ...

Abb. 4: Die Zeit, 10. 2. 1978

Freilich, trotz aller Vortests, Marktanalysen und Strategien, trotz aller Marktforschung und ausgefeilter Werbung – Flops [Reinfälle] gibt es immer wieder. Und nicht einmal die größten Markenfirmen mit den sicherlich umfangreichsten und kompetentesten Marketing- und Marktforschungsabteilungen sind davor gefeit.
– Gruner + Jahr setzte sein Wochenblatt *Leute* in den Sand.
– Procter & Gamble erlitt Fehlversuche mit dem Waschmittel Bold und dem Geschirrspülmittel Cascade.
– Die Lever Sunlicht, eine Tochter der Deutschen Unilever, brachte die Waschmittel *Das geballte Bunt* und *All* nicht über die Runden.
– Das Hartog Lebensmittelwerk, gleichfalls eine Unilever-Tochter, scheiterte mit der nationalen Weinmarke Graf Bachhols.
– Die Elmshorner General Foods verlor beim Versuch, mit seinem löslichen Kaffee Marke Maxwell-Exquisit den Marktführer Nescafé Gold anzugreifen.
– Vergeblich schickte die Bremer Kaffeerösterei Jacobs ihr Kaba-Kaffee-Kindergetränk Jacobs Junior in den Testmarkt Saarland.
– Das Oetker-Vorhaben, mit dem Prinz-Bier eine nationale Biermarke zu kreieren, ging schief.
– Selbst die mehrfachen Anläufe von AEG-Telefunken, die Bildplatte zu einem Massengeschäft zu machen, schlugen fehl.
– In der Zigarettenbranche schließlich ist Flop die Regel, der Erfolg die seltene Ausnahme. Auf einen Erfolg, so errechnete man jüngst bei der Kölner Reynolds Tobacco, kommen 30 Flops.
Als Hauptursachen für die unprogrammierten Reinfälle nennt Joachim Kellner, Marketingmann bei Henkel, der Reihe nach die Qualität des Produktes, den Preis, die Werbung, die Packungsgestaltung und die Distribution [Verteilung].

Abb. 5: Die Zeit, 22. 4. 1977

D 7 Überlegt, ob auch die Verbraucher etwas gegen abgestimmte Verhaltensweisen tun können. Denkt daran, daß die Unternehmen immer befürchten, ihre Konkurrenten würden sich nicht an die abgestimmten Preise halten.

D 8 Seht die letzten Ausgaben der Tageszeitungen nach Meldungen zum Wettbewerbsproblem durch und diskutiert diese.

Verbraucherbeeinflussung durch Werbung

Die Unternehmen können auch versuchen, durch *Werbung* die Nachfrage zu beeinflussen. Das Ziel ist dann, die Nachfrage trotz gleichbleibendem Preis zu steigern.
Aber was soll der Verbraucher von der Werbung halten, die ihn dazu führt etwas zu kaufen, an das er vorher nicht gedacht hat? Wird er dadurch zu seinem Glück geführt oder zu seinem Unglück verführt? Offenbar ist beides möglich. Wenn ein Supermarkt in der Tageszeitung auf seine Sonderangebote aufmerksam macht, so ermöglicht das vielleicht einigen Familien, einen Sonntagsbraten einzukaufen, auf den sie sonst hätten verzichten müssen. Oder ein Schüler hat bisher immer gedacht, daß ein Taschenrechner für ihn nicht in Frage kommt, weil er zu teuer ist. Er wäre vielleicht noch lange in diesem Glauben geblieben, wenn er nicht durch die Werbung erfahren hätte, wie billig Taschenrechner sind.
Die so beschriebene Art der Werbung führen die Unternehmen zwar in ihrem eigenen Interesse durch – so wie Ihr vielleicht für die Aufführung Eures Schultheaters oder für Euren Nachhilfeunterricht Werbung treibt. Aber diese Werbung dient gleichzeitig dem Verbraucher, indem er über neue, für ihn nützliche oder schöne Dinge informiert wird.
Daneben gibt es aber offenbar eine andere Art von Werbung, die gar nichts Neues bekanntmacht, dafür aber um so mehr darüber aussagt, wie der Verbraucher sein eigenes Lebensgefühl steigert oder wie er auf andere Menschen wirkt, wenn er diese Waren verbraucht oder gebraucht. Es wird z. B. behauptet, die Ware würde sein Ansehen als Hausfrau, als sauberer Mensch, als freundlicher Gastgeber, als bewundernswerter Abenteurer stärken. Oft werden solche Dinge nicht ausdrücklich behauptet, sondern es wird dieser Eindruck durch Musik oder Bilder erweckt, die ebenfalls über die Ware wenig oder gar nichts aussagen. Man sagt, der Eindruck wird suggeriert, es handelt sich um *Suggestivwerbung*, im Gegensatz zu *informativer Werbung*.

Die Suggestivwerbung wirkt unter Umständen dann am besten, wenn sie gar nicht bewußt wahrgenommen wird, sondern unbewußt die Kaufentscheidungen und Verbrauchsgewohnheiten beeinflußt. Ein Beispiel für die verführerischen Überlegungen einiger Werbeleute gibt der Ausschnitt Abb. 4 aus einem Zeitungsartikel von H. Kerlikowsky, der sich mit der Einführungswerbung für eine neue Zigarettenmarke befaßt.
Wer sich gegen die Suggestivwerbung schützen will, tut gut daran, sich anzugewöhnen, bei jedem Kauf kurz zu überlegen, warum er gerade diese Ware jetzt kauft und ob das seinen eigentlichen Zielen und Wünschen entspricht beziehungsweise, ob es tatsächlich weiterhilft, um die eigenen Wünsche zu verwirklichen. Aber auch die Bäume der Werbung wachsen nicht in den Himmel. Das zeigt der Ausschnitt aus einem Zeitungsartikel von G. Freese (Abb. 5).

1 Sammelt und besprecht Werbetexte und -abbildungen, Anzeigen von Geschäften, Kinos usw. aus Zeitungen und Zeitschriften, Prospekten und Werbebeilagen.
Versucht zu unterscheiden, welche Werbung suggestiv, welche informativ oder beides ist.

2 Seht Euch eine Sendung des Werbefernsehens an. Notiert die Firmen, die werben und die Produkte, für die sie werben.
Beurteilt, ob die einzelnen Werbungen suggestiv, informativ oder suggestiv und informativ zugleich waren. Begründet Euer Urteil.

D 3 Versucht herauszufinden, ob die Firmen, die im Werbefernsehen werben, zu einer Branche gehören, in der es viele (mehr als 20) oder nur wenige Wettbewerber gibt.
Diskutiert, ob ein Zusammenhang zwischen Zahl der Wettbewerber und Werbeaufwand bestehen könnte.

D 4 In der Bundesrepublik Deutschland ist die vergleichende Werbung verboten, es darf also eine Firma nicht ausdrücklich mit den Vorteilen ihres Erzeugnisses gegenüber den Erzeugnissen anderer Firmen oder mit deren Nachteilen gegenüber dem eigenen Erzeugnis werben.
Diskutiert Vor- und Nachteile dieser Regelung.

5 Überlegt, wer Eure Kaufentscheidungen beeinflußt. Denkt dabei nicht nur an die Werbung, sondern auch an Eltern, Schule, Freunde und Freundinnen, Eure eigenen Ziele. Wem würdet Ihr den größten Einfluß einräumen?

Ursachen der Arbeitslosigkeit

1974 begann in der Bundesrepublik Deutschland eine Wirtschaftskrise. Sie war ausgelöst worden durch die erhebliche Verteuerung der Erdölpreise nach dem Krieg zwischen den arabischen Ländern und Israel 1973. Im Winter 1974/75 stieg die Zahl der Arbeitslosen auf über 1 Million. Vier Jahre später (zur Zeit als dieses Buch geschrieben wurde) hatte sich die Wirtschaftslage nur wenig gebessert, und die meisten Wissenschaftler rechneten damit, daß bis in die 80er Jahre hinein die Arbeitslosigkeit zu hoch sein wird. Auch für die Jugendlichen hat die Arbeitslosigkeit schlimme Folgen: Lehrstellenmangel; Unsicherheit, welche Berufsausbildung einigermaßen gute Aussichten bieten wird; Sorge, daß der erlernte Beruf keine Chancen mehr bietet, einen sicheren und gut bezahlten Arbeitsplatz zu bekommen ...
Wie kann es in einer Marktwirtschaft überhaupt zu Arbeitslosigkeit kommen? Die Meinungen darüber sind geteilt. Hier drei Meinungen:
– „Wenn die Leute mehr kaufen könnten, hätten die Unternehmen mehr zu tun. Dann würden mehr Arbeitskräfte eingestellt. Also sind die Löhne zu niedrig, sie müssen erhöht werden."
– „Die Löhne sind zu hoch. Die Bundesrepublik Deutschland hat heute die höchsten Lohnkosten von allen Industrieländern. Daher sind Waren ‚made in Germany' zu teuer; es wird immer schwieriger, deutsche Waren im Ausland zu verkaufen. Daher gibt es Arbeitslosigkeit."
– „Die Verbraucher wollten heute einfach nicht mehr so viel kaufen wie früher. Geld ist schon da, das zeigen die hohen Spartguthaben. Doch die meisten Leute haben schon Autos und Fernseher, Tiefkühltruhe und Waschmaschine. Es fehlt allgemein an der Nachfrage!"

Wachstum in Schüben

Eine Marktwirtschaft wächst in „Schüben". Das bedeutet: Die Menge der in der Wirtschaft erzeugten Güter und Dienstleistungen steigt nicht gleichmäßig an, sondern mal schneller, mal langsamer und manchmal überhaupt nicht. Die wichtigste Ursache dafür liegt im Verhalten der Unternehmer selbst. Wenn sie erwarten, daß die Verbraucher viel kaufen werden, errichten sie neue Fabriken und stellen neue Arbeitskräfte ein, um ihre Produktion zu erhöhen. Die Wirtschaft wird „angekurbelt": Löhne und Gewinne steigen, mehr Güter werden gekauft. Vielleicht waren anfangs erst einige Unternehmer optimistisch und begannen ihre Produktion auszuweiten. Doch bald breitet sich der Optimismus aus: Jeder möchte beim großen Geschäft dabei sein, jeder beginnt daher, neue Maschinen anzuschaffen und Arbeitsplätze einzurichten, zu „investieren". Die Fachleute nennen diese Phase *Konjunkturaufschwung*. Der Aufschwung kann zu weit gehen; dann kommt es zu *Überhitzung* der Wirtschaft: Die Verbraucher wollen mehr kaufen, als Waren vorhanden sind; die Folge sind Preissteigerungen, *Inflation*.

Es kann aber auch umgekehrt kommen. Vielleicht sind die Preise zu hoch gestiegen; vielleicht hat ein Teil der Unternehmer die Wünsche der Verbraucher falsch eingeschätzt. Erst kommen einige Unternehmen in Schwierigkeiten. Dann breitet sich allgemein der Pessimismus aus: Die Gewinnerwartungen aller oder fast aller Unternehmer gehen zurück. Nun tritt der *Konjunkturabschwung* ein: Die Unternehmer bauen keine neuen Fabriken und kaufen keine neuen Maschinen. Sie entlassen sogar Arbeitskräfte. Es kommt zu *Arbeitslosigkeit*, zur *Wirtschaftskrise* (vgl. Abb. 1).
Bis 1974 glaubten die meisten Wirtschaftswissenschaftler und Politiker in

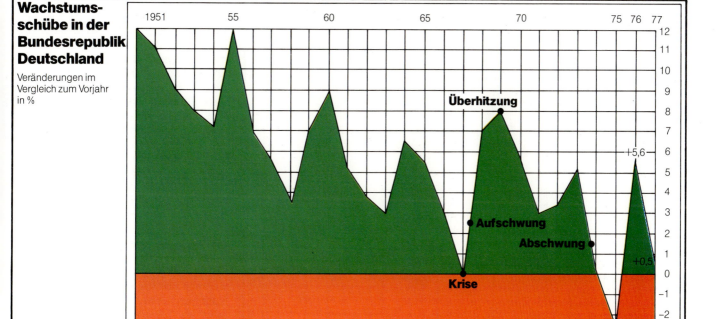

Abb. 1

Bei Überhitzung und Inflation als Folge zu großer Nachfrage nach Gütern	Der Staat muß weniger Geld ausgeben, als er durch Steuern einnimmt. Dadurch verringert er die Nachfrage nach Gütern; der Preisanstieg wird gebremst.
Bei Arbeitslosigkeit als Folge zu geringer Nachfrage nach Gütern	Der Staat muß mehr Geld ausgeben, als er durch Steuern einnimmt. Dadurch verstärkt er die Nachfrage nach Gütern; die Unternehmer stellen wieder Arbeitskräfte ein.

Abb. 2

der Bundesrepublik Deutschland, daß der Staat ein wirksames Mittel habe, sowohl die Überhitzung der Konjunktur mit ihren Preissteigerungen als auch die Arbeitslosigkeit zu vermeiden (vgl. Abb. 2). Inwiefern dieses Rezept erfolgreich war, zeigen Abb. 3 und 4.

Die Arbeitslosigkeit war also in der Bundesrepublik Deutschland zwischen 1960 und 1974 meist sehr gering. Nur 1966/67 stieg sie auf beinahe 500 000 (ca. zwei Prozent der Erwerbstätigen) an. Diese „Krise" wurde aber vor allem durch Anwendung des Rezeptes: *„mehr Staatsausgaben als Staatseinnahmen"* schnell überwunden. Weniger erfolgreich war offenbar der Versuch des Staates, Preissteigerungen zu bekämpfen.

Nach 1974 aber widerstand die Arbeitslosigkeit den Versuchen des Staates, sie durch „Geldspritzen" in die Wirtschaft zu beheben. So borgte sich der Staat 1975 78 Mrd. DM und pumpte sie in die Wirtschaft. Trotzdem ging die Arbeitslosigkeit nur wenig zurück. Offenbar war die Arbeitslosigkeit seit 1974 nicht nur Folge einer kurzen Pause zwischen zwei Wachstumsschüben.

Versuche, Ursachen der Arbeitslosigkeit zu finden

Sind die Löhne zu niedrig?
Fast jeder ist der Meinung, er könnte eigentlich mehr Geld gebrauchen. So richtig zufrieden mit ihrem Einkommen sind daher nur wenige. Die Auffassung, die Löhne seien zu niedrig, so daß die Verbraucher zu wenig kaufen könnten, findet daher viele Anhänger.

Ob diese Auffassung richtig ist, kann geprüft werden, wenn wir vergleichen, wie sich die Produktion der Wirtschaft und die Löhne in den letzten Jahren entwickelt haben (Tab. 1).

Die Zahlen aus Tab. 1 bedeuten z. B.: 1970 stiegen die Löhne nach Abzug der Geldentwertung brutto um 11,3 Prozent. In der gesamten Wirtschaft wurden jedoch je Erwerbstätigen fünf Prozent mehr Güter und Dienstleistungen produziert. Die Lohnsteigerung übertraf 1970 also das Mehrangebot an Waren und Dienstleistungen bei weitem. 1972 und 1976 war es umgekehrt: Die Lohnsteigerungen blieben unter dem Zuwachs an Gütern und Dienstleistungen. Eine kräftige Lohnerhöhung hätte natürlich eine Steigerung der Nachfrage nach allen möglichen Gütern und Dienstleistungen zur Folge, so daß die Unternehmen mehr verkaufen könnten. Das Beispiel Tab. 2 und 3 zeigt, wie sich eine Lohnerhöhung aber außerdem auswirken könnte. Die Kosten des Unternehmens steigen mehr als die vom Beschäftigten erreichte Kaufkraftsteigerung. Es wird in manchen Fällen auch geschehen, daß ein Teil des höheren Einkommens nicht ausgegeben, sondern gespart wird.

Sind die Löhne zu hoch?
Der Auffassung, daß die Löhne in der Bundesrepublik Deutschland zu hoch sind, liegt die folgende Überlegung zugrunde:

Löhne sind für die Unternehmen Kosten. Setzt die Gewerkschaft bei Lohnverhandlungen eine Lohnerhöhung um zehn Prozent durch, so ergibt sich für ein Unternehmen folgende Möglichkeiten:
– es kann versuchen, durch bessere Organisation und durch Einsatz neuer und besserer Maschinen die Leistung pro Arbeitsstunde zu verbessern. Eine solche Verbesserung heißt Steigerung der *Arbeitsproduktivität*. Vielleicht gelingt es sogar, die Arbeitsproduktivität ebenso zu erhöhen wie die Löhne: um zehn Prozent. Dann stellt ein Arbeiter mit Hilfe verbesserter Maschinen bei gleicher Arbeitsbelastung in der Stunde zehn Prozent mehr Güter her; bekommt er zehn Prozent mehr Lohn, so steigen trotzdem nicht die Lohnkosten pro Stück der erzeugten Menge. Daß die besseren Maschinen wahrscheinlich teurer sind, wollen wir zur Vereinfachung nicht berücksichtigen.
– Gelingt es nicht, durch höhere Produktivität die Lohnkostensteigerung voll aufzuholen, so steht das Unternehmen vor folgender Wahl: Entweder kann es seine Preise erhöhen. Das wird es immer dann tun, wenn es glaubt, trotz der Preiserhöhung alle seine Erzeugnisse verkaufen zu können. Oder es muß eine Verringerung

Arbeitslose und offene Stellen in der Bundesrepublik Deutschland

Angaben 1950 ohne Saarland

▬ Arbeitslose
☐ offene Stellen

Abb. 3

Tab. 1: Vergleich des prozentualen Wachstums der Produktion von Gütern und Dienstleistungen je Erwerbstätigen und der Bruttolohn- und Gehaltssumme je Arbeitnehmer in der Bundesrepublik Deutschland (real = nach Abzug der Geldentwertung) (nach Sachverständigenrat 1977/78)

Jahr	prozentuales Wachstum	
	Güter und Dienstleistungen	Löhne und Gehälter
1970	5,0	11,3
1971	3,3	5,4
1972	4,4	3,7
1973	5,0	5,0
1974	2,8	3,7
1975	1,1	1,0
1976	7,5	3,0
1977	3,0	3,4

Tab. 2: Erhöhte Kaufkraft für einen Arbeitnehmer (Vierpersonenhaushalt, mittleres Einkommen) bei einer Lohnerhöhung von 100 DM

Erhöhung des Bruttolohnes	100 DM
Erhöhung von Steuern und Sozialabgaben	39 DM
verfügbarer Rest	61 DM

Tab. 3: Erhöhte Kosten für das Unternehmen bei einer Lohnerhöhung von 100 DM für einen Beschäftigten

Erhöhung des Bruttolohnes	100 DM
Erhöhung der Arbeitgeberbeiträge zur gesetzlichen Sozialversicherung (meist mehr durch zusätzliche Leistungen)	17 DM
zusätzliche Kosten mindestens	117 DM

seiner Gewinne hinnehmen.
Geringere Gewinne sind sicherlich bis zu einem bestimmten Punkt von jedem gutgehenden Unternehmen zu verkraften. Doch früher oder später kommt es zu Schwierigkeiten: Aus den Gewinnen müssen die Investitionen (neue Maschinen, Bauten) bezahlt werden, die zur Verbesserung und zur Erweiterung der Produktion notwendig sind. Geringe Gewinne bedeuten also geringe Investitionen der Unternehmen, und damit auch weniger neue Arbeitsplätze. Schlagen die Gewinne gar in Verluste um, so droht der Zusammenbruch des Unternehmens. Alle Arbeitsplätze sind dann in Gefahr.
Die für alle beste Möglichkeit, ist sicherlich die erste: steigende Lohnkosten müssen durch steigende Produktivität aufgefangen werden. Das ist in den vergangenen Jahren meist auch gelungen. So stieg zwischen 1970 und 1977 bei Daimler-Benz die Produktion von Mercedes-Personenwagen von 280 000 auf 400 000. In der gleichen Zeit erhöhte sich die Zahl der bei der Herstellung der Autos Beschäftigten nur von 47 000 auf 58 500. Das bedeutet:
1970 betrug die Produktivität pro Beschäftigten im Jahr sechs Personenwagen. 1977 bereits sieben!
Jedem Beschäftigten hätte 1977 im Vergleich zu 1970 ein um ein Sechstel höherer Lohn ausgezahlt werden können, ohne daß die Kosten pro Auto gestiegen wären.
Hohe Steigerungen der Produktivität können aber Arbeitslosigkeit zur Folge haben. Unternehmen, deren Produkte nicht so gefragt sind, die daher nicht jedes Jahr mehr verkaufen können, brauchen als Folge der steigenden Produktivität immer weniger Arbeitskräfte. So hat die Industrie in der Bundesrepublik Deutschland 1977 nur elf Prozent mehr an Gütern hergestellt als 1970. 1970 waren neun Mill. Arbeitnehmer in der Industrie beschäftigt. 1976 waren es nur noch 7,8 Mill.!

Verursacht der technische Fortschritt Arbeitslosigkeit?
Die Mikroelektronik ermöglicht es, immer billigere Computer zu bauen, die Maschinen steuern können und menschliche Arbeitskräfte ersetzen. Die Ersetzung menschlicher Arbeitskraft durch Maschinen, wenn Maschinen die gleiche Arbeit billiger leisten können, wird *Rationalisierung* genannt. 1978 traf eine Rationalisierungswelle die Maschinenbau- und die Druckindustrie. Für die nächsten Jahre wird Rationalisierung durch Einsatz von Automaten auch bei den Angestellten in den Büros erwartet. Fachleute fanden heraus, daß 25–50 Prozent aller Bürotätigkeiten durch Automaten übernommen werden könnten. Zu Beginn der achtziger Jahre könnte das zur Folge haben, daß ein bis zwei Mill. Büroangestellte überflüssig werden.
Politik und Wirtschaft geraten angesichts dieser Entwicklungen in einen Zielkonflikt:
Nutzen die Unternehmen nicht jede Möglichkeit zur Steigerung der Produktivität aus, so können die Löhne nur noch sehr langsam steigen. Außerdem besteht die Gefahr, daß deutsche Waren zu teuer werden und im Ausland nicht mehr verkauft werden können.
Steigt aber die Produktivität rasch als Folge der Rationalisierung, so könnten in vielen Bereichen der Wirtschaft in den nächsten Jahren noch mehr Erwerbstätige arbeitslos werden.

Sind die Wünsche der Verbraucher weitgehend erfüllt, die Märkte „gesättigt"?
Auch die Meinung, Arbeitslosigkeit sei vor allem die Folge einer Sättigung der Märkte, hat auf den ersten Blick viel für sich. Die großen „Nachfragewellen" scheinen tatsächlich vorüber zu sein:

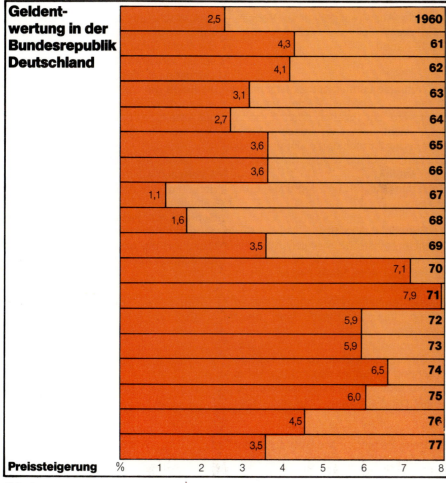

Abb. 4

So ist auf dem Wohnungsmarkt der ganz große „Bauboom" vorbei. Bis 1974 war soviel gebaut worden, daß sich die Zahl der Wohnungen in 20 Jahren verdoppelte und 23 Mill. erreichte. Die große „Lokomotive", die die ganze Wirtschaft wieder in Fahrt bringen könnte, wird der Wohnungsbau wahrscheinlich nicht mehr werden.

Auch die große Motorisierungswelle ist vorüber. 1977/78 wurden Autos zwar noch gut verkauft. Doch jeder zweite Haushalt in der Bundesrepublik Deutschland hatte schon einen Pkw. Große Wachstumsraten sind für die Autoindustrie nicht mehr zu erwarten. Auch die Märkte für teure Elektrogeräte (Fernseher, Waschmaschinen) zeigen Sättigungserscheinungen. Die meisten Haushalte haben diese Geräte schon. Was sollten die Verbraucher eigentlich alles noch kaufen?

Andererseits:
– Die vorhandenen Wohnungen entsprechen nach Lage und Qualität zum Teil nicht den heutigen Verbraucherwünschen. Ältere Wohnungen müßten modernisiert werden. Wohnungen an lauten Hauptverkehrsstraßen müßten durch ruhiger gelegene Neubauten ersetzt werden. Stadtsanierungen, die unsere Städte wieder „wohnlich" machen, sind dringend erforderlich, sonst veröden die Innenstädte weiter. Aus dieser Bautätigkeit könnten sich Wachstumsanstöße für die ganze Wirtschaft entwickeln, wenn auch nicht in gleichem Maße wie aus der gewaltigen Bauwelle der fünfziger und sechziger Jahre.
– Der Umweltschutz könnte, wenn er von den Verbrauchern und den Regierungen wirklich ernst genommen würde, Hunderttausende von Arbeitsplätzen schaffen.
– Neue Märkte lassen sich aber auch durch die Erfindungen erschließen, die die Arbeitsplätze in manchen Industrien heute bedrohen: durch die Computer. Der Fantasie sind dabei kaum Grenzen gesetzt. Technisch möglich sind heute schon Haushaltsroboter, die den Berufstätigen immer mehr der Routinearbeit im Haus abnehmen; Computeranschlüsse für jeden Telefonbenutzer, die jedem Bürger jede Information zugänglich machen und die Möglichkeiten der Bürger zur Weiterbildung, zur Nutzung ihrer Freizeit, zur Mitbestimmung in der Politik und der Wirtschaft gewaltig ausweiten.

Arbeitszeitverkürzung

Nun ist es allerdings möglich, daß die Verbraucher wirklich in Zukunft immer weniger Neigung zeigen, etwas Neues zu kaufen. Es könnte sogar sein, daß auch die Unternehmer „müde" werden und ihre wichtigste Aufgabe nicht mehr erfüllen: Etwas Neues zu entwickeln, das menschliche Bedürfnisse besser als bisher befriedigt, und dafür Märkte zu schaffen. In diesen Fällen würde tatsächlich die Nachfrage nach Arbeitskräften in Zukunft weiter sinken, Arbeitslosigkeit zum Dauerzustand werden. „Sozial" wäre eine durch langanhaltende Arbeitslosigkeit belastete Wirtschaft sicher nicht.

Aber auch die Abhängigkeit von Rohstoffeinfuhren und Ausfuhr von Fertigprodukten gefährdet bei ungünstigen Entwicklungen unsere Arbeitsplätze.

Im Rahmen der Marktwirtschaft gibt es ein Mittel gegen Arbeitslosigkeit, das besonders von den Gewerkschaften in die Diskussion gebracht wurde: die Verkürzung der Arbeitszeit. Das würde den veränderten Wünschen der Verbraucher entgegenkommen; denn wenn sie nicht mehr Geld für Güter und Dienstleistungen ausgeben wollen, dann ziehen sie doch ganz offensichtlich mehr Freizeit vor.

Vorschläge zur Verkürzung der Arbeitszeit liegen schon vor: Herabsetzung der Altersgrenze, längere Schulausbildung, Verlängerung der Urlaubszeit, 35-Stunden-Woche. Über einen Sachzwang müssen sich allerdings alle Beteiligten klar sein: Wenn der einzelne Arbeitnehmer weniger arbeitet, so erzeugt er auch weniger Güter. Sein Einkommen wird daher unvermeidlich sinken, und zwar mindestens vorübergehend, bis Fortschritte der Produktivität die Auswirkungen einer Verkürzung der Arbeitszeit wieder wettgemacht haben.

1 Wenn die Leute glauben, jetzt müßte endlich schönes Wetter werden, dann wird das Wetter deshalb noch lange nicht unbedingt besser. Wenn aber in der Wirtschaft die Unternehmer glauben, die Leute würden bald wieder mehr kaufen ...
Setzt den Satz fort und begründet Eure Meinung!

2 Betrachtet Abb. 3!
Könnt Ihr feststellen, in welchen Jahren die Arbeitsuchenden die besten Aussichten auf eine Stelle hatten und in welchen Jahren sie die schlechtesten Aussichten hatten? Wie hoch in diesen Jahren das Wachstum war, zeigt Abb. 1.

3 Diskutiert darüber, ob eine kräftige Erhöhung der Löhne das richtige Mittel ist, die Arbeitslosigkeit zu bekämpfen! Nennt die Argumente dafür und dagegen!

4 Beim Zeitungs- und Buchdruck hat die „Computerrevolution" viele gutbezahlte Facharbeiter überflüssig gemacht. Bisher waren Schriftsetzer notwendig, um den Bleisatz vorzubereiten. Jetzt ist der Computersatz möglich; Das dafür notwendige Gerät ist ebenso einfach zu bedienen wie eine elektrische Schreibmaschine. Die Produktivität der Arbeit beim Setzen von Texten hat sich mit einem Schlage vervielfacht. Die Ausbildung der Setzer ist nicht mehr gefragt, das Setzen von Buch- und Zeitungstexten billiger geworden. Beim Druckereistreik im Frühjahr 1978 hat die Gewerkschaft durchgesetzt, daß Setzer, deren Arbeit überflüssig geworden ist, nicht entlassen werden dürfen und mindestens noch zwei Jahre lang ihr altes Gehalt weiterbekommen, auch wenn sie nun eine Arbeit leisten, die normalerweise wesentlich geringer bezahlt wird.
Was haltet Ihr von dieser Regelung? Was spricht dafür, was dagegen, ähnliche Regelungen auf die ganze Wirtschaft auszudehnen?

5 Stellt eine Liste von materiellen Bedürfnissen zusammen, die nach Eurer Meinung bisher noch nicht ausreichend befriedigt werden!
Berücksichtigt dabei vor allem auch Bedürfnisse der Gruppen der Bevölkerung, die nur durchschnittliches oder unterdurchschnittliches Einkommen erzielen!

6 Von manchen Bürgern wird das nachlassende wirtschaftliche Wachstum als Vorteil angesehen. Bei geringem Wachstum werden weniger Rohstoffe verbraucht, die Natur wird weniger durch Giftstoffe belastet, die Menschen arbeiten weniger unter Leistungsdruck. Die Arbeitslosigkeit, die als Folge geringen Wachstums eintritt, wollen diese Bürger durch Verkürzung der Arbeitszeit bekämpfen.
Was meint Ihr dazu?

7 Nehmt an, eine Verkürzung der Arbeitszeit würde bald notwendig werden, um die Arbeitslosigkeit zu bekämpfen.
Schreibt auf, welche Möglichkeiten es gäbe, die Arbeitszeit zu verkürzen! Diskutiert die einzelnen Möglichkeiten hinsichtlich ihrer Vor- und Nachteile.

Soziale Marktwirtschaft im Streit der Meinungen

Die Frage, ob die soziale Marktwirtschaft wirklich sozial gerecht ist, wird unterschiedlich beantwortet. Das hängt damit zusammen, daß die Menschen verschiedene Auffassungen von „sozialer Gerechtigkeit" haben.

In den politischen Auseinandersetzungen über soziale Gerechtigkeit werden immer wieder zwei grundsätzliche Standpunkte deutlich:

– Für die einen bedeutet soziale Gerechtigkeit so viel wirtschaftliche Gleichheit wie irgend möglich. Die Einkommensunterschiede sollen nach dieser Auffassung möglichst gering sein; jedenfalls nicht größer, als es notwendig ist, um die Menschen zur Ausführung unangenehmer oder schwieriger Arbeiten zu bewegen.

– Für die anderen bedeutet soziale Gerechtigkeit Berücksichtigung der unterschiedlichen Leistung der einzelnen: wer viel leistet, soll viel verdienen, wer wenig leistet, soll mit weniger zufrieden sein. Jeder soll allerdings frei von materieller Not sein: ausreichende Ernährung, Wohnung, Ausbildung müßten jedem garantiert sein; denn eine reiche Gesellschaft wie die der Bundesrepublik Deutschland sei nur sozial gerecht, wenn auch die leistungsunfähigen oder leistungsschwachen Bürger die Möglichkeit zu einem menschenwürdigen Dasein hätten.

Die Vertreter des „Gleichheitsprinzips" lehnen in der Regel jede Marktwirtschaft, auch die der Bundesrepublik Deutschland ab. Sie erklären, Marktwirtschaft würde viel zu große Ungleichheiten im Einkommen bewirken und könne allein aus diesem Grunde nicht „sozial" sein.

Die Vertreter des „Leistungsprinzips" sind in der Regel auch Anhänger der sozialen Marktwirtschaft. Streit gibt es unter ihnen allerdings darüber, ob in der Bundesrepublik Deutschland genug getan wird, um allen Bürgern ein menschenwürdiges Dasein zu sichern.

In diesen Auseinandersetzungen hat jeder das Recht auf eine eigene Meinung. Wenn er andere von seiner Meinung überzeugen will, muß er allerdings die wichtigsten Tatsachen kennen. Vor allem muß er wissen, wie sich bisher die soziale Marktwirtschaft ausgewirkt hat.

Die Entwicklung der Einkommen

Der Aufbau der sozialen Marktwirtschaft begann in der Bundesrepublik Deutschland mit der Währungsreform 1948. In den 30 Jahren, die seitdem vergangen sind, hat sich der Lohn des durchschnittlichen Arbeitnehmers in Mark fast verzehnfacht. Berücksichtigen wir, daß in der gleichen Zeit die Preise sich mehr als verdoppelt haben, so ergibt sich immerhin noch eine Steigerung des *Reallohns* um das Vier- bis Fünffache (vgl. Abb. 1).

Die Anhänger der sozialen Marktwirtschaft halten allein diese gewaltige Erhöhung der Reallöhne für sozial. Sie sei allen Arbeitnehmern zugute gekommen, nicht nur einer kleinen Schicht von Spitzenkräften.

Kritiker der sozialen Marktwirtschaft behaupten allerdings, daß die Einkommen der Besitzer von Produktionsmitteln – die Gewinne – prozentual schneller gestiegen seien als die Löhne. Die soziale Marktwirtschaft sei also für die Unternehmer vorteilhafter gewesen als für die Arbeitnehmer.

Eine Untersuchung zeigt, daß zwischen 1950 und 1960 die Gewinne tatsächlich schneller gestiegen sind als die Löhne. Das lag vor allem an der sehr hohen Nachfrage nach Gütern in der Zeit des Wiederaufbaus der Wirtschaft.

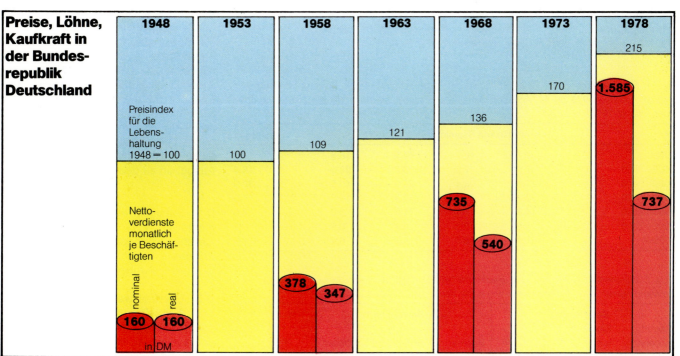

Abb. 1

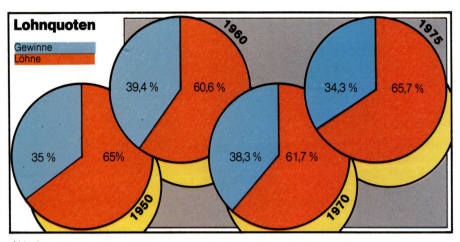

Abb. 2

Von 1960 an wurden Arbeitskräfte knapp; nun stiegen die Löhne etwas schneller als die Gewinne. 1968 gab es einen Rückschlag für die Arbeitnehmer: Im Konjunkturaufschwung blieben die Löhne hinter den Gewinnen zurück. Von 1969–1975 lagen die Löhne deutlich vor den Gewinnen.
Berechnen kann man dieses „Rennen" mit Hilfe der *Lohnquote*. Sie gibt an, welcher Anteil des Volkseinkommens auf unselbständige Arbeit entfällt (vgl. Abb. 2).
Tab. 1 gibt einen Hinweis auf Einkommensunterschiede zwischen verschiedenen Berufsgruppen.

Vermögen für einige oder für alle?

Weit ungleicher als die Verteilung des Einkommens ist die Verteilung des *Vermögens*. Unter Vermögen verstehen wir Geldvermögen (z. B. Sparguthaben), Haus- und Grundbesitz, Wertpapiere, Eigentum an Betrieben. Ein Grund für die ungleiche Verteilung ist einfach: Wer wenig verdient, kann wenig sparen. Wer viel verdient, braucht nur noch einen Teil seines Einkommens, um notwendige Verbrauchsgüter zu kaufen. Den Rest kann er sparen. Mit dem gesparten Geld kann er Vermögenswerte kaufen: Grundstücke, Häuser, Wertpapiere. Das Vermögen der Leute mit hohem Einkommen vermehrt sich, wenn sie es gut anlegen, schnell. Die Leute mit geringem Einkommen können wenig oder überhaupt kein Vermögen bilden. Das Ergebnis sah 1970 so aus, wie in Tab. 2.
Die ungleichen Chancen der Vermögensbildung sind Kritikern der sozialen Marktwirtschaft ein schlagender Beweis dafür, daß die Wirtschaftsordnung gar nicht sozial ist. Anhänger der sozialen Marktwirtschaft verweisen dagegen darauf, daß es möglich wäre, die Vermögensbildung der Arbeitnehmer erheblich zu fördern, wenn der Staat Beteiligungen der Arbeitnehmer am Gewinn der Unternehmen steuerlich begünstigen würde. Tatsächlich hatten bis 1974 alle Parteien schon Pläne zur Vermögensbildung der Arbeitnehmer vorgelegt; die 1974 einsetzende Wirtschaftskrise zwang jedoch dazu, diese Pläne zu verschieben.

Sozialleistungen des Staates

Bisher haben wir untersucht, wie sich die soziale Marktwirtschaft auf die Beschäftigten – Arbeitnehmer und Selbständige – ausgewirkt hat. Wie steht es aber mit Personen, die nicht arbeiten können, weil sie krank oder alt sind? Ist für sie die soziale Marktwirtschaft eigentlich vorteilhaft?
Einen Überblick über das „Netz der sozialen Sicherheit" in der Bundesrepublik Deutschland bieten Euch S. 128/129. Dieses Netz hat sicher noch einige Löcher. So ist ein Teil der Renten ohne Zweifel niedrig. Mit Renten von weniger als 450 DM im Monat ist ein Lebensabend frei von materieller Not kaum möglich. Dies traf 1976 für zehn Prozent der männlichen und 23 Prozent der weiblichen Rentner zu. Die Frage ist, ob die soziale Marktwirtschaft in der Lage ist, diese Mängel im Netz der sozialen Sicherheit möglichst schnell zu beseitigen.
Die Anhänger der sozialen Marktwirtschaft sind davon überzeugt, daß diese Wirtschaftsordnung das beste Mittel darstellt, um die *Sozialleistungen* ständig erhöhen zu können. Sie argumentieren so: Soziale Marktwirtschaft ist der sozialistischen Planwirtschaft bei der Produktion von Gütern und Dienstleistungen weit überlegen. Aus der größeren Menge an Gütern und Dienstleistungen können daher auch die Wünsche der Rentner und der Kranken weitaus besser befriedigt werden als etwa in der DDR.
Tatsächlich hat die Arbeitslosenunterstützung, die in der Bundesrepublik Deutschland ein arbeitsloser Facharbeiter erhält, eine höhere Kaufkraft als der Lohn, den in der DDR ein Facharbeiter bezieht.
Andererseits: Ob es in der Bundesrepublik Deutschland möglich sein wird, die Sozialleistungen weiter im bisherigen Maße zu erhöhen, hängt nicht zuletzt davon ab, ob es gelingen wird, wieder Vollbeschäftigung zu erreichen. Schon 1978 wurde es notwendig, die zukünftigen Rentenzahlungen zu kürzen: Als Folge der Arbeitslosigkeit reichen die Einnahmen der Rentenversicherungen nicht mehr aus, um die Ausgaben zu decken.

D 1 Sammelt (evtl. in Gruppen) Argumente zu Vor- und Nachteilen des *Gleichheitsprinzips* und des *Leistungsprinzips*.
Diskutiert darüber in der Klasse.

D 2 Überlegt was Ihr aus Tab. 1 und Tab. 2 ableiten könnt. Überlegt auch, was den Angaben der Tabellen nicht zu entnehmen ist, Ihr aber gerne wissen möchtet.

Tab. 1: Erwerbstätige (ohne Selbständige in der Landwirtschaft) nach Stellung im Beruf und Nettoeinkommen 1976 (in %, Angaben nach: Statistisches Jahrbuch für die Bundesrepublik Deutschland, 1978)

DM	Selbständige	Beamte	Angestellte	Arbeiter	insgesamt
< 600	6,7	10,7	14,2	16,3	14,3
600–1000	9,9	7,6	18,2	22,0	18,4
1000–1400	13,6	18,4	25,5	40,5	30,9
1400–1800	13,7	20,6	17,1	16,7	17,0
1800–2200	14,9	18,1	11,1	3,6	8,6
2200–2500	5,8	8,5	4,7	0,6	3,2
> 2500	35,3	16,0	9,2	0,4	7,6

Tab. 2: Durchschnittsvermögen der Haushalte 1970 (in DM) nach der Stellung des Haushaltsvorstands (nach U. Andersen, Einführung in die Vermögenspolitik; München, 1976)

Selbständige			Arbeitnehmer			Nichterwerbstätige
Gewerbetreibende	Freiberufliche	Landwirte	Beamte	Angestellte	Arbeiter	
76 700	102 000	78 830	32 800	32 800	19 650	23 570

Die deutsche Teilung

Abb. 1: Die Mehrzahl der Deutschen war von Hitlers Ideen beeindruckt

Abb. 2: Wer sich den Nationalsozialisten widersetzte, kam ins Konzentrationslager.

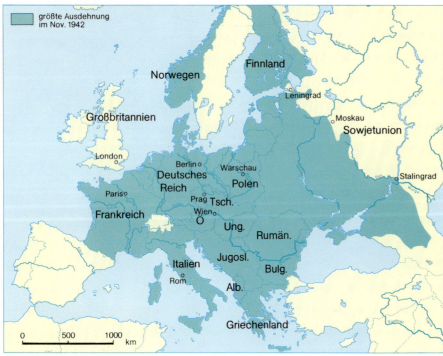
Abb. 3: Höhepunkt der deutschen Eroberungen im 2. Weltkrieg

Das nationalsozialistische Deutschland fängt den 2. Weltkrieg an

1933 kamen in Deutschland die Nationalsozialisten unter ihrem „Führer" Adolf Hitler zur Macht. Demokratie und Rechtsstaat wurden abgeschafft. Hitler errichtete eine *Diktatur* (Diktator = Alleinherrscher) (Abb. 1 und 2).
Hitlers außenpolitisches Ziel war es, zunächst alle Deutschen in einem „Großdeutschen Reich" zu vereinigen. Sein Fernziel war die Eroberung und Beherrschung ganz Europas. 1939 begann Hitler den 2. Weltkrieg mit dem Überfall auf Polen. Frankreich und England leisteten Polen Beistand. Der Krieg weitete sich rasch auf die ganze Welt aus. 1941 griff Hitler die Sowjetunion an. Auch den USA erklärte er den Krieg (vgl. Abb. 3). Der Krieg kostete allein in Europa über 35 Mill. Menschen das Leben.

Die Besetzung Deutschlands

1945 waren die deutschen Armeen geschlagen, die deutschen Städte durch Luftangriffe zerstört. Der östliche Teil Deutschlands wurde von der „Roten Armee" der Sowjetunion besetzt. Den westlichen und südlichen Teil besetzten Amerikaner, Engländer und Franzosen. Die Siegermächte teilten Deutschland in *Besatzungszonen* unter dem Befehl von Militärregierungen ein (vgl. Abb. 4). Berlin, die Hauptstadt Deutschlands, wurde von allen vier Besatzungsmächten besetzt (vgl. Abb. 5).
Trotz der Einteilung in Besatzungszonen schien die Einheit Deutschlands 1945 noch nicht verloren zu sein. Auf der *Potsdamer Konferenz* im Juli 1945 beschlossen die Sowjetunion, die USA und Großbritannien, daß die Besatzungsmächte in Fragen, die ganz Deutschland betrafen, gemeinsam vorgehen sollten.

Ein eigener deutscher Weg zur Demokratie?

Ein wichtiger Schritt zum Wiederaufbau einer deutschen Demokratie war die Zulassung demokratischer Parteien durch die Besatzungsmächte. In der sowjetischen Besatzungszone wurden schon im Sommer 1945 vier Parteien zugelassen, die sich zum Kampf gegen den *Faschismus* verpflichteten. Faschismus ist der Oberbegriff für den deutschen *Nationalsozialismus* und den ihm in manchen Zügen ähnlichen italienischen Faschismus. Diese Parteien waren:

Die *Sozialdemokratische Partei Deutschlands (SPD)*

Die *Kommunistische Partei Deutschlands (KPD)*

Die *Christlich-Demokratische Union (CDU)*

Die *Liberal-Demokratische Partei Deutschlands (LDPD)*.

In der sowjetischen Besatzungszone wurde die KPD in besonderem Maße von der Besatzungsmacht gefördert. Die Führer der KPD waren deutsche Kommunisten, die vor den Nationalsozialisten in die Sowjetunion geflüchtet und jetzt zurückgekommen waren. Sie waren streng an die Weisungen der sowjetischen Militärregierung gebunden.

Im Gründungsaufruf der KPD der sowjetischen Besatzungszone hieß es:

„Wir sind der Auffassung, daß der Weg, Deutschland das Sowjetsystem aufzuzwingen, falsch wäre; denn dieser Weg entspricht nicht den gegenwärtigen Entwicklungsbedingungen in Deutschland. Wir sind vielmehr der Auffassung, daß die entscheidenden Interessen des deutschen Volkes in der gegenwärtigen Lage einen anderen Weg vorschreiben, und zwar den Weg der Aufrichtung eines antifaschistischen [= gegen den Nationalsozialismus gerichteten] demokratischen Regimes, einer parlamentarisch-demokratischen Republik mit allen demokratischen Rechten und Freiheiten für das Volk."

Viele Deutsche hofften nach diesem Aufruf, die Sowjetunion würde ihnen die Möglichkeit geben, eine parlamentarische Demokratie aufzubauen. Diese Hoffnung erfüllte sich aber nicht. Die sowjetische Militärregierung vergab die wichtigsten Ämter in der deutschen Verwaltung an die Mitglieder der Kommunistischen Partei.

Die SPD, die dreimal mehr Mitglieder als die KPD hatte, wurde im Frühjahr 1946 gezwungen, sich mit der KPD zu vereinigen. So entstand die *Sozialistische Einheitspartei Deutschlands (SED)*. Nach dem Willen der sowjetischen Besatzungsmacht sollte sie sich darauf vorbereiten, eines Tages von der Militärregierung in der sowjetischen Besatzungszone die Macht zu übernehmen. Die übrigen Parteien – die von der SED als „bürgerlich" bezeichnet wurden – verloren ihre Selbständigkeit. „Bürgerliche" Politiker, die sich der SED widersetzten, wurden verhaftet oder mußten in den Westen fliehen.

Abb. 4: Besatzungszonen in Deutschland und Österreich

Der Neuanfang in den Westzonen

Auch in den westlichen Besatzungszonen bestanden Militärregierungen. Auch sie ließen deutsche Parteien zu. Die meisten von ihnen hatten die gleichen Namen wie die Parteien in der sowjetischen Besatzungszone. Doch in den Westzonen blieben die Parteien selbständig; bei den Gemeinde- und Landtagswahlen 1946 und 1947 konnten sich die westdeutschen Wähler frei zwischen mehreren unabhängigen Parteien entscheiden. In der amerikanischen, britischen und französischen Besatzungszone begann so der Aufbau einer parlamentarischen Demokratie nach „westlichem" Vorbild.

Anfangs betrachteten auch die westlichen Besatzungsmächte Deutschland als einen besiegten, aber immer noch gefährlichen Feind; ebenso wie die Sowjetunion sahen sie ihre Hauptaufgabe in Deutschland darin, ein Wiedererstarken des Nationalsozialismus zu verhindern. Schon 1946 begannen aber Amerikaner, Briten und Franzosen, die Deutschen auch als zukünftige Partner zu sehen. Eine wichtige Ursache dafür nannte Winston Churchill, der während des Krieges in Großbritannien Regierungschef gewesen war.

Abb. 5: Geteilte Stadt Berlin

Abb. 6: Luftbrücke für Berlin

Abb. 7: 17. Juni 1953

Er sagte im März 1946:
„Ein Schatten ist auf die Erde gefallen, die erst vor kurzem durch den Sieg der Alliierten [alliiert = verbündet, gemeint sind die ehemaligen Kriegsgegner Deutschlands] hell erleuchtet worden ist ... Von Stettin bis zur Adria ist ein Eiserner Vorhang über den Kontinent gezogen ... Die kommunistischen Parteien, die in allen diesen östlichen Staaten Europas bisher klein waren, sind überall großgezogen worden, sie sind zu unverhältnismäßig hoher Macht gelangt ... Fast in jedem Land herrscht eine Polizeiregierung ... Ich glaube nicht, daß Sowjetrußland den Krieg will. Was es will, das sind die Früchte des Krieges und die unbeschränkte Ausdehnung seiner Macht..."
(Archiv der Gegenwart, 1946/47, vgl. Abb. 4)

Die Berliner Blockade

In der ganzen Welt verschärften sich seit 1946 die Spannungen zwischen den *Westmächten* (USA, Großbritannien, Frankreich) und der Sowjetunion. Auch über Deutschland konnten sich die Siegermächte nicht mehr einigen. Die Westmächte begannen 1947 damit, ihre Besatzungszonen zusammenzuschließen. Das war notwendig, um die Wirtschaft wieder aufzubauen. Die Sowjetunion sah in diesem Zusammenschluß einen Bruch des Abkommens, das in Potsdam 1945 über Deutschland getroffen worden war. Sie versuchte nun, die Westmächte aus Berlin hinauszudrängen.
Im Frühjahr 1948 sperrte die Sowjetunion alle Straßen-, Eisenbahn- und Wasserverbindungen zwischen den westlichen Besatzungszonen und West-Berlin *(Berliner Blockade)*. Die sowjetische Regierung erwartete, daß die 2 Mill. Westberliner nun nicht mehr mit Lebensmitteln und Industrieerzeugnissen versorgt werden könnten und die Westmächte West-Berlin verlassen müßten. Den Westmächten wäre dadurch eine schwere Niederlage zuge-

Tab. 1: Flüchtlinge aus der DDR in die Bundesrepublik Deutschland bis zum Mauerbau (13. 8. 1961)

Jahr	Flüchtlinge in 1000
1949	129
1950	198
1951	166
1952	182
1953	331
1954	184
1955	253
1956	279
1957	261
1958	204
1959	144
1960	199
1961	155
1949–13. 8. 1961	2 687

fügt worden; sie hätten ihr Ansehen bei der deutschen Bevölkerung verloren. Vor allem aber wäre das störende West-Berlin, zu dem die Ostberliner und auch die Bewohner der übrigen sowjetischen Besatzungszone noch leichten Zugang hatten, der sowjetischen Besatzungszone eingefügt worden. Die Westmächte gaben Berlin jedoch nicht auf. Die USA organisierten eine *Luftbrücke* (vgl. Abb. 6). Dadurch gelang es, West-Berlin zu versorgen. Nach einem Jahr gaben die Sowjets nach und hoben die Blockade auf.
Die Luftbrücke brachte einen Wendepunkt im Verhältnis zwischen den Deutschen und den Westmächten. Großbritannien, Frankreich, vor allem aber die USA, galten nun vielen Deutschen nicht mehr als Eroberer und ehemalige Feinde, sondern als Beschützer vor der Sowjetunion.

Die Spaltung wird besiegelt

Am 23. Mai 1949 wurde in den Westzonen das *Grundgesetz der Bundesrepublik Deutschland* verkündet. Am 29. Mai 1949 wurde in der sowjetischen Besatzungszone die *Verfassung der Deutschen Demokratischen Republik* verkündet. Damit waren zwei verschiedene deutsche Staaten entstanden.
Der Bundesrepublik Deutschland gelang es, ihre Wirtschaft, zum Teil mit amerikanischer Hilfe, rasch wieder aufzubauen. Nicht zuletzt wegen ihrer wirtschaftlichen Erfolge fand die parlamentarische Demokratie, wie sie das Grundgesetz geschaffen hatte (vgl. S. 101), in der Bevölkerung breite Zustimmung. 1955 trat die Bundesrepublik Deutschland der NATO (North Atlantic Treaty Organisation) bei und führte die allgemeine Wehrpflicht ein. In der Deutschen Demokratischen Republik begann der „Aufbau des Sozialismus" nach dem Modell der Sowjetunion. Dabei mußten große Schwierigkeiten überwunden werden: Die Sowjetunion hatte unter dem Krieg besonders schwer gelitten. Sie beschlagnahmte daher nach 1945 einen großen Teil der Industrieanlagen in ihrer Besatzungszone als Entschädigung. Der „Sozialismus" mußte daher in einem Lande aufgebaut werden, dessen Wirtschaft kaum noch funktionierte.
Der entscheidende Schritt beim Aufbau des Sozialismus war die *Enteignung der Besitzer von Produktionsmitteln* (Fabriken, Handelsunternehmen, Boden). Viele Bauern, deren Land enteignet worden war, flüchteten nach dem „Westen". In der Industrie litten die Arbeiter unter hohen Leistungsanforderungen und geringen Löhnen. Am 17. Juni 1953 weitete sich ein Streik der Bauarbeiter in Ost-Berlin zu einem Aufstand gegen die SED und die sowjetische Besatzungsmacht aus. Die sowjetische Armee mußte mit Panzern eingreifen, um den Aufstand niederzuschlagen (vgl. Abb. 7).
Tab. 1 zeigt die Zahl der Flüchtlinge aus der DDR, die meist über Berlin in den „Westen" kamen. Zwischen 1949 und 1961 haben 2,6 Mill. Menschen die DDR verlassen. Sie waren mit den wirtschaftlichen Verhältnissen nicht zufrieden und mit der politischen Ordnung nicht einverstanden. Dieser Flücht-

Abb. 8: „Mauer" nach dem 13. August 1961

Abb. 9: Nationale Volksarmee

1945: „Bruder!"

1955: „Mein lieber Vetter!"

1965: „Ach ja, — wir haben irgendeinen entfernten Verwandten im Ausland..."

Abb. 10

lingsstrom belastete die DDR-Wirtschaft schwer. Oft waren es die besten Facharbeiter, Ingenieure und Wissenschaftler, die in den Westen gingen. Am 13. August 1961 befahl die Regierung der DDR, eine Mauer zwischen Ost- und West-Berlin zu errichten. Dadurch wurde den DDR-Bewohnern die letzte Möglichkeit genommen, ohne Lebensgefahr die DDR zu verlassen (vgl. Abb. 8).

Wie die Bundesrepublik Deutschland in die westliche Verteidigungsgemeinschaft, so ist die DDR in die Verteidigungsgemeinschaft des „Warschauer Paktes" eingegliedert. Sie hat seit 1955 eine eigene Armee, die *Nationale Volksarmee (NVA)* (vgl. Abb. 9).

Von der „Entspannungspolitik" zum „Grundvertrag"

Um den Frieden zu erhalten, bemühen sich seit 1962 die USA und die Sowjetunion um eine Politik der *Entspannung.* Auch die Bundesrepublik Deutschland strebte ein besseres Verhältnis zur DDR an. 1972 schloß die Bundesrepublik Deutschland mit der DDR den *Grundvertrag* ab. In ihm erkennt die Bundesrepublik Deutschland die DDR als selbständigen Staat an. Beide deutschen Staaten verpflichten sich, die Grenzen des anderen nicht zu verletzen. Trotz der Spaltung Deutschlands in zwei Staaten besteht für die Bundesrepublik Deutschland nach wie vor die einheitliche deutsche *Nation* (Nation = Gemeinschaft der Menschen mit gleicher Sprache und/oder gemeinsamer Geschichte). Für die Bundesrepublik Deutschland gibt es also zwei deutsche Staaten, aber eine deutsche Nation. Diese Auffassung hat eine wichtige rechtliche Folge. Die DDR gilt für die Bundesrepublik Deutschland nicht als Ausland; jeder Bürger der DDR ist Deutscher nach dem Grundgesetz. Kommt er in die Bundesrepublik Deutschland, so hat er die gleichen Rechte wie jeder andere Bürger der Bundesrepublik Deutschland. Die DDR lehnt diese Auffassung vom Fortbestand der Nation ab. Sie nennt sich nicht mehr *„sozialistischer Staat deutscher Nation",* wie noch in ihrer Verfassung von 1968, sondern seit 1974 heißt es in der DDR-Verfassung: *„Die DDR ist ein sozialistischer Staat der Arbeiter und Bauern."*

1 Einige von Euch haben sicher Verwandte in der DDR.
Stellt fest, wo sie wohnen, und sucht die Orte auf der Deutschlandkarte auf! Berichtet, ob Ihr noch in Verbindung mit ihnen steht!

2 Vielleicht haben einige von Euch Eltern, die als Flüchtlinge aus der DDR kamen.
Bittet sie, Euch zu erzählen, warum sie die DDR verlassen haben. Berichtet in der Klasse!

3 Stellt mit Hilfe von Abb. 1, S. 191 und evtl. mit einem Atlas fest, welche Länder Europas am Ende des 2. Weltkrieges oder kurz danach unter die Kontrolle der Sowjetunion gerieten!

4 Warum sprach Winston Churchill von einem Eisernen Vorhang? Was ist heute aus dem Eisernen Vorhang geworden?

5 Beschreibt, was aus Berlin am Ende des Krieges wurde! Überlegt, warum die Anwesenheit amerikanischer, britischer und französischer Truppen in West-Berlin die Sowjetunion störte!

6 Schildert einige der Schwierigkeiten beim „Aufbau des Sozialismus" in der DDR!

7 Schon vor 20 Jahren sah der Karikaturist H. E. Köhler den Weg zur deutschen Spaltung wie in Abb. 10. Was meint Ihr dazu?

Die Lehren von Karl Marx und ihre Wirkungen

Abb. 1

Die Ideen, die den Aufbau des Sozialismus in der Sowjetunion und in der DDR leiteten, stammen vor allem von *Karl Marx* (1818–1883) und *Wladimir Iljitsch Lenin* (1870–1924).
Karl Marx war ein deutscher Gelehrter und Politiker. 1847 veröffentlichte er zusammen mit seinem Freunde *Friedrich Engels* das *Kommunistische Manifest*. Sein wichtigstes Werk ist *Das Kapital* (erschienen ab 1867). Die Arbeiten von Marx enthalten eine Untersuchung der bestehenden Gesellschaft und einen Aufruf an die Arbeiter, sich zusammenzuschließen und diese Gesellschaft durch Revolution zu überwinden.

Untersuchung der bestehenden Gesellschaft

In der bestehenden Gesellschaft sieht Marx einen Kampf zwischen den beiden wichtigsten Klassen: der Klasse des Bürgertums und der Klasse der Arbeiter.
Dem Bürgertum gehören die *Produktionsmittel* (Boden, Fabriken, Maschinen, Geld). Produktionsmittel werden auch *Kapital* genannt. Die Besitzer der Produktionsmittel heißen daher bei Marx *Kapitalisten*. Den Arbeitern gehört nach Marx nichts als ihre Arbeitskraft. Nach dem lateinischen Wort für Besitzlose nennt Marx die Arbeiter auch *Proletarier*, die Klasse der Arbeiterschaft das *Proletariat*.
Das Bürgertum hat die moderne Indu-

„... [Es] wurde in Beleuchtung der Behauptung eines früheren Redners, die Arbeiter mehrerer bedeutender Häuser dahier hätten während der letzten Monate den guten Verdienst von wöchentlich 3 Tlr.* 7 Sgr. bezogen, folgende spezielle Rechnung der notdürftigsten Gegenstände, welche einer Haushaltung von fünf Personen (Mann, Frau und drei Kinder von 10, 7 und 3^1/$_2$ Jahren zukommen, aufgestellt ...:

	Tlr.	Sgr.	Pf.
1. Hausmiete à 35 Tlr. (mittlerer Preis) per Jahr macht pro Woche		20	2^4/$_{13}$
2. Fleisch 3^1/$_2$ Pfund (also per Tag ^{1}/$_2$ Pfund für 5 Personen) à Pfd. 3^1/$_2$ Sgr. macht		12	3
3. 3 Schwarzbrode, à Brod zu 3^1/$_2$ Sgr.		10	6
4. 7 Reihen Weißbrod à Reihe zu 1 Sgr.		7	–
5. 6 Becher Kartoffeln, Becher zu 1 Sgr. 10 Pfg.		11	–
6. 1^1/$_2$ Pfund Butter à Pfd. zu 6 Sgr.		9	–
7. ^{3}/$_4$ Pfund Kaffee		5	–
8. Oel ^{1}/$_2$ Maß		4	10
9. 3 Pfund Mehl à Pfd. 1 Sgr. 2 Pf.		3	6
10. Kohlen		5	–
11. 2 Portionen Gemüse à Portion 1^1/$_2$ Sgr.		3	–
12. Ein Mäßchen Erbsen		1	3
13. ^{3}/$_4$ Maß weiße Bohnen		1	9
14. Fett		3	–
15. Auflage		2	6
16. Schulgeld		4	–
17. Reis		1	6
18. Milch		2	6
19. Zichorien		–	7
20. Seife		2	–
21. Bier		1	6
Macht Summa	Tlr. 3	21	10^4/$_{13}$

Verzeichnis der notdürftigsten Bekleidungsstücke: Fußbekleidung

	Tlr.	Sgr.	Pf.
1. für den Vater per Jahr	4	27	6
2. für die Mutter 2 Paar Schuhe	2	16	–
3. für das 1. Kind 2 Paar Schuhe	1	26	–
4. für das 2. Kind 2 Paar Schuhe	1	12	–
5. für das 3. Kind	1		
6. Kosten der sämtlichen Flickerei	1	10	–
Macht Summa	13	1	6
(dazu) Wäsche			
1. für den Vater 2 Hemden	2	–	–
2. für die Mutter 2 Hemden	1	16	–
3. für das 1. Kind 2 Hemden	–	22	–
4. für das 2. Kind 2 Hemden	–	20	–
5. für das 3. Kind 2 Hemden	–	13	9
6. für 2 Bettlaken	2	–	–
7. für 4 Handtücher	–	18	–
Macht Summa	21	1	9

Diese jährliche Summe von 21 Tlr. 1 Sgr. 9 Pf. macht auf die Woche berechnet cirka 12 Sgr. 2 Pf., welche mit oben aufgestellten 3 Tlr. 21 Sgr. 10^4/$_{13}$ Pf. zusammen per Woche 4 Tlr. 4 Sgr. betragen. Wer diese aufgestellte Rechnung prüft, wird sich über die mäßigen Schranken, in welchen Verfasser derselben die notwendigen Bedürfnisse einer mittleren Arbeiterfamilie zusammenfaßt, verwundern. Wie verträgt sich aber nun eine solche Rechnung mit dem guten Verdienst von 3 Talern 7 Silbergroschen in guten Arbeitsmonaten? Wie stellt sich die Sache in schlechten Monaten, bei eintretender Teuerung, in Krankheitsfällen? ..."

* 1 Taler = 30 Silbergroschen, 1 Silbergroschen = 12 Pfennig.

Abb. 2: Löhne und Lebenshaltungskosten in Elberfeld 1849 (Elberfelder Kreisblatt, 20. 2. 1849; zitiert nach W. Pöls [Hrsg.], Deutsche Sozialgeschichte; München 1973)

strie geschaffen und dadurch die ganze Welt verändert, erklärt Marx. „Unterjochung der Naturkräfte, Maschinerie, Anwendung der Chemie auf Industrie und Ackerbau, Dampfschiffahrt, Eisenbahnen, elektrische Telegrafen, Urbarmachung ganzer Weltteile, Schiffbarmachung der Flüsse, ganze aus dem Boden hervorgestampfte Bevölkerungen – welches frühere Jahrhundert ahnte, daß solche Produktionskräfte im Schoß der gesellschaftlichen Arbeit schlummerten."
(Karl Marx, Friedrich Engels, Kommunistisches Manifest)

Doch das Bürgertum gleicht nach Marx dem Hexenmeister, der mit den Kräften, die er gerufen hat, nicht mehr fertig wird.
Die einzelnen Kapitalisten stehen im Wettbewerb miteinander. Jeder versucht, den anderen zurückzudrängen, um mehr Waren absetzen zu können und mehr zu verdienen. In diesem Wettbewerb überleben nur die Stärksten, die das meiste Kapital haben. Die kleinen Handwerker und Fabrikbesitzer werden ruiniert. Während die gesamte Klasse der Kapitalisten also immer reicher wird, nimmt die Anzahl der Kapitalisten ab. Diesen Vorgang nannte Marx „Konzentration". Außerdem stellen die Kapitalisten immer mehr Waren her. Um diese Waren zu verkaufen, jagen sie über den ganzen Erdball. Doch die meisten Menschen sind zu arm, um die Waren kaufen zu können. So kommt es immer wieder zu Absatzkrisen und Arbeitslosigkeit.
Die größte, tödliche Gefahr droht den Kapitalisten aber von der Klasse der Arbeiter. Je mehr die Industrie wächst, desto zahlreicher werden die Arbeiter. Immer mehr Handwerker, Kaufleute und Bauern werden von den größeren Kapitalisten ruiniert und werden zu Proletariern. Einer immer kleineren, aber reichen Klasse von Kapitalisten steht schließlich eine immer größere, besitzlose Klasse von Arbeitern gegenüber.
Um 1850 reichten die Löhne der Arbeiter kaum aus, um das Nötigste zu kaufen (Abb. 2). Marx sagte nun voraus, daß die Lage der Arbeiter noch viel schlimmer werden würde. Er erwartete, daß Maschinen immer mehr Arbeiter ersetzen würden. Allein aus diesem Grunde müßte die Arbeitslosigkeit ständig immer größer werden. Hinzu kämen dann die Absatzkrisen, in denen die Arbeitslosigkeit zeitweilig noch stärker zunehmen müsse. Da es damals keine Arbeitslosenunterstützung gab, schien für Marx die Schlußfolgerung klar zu sein:
Immer mehr Arbeiter würden von bitterer Not und sogar vom Hungertod bedroht sein. Das Proletariat würde „verelenden".

Die Löhne konnten, nach Marx, also nie so hoch steigen, daß den Proletariern ein Leben in auch nur bescheidenem Wohlstand möglich war. Im Gegenteil: In den Zeiten der Arbeitslosigkeit verdienten sie überhaupt nichts und waren vom Hungertod bedroht. Ebensowenig gab es für sie eine ausreichende Hilfe bei Krankheit. Marx sprach daher davon, daß das Proletariat verelenden müßte.

Die Revolution

In ihrer Verzweiflung würden sich die Arbeiter – nach Karl Marx – schließlich zusammentun und versuchen, ihre Lage zu ändern.
Es werde eine Zeit immer heftigerer *Klassenkämpfe* kommen, in denen die Kapitalisten in den von ihnen beherrschten Staaten vor allem Polizei und Armee gegen die Arbeiter einsetzen würden. Doch schließlich werde das Proletariat die erdrückende Mehrheit der Bevölkerung umfassen. Dann werde die *Revolution* gelingen. In der Revolution müßten die Kapitalisten *enteignet* werden; d. h. die Produktionsmittel müßten ihnen genommen werden; denn Privateigentum an Produktionsmitteln dürfe es nicht mehr geben. Der Staat, bisher Instrument der Kapitalisten zur Unterdrückung der Proletarier, müsse umgewandelt werden in ein Instrument der Arbeiter zur Unterdrückung der *bürgerlichen Klasse*. Auf die Revolution werde also die *Diktatur des Proletariats* folgen. Da die Proletarier nun die große Mehrheit der Bevölkerung umfaßten, sei diese Diktatur demokratisch.
Nach einer Übergangszeit werde die bürgerliche Klasse ganz verschwinden: *„An die Stelle der alten bürgerlichen Gesellschaft mit ihren Klassen und Klassengegensätzen tritt eine Assoziation [Vereinigung, Gemeinschaft], worin die freie Entwicklung eines jeden die Bedingung für die freie Entwicklung aller ist."* (Kommunistisches Manifest)
Grund und Boden, Werkstätten und Fabriken würden nun allen Arbeitenden gemeinsam gehören. Ziel der gemeinsamen Arbeit werde es sein, die Bedürfnisse der Menschen zu erfüllen, nicht aber, wie im Kapitalismus, hohe Gewinne zu erzielen.
Durch die gemeinsame Planung der Arbeit könne, wie Marx meint, die Leistungsfähigkeit der Wirtschaft weiter verbessert werden. Krisen und Arbeitslosigkeit werde es nicht mehr geben.
Anfangs könne erst der *Sozialismus* verwirklicht werden, später der *Kommunismus*. Im Sozialismus gelte der Grundsatz: *„Jeder nach seinen Fähigkeiten, jedem nach seinen Leistungen".* Im Sozialismus werde es also noch Einkommensunterschiede geben. Spä-

Kapital: Geld, Fabriken, Maschinen, Boden. Meist in gleichem Sinne wie „Produktionsmittel" gebraucht.

Kapitalismus: eine Gesellschaftsordnung, in der die Produktionsmittel überwiegend in Privatbesitz sind. Die Besitzer der Produktionsmittel heißen Kapitalisten. Ihnen stehen die Arbeiter gegenüber, die besitzlos sind und daher ihre Arbeitskraft gegen Lohn verkaufen müssen.

Klasse: Unterscheidungsmerkmal für die Klassen ist der Besitz bzw. Nichtbesitz von Produktionsmitteln. Klassen sind für Marx: das Bürgertum, das die Produktionsmittel besitzt und das Proletariat (Arbeiterklasse), das keine Produktionsmittel besitzt. Eine weitere Klasse, die aber im 19. Jh. schon an Bedeutung verloren hatte, war der Adel. Bis ins 18. Jh., als dem Adel der meiste Boden gehörte und Boden das wichtigste Produktionsmittel war, bildete der Adel die herrschende Klasse.

Sozialismus, Kommunismus: Beide Begriffe werden nicht immer scharf getrennt. Auf Marx und Engels geht die folgende Unterscheidung zurück:
Sozialismus ist die Zeit nach der erfolgreichen Revolution des Proletariats, in der jeder nach seinen Fähigkeiten für die Gemeinschaft arbeitet, nach seinen Leistungen entlohnt wird.
Kommunismus ist die nächste Stufe, in der der Grundsatz gilt: Jeder nach seinen Fähigkeiten, jedem nach seinen Bedürfnissen.
Oft wird „Sozialismus" aber auch als Oberbegriff für alle politischen Bewegungen benutzt, die gegen den Kapitalismus gerichtet sind. Kommunismus ist dann nur eine besonders radikale Form des Sozialismus. Ganz gleich, welcher besondere Begriff von Sozialismus verwendet wird, gilt:
Sozialismus verlangt mehr Gleichheit der Menschen und die Aufhebung des Privatbesitzes, mindestens der wichtigsten Produktionsmittel.

Abb. 3: Wichtige Begriffe bei Karl Marx

ter, wenn die Wirtschaft Güter im Überfluß liefern werde, könne der Kommunismus verwirklicht werden. Im Kommunismus gelte der Grundsatz: *„Jeder nach seinen Fähigkeiten, an jeden gemäß seiner Bedürfnisse".* Kommunismus heißt bei Marx also: Jeder trägt

Abb. 4 Karl Marx   Friedrich Engels   W. I. Lenin   J. W. Stalin

nach bestem Können zur gemeinsamen Arbeit bei; an jeden gibt die Gemeinschaft so viel zurück, daß er seine Bedürfnisse befriedigen kann.

Die Wirkung der Lehre von Karl Marx in Deutschland

Die Lehre von Marx hatte eine große Wirkung. In Deutschland wurde 1869 die *Sozialdemokratische Arbeiterpartei* gegründet: sie übernahm wichtige Gedanken von Marx. Später gab sie sich den Namen *Sozialdemokratische Partei Deutschlands (SPD),* den sie bis heute trägt.

Schon am Ende des 19. Jahrhunderts wurden in der SPD Politiker einflußreich, die die Lehre von Karl Marx in einem entscheidenden Punkte nicht mehr für richtig hielten. In Deutschland, aber auch in England, Frankreich und anderen europäischen Ländern hatte sich gezeigt, daß die Arbeiter nicht „verelendeten". Die Löhne stiegen, und zwar stärker als die Preise. Auch die Arbeitslosigkeit war geringer als es Marx vorhergesagt hatte. Zudem war in Deutschland ein Kranken- und Rentenversicherungssystem aufgebaut worden (vgl. S. 127), das die Arbeiter bei Krankheit und im Alter vor der bittersten Not schützte. Die Folge war, daß unter den Arbeitern die Anhänger einer gewaltsamen Revolution in der Minderheit blieben. In der SPD setzten sich die Politiker durch, die durch Reformen die bestehende Gesellschaft verbessern wollten, die aber die Revolution und die „Diktatur des Proletariats" als undemokratisch ablehnten.

Sozialismus in der Sowjetunion

Anders als in Deutschland verlief die Entwicklung in Rußland. Dort kam 1917 Wladimir Iljitsch Lenin zur Macht. Lenin war der Führer der russischen Kommunisten, die bis 1917 im Untergrund gegen die russische Regierung kämpften. Die militärische Niederlage des russischen Zarenreiches im 1. Weltkrieg bot Lenin die Chance zur Machtergreifung.

Rußland war aber ein wirtschaftlich noch wenig entwickeltes Land, in dem die Industriearbeiter nur eine kleine Minderheit der Bevölkerung umfaßten. Nach der Lehre von Marx wäre in einem solchen Land die sozialistische Revolution noch gar nicht möglich gewesen. Lenin gelang es aber, ein Bündnis der Industriearbeiter mit den Landarbeitern und Kleinbauern herbeizuführen. Er versprach den Industriearbeitern die Fabriken, den Landarbeitern und Kleinbauern eigenes Land durch Aufteilung der großen Güter.

Aus der russischen Revolution entstand die *Sowjetunion.* Sie bezeichnet sich als das erste sozialistische Land der Welt. Mit ihrer erfolgreichen Revolution begründet sie ihren Führungsanspruch gegenüber allen anderen sozialistischen und kommunistischen Parteien und Ländern der Welt.

Nach dem Sieg der Kommunisten in Rußland war Lenin ein fast allmächtiger Diktator. Er herrschte über die Sowjetunion mit Hilfe der Kommunistischen Partei. Alle anderen Parteien sind seit dieser Zeit verboten. Freie Wahlen gab und gibt es nicht.

Lenins Herrschaft war nicht eine Diktatur des Proletariats im Sinne von Marx, sondern die Diktatur der Führungsgruppe der Kommunistischen Partei über ein ganzes Land. Lenin rechtfertigte diese Diktatur damit, daß Rußland zum Sozialismus geführt werden müsse und nur die Kommunistische Partei dazu imstande sei.

Lenins Nachfolger *Stalin* herrschte über die Sowjetunion von 1924 bis zu seinem Tode 1953. Unter seiner Führung wurde aus der wirtschaftlich unterentwickelten Sowjetunion in kurzer Zeit ein modernes Industrieland. Dazu waren ungeheure Anstrengungen und Opfer der Bevölkerung notwendig. Um diese Opfer zu erzwingen, wandte Stalin das Mittel des *Massenterrors* an. Das bedeutet: ganze Bevölkerungsgruppen wurden vernichtet, weil sie sich seiner Politik widersetzten.

Nach Stalins Tod (1953) wandte sich die Führung der *Kommunistischen Partei der Sowjetunion (KPdSU)* gegen Stalins Herrschaftsmethoden. „Massenterror" gibt es heute nicht mehr. Nach wie vor gilt in der Sowjetunion aber die Lehre Lenins: Alle Macht muß bei der Führung der Kommunistischen Partei liegen, denn nur die Parteiführung kennt den richtigen Weg zum Kommunismus.

1 Welche beiden „Klassen" unterscheidet Marx? Nach welchem Merkmal unterscheidet er sie?

2 Nennt wichtige Produktionsmittel!

3 Warum ist Marx davon überzeugt, daß die Zahl der Proletarier immer weiter zunehmen wird?
Warum ist Marx davon überzeugt, daß Armut und Elend der Proletarier zunehmen werden?

4 Wann ist nach der Lehre von Marx die Zeit für die Revolution gekommen? Was wird in der Revolution geschehen?

5 Beschreibt den Unterschied zwischen Sozialismus und Kommunismus!

6 Erklärt, warum vom Ende des 19. Jahrhunderts an die Mehrheit der deutschen Arbeiter für Reformen, aber gegen die gewaltsame Revolution war!

7 Überlegt, worin sich die Revolution in Rußland 1917 von der Revolution unterscheidet, die Marx vorhergesagt hatte!

D 8 Die sowjetischen Kommunisten halten es für richtig, daß alle Macht bei der Führung der Kommunistischen Partei liegt.
Wie begründen sie diese Auffassung? Beurteilt diese Begründungen.

Sozialistische Wirklichkeit in der DDR: Wirtschaft

Art. 2 Abs. 3 DDR-Verfassung von 1974:
„Die Ausbeutung des Menschen durch den Menschen ist für immer beseitigt. Was des Volkes Hände schaffen, ist des Volkes eigen. Das sozialistische Prinzip ‚Jeder nach seinen Fähigkeiten, jedem nach seinen Leistungen' wird verwirklicht."

Ist dieser Verfassungsartikel in der DDR verwirklicht?

Abschaffung des Privateigentums an Produktionsmitteln

In der DDR gibt es keine privaten „Kapitalisten" mehr. Das Privateigentum an den Produktionsmitteln ist zum größten Teil in *sozialistisches Eigentum* überführt worden.
Es gibt zwei Formen des sozialistischen Eigentums:
– das gesamtgesellschaftliche Volkseigentum, z. B. die Industriebetriebe (*Volkseigene Betriebe,* abgekürzt *VEB*)
– das genossenschaftliche Gemeineigentum, z. B. Handwerksgenossenschaften (*Produktionsgenossenschaften des Handwerks,* abgekürzt *PGH*) oder *Landwirtschaftliche Produktionsgenossenschaften* (abgekürzt *LPG*).

Zentrale Planung der Wirtschaft

Die wichtigsten Entscheidungen in jeder Wirtschaftsordnung sind:
– Welche Waren sollen hergestellt werden?
– Wieviel soll von jeder einzelnen Ware hergestellt werden?
– Zu welchem Preis soll eine Ware verkauft werden?
Diese Entscheidungen werden in der DDR vom Staat getroffen. In den Ministerien und der *Staatlichen Plankommission* wird festgelegt, was die einzelnen Betriebe herstellen sollen. Auch die Preise werden vom Staat festgelegt. Daher wird die Wirtschaftsordnung der DDR auch *zentrale Planwirtschaft* genannt.
Wie zentrale Planung funktioniert, läßt sich vereinfacht am Beispiel der Autoproduktion zeigen:
Im Ministerrat beschließen die Minister, wieviel Personenkraftwagen in den nächsten Jahren hergestellt werden sollen. Entscheidend dabei ist, ob die SED es für richtig hält, daß möglichst viele Bürger der DDR eigene Autos erwerben, oder ob andere Aufgaben, z. B. die Förderung der öffentlichen Verkehrsmittel, für wichtiger angesehen werden.

Tab. 1: Vergleich der Produktion von Personenkraftwagen (Zahlenangaben nach: Bundesministerium für innerdeutsche Beziehungen [Hrsg.], Zahlenspiegel – Bundesrepublik Deutschland / Deutsche Demokratische Republik – Ein Vergleich; verschiedene Jahre)

	Bundesrepublik Deutschland	Deutsche Demokratische Republik
1972	3 166 000	140 000
1976	3 548 000	164 000

Tab. 1 gibt Aufschluß darüber, ob die SED die Produktion von Personenkraftwagen in den Jahren 1972 und 1976 für wichtig hielt oder nicht!
Bei dem Vergleich in Tab. 1 ist zu berücksichtigen, daß in der DDR 16 Mill., in der Bundesrepublik Deutschland 62 Mill. Einwohner leben. Es geht auch nicht hervor, wie viele Autos für die Einwohner des eigenen Landes und wie viele für die Ausfuhr in andere Staaten hergestellt wurden.
Die Plankommission gibt dann an die Autofabriken in der DDR die Anweisung, wieviel Autos von welchem Typ sie herstellen sollen. Zugleich werden die Verkaufspreise festgelegt. Damit ist die Aufgabe der Plankommission allerdings noch lange nicht beendet. Der schwierigste Teil kommt noch: Autos bestehen aus Stahlblech, Glas, Kunststoff; sie brauchen Hunderte von Zubehör- und Ersatzteilen. Die Plankommission muß also auch ausrechnen, wieviel Stahl und Kunststoff, Glas und Energie bei der Herstellung der Autos gebraucht wird, und muß anderen Fabriken die Anweisung geben, die entsprechenden Mengen herzustellen und an die Autofabriken zu liefern.
Alle Volkseigenen Betriebe versuchen, möglichst wirtschaftlich zu arbeiten, damit die Kosten der Produktion (Löhne, Rohstoffe, Energie, Zwischenerzeugnisse wie Stahlbleche, Reifen ...) unter dem vorgeschriebenen Abgabepreis liegen. Wie bei einem erfolgreichen privaten Unternehmen in der Bundesrepublik Deutschland entsteht also auch im Volkseigenen Betrieb der DDR meist ein „Gewinn". Zum Teil wird dieser Gewinn in der DDR an den Staat

Tab. 2: Vergleich der Preise (1974; Bundesrepublik Deutschland in DM, DDR in Mark; nach: Der Zahlenspiegel)

Menge	Ware	Bundesrepublik Deutschland	DDR
1 kg	Roggenbrot	1,90	0,52
1 kg	Weizenmehl	1,09	1,32
1 kg	Zucker	1,33	1,64
1 kg	Butter	7,72	10,00
1 kg	Margarine	4,32	2,00
1 kg	Schweinekotelett	9,80	8,00
1 kg	Rindfleisch	13,24	9,80
1 kg	Weißkohl	1,48	0,35
1 kg	Zitronen	2,07	5,00
1 kg	Kaffee	17,44	70,00
5 kg	Kartoffeln	4,94	0,85
10	Eier	2,40	3,20
1 l	Vollmilch	0,93	0,72
0,7 l	Weinbrand	9,74	17,30
1	Herrenhemd	20,70	46,80
1	Strumpfhose	4,09	21,65
1 Paar	Kinderhalbschuhe	40,00	18,00
1	Kühlschrank	329,00	1 100,00
1	Fernsehgerät (schwarzweiß)	570,00	2 050,00
1	Auto (45–50 PS)	8 050,00	17 750,00
1	Eisenbahn-Wochenkarte (2. Kl., 15 km)	12,00	2,50
10 kWh	Strom	1,15	0,80

Abb. 1: „So, die Ausrüstung ist da, was weiter?" – „Wir warten auf den Plan für das Fundament."

Tab. 3: Vergleich der Industriearbeiterlöhne (Bruttolöhne, die Abzüge für Steuern und Sozialversicherungen betragen in der Bundesrepublik Deutschland im Durchschnitt 27 %, in der DDR 14 %; nach: Der Zahlenspiegel)

	Bundesrepublik Deutschland (in DM)	Deutsche Demokratische Republik (in Mark)
1967	862	665
1974	1660	846

abgeführt. Ein kleiner Teil des Gewinns darf dazu verwendet werden, Zusatzlöhne („Prämien") an die Arbeiter zu zahlen.

Mit diesem System können die Planer in der DDR die gesamte Wirtschaft nach ihren Wünschen steuern. Wenn sie z. B. der Bevölkerung nur wenig Autos liefern wollen, dann setzen sie eben den Preis für Autos hoch an. So kostet ein PKW Typ Wartburg mit einem 1000 cm³ Dreizylinder-Zweitaktmotor und 50 PS 18 000 Mark. Dabei müßte eigentlich der Hersteller, das VEB Automobilwerk Eisenach, einen hohen Gewinn erzielen. Doch dieser Gewinn darf zum größten Teil nicht dazu verwendet werden, neue Fabrikhallen und Maschinen anzuschaffen (zu „investieren"), um mehr Autos zu bauen. Er muß vielmehr an den Staat abgegeben werden, der ihn für andere Zwecke verwendet. Daß Autokäufer in der DDR Lieferzeiten von mehreren Jahren in Kauf nehmen müssen, stört die Planer wenig. Die SED-Führung betrachtet private Autos als Luxus und legt größeren Wert darauf, die Bevölkerung mit billigen Grundnahrungsmitteln als mit Autos zu versorgen (vgl. Tab. 2). Die zentrale Planung einer komplizierten Wirtschaft mit Tausenden von Betrieben und Millionen von Verbrauchern ist überaus schwierig. Für jede wichtige Entscheidung eines Volkseigenen Betriebes ist die Zustimmung der Plankommission erforderlich. Das kostet Zeit. Oft können die einzelnen Pläne auch nicht miteinander abgestimmt werden. Die Zeitungen der DDR und auch der Sowjetunion, die das gleiche Planungssystem hat, bringen immer wieder Klagen über mangelhafte Planung und Planerfüllung (vgl. Abb. 1). Die Schwierigkeiten bei der zentralen Planung sind eine Ursache dafür, daß trotz hoher Leistung der Arbeiter in der DDR die Produktion von Gütern und Dienstleistungen je Beschäftigten niedriger liegt als in der Wirtschaft der Bundesrepublik Deutschland (vgl. Abb. 2).

Löhne und Preise

Die Löhne werden in der DDR in Zusammenarbeit von Staatlicher Plankommission und dem *Freien Deutschen Gewerkschaftsbund* festgelegt. Der Freie Deutsche Gewerkschaftsbund *(FDGB)* ist eine von der SED kontrollierte Einheitsgewerkschaft. Freie Verhandlungen zwischen den Tarifparteien wie in der Bundesrepublik Deutschland (vgl. S. 82 f.) gibt es in der DDR nicht. Ein Streik in Volkseigenen Betrieben wird vom FDGB abgelehnt. Die Arbeiter seien im Besitz der Produktionsmittel und könnten nicht gegen sich selber streiken.

Tab. 2 hatte gezeigt, daß die Preise in der DDR sich von den Preisen in der Bundesrepublik Deutschland erheblich unterscheiden. Aber auch die Löhne unterscheiden sich (vgl. Tab. 3). Um festzustellen, was die Arbeiter von ihrem Lohn kaufen können, müssen die Preis- und Lohnunterschiede berücksichtigt werden. Zu diesem Zweck kann man die zum Kauf einer Ware erforderliche Arbeitszeit berechnen (vgl. Tab. 4). Unberücksichtigt bleibt bei diesem Vergleich, daß es bei manchen hochwertigen Waren Wartezeiten gibt.

Die Angaben von Tab. 4 beziehen sich auf die Löhne von Industriearbeitern. Tab. 5 will einen vergleichenden Überblick bieten über die Durchschnittseinkommen aller Einkommensbezieher. Dabei ist zu beachten, daß ein genauer Vergleich der Einkommensverteilung in der Bundesrepublik Deutschland und in

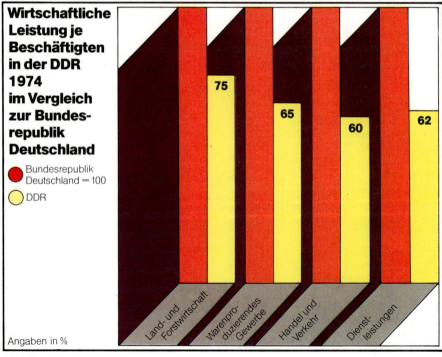

Abb. 2

Tab. 4: Vergleich der Zeit, die ein Industriearbeiter durchschnittlich arbeiten muß, um die in Tab. 2 genannten Waren kaufen zu können (nach: Der Zahlenspiegel)

Menge	Ware	Bundesrepublik Deutschland Stunden	Minuten	DDR Stunden	Minuten
1 kg	Roggenbrot		17		9
1 kg	Weizenmehl		10		23
1 kg	Zucker		12		29
1 kg	Butter	1	9	2	54
1 kg	Margarine		39		35
1 kg	Schweinekotelett	1	27	2	19
1 kg	Rindfleisch	1	58	2	50
1 kg	Weißkohl		13		6
1 kg	Zitronen		18	1	27
1 kg	Kaffee	2	35	20	17
5 kg	Kartoffeln		44		15
10	Eier		*22		56
1 l	Vollmilch		8		13
0,7 l	Weinbrand	1	27	5	1
1	Herrenhemd	3	5	13	34
1	Strumpfhose		37	6	17
1 Paar	Kinderhalbschuhe	5	57	5	13
1	Kühlschrank	48	53	318	50
1	Fernsehgerät (schwarzweiß)	84	42	594	12
1	Auto (45–50 PS)	1196	8	5144	55
1	Eisenbahn-Wochenkarte (2. Kl., 15 km)	1	47		44
10 kWh	Strom		10		14

Tab. 5: Vergleich der monatlichen Durchschnittseinkommen je Einkommensbezieher (Bundesrepublik Deutschland in DM, DDR in Mark; nach: Der Zahlenspiegel)

Jahr	Bundesrepublik Deutschland			Deutsche Demokratische Republik		
	Arbeitnehmer	Selbständige	Rentner	Arbeitnehmer	Genossenschaftsmitglieder, Selbständige	Rentner
1960	476	1154	324	494	901	163
1965	710	1661	474	556	940	186
1970	974	2968	687	653	1086	219
1975	1514	4861	1109	780	1489	283

der DDR nicht möglich ist. Es fehlen wichtige Zahlenangaben; außerdem gehören zu den Selbständigen in der Bundesrepublik Deutschland Bauern, Handwerker und die Unternehmer; in der DDR gehören die Bauern und Handwerker zu den Genossenschaftsmitgliedern, und selbständige Unternehmer gibt es nicht.

In der Bevölkerung der DDR wird oft kritisiert, daß die Mitglieder der Führungsgruppe der SED und auch viele Direktoren größerer Volkseigener Betriebe erhebliche zusätzliche Vergünstigungen erhalten. So gibt es für die Mitglieder der politischen und wirtschaftlichen Führung besondere Geschäfte, in denen nicht nur alle in der DDR hergestellten Konsumgüter, sondern auch aus dem Westen eingeführte Waren zur Verfügung stehen. Es gibt für diese Gruppe Dienstwohnungen, besondere Erholungsheime, Kliniken.

Über die Lage des „Normalbürgers" in der DDR heißt es in der im Januar 1978 vom „Spiegel" veröffentlichten Erklärung von Kritikern aus der DDR:

„Auf eine Wohnung in der Hauptstadt (Ostberlin) mußte man unter Ulbricht (bis 1972) durchschnittlich vier, heute muß man durchschnittlich acht Jahre warten. Trotz des Wohnungsprogramms, das 20 Jahre zu spät kommt...

Die Ärzte der Universitätskliniken in Berlin können an Krebs oder Steinleiden erkrankte Patienten erst nach zwei- bis vierjähriger Wartezeit operieren, es sei denn, hin und wieder kann sich ein Patient gegen Höchstsummen ein Bett kaufen..."
(Der Spiegel, 9. 1. 1978)

Arbeitslosigkeit in der DDR – seit 1955 unbekannt

Arbeitslosigkeit, wie sie seit 1974 in der Bundesrepublik Deutschland wieder auftrat, gibt es in der DDR seit über 20 Jahren nicht mehr. Eine Ursache dafür ist die zentrale Planung. Die Plankommission weist die Betriebe an, eine bestimmte Zahl von Arbeitskräften einzustellen. Dadurch ist es leichter möglich, so viele Arbeitsplätze zu schaffen, daß alle Arbeitsuchenden Arbeit finden. In der Bundesrepublik Deutschland entscheiden die einzelnen Unternehmen über die Zahl der Arbeitskräfte, die eingestellt werden. Bis 1974 suchten die Unternehmen bei uns mehr Arbeitskräfte als vorhanden waren. Seit 1974 haben viele Unternehmen Absatzschwierigkeiten; sie entlassen daher Arbeitskräfte.

Das „Recht auf einen Arbeitsplatz" heißt aber auch in der DDR nicht, daß jeder ein Recht auf den von ihm gewünschten Arbeitsplatz hat. Er hat dieses Recht nur „im Rahmen der gesellschaftlichen Erfordernisse".

1 Die Betriebe in der DDR heißen Volkseigene Betriebe.
Ist das nach Eurer Meinung eine richtige Bezeichnung?

2 Wer von Euch in einer verkehrsreichen Straße wohnt, wird sich bestimmt schon gefragt haben, ob es eigentlich vernünftig war, so viele private Autos zuzulassen. Lärm und Abgase schädigen die menschliche Gesundheit; jedes Jahr sterben 15 000 Menschen bei Verkehrsunfällen.
Muß das sein? Gäbe es eine andere Möglichkeit, den Verkehr zu bewältigen?

3 In der DDR hat die Regierung sich dafür entschieden, private Autos nur in begrenzter Zahl herzustellen. Vielen Bürgern der DDR gefällt das nicht; sie möchten eigene Autos haben. Aber andere Bürger, in der DDR und bei uns, sind der Auffassung, daß die DDR-Regierung in diesem Falle gar nicht so unvernünftig war.
Welcher Auffassung seid Ihr?

4 Wie ist es eigentlich bei uns zu der „Massenmotorisierung" gekommen? Wer entscheidet bei uns, wie viele Autos gebaut werden? Wer entscheidet, wie viele dieser Autos auch gekauft werden?

D 5 Versucht, Vorteile und Nachteile unseres Wirtschaftssystems am Beispiel der Autoproduktion herauszufinden!
Denkt an die Interessen der Verbraucher! Überlegt auch, was bei uns die Regierung tun kann, um die Gefahren des starken Autoverkehrs zu verringern! Vergleicht dazu die Angaben im Kapitel über Umweltschutz! Diskutiert darüber, ob diese Möglichkeiten unserer Regierung nach Eurer Meinung genügen!

6 Deutet Karikatur Abb.1.

7 Stellt fest, welche Waren in der DDR – nach Arbeitszeit – „billiger", welche „teurer" sind als bei uns!

D 8 Wie beurteilt Ihr die Einkommen der verschiedenen Gruppen in der DDR?

Sozialistische Wirklichkeit in der DDR: Erziehung und Schule

Art. 20 Abs. 3 der Verfassung der DDR von 1968 lautet:
„Die Jugend wird in ihrer gesellschaftlichen und beruflichen Entwicklung besonders gefördert. Sie hat alle Möglichkeiten, an der Entwicklung der sozialistischen Gesellschaftsordnung verantwortungsbewußt teilzunehmen."

Wie sieht diese Förderung der Jugend in der DDR aus?

Schule

Für alle Kinder besteht vom 7. Lebensjahr an die Pflicht, zehn Jahre lang eine allgemeinbildende Schule zu besuchen.
(Bundesrepublik Deutschland: neun Jahre Schulpflicht, über das 10. Jahr wird noch diskutiert.)
Alle Schüler in der DDR besuchen die zehnklassige *Polytechnische Oberschule*. Mit dem Ausdruck „Oberschule" wird angedeutet, daß es sich um eine besonders hochwertige Ausbildung handeln soll; „polytechnisch" bedeutet: in dieser Schule werden auch handwerkliche, technische und wirtschaftliche Kenntnisse vermittelt. Dazu gehört auch die Arbeit in sozialistischen Betrieben, und zwar zwei bis drei Wochenstunden in den Klassen 7–10.
Besonders befähigte Schüler besuchen innerhalb der Polytechnischen Oberschule im 9. und 10. Schuljahr „Vorbereitungsklassen" und danach zwei Jahre lang die *Erweiterte Oberschule*. Die Erweiterte Oberschule schließt mit dem Abitur ab – wie bei uns das Gymnasium.
Der Anteil der Abiturienten an den 18jährigen Jugendlichen lag in der DDR 1974 bei 9,8 Prozent (Bundesrepublik Deutschland: 11,6 Prozent).

FDJ

Neben den Schulen bemüht sich die von der SED gelenkte Jugendorganisation *Freie Deutsche Jugend* (FDJ) darum, die Jugendlichen zu Sozialisten zu erziehen.
Die Kinderorganisation der FDJ heißt *Junge Pioniere*. 90 Prozent der 6- bis 14jährigen gehören ihr an. In jeder Schulklasse besteht eine Pioniergruppe; die Pioniergruppen einer Schule werden zu „Pionierfreundschaften" zusammengefaßt. Die „Jungen Pioniere" organisieren Spiele, Sportveranstaltungen und Kurse zur Vermittlung von politischen und naturwissenschaftlichen Kenntnissen. Die Mitglieder tragen Uniformen und Rangabzeichen (vgl. Abb. 1 und 2).
Für die älteren Jugendlichen veranstaltet die FDJ zusammen mit der *Gesellschaft für Sport und Technik* (GST) die vormilitärische Ausbildung: Luftgewehr- und Kleinkaliberschießen, Handgranatenwerfen gehören dazu, aber auch Segelfliegen, Auto- und Motorradsport.
Bei internationalen Sportveranstaltungen sind Euch sicher oft die Sportler aus der DDR aufgefallen. Ihre sehr hohen Leistungen sind nicht zuletzt darauf zurückzuführen, daß die FDJ den Leistungssport der Jugendlichen mit großem Aufwand fördert. Es gibt Kinder- und Jugend-„Spartakiaden" (Spartakus war der Führer eines Sklavenaufstandes im alten Rom; Spartakus nannte sich 1917–1919 eine Gruppe von deutschen Sozialisten unter Führung von Karl Liebknecht und Rosa Luxemburg, die die „Kommunistische Partei Deutschlands" gründeten). Dabei werden begabte Sportler unter den Jugendlichen früh erkannt und dann auf staatliche Spezialschulen geschickt. Ein Beispiel für diese Förderung ist der Weltrekordschwimmer und Olympiasieger Roland Matthes aus Erfurt:
– 1962, im Alter von 12 Jahren, nahm er an den ersten Wettkämpfen teil.
– 1964 wurde er Vierter bei den Kindermeisterschaften der DDR.
– 1966, also sechzehnjährig, wurde er dreifacher Sieger bei der Jugendspartakiade.
– 1968, mit 18 Jahren, gewann er zwei Goldmedaillen bei den Olympischen Spielen in Mexiko.

Abb. 1

Abb. 2

Berufsausbildung

In der Verfassung der DDR heißt es: *„Alle Jugendlichen haben das Recht und die Pflicht, einen Beruf zu erlernen."* (aus Art. 25 Abs. 4)

Bei der Berufswahl können die Jugendlichen zwischen 355 Ausbildungsberufen wählen. Die staatliche Planung legt fest, wieviel Ausbildungsplätze in den verschiedenen Berufen eingerichtet werden. Durch Berufsberatung wird versucht, die Wünsche der Jugendlichen so zu beeinflussen, daß die Zahl der Jugendlichen, die eine bestimmte Berufsausbildung wünschen, mit der Zahl der offenen Ausbildungsstellen ungefähr übereinstimmt.
In der Verordnung über die Berufsberatung vom 15. 4. 1970 heißt es zum Beispiel: Die Berufsberatung der Schüler, Jugendlichen und Werktätigen soll *„zu einer von hohem sozialistischem Bewußtsein getragenen freien Wahl eines Berufs"* führen, der zur *„harmonischen Entwicklung ihrer Fähigkeiten beiträgt und sie befähigt, ihr Wissen und Können schöpferisch zur allseitigen Stärkung der DDR einzusetzen"*.

Jugendliche, die nicht in der Lage sind, eine Facharbeiterausbildung zu durchlaufen, erhalten eine ein- bis zweijährige berufliche Teilausbildung.
Teilausbildungen sind z. B. „Putzen" als Teil der Ausbildung zum Maurer, Glasreiniger (Teil der Ausbildung zum Gebäude- und Fahrzeugreiniger), Postzusteller (Teil der Ausbildung zum Facharbeiter für Betrieb und Verkehr des Post- und Zeitungswesens).

Kämpfer der Arbeiterklasse

In Schule und Jugendorganisation wird der größte Wert darauf gelegt, daß die Kinder und Jugendlichen zu überzeugten Anhängern des Sozialismus erzogen werden. Sie sollen *„Kämpfer der Arbeiterklasse"* mit einem festen *„Klassenstandpunkt"* werden.
Dazu gehören folgende *„moralische Eigenschaften"*:
– *„Sie beweisen ihre Treue zur Deutschen Demokratischen Republik durch Taten.*
– *Sie eignen sich eine hohe Bildung an, sind fleißig und diszipliniert.*
– *Sie stehen treu zu den sozialistischen Idealen, sind standhaft, mutig und bescheiden und streben danach, würdige Mitglieder der sozialistischen Menschengemeinschaft zu sein.*
– *Sie sind treue Freunde der Sowjetunion, glühende Verfechter des proletarischen Internationalismus und erfüllt von unauslöschlichem Haß gegen die Feinde des Volkes.*
– *Sie stehen mit der ganzen Person für die Vollendung und den Schutz des Sozialismus ein und sind zur Verteidigung des sozialistischen Vaterlandes und der sozialistischen Staatengemeinschaft bereit."*

(Aufgabenstellung des Ministeriums für Volksbildung und des Zentralrates der FDJ zur weiteren Entwicklung der staatsbürgerlichen Erziehung der Schuljugend der DDR, vom 9. 4. 1969)

Qualifikation 1
Fähigkeit und Bereitschaft, gesellschaftliche und politische Ordnungen einschließlich ihrer Zwänge und Herrschaftsverhältnisse nicht ungeprüft hinzunehmen, sondern auf ihren Sinn, ihre Zwecke und Notwendigkeiten hin zu befragen und die ihnen zugrunde liegenden Interessen, Normen und Wertvorstellungen kritisch zu überprüfen.

Qualifikation 10
Fähigkeit und Bereitschaft, Vorurteile gegenüber anderen Gruppen und Gesellschaften abzubauen, die Bedingungen ihrer Andersartigkeit zu erkennen, für eine gerechte Friedensordnung und für die Interessen benachteiligter Gruppen und Völker einzutreten.

Abb. 3

---

1 Vergleicht die zehnklassige Polytechnische Oberschule der DDR mit dem Schulsystem in Eurem Bundeslande. Lest dazu noch einmal, was im Schule-Kapitel steht!

2 Vergleicht die Arbeit der FDJ mit Jugendverbänden, in denen Klassenkameraden von Euch organisiert sind.

D 3 Diskutiert darüber, ob auch in der Bundesrepublik Deutschland die Pflicht, einen Beruf zu erlernen, eingeführt werden sollte!

D 4 Gebt die Ziele der Berufsberatung aus der Verordnung vom 15. 4. 1970 an und nehmt Stellung dazu.

D 5 Vergleicht die *„Moralischen Eigenschaften der Kämpfer der Arbeiterklasse"* mit Zielen des Politik-/Sozialkundeunterrichts bei uns.
Euer Lehrer hat die ausführlichen Richtlinien oder Lehrpläne Eures Bundeslandes. Bittet ihn, sie Euch zu zeigen und zu erläutern! Welche Unterschiede fallen Euch auf? Wie erklärt Ihr sie?
Wichtige Unterschiede lassen sich z. B. gut im Vergleich mit den Qualifikationen 1 und 10 der *„Richtlinien für den Politik-Unterricht"* des Bundeslandes Nordrhein-Westfalen erarbeiten (vgl. Abb. 3).

Sozialistische Wirklichkeit in der DDR: Führung durch die SED

In der Verfassung der DDR von 1968 heißt es: „Sie [die DDR] ist die politische Organisation der Werktätigen in Stadt und Land, die gemeinsam unter Führung der Arbeiterklasse und ihrer marxistisch-leninistischen Partei den Sozialismus verwirklichen." (Art. 1 Abs. 1)
„Alle politische Macht in der Deutschen Demokratischen Republik wird von den Werktätigen ausgeübt." (Art. 2 Abs. 1 Satz 1)

Wahlen in der DDR

Wie in der Bundesrepublik Deutschland, so gibt es auch in der DDR das allgemeine, gleiche und geheime Wahlrecht. Wie in der Bundesrepublik Deutschland, so gibt es auch in der DDR mehrere Parteien. Trotzdem bestehen zwischen den Wahlen bei uns und den Wahlen in der DDR sehr große Unterschiede.

Die führende Partei der DDR ist die *Sozialistische Einheitspartei Deutschlands (SED)*. Alle anderen Parteien sind an die Anweisungen der SED gebunden. Auch die *Massenorganisationen* wie der Freie Deutsche Gewerkschaftsbund und die FDJ stehen unter der Leitung der SED. Die Parteien und Massenorganisationen der DDR haben sich in der *Nationalen Front* zusammengeschlossen.

Die Nationale Front spielt eine wichtige Rolle bei den Wahlen. Sie stellt die Kandidaten auf, die sich den Wählern zur Wahl stellen.

Die Kandidaten müssen sich auf Wählerversammlungen den Wählern vorstellen. Die Wähler haben das Recht, einen Kandidaten abzulehnen. Dann tritt ein anderer, ebenfalls von der Nationalen Front aufgestellter Kandidat an seine Stelle.

Bei der Wahl erhalten die Wähler einen Stimmzettel. Auf dem Stimmzettel steht eine *Einheitsliste* mit den Namen der Kandidaten. Die Wähler stimmen für oder gegen diese Liste. Sie haben also nicht die Möglichkeit, zwischen verschiedenen Listen unterschiedlicher Parteien zu wählen. Sie haben lediglich das Recht, einzelne Namen auf der Einheitsliste zu streichen. Die Wahl eines Kandidaten kann aber nur dadurch verhindert werden, wenn mehr als die Hälfte der Wähler seinen Namen streicht. Das kommt sehr selten vor.

Obwohl in der DDR das Recht auf geheime Wahl besteht, verpflichten sich oft die Werktätigen eines Betriebes oder einer Hausgemeinschaft zur offenen Stimmabgabe. Als Wahlergebnis wird meist eine über 99 Prozent liegende Zustimmung zur Liste der Nationalen Front bekanntgegeben.

Die Zusammensetzung der *Volkskammer* – der Volksvertretung in der DDR – wird durch die Wahlen nicht beeinflußt. Durch Gesetz ist die Stärke der einzelnen Parteien und der einzelnen Massenorganisationen in der Volkskammer festgelegt (vgl. Tab. 1).

Die SED – eine ganz besondere Partei

Die Sozialistische Einheitspartei Deutschlands (SED) nennt sich zwar „Partei", ist aber etwas anderes als eine Partei in der Bundesrepublik Deutschland.
– Die SED hat zwei Mill. Mitglieder. Für ein Land mit 17 Mill. Einwohnern ist das sehr viel. In der Bundesrepublik Deutschland mit 62 Mill. Einwohner hat die mitgliedsstärkste Partei, die SPD, eine Mill. Mitglieder.
– Wer in der DDR in eine leitende Stellung in Politik, Wirtschaft, in den Massenmedien, der Verwaltung oder Polizei, Armee und Justiz gelangen will, muß der SED angehören.

– Alle wichtigen politischen Entscheidungen werden von der SED-Führung getroffen. Auch der *Ministerrat* der DDR, der ähnliche Aufgaben hat, wie die Bundesregierung bei uns, ist an die Richtlinien der SED-Führung gebunden.

Die SED ist nach dem Grundsatz des *demokratischen Zentralismus* organisiert. Er bedeutet, daß alle Parteiorgane von unten bis oben demokratisch gewählt werden *„und daß alle Beschlüsse der höheren Parteiorgane in straffer Disziplin befolgt werden müssen"* (Statut der SED).

In der politischen Wirklichkeit sieht der demokratische Zentralismus so aus: SED-Mitglieder müssen den Beschlüssen der Parteiführung gehorchen. Wer kritisiert, muß damit rechnen, aus der Partei ausgestoßen zu werden und seine Stellung zu verlieren. Bekannt wurde der Fall des Wirtschaftsfachmannes Bahro. 1977 hatte er ein kritisches Buch gegen die SED-Führung geschrieben, das in der Bundesrepublik Deutschland veröffentlicht wurde. Bahro wurde wegen Verrats zu Gefängnis verurteilt.

Ist die DDR ein sozialistisches Land?

Die Führung der DDR behauptet, daß die DDR eine „sozialistische Demokratie" sei. Dieser Anspruch kann gemessen werden an den Aussagen einer berühmten deutschen Sozialistin und Revolutionärin, *Rosa Luxemburg*. Rosa Luxemburg kritisierte 1918 Lenins Diktatur in Rußland mit den Worten:
„Ohne allgemeine Wahlen, ungehemmte Presse- und Versammlungsfreiheit, freien Meinungskampf erstirbt das Leben in jeder öffentlichen Institution, wird zum Scheinleben, in der die Bürokratie allein das tätige Element bleibt."

D 1 Vergleicht Art. 20 des Grundgesetzes der Bundesrepublik Deutschland mit den Auszügen aus Art. 1 und 2 der DDR-Verfassung!

D 2 Vergleicht die Wahlen zum Bundestag in der Bundesrepublik Deutschland (vgl. S. 102 f.) mit den Wahlen zur Volkskammer in der DDR.

D 3 Diskutiert über den Führungsanspruch der SED in der DDR.

Tab. 1: Zusammensetzung der Volkskammer

Partei bzw. Massenorganisation		Abkürzung	Sitze
Sozialistische Einheitspartei Deutschlands		SED	127
Christlich-Demokratische Union		CDU	52
Demokratische Bauernpartei Deutschlands		DBD	52
Liberal-Demokratische Partei Deutschlands		LDPD	52
National-Demokratische Partei Deutschlands		NDPD	52
Freier Deutscher Gewerkschaftsbund	Massenorganisationen	FDGB	68
Freie Deutsche Jugend		FDJ	40
Demokratischer Frauenbund Deutschlands		DFD	35
Kulturbund der DDR		KB	22

Staaten in Europa schließen sich zusammen

Abb. 1: Von deutschen Bomben im 2. Weltkrieg zerstörtes Rotterdam

Abb. 2: Von britischen Bomben im 2. Weltkrieg zerstörtes Düsseldorf

Warum sich europäische Staaten zusammenschließen wollten

Abb. 1 und 2 zeigen den wichtigsten Grund dafür, daß sich seit dem Ende des 2. Weltkrieges europäische Politiker um den Zusammenschluß ihrer Länder bemühen:

Nie wieder Krieg zwischen den Europäern.

Die europäischen Staaten haben in der Vergangenheit immer wieder Kriege gegeneinander geführt, in denen große Teile Europas zerstört wurden. Im 20. Jh. brachen in Europa bereits zwei Kriege aus, die sich auf die ganze Welt ausweiteten:
der 1. Weltkrieg 1914–1918
der 2. Weltkrieg 1939–1945.

Der Zusammenschluß von europäischen Einzelstaaten zu einem vereinigten Europa würde einen Krieg zwischen ihnen unmöglich machen. Diese Einzelstaaten sind meist *Nationalstaaten* (Nation = Gemeinschaft der Menschen mit gemeinsamer Sprache und Geschichte; Nationalstaat: Staat, der – mit nur geringen Minderheiten – eine Nation umfaßt, z. B. Frankreich, Großbritannien, Italien, Deutschland bis 1945). Die Anhänger eines vereinigten Europas sprechen daher auch davon, daß der Nationalstaat durch einen übernationalen Zusammenschluß überwunden werden müsse.

Neben dem Bestreben, den Frieden zwischen den europäischen Staaten zu sichern, gibt es noch andere Gründe für die Vereinigung Europas:
– Mittelgroße Staaten, wie die Bundesrepublik Deutschland, Frankreich, Großbritannien oder Italien sind viel zu klein und zu schwach, um ihre Selbständigkeit gegenüber Großmächten wie den USA oder der Sowjetunion bewahren zu können. Ein mittelgroßer Staat kann sich allein nicht mehr verteidigen. Er muß sich mit anderen verbünden. Ein Bündnis selbständiger Staaten kann aber leicht wieder auseinanderbrechen. Sicherer wäre eine politische Vereinigung der mittelgroßen europäischen Staaten zu einem *Bundesstaat* mit gemeinsamer Regierung, gemeinsamen Streitkräften.
– Die mittelgroßen europäischen Staaten sind zu klein, um ihre Bevölkerung wirtschaftlich bestens versorgen zu können. Das gleiche gilt erst recht für kleine Länder, wie die Niederlande und Belgien. Warum das so ist, läßt sich am Beispiel eines großen Autowerks wie VW zeigen.

VW stellte in der Bundesrepublik Deutschland im Jahr 1976 1,8 Mill. Autos her. 706 000 wurden in der Bundesrepublik Deutschland verkauft; die anderen wurden exportiert. Der Markt der Bundesrepublik Deutschland ist somit für das VW-Werk zu klein, es braucht Zugang zu den Märkten des Auslandes. Das gleiche gilt für die meisten Industrieunternehmen in unserem Land.

Dieser Zugang zu ausländischen Märkten kann aber erschwert werden, wenn ein Staat hohe Zölle bei der Einfuhr erhebt. Oft gibt es auch Mengenbeschränkungen. Sie bedeuten, daß nur eine bestimmte Menge eines Gutes eingeführt werden darf. Der wichtigste Grund für Zölle und Mengenbeschränkungen ist der Wunsch, die eigene Industrie vor der Konkurrenz des Auslandes zu schützen.

Für ein großes Industrieunternehmen wie VW ist es daher vorteilhaft, wenn die Grenzen zwischen der Bundesrepublik Deutschland und möglichst vielen anderen europäischen Ländern fallen. Der Zugang zum französischen, italienischen oder niederländischen Markt kann dann nicht mehr durch Zölle oder Mengenbeschränkungen verhindert werden. Umgekehrt erhalten allerdings die französischen, italienischen oder niederländischen Unternehmen freien Zugang zum Markt der Bundesrepublik Deutschland.

1 Abb. 3 zeigt Fläche und Bevölkerung der europäischen Klein- und Mittelstaaten, die heute die „Europäische Gemeinschaft" bilden, und der beiden Großmächte USA und Sowjetunion. Vergleicht!

2 Abb. 4 zeigt das *Bruttosozialprodukt* in den USA, in der Sowjetunion und in den neun Ländern, die heute die „Europäische Gemeinschaft" bilden. Das Bruttosozialprodukt bezeichnet den Wert aller in einer Wirtschaft hergestellten Güter und Dienstleistungen; es ist also ein Maß für wirtschaftliche Leistungsfähigkeit. Vergleicht die wirtschaftliche Leistungsfähigkeit der Bundesrepublik Deutschland mit der der Großmächte USA und Sowjetunion!

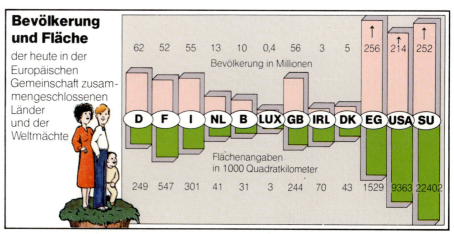
Abb. 3

rungen deutscher Kohle interessiert. Doch auch für die Bundesrepublik Deutschland war die Montan-Union vorteilhaft. Sie trug dazu bei, das Mißtrauen zu beseitigen, das die westlichen Nachbarn gegenüber Deutschland noch empfanden. Es war schließlich erst wenige Jahre her, daß deutsche Truppen Frankreich, Belgien, die Niederlande und Luxemburg besetzt hatten.

Den zweiten Schritt zu einem vereinigten Europa sollte die *Europäische Verteidigungsgemeinschaft (EVG)* bilden. Sie wurde 1952 von den sechs Regierungen beschlossen, die im gleichen Jahr schon die Montan-Union errichtet hatten. Die Bundesrepublik Deutschland durfte damals noch keine eigenen Streitkräfte unterhalten. Die USA und die meisten europäischen Demokratien wünschten aber einen Beitrag der Bundesrepublik Deutschland zur gemeinsamen Verteidigung. Sie fürchteten die wachsende militärische Stärke der Sowjetunion. Nur sollte dieser Beitrag möglichst nicht dadurch erfolgen, daß die Bundesrepublik Deutschland eine eigene Streitmacht bekam. Sieben Jahre nach Kriegsende wünschten Deutschlands Nachbarn keine deutschen Soldaten. Auch die Bürger der Bundesrepublik Deutschland waren von der Aussicht, eigene Soldaten aufstellen zu müssen, wenig begeistert.

In der Europäischen Verteidigungsgemeinschaft sollte es aber keine eigenen Streitkräfte der Bundesrepublik Deutschland, sondern deutsche Soldaten als Teil einer übernationalen Streitmacht unter gemeinsamem Befehl geben. Die Soldaten aus der Bundesrepublik Deutschland wären von Anfang an „Europäer" gewesen.

Mit der Montan-Union und der Europäischen Verteidigungsgemeinschaft schien das vereinigte Europa beinahe verwirklicht zu sein. Es wurde als selbstverständlich angesehen, daß die

Wie sich europäische Staaten zusammenschlossen und welchen Nutzen sie davon hatten

Der erste Anlauf zu einem *Vereinten Europa* scheiterte:

Schon wenige Jahre nach dem Ende des 2. Weltkrieges versuchten Politiker aus Frankreich, Italien, Belgien, den Niederlanden, Luxemburg und der Bundesrepublik Deutschland, ihre sechs Länder wirtschaftlich, militärisch und politisch zusammenzuschließen.

Der erste Schritt war die Gründung der *Europäischen Gemeinschaft für Kohle und Stahl (Montan-Union)* 1952.

In der Montan-Union unterstellten die sechs Länder ihre Kohlebergwerke und ihre Stahlerzeugung einer gemeinsamen Kontrolle. Für den Aufbau der vom Krieg zerstörten Wirtschaft der sechs Staaten waren Kohle und Stahl damals besonders wichtig. In der Bundesrepublik Deutschland liegen die reichsten Kohlevorkommen der sechs Länder. Vor allem Frankreich war an Lieferungen

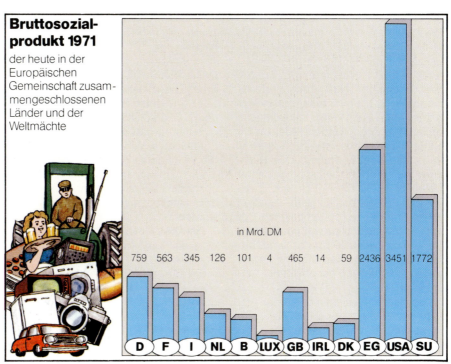
Abb. 4

Abb. 5: Von der Montan-Union 1952 zur EG 1973

Abb. 6: Außenhandel der Bundesrepublik Deutschland 1960 mit Investitionsgütern (z. B. Maschinen, Transportmitteln, Kraftwerken, Industrieanlagen)

Tab. 1: Anteil der Eigenerzeugung am Verbrauch in Prozent (sog. Selbstversorgungsgrad) im Durchschnitt der Jahre 1956–1960

	D	F	I	NL	B
Getreide	77	110	87	35	51
Zucker	92	118	103	100	113
Gemüse	71	98	113	158	100
Butter	94	106	81	180	96
Fleisch	86	101	84	131	97

Seit 1969 heißt die EWG *Europäische Gemeinschaft (EG)*. 1973 traten ihr noch Großbritannien, Dänemark und Irland bei, so daß die EG heute neun Mitgliedstaaten hat (vgl. Abb. 5).
Für die Anhänger des politischen Zusammenschlusses möglichst vieler europäischer Demokratien war die EWG nur die erste Stufe. Aus ihr sollte sich eine enge politische Zusammenarbeit entwickeln. Endziel bleibt der Zusammenschluß der EG-Staaten zu einem Bundesstaat, der vielleicht „Vereinigte Staaten von Europa" heißen könnte. In den Verträgen von 1957 war diese politische „Integration" (Integration = Zusammenschluß) noch nicht festgelegt. Sie war aber ein Ziel, das von vielen Bürgern erstrebt wurde und auch heute noch erstrebt wird.

1 Verfolgt die Entwicklung von der Montan-Union zur EG (Abb. 5).

D 2 Überlegt, aus welchen verschiedenen Gründen viele Staaten Europas nicht der EG angehören.

3 Welches Interesse hatte Frankreich 1952 an der Gründung der Montan-Union?
Welches Interesse hatte die Bundesrepublik Deutschland daran?

D 4 Beschreibt den Unterschied zwischen einem Bündnis wie dem Nordatlantik-Pakt (NATO, vgl. S. 190/191) und der 1952 vereinbarten, 1954 gescheiterten EVG!

5 Die Gründung der EWG bot allen beteiligten Staaten wirtschaftliche Vorteile. Tab. 1 gibt einen Hinweis darauf, welche Interessen Frankreich und Italien zum Beitritt bewogen. Die wirtschaftlichen Interessen der Bundesrepublik Deutschland werden aus Abb. 6 deutlich!

6 Das wichtigste Ziel der Vereinigung Europas ist die Erhaltung des Friedens. Genügt dazu der Zusammenschluß der neun Länder, die der EG bisher beigetreten sind?

sechs Länder, die ihre wichtigsten Industriezweige und ihre Verteidigungsstreitkräfte zusammengelegt hatten, nun auch eine gemeinsame Regierung bilden würden. Doch 1954 lehnte die französische Volksvertretung es ab, dem Vertrag über die Europäische Verteidigungsgemeinschaft zuzustimmen. Die Politiker, die Frankreichs Selbständigkeit erhalten wollten, hatten sich durchgesetzt. Der erste Anlauf zu Europa war gescheitert. Die Bundesrepublik Deutschland begann mit dem Aufbau eigener Streitkräfte und trat 1955 der NATO bei (vgl. S. 190/191).
Die politische Vereinigung Europas war nach dem Scheitern der EVG in weite Ferne gerückt. Den sechs Staaten, die sich an der Montan-Union beteiligten, gelang aber wenigstens mit der Gründung der *Europäischen Wirtschaftsgemeinschaft (EWG)* ein enger wirtschaftlicher Zusammenschluß (vgl. Abb. 5).
1957 gründeten Belgien, die Bundesrepublik Deutschland, Frankreich, Italien, Luxemburg und die Niederlande diese Europäische Wirtschaftsgemeinschaft. Die wichtigsten Ziele der EWG waren:
– Die Zollschranken und Mengenbeschränkungen im Handel zwischen den Mitgliedstaaten sollten beseitigt werden.
– Eine gemeinsame Politik zur Förderung der Landwirtschaft sollte vereinbart werden.
– Die Bürger der Mitgliedstaaten sollten ihren Arbeitsplatz frei in der gesamten Gemeinschaft wählen können.
– Prüfungen, z. B. Schulabschlüsse, die in einem Land bestanden wurden, sollten von allen Mitgliedstaaten anerkannt werden.

Erfolge und Mißerfolge der EG

Die Europäische Gemeinschaft – eine gute oder eine schlechte Sache?

Tab. 1: Aus einer Umfrage im April / Mai 1977

	Die Bevölkerung sagt (Angaben in %): Die Europäische Gemeinschaft ist eine	
	gute Sache	schlechte Sache
Belgien	69	4
Bundesrepublik Deutschland	54	8
Dänemark	30	30
Frankreich	64	6
Großbritannien	35	40
Irland	57	17
Italien	71	5
Luxemburg	84	2
Niederlande	80	3

Die folgenden Tatsachen zeigen Euch, was die Europäische Gemeinschaft bisher erreicht hat, und was sie nicht erreicht hat. Dann könnt Ihr selbst urteilen, ob sie eine gute oder schlechte Sache ist.

Was die Europäische Gemeinschaft erreicht hat

Abschaffung der Zölle

Heute bildet die EG eine *Zollunion*. Das bedeutet: Waren können ohne jede Zollbelastung zwischen den Mitgliedsstaaten gehandelt werden. Gegenüber Staaten, die nicht Mitglieder sind, schirmen sich die EG-Länder durch einen gemeinsamen *Außenzoll* ab (vgl. Abb. 1).

Folge der Zollunion: Der Warenverkehr zwischen den EG-Ländern hat gewaltig zugenommen. 1958 ging ungefähr ein Viertel der deutschen Ausfuhr in die heutigen EG-Länder. Inzwischen ist es beinahe die Hälfte (vgl. Abb. 2).

Um den riesigen Warenberg herzustellen, den die Bundesrepublik Deutschland heute in den anderen EG-Ländern verkauft, müßten zwei bis drei Mill. Arbeiter und Angestellte ausschließlich für die Ausfuhr in die EG-Staaten arbeiten! In Wirklichkeit arbeitet kaum ein deutscher Arbeiter oder Angestellter ausschließlich für den Export in die EG. Die meisten Arbeitnehmer in der Industrie der Bundesrepublik Deutschland sind aber zum Teil damit beschäftigt, Waren herzustellen oder damit zu handeln, die von unseren EG-Partnern abgenommen werden.

Für die Waren, die die Bundesrepublik Deutschland in die anderen EG-Länder liefert, erhält sie Waren aus diesen Ländern zurück:

Aus Frankreich und Italien bezieht die Bundesrepublik Deutschland z. B. nicht nur Lebensmittel; die deutschen Verbraucher kaufen gerne französische und italienische Autos. Auch deutsche Unternehmen kaufen einen immer größeren Teil ihrer Maschinen und Werkzeuge in den EG-Ländern.

Wirtschaftliches Wachstum

Die Abschaffung der Zölle hat das Wachstum der Wirtschaft in vielen EG-Ländern angeregt. Viele Unternehmen hofften auf bessere Absatzmöglichkeiten und erhöhten die Produktion. Vor allem in den ersten Jahren nach der Gründung der EWG gab es einen „Wachstumsschub": Die Einkommen stiegen in allen EG-Mitgliedsstaaten ziemlich schnell. Viele neue Arbeitsplätze wurden geschaffen (vgl. Tab. 2).

Freizügigkeit

Jeder Bürger der Bundesrepublik Deutschland hat heute das Recht, in jedem EG-Land zu arbeiten. Umgekehrt

Tab. 2: Vergleich des durchschnittlichen jährlichen Zuwachses des Bruttosozialproduktes (in %) zwischen EG-Ländern und den USA

Zeitraum	D	F	I	NL	B	EWG insges.	USA
1957 bis 1961	7,9	4,6	6,5	4,1	3,0	6,1	2,4
1962 bis 1966	4,6	5,6	4,4	5,1	4,6	5,0	5,6
1967 bis 1970	6,9	6,1	5,3	5,9	5,5	6,3	2,2
1957 bis 1970	5,7	5,5	5,7	4,9	4,3	5,5	3,7

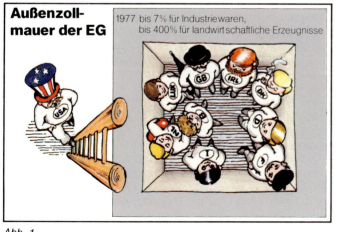

Abb. 1

Abb. 2

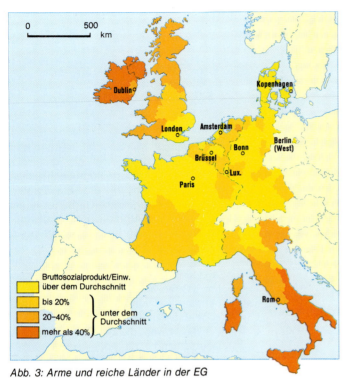

Abb. 3: Arme und reiche Länder in der EG

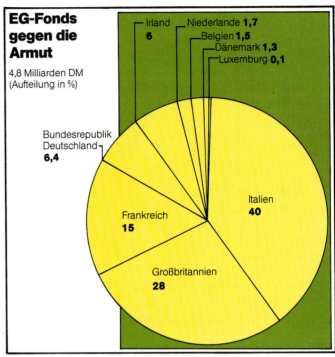

Abb. 4

haben alle Bürger der EG-Länder das Recht, in der gesamten Bundesrepublik Deutschland zu arbeiten. Über die Anerkennung der Prüfungen wird aber immer noch verhandelt.

Was die Europäische Gemeinschaft nicht erreicht hat

Die Armut ist noch lange nicht überwunden

Zwanzig Jahre nach der Gründung der EG, also 1977, ging es zwar allen Mitgliedsstaaten besser als zu Beginn des wirtschaftlichen Zusammenschlusses. Doch die Unterschiede zwischen den „reichen" Ländern wie der Bundesrepublik Deutschland und den „armen" Ländern wie Italien waren nicht geringer geworden.

Abb. 3 zeigt „arme" und „reiche" Gebiete innerhalb der EG. Besonders groß war 1977 die Not im Süden Italiens. In vielen Gemeinden dort war fast die Hälfte aller Jugendlichen arbeitslos. Das durchschnittliche Einkommen eines Sizilianers betrug den fünften Teil des durchschnittlichen Einkommens eines Hamburgers! Wissenschaftler befürchten, daß diese Unterschiede noch größer werden, wenn nicht die reichen EG-Länder ihren ärmeren Partnern wirksamer helfen.

Seit 1975 gibt es einen *Europäischen Fonds für regionale Entwicklung*. Aus ihm erhalten vor allem Großbritannien, Irland und Italien Zuwendungen. Die anderen EG-Mitglieder zahlen mehr in den Fonds ein, als sie aus ihm zurückerhalten (vgl. Abb. 4). Die meisten Fachleute meinen allerdings, daß die Mittel des Fonds noch lange nicht ausreichen.

Die Zusammenarbeit funktioniert noch nicht immer

Ein Beispiel für mangelhafte Bereitschaft der EG-Länder zu Zusammenarbeit und gegenseitiger Hilfe bot die Erdölkrise 1973. Damals weigerten sich die arabischen Erdölproduzenten, an die Niederlande Öl zu liefern. Sie warfen den Niederlanden vor, sie würden Israel im arabisch-israelischen Konflikt unterstützen. Frankreich und Großbritannien lehnten es damals ab, den Niederlanden zu helfen. Sie fürchteten, die Araber würden ihnen dann auch kein Öl mehr liefern.

Ein weiteres Beispiel für mangelhafte Zusammenarbeit ist die Haltung der EG-Länder in der Wirtschaftskrise seit 1974. In allen EG-Ländern kam es zu Geldentwertung („Inflation") und zu Arbeitslosigkeit (vgl. Abb. 5). Gemeinsam hätten die EG-Länder die Krise wirksam bekämpfen können. Sie konnten sich aber nicht einigen. Die Deutschen sahen in der Inflation, die Engländer in der Arbeitslosigkeit die größte Gefahr. Italien fürchtete, daß es seine Einfuhren aus den EG-Ländern nicht mehr bezahlen könnte. Unter Bruch des EG-Vertrages behinderte es daher zeitweise Einfuhren aus den Partnerländern.

Auch das jahrelange Tauziehen um das Forschungsprojekt „Jet" zeigt, daß sich die Regierungen der EG-Länder oft nur schwer einigen können. In den „Jet"-Anlagen soll die friedliche Nutzung der durch Kernverschmelzung freiwerdenden Energie erforscht werden. Gelänge das, so wären wir unsere Energiesorgen für Jahrhunderte los. Für ein einzelnes europäisches Land ist dieses Forschungsprojekt aber zu teuer. Daher soll die EG die Finanzierung übernehmen. Es dauerte aber Jahre, bis sich die EG-Länder auf einen Standort der Forschungsanlagen geeinigt hatten. Die Bundesrepublik Deutschland wollte München als Standort; aber auch die Italiener, Franzosen und Briten erhoben Ansprüche. Schließlich verzichtete die Bundesrepublik Deutschland. Heute steht „Jet" in England. Ob „Jet" aber von der EG immer genügend Geld erhalten wird, ist nicht sicher. Bisher gab es bei gemeinsamen Forschungsprojekten der EG immer Streit.

Die Landwirtschaft bleibt Sorgenkind

Butter kostete 1978 bei uns 2,40 DM (250 g). Zugleich lagern riesige Mengen Butter in den Kühlhäusern der EG. Wenn die Kühlhäuser voll sind, wird Butter weit billiger als 2,40 DM an Länder außerhalb der EG abgegeben. So lieferte die EG 1977 Butter an die UdSSR für 2,50 DM je 1000 g. Kein Wunder, daß viele deutsche Hausfrauen das für einen Skandal halten.

Wie sind diese Preisunterschiede möglich?

Auch für landwirtschaftliche Erzeugnisse sind die Zölle in der EG aufgehoben. Weizen, Wein und Käse aus Frankreich, Gemüse aus Italien oder den Niederlanden können ohne Zollbelastung und in jeder Menge in der Bundesrepublik Deutschland verkauft werden. Es besteht ein *Gemeinsamer Agrarmarkt* („Agrar" = Landwirtschaft).

In der Bundesrepublik Deutschland ist das Klima schlechter als in Frankreich und Italien. Die Herstellungskosten für landwirtschaftliche Erzeugnisse sind daher bei uns höher. Ohne staatliche Hilfe wäre unsere Landwirtschaft im

Gemeinsamen Agrarmarkt daher nicht wettbewerbsfähig.

Diese staatliche Hilfe funktioniert so: Die EG legt die Preise für die wichtigsten landwirtschaftlichen Erzeugnisse fest. Die Preise sind so hoch, daß sie auch den deutschen Bauern eine einigermaßen sichere Existenz ermöglichen. Wird zu dem staatlich festgesetzten Preis von den Bauern mehr erzeugt als verbraucht wird, so kauft der Staat die überschüssigen Mengen auf. So entstehen z. B. „Butterberge" oder „Milchpulverberge". Billige Lebensmittel aus Ländern, die nicht Mitglieder der EG sind, werden an der „Außenzollmauer" mit so hohen Abgaben belastet, daß sie ebenso teuer werden wie die Lebensmittel, die in der EG erzeugt werden (vgl. Abb. 6).

Als Ausweg aus der Klemme, in die der EG-Agrarmarkt geraten ist, wird oft der Export in Entwicklungsländer vorgeschlagen. Was dabei passieren kann, zeigt der folgende Bericht:

„Milchpulver wird in der Tat schon zu Tausenden von Tonnen an arme Länder verschenkt, wobei die EG sogar die Transportkosten übernimmt.

Die Anträge aus hungernden Ländern, die in etlichen Fällen nur über einige 100 t lauten, zeigen die Schwierigkeiten. Zur Ernährung muß das Pulver in der primitivsten Form zumindest zu Brei angerührt werden. Dabei sind in der Vergangenheit zum Teil schlimme Erfahrungen gemacht worden. Nach der letzten Überschwemmungskatastrophe im hungernden Bangladesch stellten Mütter nach Eintreffen der Milchpulverlieferung aus der EG die Brustnahrung ihrer Kinder ein. Tausende Kinder starben, weil ihnen das Pulver mit hygienisch nicht sauberem Wasser gefüttert wurde...

Hier wird klar, daß mehr nötig ist, als nur großzügige Hilfslieferungen. Es muß zusätzlich dafür gesorgt werden, daß das Nahrungsmittel sinnvoll verwendet werden kann, ... jemand, der monatelang Hunger gelitten hat und dessen Organismus ohnehin nicht an tierische Fette gewöhnt ist, verträgt derartige neue Nahrung ... nicht. Den Empfangsländern fehlen aber in der Regel die Verarbeitungsmöglichkeiten, um aus dem Pulver nicht nur einen scheußlich schmeckenden Milchwasserbrei zu machen."
(Süddeutsche Zeitung, 5. 3. 1977)

Großbritannien hatte vor seinem Beitritt zur EG ein anderes System der Unterstützung seiner Landwirtschaft. Es bezog einen großen Teil seiner Nahrungsmittel billig aus Kanada, Australien, Neuseeland und anderen Überseeländern. Die englischen Farmer konnten mit diesen billigen Importen nicht konkurrieren. Damit die Verbraucher billige Lebensmittel erhielten, wurden die Agrarpreise aber nicht

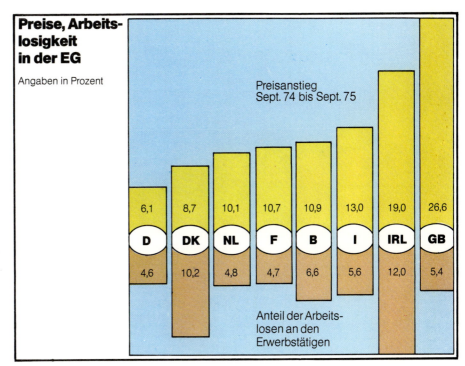

Abb. 5

künstlich durch den Staat verteuert. Vielmehr erhielten die Farmer unmittelbar Zuschüsse („Subventionen"). Diese Zuschüsse garantierten ihnen ein vergleichbares Einkommen mit den in der Industrie Beschäftigten. Wichtige Lebensmittel wie Butter, Fleisch waren damals in Großbritannien nur etwa halb so teuer wie bei uns. Die Zuschüsse an die Bauern mußten natürlich vom Steuerzahler getragen werden.

In unserem Land hat sich die Landwirtschaftspolitik der EG folgendermaßen ausgewirkt:

– Jedes Jahr stieg die landwirtschaftliche Produktion in der Bundesrepublik Deutschland um ungefähr 3 Prozent. In den 20 Jahren seit Gründung der EG hat sie sich mehr als verdoppelt. Ähnlich ist die Entwicklung in allen anderen EG-Ländern.

– Die gewaltige Steigerung der Produktion wurde möglich, obwohl immer weniger Menschen in der Landwirtschaft beschäftigt sind. 1960 waren es in der Bundesrepublik Deutschland 3,6 Mill.; 1975 waren es nur noch 1,8 Mill. Ursache: In der Landwirtschaft werden immer mehr Maschinen und Düngemittel eingesetzt. Die Arbeitsproduktivität steigt rasch (vgl. Tab. 3 und 4).

– Auch die Einkommen der in der

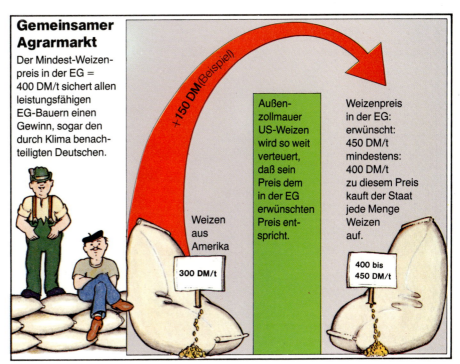

Abb. 6

Abb. 7

Tab. 3: Ernteerträge an Weizen (in kg) je Hektar in der Bundesrepublik Deutschland

Jahr	kg Weizen je Hektar
1958	2800
1970	3800
1975	4100

Tab. 4: Vergleich der Steigerung der Arbeitsproduktivität (in %) zwischen der Landwirtschaft und der übrigen Wirtschaft in der Bundesrepublik Deutschland (Arbeitsproduktivität = wieviel Arbeit ein Erwerbstätiger in einem bestimmten Zeitraum leistet)

Jahr	Landwirtschaft	übrige Wirtschaft
1973	4,3	4,3
1974	17,0	2,9
1975	1,9	0,4
1976	1,4	4,5
1973–76 durchschnittlich	8,5	3,5

Tab. 5: PKW-Zulassungen deutscher und ausländischer Fabrikate in der Bundesrepublik Deutschland (ohne einige ausländische Firmen mit sehr geringem Marktanteil)

Hersteller bzw. Typ	Zulassungen 1958	1976	Gesamtzulassungen in % 1958	1976
Auto-Union	29 102	134 460 (Auto-Union und NSU heute zu VW-Konzern)	4,4	6
BMW	36 376	130 090	5,5	6
Borgward	9 992	–	1,5	–
Daimler-Benz	48 493	230 213	7,4	10,2
Ford	56 127	339 362	8,6	15
Glas	32 485	–	4,9	–
Lloyd	37 053	–	5,6	–
Opel	128 747	465 615	19,7	20,6
Porsche	1 018	8 145	0,1	0,4
VW	205 501	528 653	31,4	23,4
NSU	7 025	zu VW	1,0	–
Citroën	837	41 163	0,3	1,8
Peugeot	1 355	41 724	0,4	1,9
Renault	9 536	123 455	1,8	5,5
Simca	1 325	55 513 (heute zu Chrysler Frankreich)	0,5	2,4
Fiat	40 583	96 771	6,2	4,3
Toyota	–	17 209	–	0,7
Nissan	–	13 912	–	0,6

Landwirtschaft Beschäftigten sind stark gestiegen. Nach wie vor klagen allerdings viele Landwirte mit kleinen Höfen, daß ihr Einkommen zu niedrig sei.

1 Ihr fragt Euch wahrscheinlich, welche Vorteile die Zollunion eigentlich für die Verbraucher in der Bundesrepublik Deutschland hat. Die Antwort ist gar nicht so leicht. Tab. 5 zeigt, wie sich der Automarkt in der Bundesrepublik Deutschland nach Gründung der Zollunion entwickelte.
Stellt fest, wie sich der Anteil der französischen und italienischen Autofirmen verändert hat! Haltet Ihr die Veränderungen für einen Vorteil oder für einen Nachteil für die Verbraucher?
Die Tabelle zeigt aber auch, daß einige deutsche Autofirmen verschwunden sind. Könnte das mit der EG zusammenhängen oder was könnte noch daran schuld sein?

D 2 Abb. 2 zeigt die Verflechtung der Wirtschaft der Bundesrepublik Deutschland mit der Wirtschaft der übrigen EG-Staaten. Für Millionen von Arbeitern und Angestellten hängt die Sicherheit des Arbeitsplatzes davon ab, daß der Export in die EG-Länder läuft und läuft. Ist aber der Export wirklich gesichert?
Diskutiert darüber angesichts der Erfahrungen mit der Haltung der EG-Länder in der Wirtschaftskrise seit 1974!

3 Stellt mit Hilfe der Abb. 3 und 4 fest, wo besonders arme Gebiete innerhalb der EG liegen.
Überlegt, warum es auch im Interesse der Bundesrepublik Deutschland liegt, die wirtschaftliche Entwicklung dieser Gebiete zu fördern!

D 4 Produktionserhöhungen bei Industriewaren werden meist als Vorteil angesehen: Den Verbrauchern stehen mehr Güter zur Verfügung. Bei Nahrungsmitteln scheint das anders zu sein: Die Erhöhung der landwirtschaftlichen Erzeugung in der EG führt zu riesigen Überschüssen.
Sucht dafür Gründe.

D 5 Die Landwirtschaft der EG-Länder ist vielen Kritikern ein Ärgernis. Manchmal wird vorgeschlagen, auf die staatliche Festlegung von Preisen zu verzichten und die Landwirtschaft der EG-Länder lediglich durch die Außenzollmauer gegen billige Lebensmitteleinfuhren aus Amerika oder Australien abzuschirmen.
Diskutiert darüber, wie sich die Preise für landwirtschaftliche Erzeugnisse verändern würden, wenn sie sich innerhalb der EG frei durch Angebot und Nachfrage bilden könnten.
Welche Folgen wären für die deutsche Landwirtschaft zu erwarten? Wie beurteilt ihr diese Folgen?

D 6 Im Bericht in der Süddeutschen Zeitung wird gezeigt, welche schlechten Folgen eine vermeintlich gute Hilfeleistung der EG für Bangladesch hatte. Findet Ihr eine Lösung, die für arme Entwicklungsländer günstiger wäre?

7 Überlegt, für wen das frühere englische System vorteilhafter ist als das gegenwärtige in der EG!

8 Fallen Euch auch Nachteile des früheren englischen Systems ein? Denkt z. B. an die Schwierigkeiten bei der Festlegung und Kontrolle der Zuschüsse!

9 Was mag sich der Zeichner der Karikatur Abb. 7 gedacht haben? Meint Ihr, daß er recht hat?

10 Ihr habt jetzt einen Überblick über die Erfolge und Mißerfolge des Gemeinsamen Marktes. Haltet Ihr ihn für eine gute oder schlechte Sache? Ihr könnt dazu eine Umfrage in der Klasse durchführen und Euer Ergebnis mit Tab. 1 vergleichen.

Wer bestimmt in der EG?

Abb. 1

Die ungelösten Probleme in der Europäischen Gemeinschaft regen Karikaturisten immer wieder zu Zeichnungen wie auf Abb. 1 an. Die Anhänger eines vereinigten Europas sind der Auffassung, daß auch die Art, wie in der EG Entscheidungen zustandekommen, zu den Schwierigkeiten beiträgt.

Abb. 2 zeigt, wer in der EG bestimmt, welche Entscheidungen getroffen werden oder wer dazu seinen Rat geben kann.

Da ist zunächst der *Ministerrat*. Er besteht aus neun Mitgliedern der einzelstaatlichen Regierungen. Geht es um die Fragen der Landwirtschaft, so nimmt aus der Bundesrepublik Deutschland in der Regel der Bundeslandwirtschaftsminister teil. Die Mitglieder des Ministerrats sind an die Richtlinien gebunden, die ihre Regierungen ihnen mitgeben. Der Ministerrat trifft alle verbindlichen Entscheidungen in der EG. Nach dem Vertrag über die Errichtung der EWG von 1957 könnte er mit Mehrheit entscheiden. Er hat sich aber darauf geeinigt, über alle wichtigen Fragen einstimmig zu beschließen. Kommt keine Einstimmigkeit zustande, bleibt es eben beim alten Zustand. Eine solche Regelung der Einstimmigkeit heißt *Vetorecht* (aus dem Lateinischen von veto = ich verbiete).

Auch die Mitglieder der *Europäischen Kommission* werden von den Regierungen der Einzelstaaten ernannt. Von den 13 „Kommissaren" sind je zwei aus der Bundesrepublik Deutschland, Frankreich, Italien und Großbritannien, je einer ist aus den übrigen Mitgliedstaaten. Der Kommission steht eine sehr große Verwaltung (Bürokratie) von mehreren tausend Beamten zur Verfügung. Die Kommission arbeitet Vorschläge aus, was getan werden soll. Entscheiden kann sie aber nicht. Ihre Vorschläge gehen an den Ministerrat, und der entscheidet.

Das *Europäische Parlament* hat folgende Befugnisse:
– Es kann die Kommission zum Rücktritt zwingen. Doch eine neue Kommission kann es nicht wählen; das ist Aufgabe der Regierungen.
– Es kann zu Vorschlägen der Kommission Stellung nehmen, aber nur mit beratender Stimme.

Die Regierungen der Mitgliedstaaten sind sich noch nicht einig, ob das Parlament mehr Macht erhalten sollte. So erklärte J. Chirac, damals französischer Premierminister:
„*Ich habe nichts dagegen, daß man das Europäische Parlament wählt, unter der Bedingung jedoch, daß diese Versammlung keinerlei Befugnisse erhält. Denn diese Versammlung von unverantwortlichen Schwätzern wird die Dinge nicht vorantreiben.*"
(Le Monde, 9. 4. 1977)

Der belgische Ministerpräsident Tindemans erklärte dagegen, die Direktwahl des Europäischen Parlaments werde die Demokratie stärken. Ein vereinigtes Europa werde sich nur errichten lassen, wenn die neun EG-Staaten ein wirkliches europäisches Parlament zustandebrächten.
(Der Tagesspiegel, 8. 7. 1977)

1 Diskutiert darüber, welche Vorteile und welche Nachteile der Grundsatz der Einstimmigkeit im Ministerrat (Vetorecht für jedes Mitgliedsland) hat.

D 2 Überlegt, was der Grund für die schroffe Weigerung des französischen Politikers sein könnte, dem Europäischen Parlament mehr Rechte zuzugestehen.

3 Sollte nach Eurer Meinung die Bundesregierung dafür eintreten, daß in Zukunft auch wichtige Fragen mit Mehrheit entschieden werden?

4 Überlegt, welches Organ der EG die meiste Macht hat: die Kommission, der Ministerrat oder das Parlament? Begründet Eure Meinung!

D 5 Haltet Ihr die Art, wie Entscheidungen in der EG zustandekommen, für demokratisch?
Begründet Eure Meinung!

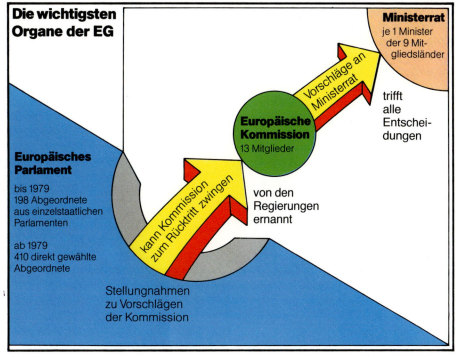

Abb. 2

Die Zukunft der EG

Im Jahre 1971 wurde eine Befragung durchgeführt, ob die Bevölkerung in den Mitgliedsstaaten der EG bereit ist, teilweise auf nationale Selbständigkeit zu verzichten. Hier sind die Antworten zu zwei wichtigen Fragen dieser Untersuchung, unterteilt auf die damals fünf größten der sechs Mitgliedländer:

Frage 1: „Angenommen, es kommt zu den Vereinigten Staaten von Europa, an deren Spitze ein Präsident steht, der von den Bürgern gewählt wird. Würden Sie auch für einen Kandidaten stimmen, der kein Deutscher (bzw. Franzose, Italiener, Niederländer ...) ist, wenn er Ihnen nach seinem persönlichen Eindruck und von seinem politischen Programm her besser gefällt – oder würden Sie das nicht?"

Tab. 1: Von je 100 Befragten antworteten in den jeweiligen Ländern:

	D	NL	F	I	B
Ja, ich würde auch für einen Kandidaten stimmen, der kein Deutscher (Franzose, ...) ist	68	59	56	49	45
Nein, ich würde nicht für einen ausländischen Kandidaten stimmen	17	22	25	22	24
Unentschieden oder kein Urteil	15	19	19	29	31

Frage 2: „Wären Sie damit einverstanden, wenn es über der Bundesregierung (bzw. französischen Regierung, ...) noch eine europäische Regierung gäbe, die über die gemeinsame Politik auf den Gebieten der Außenpolitik, Verteidigung und Wirtschaft zu bestimmen hätte?"

Tab. 2: Von je 100 Befragten antworteten in den jeweiligen Ländern:

	D	I	F	NL	B
Ja, einverstanden	58	52	47	40	30
Nein, nicht einverstanden	22	13	27	28	29
Unentschieden oder kein Urteil	20	35	26	32	41

Seit 1971 ist nicht viel geschehen, um den *Vereinigten Staaten von Europa* näherzukommen. 1977, also 20 Jahre nach der Gründung der EWG, sahen Karikaturisten die Europäische Gemeinschaft wie in Abb. 1.

Direktwahl des Europäischen Parlaments – ein Hoffnungsschimmer?

In dieser Lage hoffen die Anhänger eines vereinigten Europas auf die Bürger der EG-Länder. Von 1979 an wird das Europäische Parlament von den Bürgern der EG-Länder direkt gewählt. Viele Anhänger eines vereinigten Europas hoffen, daß es diesem demokratisch gewählten Parlament gelingen werde, die Vereinigung Europas voranzutreiben.

Soll die Europäische Gemeinschaft erweitert werden?

Das Europäische Parlament, der Ministerrat und die Europäische Kommission werden sich bald vor besonders schwierigen Problemen sehen. Drei weitere Länder wollen der EG beitreten: Griechenland, Spanien und Portugal (vgl. Abb. 2, Griechenlands Beitritt ist inzwischen beschlossen).

Diese drei Länder erhoffen sich von ihrem Beitritt zur EG einen erleichterten Absatz für ihre landwirtschaftlichen Erzeugnisse und Hilfe für den Aufbau ihrer Industrie. Die wichtigsten Agrarprodukte der drei Länder sind Gemüse, Südfrüchte, Wein. Davon wird aber in der EG jetzt schon genug, zum Teil zu viel, erzeugt. Es drohen also noch größere „Weinschwemmen" und „Orangenberge" – es sei denn, die EG würde sich dazu durchringen, den Agrarmarkt ganz neu zu ordnen. Das dürfte aber erbitterte Auseinandersetzungen geben. Vielleicht gelingt es in einem „Europa der Zwölf" dem Ministerrat überhaupt nicht mehr, sich auf irgend etwas einstimmig zu einigen? Was soll dann aus Europa werden?

Aber:
In Spanien, Portugal und Griechenland ist die Demokratie noch ungefestigt. Ohne die wirtschaftliche und politische Hilfe der EG könnte die Demokratie in allen drei Ländern bald wieder zerstört werden. Das wäre eine Gefahr für alle europäischen Demokratien. Die wirtschaftlich stärksten EG-Länder, vor allem die Bundesrepublik Deutschland und Frankreich, sollten daher bereit sein, für Spanien, Portugal und Griechenland Opfer zu bringen.

Abb. 1

Abb. 2

1 Überlegt, welche wirtschaftlichen und politischen Interessen die Bundesrepublik Deutschland beachten sollte, wenn die EG über den Aufnahmeantrag Griechenlands, Portugals und Spaniens entscheidet. Denkt an Fragen des Agrarmarktes, der Gastarbeiter, der Wirtschaftshilfe, der Bedeutung einer stabilen Demokratie in diesen Ländern. Denkt aber auch an die Gefahr, daß eine Europäische Gemeinschaft, die aus vielen ganz unterschiedlichen Ländern besteht, sich bestimmt nicht darauf einigen kann, ein politisch vereinigtes Europa zu werden!

2 Führt in Eurer Klasse eine Umfrage durch, mit der Ihr feststellen könnt, ob Ihr die politische Vereinigung Europas für richtig haltet. Ihr könnt dafür die gleichen Fragen wie in der Umfrage von 1971 benutzen.

Entwicklungsländer

Kennzeichen der Entwicklungsländer

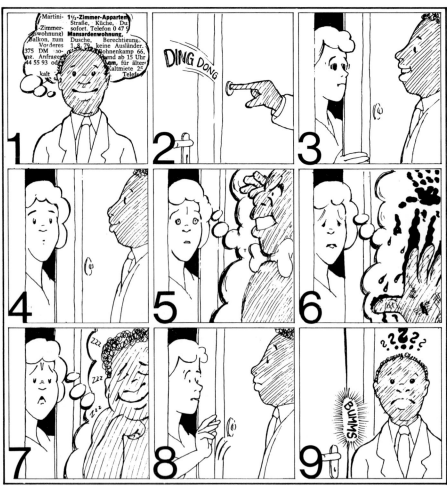

Abb. 1

Was sind Entwicklungsländer?

Mit dem Begriff *Entwicklungsländer* soll ausgedrückt werden, daß diese Länder eine Entwicklung anstreben. Sie wollen den bisherigen Zustand überwinden. Ihre *Unterentwicklung* besteht vor allem darin, daß sie der Masse ihrer Bevölkerung bisher nicht einmal die Erfüllung der existenznotwendigen Bedürfnisse – Nahrung, Kleidung, Wohnung, medizinische Versorgung – ermöglichen können. Unterentwicklung bezieht sich somit auf Mängel auf ganz bestimmten Gebieten. Sie bedeutet keineswegs, daß die Entwicklungsländer und ihre Bevölkerungen in allen Lebensbereichen „primitiv" sind. Wir haben nicht die geringste Veranlassung, auf die Menschen in den Entwicklungsländern herabzusehen. So gab es z. B. in einigen Entwicklungsländern, wie Indien oder China, schon Hochkulturen, als unsere Vorfahren noch durch die Wälder zogen. Außerdem sind unsere eigenen Wertmaßstäbe nicht allgemeingültig und unsere Verhaltensweisen häufig von Vorurteilen geprägt. Abb. 1 wird Euch zu einer entsprechenden Diskussion angeregt haben.

Die meist südlichen Entwicklungsländer werden im Vergleich zu den westlichen *(Erste Welt)* und östlichen Industrieländern *(Zweite Welt)* auch häufig als *Dritte Welt* bezeichnet. Zwischen den rund 150 Entwicklungsländern gibt es große Unterschiede. Unterscheidungsmerkmale sind Größe (China – El Salvador), Bevölkerungsdichte (Indien – Saudi-Arabien), Rohstoffreichtum (Zaire – Tschad) und vieles andere mehr. Bei den ärmsten Entwicklungsländern spricht man deshalb bereits von der *Vierten Welt*. So muß man sich bei näherer Beschäftigung mit einem bestimmten Entwicklungsland, z. B. Indien, sehr genau mit dessen besonderen Bedingungen auseinandersetzen. Was für Merkmale sind dann aber gemeint, wenn man von einem Land als Entwicklungsland spricht?

Eine einheitliche Festlegung, wann ein Land als „Entwicklungsland" bezeichnet wird, gibt es nicht. Die Vereinten Nationen setzen als Maßstab das durchschnittliche Pro-Kopf-Einkommen der Bevölkerung. Wenn dieses jährliche Einkommen der Bevölkerung nicht mehr als 25 Prozent des Einkommens der hochentwickelten Länder beträgt, gilt ein Land als Entwicklungsland. Die entscheidende Grenze liegt zur Zeit bei etwa 50 US-Dollar (= ca. 100 DM) monatlich. Das Einkommen spielt deshalb eine so große Rolle, weil es zumindest ein grober Anhaltspunkt für den Lebensstandard ist. Es ist daher notwendig, daß wir uns genauer mit der Einkommensverteilung in der Welt auseinandersetzen. Dabei muß berücksichtigt werden, daß insbesondere die Zahlen der Entwicklungsländer auf unsicheren Schätzungen beruhen.

Einkommensverteilung

Abb. 2 gibt ein Bild von den Einkommensunterschieden zwischen den Ländern der Erde. Wir erkennen, daß innerhalb sowohl der Gruppe der Industrieländer als auch der Gruppe der Entwicklungsländer starke Einkommensunterschiede bestehen. Einige Entwicklungsländer, insbesondere erdölausführende Staaten wie Saudi-Arabien und halbindustrialisierte Länder wie Mexiko, verfügen bereits über ein relativ hohes Durchschnittseinkommen. Der Gürtel der besonders armen Länder umfaßt dagegen vor allem Staaten Afrikas und Asiens. Die Vereinten Nationen haben anhand bestimmter Merkmale – u. a. durchschnittliches Pro-Kopf-Einkommen unter 100 US-Dollar pro Jahr – 28 Länder als besonders hilfsbedürftig anerkannt. Es sind die „am wenigsten entwickelten Länder", abgekürzt LDC (least developed countries).

Die Angaben über das Einkommen in den einzelnen Ländern sind Durchschnittswerte. Bei Durchschnittswerten ist Vorsicht geboten. Angenommen Ihr untersucht die Einkommensverhältnisse auf einer Kaffeeplantage. Der Besitzer der Plantage verdient sehr gut und hat ein Monatseinkommen von 5000 DM. Seine 100 Tagelöhner verdienen dagegen nur jeweils 51 DM im Monat. Für den Besitzer und die Tagelöhner zusammen ergibt sich ein Durchschnittseinkommen von 100 DM.

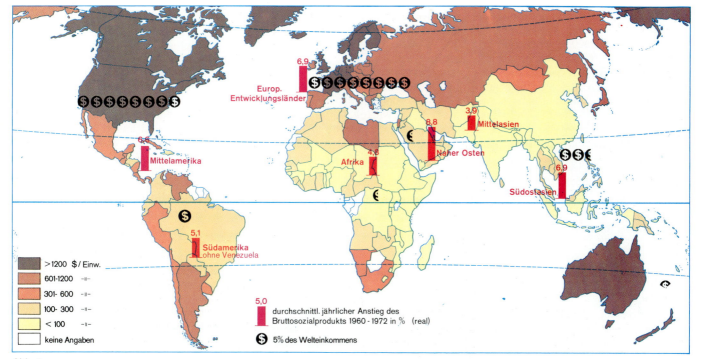

Abb. 2

Das hilft den Tagelöhnern in unserem Beispiel aber gar nichts. Ähnlich ergeht es den Ärmsten in den Entwicklungsländern. Tab. 1 zeigt die enorme Einkommenskluft innerhalb der meisten Entwicklungsländer. Sie ist in der Regel größer als innerhalb der Industrieländer.

Große Unterschiede des Einkommens bestehen also nicht nur zwischen Industrie- und Entwicklungsländern, sondern auch zwischen den einzelnen Entwicklungsländern und vor allem innerhalb der Entwicklungsländer. Die Durchschnittswerte verhüllen noch das Ausmaß der Armut, in der der größte Teil der Bevölkerung leben muß (vgl. Abb. 3). In der *Entwicklungspolitik* müssen diese Unterschiede berücksichtigt werden.

Mit dem geringen durchschnittlichen Einkommen mehr oder weniger eng verbunden sind weitere Merkmale und Probleme der Entwicklungsländer und ihrer Bevölkerung. Dazu zählen:

Tab. 1: Innere Einkommensverteilung in Entwicklungsländern (Auswahl) 1970

Land	Verhältnis reich : arm	Erklärung
Gabon	35 : 1	Die 20 % Reichsten der Gesamtbevölkerung verdienen 35mal soviel wie die 20 % Ärmsten
Kolumbien	31 : 1	Die 20 % Reichsten verdienen 31mal soviel wie die 20 % Ärmsten
Südafrika	29 : 1	Die 20 % Reichsten verdienen 29mal soviel wie die 20 % Ärmsten
Brasilien	17 : 1	Die 20 % Reichsten verdienen 17mal soviel wie die 20 % Ärmsten
Indien	8 : 1	Die 20 % Reichsten verdienen 8mal soviel wie die 20 % Ärmsten
44 Länder im Durchschnitt	10 : 1	Die 20 % Reichsten verdienen 10mal soviel wie die 20 % Ärmsten

– unzureichende Ernährung
– schlechter Gesundheitszustand und ungenügende medizinische Versorgung
– schlechte Ausbildung, z. B. hoher Anteil von Analphabeten (vgl. Abb. 4)
– hohe Arbeitslosigkeit, zum Teil in „versteckter" Form. Von versteckter Arbeitslosigkeit spricht man, wenn z. B. ein Bauer mit seinem kleinen Stück Land nur wenige Stunden am Tag beschäftigt ist oder Arbeiter nur während der Erntezeit Arbeit finden.
– geringe Industrialisierung. Der Anteil der Entwicklungsländer an der gesamten Industrieproduktion der Welt beträgt nur sieben Prozent.
– geringe Produktivität. In fast allen

Abb. 3

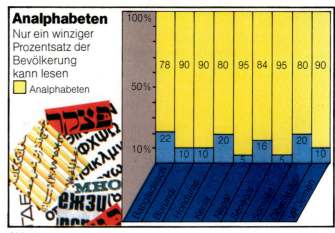

Abb. 4

Wirtschaftszweigen, ob Landwirtschaft oder Industrie, erzeugt ein Bauer oder Arbeiter in Entwicklungsländern in der gleichen Zeit durchschnittlich sehr viel weniger als z. B. sein deutscher Kollege. Dazu tragen u. a. schlechtere Ausbildung und schlechtere Hilfsmittel bei.
– hohe Abhängigkeit von Rohstoffausfuhren
– hohe Abhängigkeit von den Weltmarktpreisen, wenn nur wenige Erzeugnisse (z. B. Kaffee oder Kupfer) ausgeführt werden.

Teufelskreis der Armut

Viele der negativen Merkmale der Entwicklungsländer sind so miteinander verbunden, daß sie sich ringförmig verstärken.

„*Das Häufchen Mensch, das auf der anderen Straßenseite vor dem Hotel in Accra hockt, sieht aus wie 50. Der Mann ist aber erst 32. Er heißt Friday. Friday ist arm. Deswegen hat er nicht genug zu essen. Er ist unterernährt. Man kann ihm ansehen, daß er schwach ist, sicher auch nicht gesund. Deshalb wird er nicht mal vom Hotelportier zum Koffertragen gerufen. Ohne Arbeit wird Friday immer arm bleiben. Durch unzureichende Ernährung wird sich seine Gesundheit nicht wieder herstellen lassen ...*"

Das Leben Fridays ist ein Beispiel für das Leben von Millionen Menschen in den Entwicklungsländern.
Sie sind bitter arm, haben kein Geld für ausreichende Nahrung, sind deswegen gegen Krankheiten anfälliger, können deshalb nicht ausreichend arbeiten, verdienen so wiederum zu wenig, sind deshalb arm ..., sie können sich keine gute Ausbildung leisten, finden deshalb keine Arbeit, verdienen nichts, sind arm ...,
sie können nichts sparen, es gibt zu wenig inländisches Geld zum Bau von Fabriken und Kauf von Maschinen, aber auch wenige Leute, die die Erzeugnisse solcher Fabriken kaufen könnten, es gibt wenig Arbeitsplätze, die Menschen sind arbeitslos, haben kein Geld ...
So verschlimmert sich die Situation der Menschen oft schneller als Hilfen möglich sind. Man spricht deshalb vom *Teufelskreis der Armut* (vgl. Abb. 5).

Bevölkerungsexplosion

Während die Bevölkerungszahlen in der Bundesrepublik Deutschland nicht mehr steigen oder sogar zurückgehen, nimmt die Bevölkerung der Erde insgesamt explosionsartig zu. Zur Zeit wird die jährliche Vermehrung der Weltbevölkerung auf etwa 60 bis 80 Mill. Menschen geschätzt, mehr als die Bevölkerung der Bundesrepublik Deutschland insgesamt umfaßt. Wie Abb. 6 zeigt, findet der Bevölkerungszuwachs vor allem in den Entwicklungsländern statt.
Die Hauptursache ist, daß durch die bessere medizinische Versorgung mehr Kinder am Leben bleiben und das durchschnittliche Lebensalter der Bevölkerung höher geworden ist (z. B. durch Seuchenbekämpfung), während sich die Zahl der Kinder je Familie kaum verringert hat. Was früher bei hoher Kindersterblichkeit wichtig war, nämlich viele Kinder zu haben, trägt jetzt mit zur Armut bei.
Für die meisten Entwicklungsländer bedeutet die *Bevölkerungsexplosion* eine zusätzliche Last. Die wachsende Kinderschar ist etwa 15 Jahre lang nur Verbraucher, ohne daß sie zur Erarbeitung des Verbrauchten viel beitragen kann. Kinder müssen nicht nur ernährt, gekleidet, medizinisch betreut werden, der Staat muß auch für Schulen und Lehrer sorgen. Die dafür notwendigen Geldmittel fehlen an anderer Stelle. Zwar haben auch die Entwicklungsländer in den letzten Jahrzehnten mehr Güter erzeugen können. Die Hälfte davon wurde aber schon durch das Bevölkerungswachstum aufgezehrt.
Die Folgerung liegt nahe, die Bevölkerungsexplosion möglichst schnell zu stoppen. Ein Mittel sind Programme zur Familienplanung, die auf eine freiwillige Geburtenbeschränkung zielen. Mit Hilfe von Appellen (vgl. Abb. 7) und materiellen Anreizen kann versucht werden, die Familien für eine kleinere Kinderzahl zu gewinnen. Es gibt aber starke Widerstände gegen Familienplanungsprogramme. Einige Länder, z. B. Brasilien, haben noch dünnbevölkerte Gebiete. Sie sehen in einem Bevölkerungswachstum nicht nur Nachteile. Die katholische Kirche, die gerade in Lateinamerika über großen Einfluß verfügt, lehnt Empfängnisverhütung mit künstlichen Mitteln ab. Vertreter der farbigen Völker sehen in der Forderung der überwiegend weißen Industrieländer nach einem Stopp der Bevölkerungsexplosion häufig Rassismus. Die Weißen hätten nur Angst, noch stärker in die Minderheit zu geraten.
Aber auch in Ländern wie Indien, die aufwendige Familienplanungsprogram-

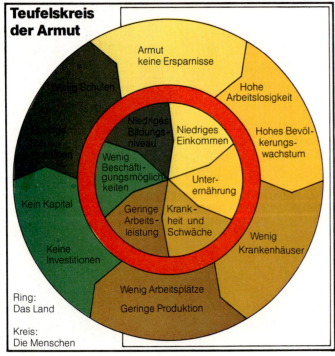

Abb. 5

Abb. 6

me durchgeführt haben, sind die Erfolge bisher bescheiden. Die Schwierigkeiten verdeutlicht der folgende Text: „*Shimbani Kar ist 24 Jahre alt. Sie lebt in einem Dorf bei Kalkutta in Indien. Sie hat sieben Kinder. Schon nach dem zweiten hatte ihr der Arzt gesagt: ‚Du solltest die Pille nehmen. Zwei Kinder sind genug!' Shimbani Kar nahm die Pille nicht. Sie sagte: ‚Wir brauchen Kinder, die uns bei der Arbeit helfen. Sonst können wir die hohe Pacht nicht bezahlen. Und außerdem müssen wir im Alter versorgt sein.' Shimbani Kar ist kein Einzelfall. Millionen Frauen in Indien und in anderen Ländern Asiens, Afrikas und Lateinamerikas müssen jedes Jahr ein Kind zur Welt bringen – aus wirtschaftlichen Gründen.*"

Werbung für Familienplanung reicht allein offenbar nicht. Solange Kinder z. B. die einzige Altersversorgung sind, ist freiwillige Geburtenbeschränkung schwer durchzusetzen. In Europa hatten wir vor über hundert Jahren eine ähnliche Situation. Auch bei uns war es zu starkem Bevölkerungswachstum gekommen, als die Fortschritte der Medizin Kindersterblichkeit und Krankheiten einschränkten. Der Hauptgrund für die dann sinkenden Kinderzahlen wird in besserer sozialer Sicherung und wachsendem Lebensstandard gesehen. Deshalb meint man heute, daß auch in den Entwicklungsländern eine Besserung der Lebensverhältnisse das wirksamste Mittel gegen die Bevölkerungsexplosion sei: „*Entwicklung ist die beste Pille*".

Daß die Bevölkerungsexplosion unbedingt gestoppt werden muß, zeigt Abb. 8. Für die Belastungsgrenzen der Erde ist aber auch das relativ bescheidene Bevölkerungswachstum in den Industrieländern zu beachten. Ein zusätzlicher Bürger der USA verbraucht nämlich z. B. soviel Energie wie 60 Inder oder 160 Tansanier, und ähnlich sieht es beim Rohstoffverbrauch aus.

1 Angenommen, ein Freund möchte von Euch wissen, was Entwicklungsländer sind. Versucht es ihm zu erklären!

2 Der Gegensatz zwischen Entwicklungsländern und Industrieländern wird auch „Nord-Süd-Konflikt" genannt. Überlegt, inwieweit dies gerechtfertigt, inwieweit es aber vielleicht auch ungenau ist. Untersucht dazu, ob alle einkommensstarken Länder im Norden, alle einkommensschwachen Länder im Süden liegen.

3 Was soll mit der Bezeichnung „Teufelskreis" ausgedrückt werden? Beschreibt einen Teufelskreis anhand eines Beispiels.

Abb. 7

Gibt es auch bei uns ähnliche Erscheinungen? Denkt z. B. an die Familie Berg S. 124 f.

4 Nennt Unterschiede zwischen Entwicklungsländern, möglichst am Beispiel Euch bekannter Länder! Überlegt, warum es wichtig ist, diese Unterschiede zu beachten!

5 Überlegt, welche Folgen die Bevölkerungsexplosion für die Entwicklungsländer hat? In Abb. 8 findet Ihr eine erschreckende Vorausschau auf die Weltbevölkerung der Zukunft. Muß diese wirklich eintreten?

D 6 Am Beispiel der Durchschnittseinkommen der Entwicklungsländer haben wir gesehen, daß Durchschnittswerte zu einem falschen Eindruck führen können. Überlegt, ob dies auch bei anderen Beispielen zutrifft (Durchschnittszensuren, Durchschnittspreise)! Wovon hängt es ab, ob Durchschnittswerte leicht in die Irre führen?

Für jeden nur ein Stehplatz

Düstere Visionen von Bevölkerungs-Fachleuten: In einem bis ins 4. Jahrtausend hochgerechneten „Bevölkerungsfahrplan" haben sie ausgemalt, was passiert, wenn die Menschheit weiter so wächst, wie sie wächst.

Bis 1985:
Hungersnöte, Seuchen, Naturkatastrophen, Aufstände, Bürgerkriege, internationale Auseinandersetzungen um Lebensmittel und Rohstoffe.
2000:
Etwa 6,5 bis 8 Milliarden Menschen. In Kalkutta leben 66 Millionen, in Tokio 44 Millionen.
2044:
15 Milliarden Menschen. Alle leben in Millionenstädten. Die größte „Stadt" zählt 1,4 Milliarden Einwohner.

2050:
Die Versorgung von Ernte zu Ernte ist ein Vabanquespiel. Hunger und Unterernährung nicht nur in den ehemaligen Entwicklungsländern. Luft und Umwelt sind mit Giftstoffen durchsättigt. Schwebstoffe halten die Sonne ab. Ausweg für jeweils 200 000 Menschen: riesige rotierende Raumschiffröhren im All.
13. Juni 2116:
„Die gesamte Landmasse unseres Planeten bietet jedem Menschen gerade noch einen Stehplatz."
2400:
15 Billionen Erdbewohner. Neue Methoden der chemischen Ernährung (auch Abfälle wieder aufbereitet).
3400:
Die auf der Erde siedelnde Masse Mensch wiegt soviel wie die Erde selbst.

Abb. 8: Weltblick 1/1975

Ursachen für Unterentwicklung im Streit der Meinungen

„Fragen aus einer Schülerumfrage in Ulm 1973:
Wie ist Ihre Meinung zu folgenden Sätzen?
- Die Leute in den Entwicklungsländern sind nicht fähig zur Selbstregierung.
- Die Menschen in den Entwicklungsländern sind zu faul.
- Die Menschen in den Entwicklungsländern sind weniger intelligent.
- **In den Entwicklungsländern herrscht Hunger und Armut vor allem, weil die Menschen dort primitive Vorstellungen haben.
Rund jeder dritte Schüler in Gymnasien und Realschulen (35 %) und jeder zweite Schüler an Berufsschulen (51 %) hält die Menschen in den Entwicklungsländern entweder nicht zur Selbstregierung fähig oder bestätigt ihnen Faulheit, geringere Intelligenz oder primitive Vorstellungen."**
(BMZ [Hrsg.], Schule und Dritte Welt 44)

Ursachen für Unterentwicklung

Die Ursachen für die Armut der Dritten Welt sind umstritten. Wie die Ergebnisse der Schülerumfrage zeigen, sind Vorurteile darüber weit verbreitet. Annahmen, wie die über die geringere Intelligenz von Menschen in Entwicklungsländern, sind aber eindeutig falsch. Andere häufig genannte Ursachen sind ungünstiges Klima, schlechte Bodenverhältnisse, fehlende Bodenschätze. Zwar ist richtig, daß solche Merkmale die Entwicklung behindern können. Es kann sich aber nicht um die Hauptursachen handeln. Das zeigt schon das Beispiel der Schweiz, die trotz ungünstiger natürlicher Voraussetzungen zu den Ländern mit den höchsten Durchschnittseinkommen zählt.

Äußere Ursachen

Abb. 1 verdeutlicht eine Ansicht, nach der die Entwicklungsländer „unterentwickelt wurden". Die Entwicklung der Industrieländer ist danach auf Kosten der Dritten Welt erfolgt. Reichtum des Nordens und Armut des Südens sind daher nur zwei Seiten derselben Medaille. Der größte Teil der Dritten Welt ist lange Zeit militärisch unterjocht und als Kolonie dem Willen der Kolonialmächte unterworfen worden. Die Entwicklungsländer sind in dieser Zeit unter Mißachtung ihrer eigenen Interessen in eine internationale *Arbeitsteilung* hineingezwungen worden. Ihre Wirtschaft wurde allein auf die Bedürfnisse der Kolonialmächte ausgerichtet. Sie mußten vor allem Rohstoffe und landwirtschaftliche Erzeugnisse ausführen. Es kam deshalb häufig zu *Monokulturen* (vgl. Abb. 2), d. h., entsprechend den klimatischen Bedingungen und den Bedürfnissen des Kolonialherren wurden nur wenige Produkte, z. B. Baumwolle, Tee, Kaffee, angebaut. Die weiterverarbeiteten, hohen Gewinn versprechenden Erzeugnisse mußten dagegen aus den europäischen Ländern eingeführt werden. Diese ungleiche Arbeitsteilung hat eine eigenständige Entwicklung in der Dritten Welt verhindert und die tiefe Kluft zu den sich rasch entwickelnden Industrieländern hervorgerufen. Die Hauptursache der Unterentwicklung der Dritten Welt ist ihre Abhängigkeit, die auch nach der Gewinnung der staatlichen Unabhängigkeit fortbesteht. Diese Abhängigkeit ist nicht nur in den wirtschaftlichen Verhältnissen verankert, sondern hat sich auch auf alle anderen Bereiche, wie Erziehung und Politik, ausgedehnt. So vertreten die politisch herrschenden Gruppen in den Entwicklungsländern häufig ähnliche Interessen wie die Regierungen der Industrieländer, denen sie in Erziehung, Vorstellungswelt und Lebensstandard oft stärker verbunden sind als der Masse ihrer Landsleute.

Innere Ursachen

Der Behauptung, daß Unterentwicklung im wesentlichen von außen, d. h. durch die europäischen Kolonialmächte, verursacht sei, wird von einer anderen Ansicht her widersprochen. Danach hat der Kapitalismus in den zuerst erfaßten Ländern, insbesondere Großbritannien, vorher unbekannte Energien freigesetzt und erstmals eine schnelle Entwicklung aus hoffnungsloser Armut möglich gemacht. Damit wurden diese Länder in Wirtschaft und Technik, Verwaltung und Militärwesen so überlegen, daß sie sich die Dritte Welt weitgehend unterwerfen konnten. Sie brachten den Entwicklungsländern aber nicht nur Unterdrückung und Ausbeutung, sondern machten sie auch mit neuen lebenserhaltenden Möglichkeiten, z. B. Seuchenbekämpfung, Einsatz von Maschinen, vertraut. Wieweit diese Möglichkeiten genutzt wurden, hing vor allem von der überkommenen Kultur und Gesellschaftsordnung in den Entwicklungsländern ab. In Gesellschaften z. B., in denen dem einzelnen durch Religion oder

Abb. 1

Tradition ein fester, durch eigene Anstrengungen kaum veränderbarer Platz zugewiesen wird, sind die Leistungsanreize gering (vgl. Abb. 3). Das beeinträchtigt die Entwicklungschancen. Die Vertreter dieser Ansicht sehen also in den inneren Bedingungen der Entwicklungsländer die Hauptursache der Unterentwicklung.

Äußere oder innere Ursachen für Unterentwicklung?

Welcher der beiden Erklärungsversuche eindeutig „richtig" ist, läßt sich nicht entscheiden. Sicher ist, daß beide Ursachen eine Rolle gespielt haben und noch spielen, sowohl die Politik der Industriestaaten als auch die Bedingungen in den Entwicklungsländern.
Für die Entwicklungsländer ist eine Antwort auf die Frage wichtiger, welche Ziele ihrer Entwicklung sie mit welchen Mitteln verfolgen sollen. Für diese Antwort sind allerdings Annahmen über die Hauptursachen der Unterentwicklung von Bedeutung.

1 Macht eine eigene kleine Umfrage, z. B. bei Freunden, über die Ursachen von Unterentwicklung! Versucht, die Euch genannten Ursachen nach natürlicher Ausstattung, inneren und äußeren Gründen einzuteilen, und überlegt, ob sie Euch überzeugen!

2 Diskutiert die Meinung, daß die Menschen in Entwicklungsländern faul sind! Was spricht dafür, was dagegen? Wie ist der Eindruck der Faulheit (bei der Umfrage, von der zu Beginn dieses Kapitels die Rede ist, waren etwa drei Prozent dieser Ansicht und etwa zehn Prozent unentschieden) vielleicht zu erklären?

D 3 Versucht, Abb. 1 zu deuten!

4 Prüft mit Hilfe von Geschichtsbuch und Geschichtsatlas, welche Länder Kolonien und welche Kolonialmächte waren! War das Deutsche Reich auch Kolonialmacht?

D 5 Versucht anhand von Zeitungsartikeln Beispiele für innere und äußere Ursachen von Unterentwicklung zu finden!
Diskutiert sie in der Klasse!

D 6 Überlegt, warum Annahmen über die Ursachen von Unterentwicklung wichtig sein können für Entscheidungen über Ziele und Mittel der Entwicklungspolitik!

Abb. 2

Abb. 3

Entwicklungshilfe

Abb. 1

Die Zahl von hungernden und armen Menschen hat trotz der Entwicklungsanstrengungen in der Dritten Welt und trotz Entwicklungshilfe zugenommen. Das ist für viele unverständlich (vgl. Abb. 1)!

Haben *Entwicklungspolitik* und *Entwicklungshilfe* der Industriestaaten für die Entwicklungsländer gar nichts erreicht? Das wäre sicherlich übertrieben, aber auch wenn man die häufig unterschätzten Schwierigkeiten der Entwicklungspolitik berücksichtigt, sind die bisherigen Ergebnisse unbefriedigend. So hat sich die Einkommensschere zwischen den beiden Gruppen sogar weiter geöffnet (vgl. Abb. 2). Dies gilt, obwohl die Entwicklungsländer in den 50er und 60er Jahren mit etwa fünf Prozent jährlich ein beachtliches Wachstum erzielt haben. Diese Mehrproduktion wurde aber zur Hälfte durch den Bevölkerungszuwachs aufgezehrt, vor allem jedoch war sie sehr ungleich zwischen den Entwicklungsländern und innerhalb derselben verteilt. Den ohnehin benachteiligten unteren 40 Prozent der Bevölkerung kam sie meist nicht oder nur geringfügig zugute (vgl. Abb. 3).

Ziele der Entwicklungshilfe

Als vorrangiges Ziel der Entwicklungshilfe gilt daher heute, jedes Land in die Lage zu versetzen, die Grundbedürfnisse aller seiner Menschen zu befriedigen. Darüber hinaus wird angestrebt, die Kluft zwischen Industrie- und Entwicklungsländern zumindest nicht noch weiter zu vertiefen. Aber schon das Erreichen dieser Ziele wird große Anstrengungen kosten. Jedes Entwicklungsland muß sich um eine möglichst wirksame Entwicklungspolitik bemühen, die die jeweils eigenen besonderen Bedingungen berücksichtigt. Diese Verantwortung kann ihm nicht abgenommen werden. Die Entwicklungsmöglichkeiten jedes Landes hängen aber auch von den internationalen Hilfen oder Hemmnissen ab. Entwicklungshilfe soll die Entwicklungsanstrengungen der Dritten Welt unterstützen. Sie soll helfen, den Teufelskreis der Armut zu durchbrechen. Sie kann wegen der enormen Mittel, die die Dritte Welt für ihre Entwicklung benötigt, immer nur *Hilfe zur Selbsthilfe* sein. Sie kann aber wichtige Engpässe in den Entwicklungsländern überwinden helfen.

Formen der Entwicklungshilfe

Entwicklungshilfe gibt es in unterschiedlichen Formen. Bei der *Kapitalhilfe* werden Mittel zur Finanzierung bestimmter Projekte zur Verfügung gestellt, z. B. um die Ausrüstungsgüter für eine Düngemittelfabrik zu kaufen. *Technische Hilfe* umfaßt die Entsendung von Fachleuten aller Art, z. B. Verwaltungsfachleute, Landwirtschaftsexperten oder Lehrer. Sie werden dort eingesetzt, wo den Entwicklungsländern eigene Fachleute fehlen, und sollen vor allem bei der Ausbildung Einheimischer helfen. Bei vielen Projekten wirken Kapital- und technische Hilfe zusammen, so z. B. beim bisher größten mit deutscher Hilfe durchgeführten Projekt, dem indischen Stahlwerk Rourkela (vgl. Abb. 4). Daneben gibt es noch die *humanitäre Hilfe,* Soforthilfe in Notfällen, wie bei Hunger- und Erdbebenkatastrophen.

Ob auch private, geschäftliche Kapitalübertragungen zur Entwicklungshilfe gerechnet werden sollen, ist umstritten. Wenn z. B. das Volkswagenwerk ein Zweigwerk in Brasilien errichtet, kann durch Schaffung von Arbeitsplätzen, Vermittlung technischer Kenntnisse usw. die wirtschaftliche Entwicklung Brasiliens gefördert werden. Dies muß jedoch nicht der Fall sein, d. h., es müssen auch mögliche negative Auswirkungen, z. B. Vernichtung vieler kleiner Betriebe und deren Arbeitsplätze, berücksichtigt werden. Zudem hat das Volkswagenwerk, wenn es in Brasilien ein Werk errichtet, dafür geschäftliche Gründe. Niemand kommt auf die Idee, die Errichtung eines VW-Zweigwerkes in den USA als Entwicklungshilfe zu bezeichnen.

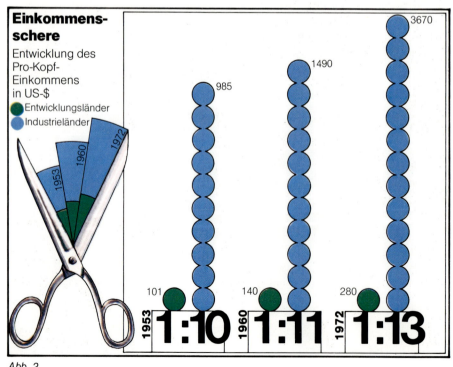

Abb. 2

Die *öffentliche Entwicklungshilfe* der Bundesrepublik Deutschland wird als Zuschuß oder als Kredit vergeben. Auch bei öffentlichen Krediten stellt sich die Frage, ob sie als „Hilfe" anzusehen sind. Eine Mindestvoraussetzung sollte sein, daß sie einen Teilzuschuß enthalten, d. h. zu günstigeren Bedingungen vergeben werden als normale Kredite. Die Kreditbedingungen für die am wenigsten entwickelten Länder (LDC) sind z. B. günstiger als für normale Entwicklungsländer.

Ein Teil der Entwicklungshilfe wird über internationale Organisationen, z. B. die *Weltbank,* vergeben, der weitaus größte Teil aber zweiseitig, also z. B. aufgrund von Verträgen zwischen der Bundesrepublik Deutschland und den einzelnen Entwicklungsländern. In der Bundesrepublik Deutschland ist vor allem das *Bundesministerium für wirtschaftliche Zusammenarbeit (BMZ)* für die Entwicklungshilfe zuständig.

Abb. 4

Kritik der Entwicklungshilfe

Schon der Begriff „Entwicklungshilfe" wird häufig als unzutreffend und für die Dritte Welt beleidigend empfunden und stattdessen lieber „Ressourcen-Transfer" (= Übertragung von Mitteln) benutzt. Einige Kritiker lehnen die Entwicklungshilfe mit unterschiedlichen Argumenten grundsätzlich ab: Sie fördere nur eine „Almosenmentalität" und lenke von den notwendigen Änderungen in den Entwicklungsländern ab. Sie sei nur ein Feigenblatt für die Ausbeutung der Dritten Welt und verstärke deren politische Abhängigkeit. Sie fördere nur die Verbreitung von Konsumgewohnheiten und Anspruchsmustern der Industrieländer und erschwere damit eine den eigenen Möglichkeiten angemessene Entwicklung der Dritten Welt.

Man kann versuchen, diese grundsätzliche Kritik bei der Form der Entwicklungshilfe zu berücksichtigen.

Die Regierungen der Entwicklungsländer kritisieren vor allem, daß die Entwicklungshilfe viel zu gering sei und zudem von dem mehr oder minder guten Willen und den politischen Interessen der Industrieländer abhänge. Zum Beispiel konzentriert sich die Entwicklungshilfe der Weltmächte USA und Sowjetunion eindeutig auf die militärisch besonders interessanten Entwicklungsländer unabhängig von ihrer Hilfsbedürftigkeit.

Die Vereinten Nationen haben 0,7 Prozent des Bruttosozialprodukts als Richtziel für die jährliche öffentliche Entwicklungshilfe der Industrieländer festgelegt (Bruttosozialprodukt – abgekürzt BSP – ist die Menge aller Güter und Dienstleistungen eines Landes, also ein Maßstab für die wirtschaftliche Leistungsfähigkeit eines Staates – vgl. S. 165). Die westlichen Industriestaaten haben diesem Ziel auch zugestimmt. Sie haben sich aber überwiegend – einschließlich der Bundesrepublik Deutschland – nicht verpflichtet, es auch zu einem bestimmten Zeitpunkt zu erreichen. Die tatsächliche Entwicklungshilfe der westlichen Industrieländer erreicht, wie Tab. 1 zeigt, durchschnittlich nur knapp die Hälfte des Zielwertes. Dabei erzielen die skandinavischen Länder und die Niederlande die bei weitem besten Werte, während die Bundesrepublik Deutschland nur einen dürftigen Mittelplatz hält (vgl. Tab. 2).

Abb. 3

Tab. 1: Öffentliche Entwicklungshilfe 1976

Land	Mill. US-Dollar	% BSP
Niederlande	720	0,82
Schweden	608	0,82
Norwegen	218	0,71
Frankreich	2 155	0,62
Dänemark	214	0,57
Belgien	340	0,51
Kanada	886	0,47
Australien	385	0,42
Neuseeland	52	0,42
Großbritannien	835	0,38
Bundesrepublik Deutschland	1 384	0,31
USA	4 358	0,26
Japan	1 105	0,20
Schweiz	110	0,19
Finnland	51	0,18
Italien	274	0,16
Österreich	39	0,10
Niederlande bis Österreich insgesamt	13 734	0,33
OPEC-Länder[1]	5 100	–
Staatshandelsländer[2]	600	–
insgesamt	19 434	–

[1] OPEC-Länder s. S. 185
[2] Staatshandelsländer = kommunistische Industriestaaten

Tab. 2: Öffentliche Entwicklungshilfe der Bundesrepublik Deutschland (in Mill. DM)

1960	1480
1965	1880
1970	2690
1972	3080
1973	3550
1974	3960
1975	4170
1976	3480

Abb. 5: „Hier bitte, meine Spende ... aber ... äh ... äh ... Information ... nein danke"

Tab. 3: Aus einer Meinungsumfrage von Infratest zur Entwicklungshilfe

Frage: „Sie wissen sicherlich, daß Entwicklungshilfe an unterentwickelte Länder in Asien, Afrika usw. gegeben wird. Sind Sie ganz allgemein für oder gegen Entwicklungshilfe?" (Antworten in Prozent):

	1975	1977
eher dafür	58	62
eher dagegen	25	23
weiß nicht	17	16
keine Angabe	0	1

Tab. 4: Aus einer Meinungsumfrage von Infratest zur Entwicklungshilfe

Frage: „Wie stark interessieren Sie sich eigentlich für Fragen der Entwicklungshilfe?" (Antworten in Prozent):

	1975	1977
sehr stark/stark	15	14
mittel	40	40
weniger/gar nicht	40	45
keine Angabe	5	1

Tab. 5: Aus einer Meinungsumfrage von Infratest zur Entwicklungshilfe

Frage: „Wie ist das mit der von der Bundesrepublik geleisteten Entwicklungshilfe: Würden Sie die, alles in allem, eher positiv oder eher negativ beurteilen?" (Antworten in Prozent):

	1975	1977
eher positiv	46	46
eher negativ	27	27
weiß nicht	27	26
keine Angabe	0	1

Gründe für Entwicklungshilfe, Verbesserungsvorschläge

In einer angesehenen afrikanischen Zeitschrift wurde kürzlich ein sehr kritisches Bild vom „häßlichen Deutschen" gezeichnet. Er sei „reich und überfressen" und leiste nur zur Sicherung seiner eigenen wirtschaftlichen Interessen eine lächerlich geringe Entwicklungshilfe. Dagegen gebe er ein Vielfaches für Alkohol, Zigaretten und Abmagerungskuren aus. In der Tat genießt die Entwicklungshilfe nach Meinungsumfragen in der Bundesrepublik nur beschränkte Unterstützung (vgl. Tab. 3). Wenn bei wirtschaftlichen Schwierigkeiten nach Kürzungsvorschlägen für Staatsausgaben gefragt wird, nennen viele zuerst die Entwicklungshilfe. Überzeugen vielleicht die Gründe für Entwicklungshilfe nicht? Zu den häufig genannten Gründen gehören:
– Wiedergutmachung kolonialen Unrechts;
– Gewinnung politischer Verbündeter;
– ökonomische Vorteile durch Gewinnung neuer Absatzmärkte und verstärkte internationale Arbeitsteilung;
– verbesserte Friedenschancen durch Entschärfung des Nord-Süd-Konflikts;
– Solidarität mit Benachteiligten auch über die nationalen Grenzen hinaus.
Diese Gründe sind von unterschiedlicher Überzeugungskraft. So hat sich gezeigt, daß man mit Entwicklungshilfe keine zuverlässigen politischen Freunde „kaufen" kann. Dies hat auch die Bundesrepublik erfahren. Sie hat lange versucht, die internationale Anerkennung der DDR als zweiten deutschen Staat auch unter Einsatz der Entwicklungshilfe zu verhindern. Das Solidaritätsmotiv scheint tragfähiger. Erkennt man das Recht jedes Menschen auf ein menschenwürdiges Leben an, ergibt sich daraus auch eine Verpflichtung zu internationaler Hilfe. Dabei kann es schon wegen der bescheidenen Größenordnung – 0,7 Prozent des Bruttosozialprodukts – immer nur um Hilfe zur Selbsthilfe gehen. Verbesserungsvorschläge beziehen sich auf
– größere Verbindlichkeit bei der Aufbringung der Mittel (Entwicklungshilfe als eine Art internationale Steuer);
– gerechtere Lastenverteilung, u. a. stärkere Einbeziehung der östlichen Industrieländer (vgl. Tab. 1);
– verstärkte Vergabe über internationale Organisationen, um politische Abhängigkeiten zu vermindern;
– stärkere Berücksichtigung der Hilfsbedürftigkeit (Förderung vor allem der ärmsten Entwicklungsländer und der ärmsten Schichten in den Entwicklungsländern).
Als besonders wichtig, aber auch schwierig erweist es sich, der Bevölkerung der Industriestaaten die Bedeutung der Entwicklungshilfe nahezubringen. Tab. 4 und Abb. 5 weisen darauf hin, welche Hindernisse dem entgegenstehen können.

1 Begründet, warum die Deckung der Grundbedürfnisse für alle Menschen heute als vorrangiges Ziel der Entwicklungspolitik genannt wird!

D 2 Überlegt, von wem der Widerstand gegen eine Politik der Entwicklungshilfe zur Deckung der Grundbedürfnisse ausgehen könnte!

3 Es werden immer mehr Zweifel laut, ob die Industrieländer so etwas wie ein nachahmenswertes Vorbild für die Entwicklungsländer sein können. Überlegt warum!

D 4 Überlegt, warum manche Leute schon die Bezeichnung „Entwicklungshilfe" für falsch und beleidigend halten. Versetzt Euch dabei auch in die Rolle eines Entwicklungslandes und bezieht die Abb. 1 ein!

5 Nennt einige grundsätzliche Argumente gegen Entwicklungshilfe! Nehmt dazu Stellung!

6 Nennt Gründe für Entwicklungshilfe und prüft, ob sie überzeugen!

D 7 Vergleicht die Angaben der Tab. 3 bis 5 und versucht, die unterschiedlichen Zahlen zu erklären.

8 Prüft die Verbesserungsvorschläge bei der Entwicklungshilfe und überlegt, ob sie wirklich Verbesserungen bringen!

Die ‚neue Weltwirtschaftsordnung' – ein Ausweg?

Abb. 1: „Konstruktionsfehler? Altersschwäche?"

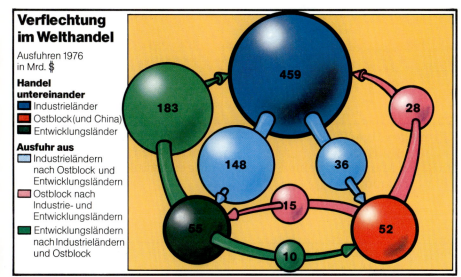

Abb. 2

Verflechtung im Welthandel
Ausfuhren 1976 in Mrd. $

Handel untereinander
- Industrieländer
- Ostblock (und China)
- Entwicklungsländer

Ausfuhr aus
- Industrieländern nach Ostblock und Entwicklungsländern
- Ostblock nach Industrie- und Entwicklungsländern
- Entwicklungsländern nach Industrieländern und Ostblock

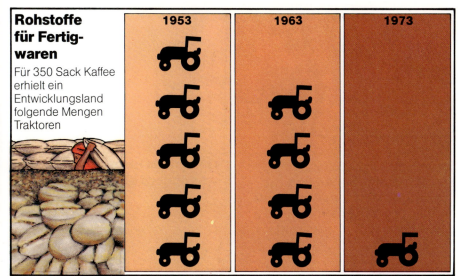

Abb. 3

Rohstoffe für Fertigwaren
Für 350 Sack Kaffee erhielt ein Entwicklungsland folgende Mengen Traktoren

Die Entwicklungsländer fordern nicht nur vermehrte und verbesserte Entwicklungshilfe, sie verlangen auch eine *neue Weltwirtschaftsordnung*. Sie sind davon überzeugt, daß die bestehende Weltwirtschaftsordnung den Industrieländern einen Platz an der Sonne garantiert, während die Entwicklungsländer im Meer der Armut versinken müssen (vgl. Abb. 1). Dieser Konstruktionsfehler soll mit der „neuen Weltwirtschaftsordnung" beseitigt werden.

Benachteiligung der Entwicklungsländer

Ungünstige Auswirkungen der bestehenden Weltwirtschaftsordnung auf die Lage der Entwicklungsländer lassen sich nachweisen. Zwar ist der Welthandel in der Nachkriegszeit enorm gewachsen, aber die größte Steigerung erreichte der Handel zwischen den westlichen Industriestaaten. Der Anteil der Entwicklungsländer am Welthandel ist gegenüber 1950 gesunken. Die Entwicklungsländer treiben zudem überwiegend Handel mit den westlichen Industrieländern, untereinander ist ihr Handelsaustausch gering (vgl. Abb. 2). Beim Handel mit den Industriestaaten verkaufen sie vor allem Rohstoffe und kaufen dafür industrielle Fertigwaren, z. B. Maschinen. Diese noch aus der Kolonialzeit stammende einseitige Arbeitsteilung benachteiligt die Entwicklungsländer. Die meisten Rohstoffpreise sind weniger stark gestiegen, als die Preise der Industriegüter. Die Austauschverhältnisse

$$\text{Terms of Trade} = \frac{\text{Preise der Exportgüter}}{\text{Preise der Importgüter}}$$

haben sich deshalb für die Entwicklungsländer überwiegend ungünstig entwickelt. Wie Abb. 3 zeigt, konnte die Dritte Welt für die gleiche Menge ausgeführten Kaffees immer weniger Traktoren kaufen.

Die Entwicklungsländer versuchten daher, Rohstoffe stärker selbst zu verarbeiten. Für die Ausfuhr der verarbeiteten Güter, z. B. Tuche und Textilien statt Baumwolle, konnten sie höhere Erlöse erwarten. Aber auch hier stießen die Entwicklungsländer auf Hindernisse. Die westlichen Industrieländer treten zwar für einen möglichst freien, unbehinderten Welthandel ein. Sie sagen, nur ein *freier Weltmarkt* erlaube

Der Bauer aus Armland redet mit seinen Freunden. Er will mit ihnen zusammen die Baumwolle im eigenen Land weiterverarbeiten.

Das Startkapital leiht der Mann aus Reichland.

Mit dem Geld bauen die Armländer eine kleine Tuchfabrik mit Näherei.

Preisgünstige Ware hat jeder gern – außer der Konkurrenz.

Preisgünstige Waren sind gefährlich – für den Markt und seine Preise in Reichland.

Deshalb werden die Einfuhrmengen eingeschränkt.

Und die Verkaufspreise durch Zollzahlungen hochgedrückt.

Steuer, Zoll und die langen Transportwege heben den ursprünglichen Preisvorteil auf. Die Waren werden für den Importhandel uninteressant.

Ob man da nicht was ändern könnte?

Abb. 4

eine bestmögliche Arbeitsteilung. Wenn aber einige Entwicklungsländer aufgrund niedriger Löhne für wenig ausgebildete Arbeitskräfte z. B. Textilien preisgünstiger anbieten können als etwa ein Unternehmen in den Industrieländern, dann schränken diese den freien Handel gern ein. Mit Zöllen und bürokratischen Hemmnissen versuchen sie häufig, die Einfuhr zu erschweren. Damit sollen international nicht mehr konkurrenzfähige einheimische Unternehmen und deren Arbeitsplätze geschützt werden (vgl. Abb. 4). Wer aber für möglichst freien Welthandel eintritt, muß die Vorteile allen Beteiligten zugestehen, gerade den ohnehin benachteiligten Entwicklungsländern.

Erdölkrise und „neue Weltwirtschaftsordnung"

Die Erdölkrise im Herbst 1973 hat das Selbstbewußtsein der Dritten Welt enorm gestärkt. Die erdölausführenden Entwicklungsländer haben sich zusammengeschlossen *(Organisation erdölexportierender Länder – OPEC)* und den Erdölpreis mehr als vervierfacht. Sie haben damit eine starke Einkommensumverteilung zu ihren Gunsten durchgesetzt und bewiesen, daß auch die westlichen Industriestaaten abhängig sind. Zwar hat sich inzwischen gezeigt, daß das Modell des Erdöls nicht ohne weiteres auf andere Rohstoffe übertragbar ist. Die Voraussetzungen für einen wirksamen Zusammenschluß – u. a. keine Ausweichmöglichkeiten auf andere Ersatzgüter, Erfassung aller wichtigen Ausfuhrländer – liegen in keinem anderen Fall so günstig wie beim Erdöl. Mit der Erdölwaffe im Rücken und noch geschlossener als früher haben die Entwicklungsländer den Industrieländern aber ihre Forderungen auf den Tisch gelegt. In den Vereinten Nationen (vgl. Abb. 5) und der mit entwicklungspolitischen Fragen befaßten *Welthandels- und Entwicklungskonferenz (UNCTAD)* verfügt die Dritte Welt über eine deutliche Mehrheit. Zwar bleiben Beschlüsse der Vereinten Nationen Papier, wenn sie nicht von allen wichtigen Mitgliedsländern verwirklicht werden. Das geschlossene Auftreten der Entwicklungsländer als Gruppe hat aber den Druck zugunsten von Änderungen verstärkt.

Die Vereinten Nationen und die „neue Weltwirtschaftsordnung"

Auf Antrag der Dritten Welt haben die Vereinten Nationen inzwischen verschiedene Beschlüsse über eine „neue Weltwirtschaftsordnung" gefaßt. In der

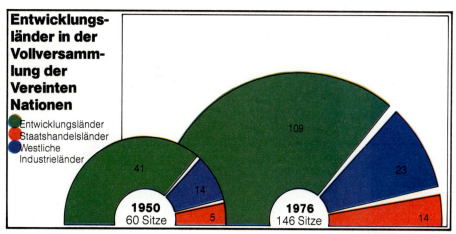

Abb. 5

„Erklärung über die Errichtung einer neuen Weltwirtschaftsordnung" vom Mai 1974 z. B. heißt es:

„Wir, die Mitglieder der Vereinten Nationen ... verkünden feierlich unsere gemeinsame Entschlossenheit, nachdrücklich auf die Errichtung einer neuen Weltwirtschaftsordnung hinzuwirken, die auf Gerechtigkeit, souveräner Gleichheit, gegenseitiger Abhängigkeit, gemeinsamem Interesse und der Zusammenarbeit aller Staaten ungeachtet ihres wirtschaftlichen und gesellschaftlichen Systems beruht, die Ungleichheiten behebt und bestehende Ungerechtigkeiten beseitigt, die Aufhebung der sich vertiefenden Kluft zwischen den entwickelten Ländern und den Entwicklungsländern ermöglicht und eine sich ständig beschleunigende wirtschaftliche und soziale Entwicklung in Frieden und Gerechtigkeit für heutige und künftige Generationen sicherstellt."

Der Verwirklichung dieser hochgesteckten Ziele sollen u. a. folgende Mittel dienen:

– völlige Kontrolle über die eigene Wirtschaft, d. h. auch die Möglichkeit, ausländisches Eigentum (z. B. Unternehmen) in Entwicklungsländern zu enteignen. Die Höhe der Entschädigung wollen die Entwicklungsländer selbst bestimmen.
– einseitiger Abbau von Handelshemmnissen gegenüber den Ausfuhren der Dritten Welt;
– Koppelung der Preise für Ausfuhrgüter der Entwicklungsländer an die Entwicklung der Einfuhrgüterpreise;
– Rohstoffabkommen, um die Preise und Erlöse für Rohstoffe zu stabilisieren oder zu erhöhen.

Über die Verwirklichung dieser Forderungen wird hart verhandelt.

Das Rohstoffproblem

Als Schlüssel für eine „neue Weltwirtschaftsordnung" betrachtet die Dritte Welt eine Lösung des Rohstoffproblems. Stetigere und höhere Erlöse für ihre Rohstoffausfuhren wollen die Entwicklungsländer benutzen, um ihre Produktion zu verbreitern. Vor allem soll damit die Weiterverarbeitung der Rohstoffe ausgebaut und die Industrialisierung verstärkt werden, um die Abhängigkeit von Rohstoffausfuhren zu verringern.

Rohstoffe sind die wichtigsten Ausfuhrprodukte der Dritten Welt. Bei einigen Entwicklungsländern hängen die Ausfuhreinnahmen fast ausschließlich von ein oder zwei Rohstoffen ab. Andererseits sind auch die meisten Industrieländer auf die Einfuhr von Rohstoffen angewiesen, wie das Beispiel der Bundesrepublik und das der Autoherstellung zeigen (vgl. Tab. 1 und 2 und Abb. 7). Die Preise der meisten Rohstoffe haben bisher heftig geschwankt. Das hat die Entwicklungsanstrengungen der betroffenen Länder zusätzlich erschwert. Die Entwicklungsländer fordern daher eine Reihe gleichzeitiger, aufeinander abgestimmter Maßnahmen, die auf stabilere und verbesserte Rohstoffpreise zielen. Da-

Abb. 6

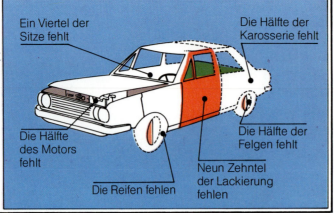

Abhängigkeit der Autoindustrie in der Bundesrepublik Deutschland von Rohstoffen

- Ein Viertel der Sitze fehlt
- Die Hälfte der Karosserie fehlt
- Die Hälfte des Motors fehlt
- Die Hälfte der Felgen fehlt
- Die Reifen fehlen
- Neun Zehntel der Lackierung fehlen

Abb. 7

bei sollen vorerst 18 Rohstoffe, die für die Dritte Welt besonders wichtig sind, in ein „Rohstoffprogramm" einbezogen werden (vgl. Tab. 3)

Kritik an der „neuen Weltwirtschaftsordnung"

Mit der „neuen Weltwirtschaftsordnung" streben die Entwicklungsländer eine Veränderung zu ihren Gunsten an. Der internationale Handel soll weiter ausgebaut werden, aber unter neuen, günstigeren Bedingungen für die Dritte Welt.
Einigen Kritikern gehen die Änderungsforderungen nicht weit genug. Sie sehen in der „neuen Weltwirtschaftsordnung" nur die alte Weltwirtschaftsordnung in neuen Kleidern. Sie empfehlen den Entwicklungsländern, sich vom Weltmarkt „abzukoppeln". Sie sollten ihre Wirtschaftsbeziehungen mit dem Ausland auf ein Mindestmaß beschränken und sich auf die Wirtschaftsentwicklung im eigenen Land konzentrieren.
Andere Kritiker halten die „neue Weltwirtschaftsordnung" für eine neue Fehlkonstruktion. Sie sei zu bürokratisch und berücksichtige diesmal einseitig die Interessen der Entwicklungsländer.
Über die von der Dritten Welt vorgeschlagenen neuen Mittel der Entwicklungspolitik kann man streiten. Die Frage lautet dann aber:
Was bieten die Industrieländer stattdessen?
In der Wirtschaftsordnung der Bundesrepublik Deutschland ist versucht worden, Marktwirtschaft mit sozialen Sicherungen zu verbinden. In der Weltwirtschaftsordnung fehlen solche sozialen Sicherungen bisher. Ohne weitreichende Änderungen und Zugeständnisse der Reichen wird sich der gefährliche Nord-Süd-Konflikt kaum entschärfen lassen.

Tab. 1: Hauptausfuhrgüter ausgewählter Entwicklungsländer in ihrem Anteil an der Gesamtausfuhr des Landes 1975

Land	Hauptausfuhr	Ausfuhranteil in %
Libyen	Rohöl	99,9
Irak	Rohöl	95,1
Gambia	Erdnußerzeugnisse	92,7
Sambia (1974)	Kupfer	92,6
Bangladesh	Jutewaren und Rohjute	81,2
Togo (1974)	Phosphate	76,4
Uganda	Kaffee	76,1
Chile (1974)	Kupfer	66,7

Tab. 2: Anteil der Entwicklungsländer an der Einfuhr wichtiger Rohstoffe in die Bundesrepublik Deutschland

Rohstoff	Einfuhranteil in %
Erdöl	99,7
Zinnerze	99,7
Palmöl	95,0
Kupfererze	75,2
Eisenerze	55,4
Manganerze	54,3
Chromerze	28,7

Tab. 3: Anteil der Entwicklungsländer an der Ausfuhr der wichtigsten Rohstoffe

Rohstoff	Anteil der Entwicklungsländer in %
Kaffee	100
Kakao	100
Kautschuk	100
Hartfasern	97
Jute	88
Zinn	87
Tee	82
Bauxit	72
Zucker	67
Baumwolle	62
Kupfer	58
Aluminium	49

D 1 Was bedeutet eine Verbesserung der Terms of Trade?
Überlegt, für welche Gruppe der Entwicklungsländer sich 1973/74 die Terms of Trade sprunghaft verbessert haben und warum!

D 2 Prüft anhand der Abb. 4, wie die Ausfuhr von Fertigwaren der Entwicklungsländer behindert wird! Überlegt, warum auch die Bundesrepublik Deutschland solche Hindernisse aufbaut!
Die Entwicklungsländer verlangen dagegen einen einseitigen Abbau von Zöllen und ähnlichen Hindernissen, d. h. einen Abbau nur für ihre Ausfuhren. Haltet Ihr das für gerechtfertigt?

D 3 Nennt Voraussetzungen für ein wirksames Rohstoffkartell (Zusammenschluß der Produzenten)! Überlegt, was passiert, wenn diese Voraussetzungen nicht vorliegen, der Preis aber dennoch verdreifacht wird (z. B. bei Kaffee)!

D 4 Haltet Ihr Abb. 6 für eine zutreffende Aussage über die jetzige Situation?

D 5 An der „neuen Weltwirtschaftsordnung" wird u. a. kritisiert, daß sie einseitig auf die Interessen der Entwicklungsländer ausgerichtet sei. Als ein Beispiel wird die Forderung der Entwicklungsländer genannt, über die Entschädigung bei Enteignung ausländischen Eigentums selbst zu bestimmen.
Wie steht Ihr zu dieser Kritik?

D 6 Warum haben Beschlüsse der Vereinten Nationen häufig geringe Wirkung?
Überlegt, worin z. B. der Unterschied zwischen dem Bundestag in Bonn und den Vereinten Nationen besteht!

Frieden

Das Gesicht des Krieges

Ein Zeugnis von vielen:
„Der alliierte Luftangriff [Alliierte = Verbündete gegen Deutschland im 2. Weltkrieg] auf Heilbronn am 4. Dezember 1944
Am 4. Dezember gegen 7 Uhr abends meldete der Rundfunk: ‚Feindliche Flugzeuge im Anflug auf unsere Stadt. Mit einem Großangriff muß gerechnet werden.' Und wenige Minuten später fielen die ersten Bomben auf die unglückliche Stadt ...
Nicht weniger als 70 000 Brandbomben sollen auf die Stadt niedergegangen sein. Viele entzündeten erst nach Stunden das Haus, das getroffen war, so daß noch nach Mitternacht neue Brände ausbrachen, die bei dem Mangel an Wasser und Löschgeräten einfach nicht mehr zu löschen waren. Das Schlimmste war, daß um die Zeit des Angriffs ein lebhafter Wind herrschte, der zu einem starken Sturm anwuchs und die Flammen durch die Straßen und über die Dächer jagte ...
Bei der Öffnung der Keller bot sich ein grauenhafter Anblick. Die Insassen, oft hundert oder mehr, hatten die Türen und Notausstiege zu stürmen versucht und lagen in Schichten übereinander, viele mögen buchstäblich erdrückt worden sein. Viele, die aus den Kellern herausgekommen waren und sich gerettet glaubten, wurden noch auf den Straßen und Plätzen vom Tode ereilt. Die ungeheure Hitze im Freien raubte den Atem und tötete sie. Denn die ringsum brennenden Häuser entfachten selbst auf den freien Plätzen eine solche Gluthitze, daß den Schutzsuchenden die Kleider auf dem Leibe in Brand gerieten und man die Unglücklichen später nur als kleine Aschehäufchen fand."
(K. Zentner, Illustrierte Geschichte des Dritten Reiches; München 1965)

Abb. 1

Krieg in Laos (1975 beendet)
„Vor wenigen Tagen war ich mit einigen Offizieren Vang Paos zusammen, als sie gerade 300 neue Meo-Rekruten zusammentrieben, 30 Prozent der Jungen waren 14 Jahre alt oder noch darunter, und etwa ein Dutzend von ihnen zählte kaum mehr als zehn Jahre. Weitere 30 Prozent waren 15 oder 16 Jahre alt. Der Rest war so um 35 Jahre oder darüber. Wo sind die Jahrgänge dazwischen geblieben? Ich kann es Ihnen sagen: sie sind alle tot. Da standen nun diese Knirpse in ihren viel zu großen Tarnanzügen, aber sie sahen wirklich schick aus, und als der König von Laos zu ihnen sprach, waren sie so stolz und eingebildet wie nur irgendwer. Sie waren voller Eifer. Ihre Väter und Brüder hatten bereits vor ihnen Indianer gespielt, und jetzt wollen sie selber Indianer spielen. Aber V. P. und ich wissen es wohl besser. Sie sind zu jung und haben keine Ausbildung erhalten. In wenigen Wochen werden 90 Prozent von ihnen tot sein."
(New Yorker, Mai 1968; zitiert nach N. Chomsky, Kambodscha, Laos, Nordvietnam. Im Krieg mit Asien II; Frankfurt/M. 1972)

Kriege folgen nicht Naturgesetzen!

Die norwegische Akademie der Wissenschaften fand bei einer Untersuchung über die vielen Kriege, die bisher die Menschen heimgesucht haben, heraus, daß seit 3600 v. Chr. bis 1960 n. Chr. 14 513 Kriege stattgefunden haben und daß dabei mehr als 3,5 Mrd. Menschen umgekommen sind. Zum Vergleich: Heute leben auf der Erde etwa 3,5 Mrd. Menschen. Nur 292 dieser von der norwegischen Akademie erfaßten rund 5600 Jahre waren ohne Krieg.
In der Zeit von 1945 bis 1969 gab es 97 Kriege, die sich, wie in Tab. 1 gezeigt, verteilten.
Inzwischen hat sich die Zahl der Kriege seit 1945 auf über 100 erhöht. Wichtige Kriegsschauplätze und Krisenherde aus jüngster Zeit zeigt Abb. 3.
Zahlreiche Wissenschaftler und Politiker sind sich darüber einig, daß der Krieg keinem Naturgesetz folgt, sondern das Ergebnis menschlichen Handelns ist. Im Jahre 1944 wurden auf einem Kongreß amerikanischer Psychologen alle bisherigen Forschungen auf diesem Gebiet zusammengefaßt (Kongreß = Zusammenkunft, hier von Wissenschaftlern, um Ergebnisse ihrer Arbeiten auszutauschen). Die Ergebnisse sind heute noch gültig:
„Der Krieg ist vermeidbar. Der Krieg ist dem Menschen nicht angeboren, er ist ihm anerzogen. Keine Rasse, Nation oder soziale Gruppe ist von Natur aus kriegerisch."
Der ehemalige Bundespräsident Gustav Heinemann hat zur wissenschaftlichen Erforschung des Friedens aufgerufen. In einer Rede hat er 1969 erklärt:
Die Ursachen des Krieges *„erwachsen aus Gewohnheiten, Vorurteilen, Sozialordnungen und Herrschaftsformen. Deshalb brauchen wir eine Erforschung dieser Zusammenhänge. Wir brauchen eine Friedensforschung. Deshalb brauchen wir neue Ordnungen und neue Gewohnheiten, neue Spielregeln und neue Verhaltensweisen!"*

Kriegsursachen

Meistens hat der Ausbruch eines Krieges mehrere Gründe. Die vom Krieg betroffenen Menschen erkennen oft nicht die wirklichen Ursachen. Die Kriegspropaganda stellt ihn immer als

Tab. 1: Kriege nach dem 2. Weltkrieg bis zum 31. 12. 1969 (nach I. Kende, 25 Jahre lokaler Krieg; in: E. Krippendorf, Internationale Beziehungen)

	Anzahl der Kriege	Jahre	Monate	Tage
Asien	29	112	9	3
Naher Osten	25	52	2	28
Amerika	23	36	6	10
Afrika	16	54	0	13
Europa	4	6	9	2
insgesamt	97	262	4	5

unvermeidlich und gerecht dar und verspricht den Sieg, der allen „Ruhm und Ehre und Gewinn" einbringen soll. Oft kommt es vor, daß Menschen, die an der Richtigkeit der Kriegspropaganda zweifeln, als „Wehrkraftzersetzer" mit dem Tod bestraft werden. Meistens haben Kriege folgende Ursachen:
– Streit um den Besitz bestimmter Gebiete (die Betroffenen behaupten, das umstrittene Gebiet gehöre rechtmäßig ihnen),
– Kampf um den Erwerb oder die Sicherung von Rohstoffquellen und Absatzmärkten,
– Kampf gegen die Unterdrückung durch einen anderen Staat,
– Kriege innerhalb einer Nation (Bürgerkriege) z. B. wegen sozialer Ungerechtigkeit oder wegen Unterdrückung durch einen Gewaltherrscher,
– Auseinandersetzungen über bestimmte Vorstellungen, wie eine Gesellschaft sozial und politisch gestaltet werden soll,
– religiöse Meinungsverschiedenheiten.

Gibt es den Frieden?

Was *Krieg* ist, ist leicht zu sagen; hier haben die Menschen viele leidvolle Erfahrungen sammeln müssen. Den *Frieden* können wir uns nur sehr schwer vorstellen. Sicher ist folgendes: Friede muß mehr sein als nur die Abwesenheit von Krieg; ein Blick auf die eben genannten Beispiele für Ursachen von Kriegen kann das belegen: Zu einem dauerhaften Frieden gehören der Abbau von Not und Gewalt. Friede heißt nicht, daß es keine Meinungsverschiedenheiten zwischen den einzelnen Menschen, zwischen Gruppen und Staaten geben wird. Friede ist vielmehr ein Zustand, in dem politische und gesellschaftliche Gegensätze nicht mit Gewalt ausgetragen werden. Ein Friedensforscher hat es einmal so gesagt: *„Der Weltfriede ist notwendig, aber der Weltfriede ist nicht das Ende der Konflikte, sondern das Ende einer bestimmten Art ihres Austrags."*

1 Weist mit Hilfe von Abb. 1 und 2 und den Berichten über Heilbronn und Laos nach, daß Kriege nicht nur eine Sache für Soldaten sind!

D 2 Der damalige Bundespräsident Gustav Heinemann hat 1969 in einer Rede vor dem Bundestag folgendes gesagt:
„Nicht der Krieg ist der Ernstfall, in dem der Mann sich zu bewähren habe, wie meine Generation in der kaiserlichen Zeit auf den Schulbänken lernte, sondern der Friede ist der Ernstfall, in dem wir alle uns zu bewähren haben."
Beurteilt diese Aussage.

Abb. 2

3 Sucht in der Tagespresse Meldungen über die in Abb. 3 aufgezeigten Konfliktgebiete.

4 Zur Friedenserziehung gehört, daß geübt werden soll, wie man Konflikte ohne Gewalt lösen kann.
Sucht Beispiele für friedensfördernde Konfliktlösungen in der Schule!

5 Überlegt, ob wir in Deutschland zur Zeit „Frieden" oder „Abwesenheit von Krieg" haben.

6 Diskutiert darüber, ob es nicht besser wäre, Berichte über Grausamkeiten des Krieges, wie in den Augenzeugenberichten und Abbildungen dieses Kapitels, möglichst schnell zu vergessen!

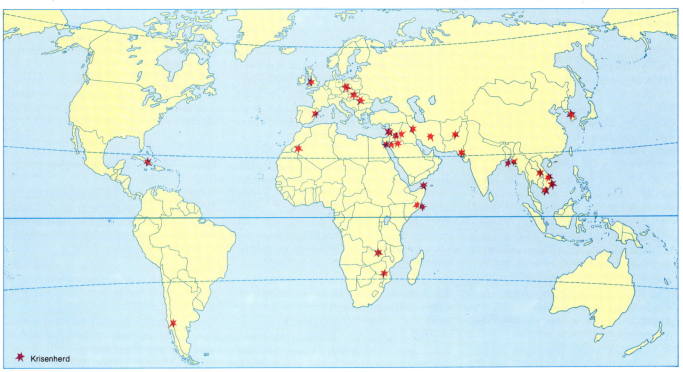

Abb. 3: Wichtige Kriege und Krisenherde seit dem 2. Weltkrieg

Frieden durch Abschreckung?

Im Jahr 1962 drohte, von vielen gar nicht bemerkt, der 3. Weltkrieg – ein Atomkrieg, der eine Weltkatastrophe gewesen wäre. Folgendes war geschehen:
– Seit 1959 war der Inselstaat Kuba, ein Nachbar der USA, immer mehr unter sowjetischen Einfluß geraten.
– September 1962: Der amerikanische Präsident droht mit einem militärischen Eingreifen, wenn auf Kuba sowjetische Truppen stationiert würden.
– Oktober 1962: Die Amerikaner haben durch Luftaufnahmen die Sicherheit gewonnen, daß auf Kuba russische Raketenstellungen gebaut werden.
– Seit dem 21. Oktober 1962: Die auf der ganzen Welt stationierten amerikanischen Truppen sind in Alarmbereitschaft versetzt, Flugzeuge mit Atombomben sind ständig in der Luft. Der sowjetische Botschafter wird über die Gründe für diese Maßnahmen unterrichtet; die Verbündeten der USA werden verständigt.
– Auch die sowjetischen Streitkräfte werden in Alarmbereitschaft versetzt.
– Der amerikanische Präsident läßt Kuba durch Schiffe blockieren. Der Beginn der Blockade wird auf den 24. Oktober festgelegt.
Zu dieser Zeit befinden sich mehrere Schiffe auf dem Weg nach Kuba, vermutlich auch solche mit Raketenwaffen. Auch sowjetische Kriegsschiffe werden vor Kuba gesehen. Der Zeitpunkt des Zusammenstoßes kann errechnet werden.
– 24. Oktober 1962: Etwa eine Viertelstunde vor dem errechneten Zusammenstoß meldet die amerikanische Aufklärung, daß einige sowjetische Schiffe umgekehrt sind, andere aber weiterfahren. Ein sowjetischer Tanker wird durch die Blockadezone durchgelassen, ein Frachter eines kleinen afrikanischen Staates wird dagegen durchsucht.
– 26. Oktober 1962: Der sowjetische Ministerpräsident schlägt in einem Schreiben an den amerikanischen Präsidenten vor, die Raketen auf Kuba abzumontieren, falls die USA ihre Raketen aus der Türkei abziehen. In einem Antwortschreiben bleibt der amerikanische Präsident bei seiner Forderung nach Abzug der sowjetischen Raketen aus Kuba, sonst käme es zu einer ernsten Gefährdung des Weltfriedens. Auf die sowjetische Gegenforderung nach Abzug der Raketen aus der Türkei geht der amerikanische Präsident nicht ein.
– 28. Oktober 1962: Radio Moskau bringt eine Botschaft an den amerikanischen Präsidenten: „Die Raketen auf Kuba werden abmontiert, verladen und in die Sowjetunion zurückgebracht!"

Die Entstehung des Ost-West-Konfliktes

Wie war es zu diesem russisch-amerikanischen Gegensatz gekommen? Bis zum Ende des 2. Weltkrieges 1945 waren Amerikaner und Russen noch Verbündete gegen Deutschland und Japan gewesen. Der Keim für einen Konflikt war jedoch zu diesem Zeitpunkt schon da: In Ost und West stehen sich verschiedene Weltanschauungen gegenüber. Die Staaten des Ostens halten die kommunistische Weltrevolution für ihr oberstes Ziel, das es zu erreichen gilt. Dagegen halten die Staaten der westlichen Welt eine Staatsform für die beste, die die persönliche Freiheit des einzelnen berücksichtigt.
So begann der Ost-West-Konflikt: Nach dem Sieg über Deutschland und Japan rüsteten die Vereinigten Staaten und die anderen westlichen Verbündeten wie zum Beispiel Großbritannien und Frankreich ab, um sich um den wirtschaftlichen Wiederaufbau ihrer Länder zu kümmern. Die USA hatten Anfang 1945 ungefähr 12 Mill. Soldaten unter Waffen, 1948 waren es nur noch etwa 1,5 Mill. Dagegen rüstete die Sowjetunion weiter auf. Damals fühlten sich die westeuropäischen und nordamerikanischen Staaten noch nicht bedroht, zumal die Amerikaner als einzige über Atomwaffen verfügten, mit denen sie 1945 die japanischen Städte Hiroshima und Nagasaki zerstört hatten.
Es zeigte sich im Verlauf der folgenden Jahre, daß die Sowjetunion entschlossen war, ihren Machtbereich auszudehnen. Ihre unmittelbaren Nachbarn und der sowjetisch besetzte Teil Deutschlands bekamen kommunistische Regierungen.

Die Bildung zweier Blöcke: NATO und Warschauer Pakt

Etwa ab 1947 versuchten die USA, den sowjetischen Druck durch militärische und politische Maßnahmen einzudämmen. Seit dieser Zeit entwickelten sich zwei Machtblöcke, die sich zunächst mit großer Feindseligkeit gegenüberstanden. Dieses Verhältnis wurde als *kalter Krieg* bezeichnet. 1949 schlossen sich die Staaten Westeuropas und Nordamerikas zu einem Bündnis zusammen, zu dem auch Griechenland und die Türkei und 1955 die Bundesrepublik Deutschland hinzukamen. Dieses Bündnis heißt *Nordatlantik-Pakt* oder *NATO*. Die Ziele dieses Bündnisvertrages umfassen zweierlei:
– Aufbau einer gemeinsamen militärischen Verteidigungsorganisation zur Abschreckung eines Angreifers,
– Zusammenarbeit der Vertragspartner auf politischem, wirtschaftlichem und kulturellem Gebiet.
Die Sowjetunion und die Staaten unter ihrem Einfluß in Europa gründeten als Gegenmaßnahme zur NATO den *Warschauer Pakt*, obgleich bereits vorher alle diese Staaten durch Verträge mit der Sowjetunion und untereinander verbunden waren und heute noch sind.
Einzelheiten über NATO und Warschauer Pakt könnt Ihr Abb. 1 entnehmen!
Damit waren große Teile der Welt in zwei gegnerische Blöcke aufgeteilt. Die beiden deutschen Staaten gehörten gegnerischen Blöcken an.
Wie sich das Verhältnis der beiden Blöcke auf politischen und waffentechnischen Bereichen bis heute entwickelt hat, ist in Tab. 1 zusammengestellt.

Abschreckung und Rüstungswettlauf

Auch heute noch fürchtet jeder Block, der andere sei militärisch stärker oder könnte militärisch stärker werden, um dann den Gegner in einem Krieg überfallen und besiegen zu können. Jede Seite will daher die andere durch die Gewalt ihrer Waffen von einem Angriff abschrecken. So begann ein *Rüstungswettlauf*, der bis heute anhält.
Rüstungswettläufe gab es auch schon in früheren Zeiten, jedoch versuchte man damals lediglich, mehr Soldaten aufzustellen und mehr Waffen herzustellen. Im Gegensatz dazu sind moder-

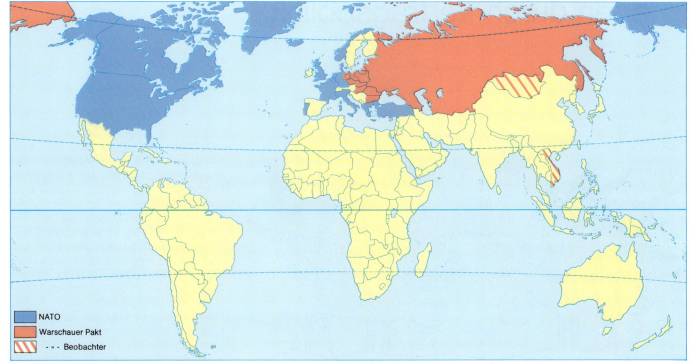

Abb. 1: NATO und Warschauer Pakt

ne Rüstungswettläufe dadurch gekennzeichnet, daß ständig neue Waffen entwickelt werden und die alten unbrauchbar werden. Mit Hilfe der Tab. 1 könnt Ihr einige Informationen über den Rüstungswettlauf zwischen Ost und West gewinnen. Er ist inzwischen weitergegangen, wie Ihr vielleicht der Tagespresse entnehmen könnt.

Friede durch Abschreckung?

Inzwischen sind die beiden gegnerischen Blöcke so weit gekommen, daß sie einander mehrfach vernichten können. Jede Macht hat Vorkehrungen getroffen, den Gegner auch dann noch auslöschen zu können, wenn sie selbst durch einen Überraschungsangriff bereits vernichtet ist. Beide Blöcke können einander nicht mehr besiegen. Man spricht daher heute von einem Gleichgewicht der Kräfte, noch besser von einem *Gleichgewicht des Schreckens*. Bisher hat dieses Gleichgewicht des Schreckens einen weltweiten Atomkrieg verhindern können. Die Ereignisse um Kuba im Jahr 1962 haben aber gezeigt, daß sich eine Krise sehr leicht zu einem Krieg weiterentwickeln kann.

1 Stellt fest, wann die Kriegsgefahr während der Kuba-Krise von 1962 am größten war und findet heraus, durch welche Maßnahmen der offene Krieg zwischen den USA und der Sowjetunion verhindert wurde.

2 Findet die Gründe für den Gegensatz zwischen den beiden Machtblöcken in Ost und West heraus und ermittelt mit Hilfe der Tab. 1 die Entwicklung der Abschreckungspolitik.

3 Die USA und die Sowjetunion haben aus der Kuba-Krise gelernt und vermeiden seither ein unmittelbares Aufeinandertreffen.
Sucht Zeitungsmeldungen über den Nahostkonflikt oder über den Krieg zwischen Somalia und Äthiopien oder über einen anderen Krisenherd der Erde und findet heraus, wie heute in diesen Teilen der Welt der Gegensatz zwischen Ost und West ausgetragen wird. Vielleicht findet Ihr in einem Bericht auch den Begriff „Stellvertreter-Krieg"!

4 Stellt das Kräfteverhältnis zwischen NATO und Warschauer Pakt fest und überlegt, warum trotz vieler Atomwaffen auch noch herkömmliche Waffen hergestellt werden!

5 Diskutiert über die Aussage: *„Wer als erster schießt, stirbt als zweiter!"*

D 6 Ermittelt Gründe, warum ein Friede durch Abschreckung nur ein Scheinfriede und keine dauerhafte Friedensregelung sein kann!

D 7 Erfahrungen aus der Kuba-Krise führten dazu, daß eine direkte Fernschreibverbindung zwischen dem Präsidenten der USA und der Führung der Sowjetunion, der sogenannte „heiße Draht", errichtet wurde.
Überlegt, ob diese Einrichtung vor einem ungewollten Krieg schützen kann.

Tab. 1: Politische und waffentechnische Entwicklung von NATO und Warschauer Pakt (in Anlehnung an Walpuski, Verteidigung + Entspannung = Sicherheit; Bonn 1975)

Zeitraum	Außenpolitik	Waffensysteme	Sicherheitspolitik der NATO
1950–1960	„Kalter Krieg"	Atomares Übergewicht der USA	„Massive Vergeltung"
1960–1970	Politik des „Status quo"	Atomares Gleichgewicht (Patt)	„Angemessene Reaktion"
ab 1970	Gewaltverzichtspolitik	Atomares Gleichgewicht bei gewaltigem Ansteigen gegenseitiger Vernichtungsmöglichkeiten	Beibehaltung „angemessene Reaktion"

Frieden durch Vertragspolitik?

Abb. 1: „Sollten wir nicht demnächst einmal mit Abrüstungsgesprächen beginnen?"

Tab. 1: Rüstungsausgaben 1970

Staat(en)	USA	UdSSR	NATO ohne USA	Warschauer Pakt ohne UdSSR	übrige Staaten
Mrd. DM	298	160	102	30	85–95

Im Jahre 1958 betrugen die Weltrüstungskosten ungefähr 380 Mrd. DM; 1965 waren es schon 560 Mrd.; 1970 kletterten die Rüstungskosten auf 700 Mrd. DM; 1972 betrugen sie etwa 720 Mrd. und erreichten 1974 1000 Mrd. DM. Damit ist ein Stand erreicht, der die Kosten des 2. Weltkrieges weit übertrifft: Ein Jahr dieses bisher teuersten und schrecklichsten Krieges der Weltgeschichte kostete etwa 740 Mrd. DM.

Wie teuer der Ost-West-Konflikt zur Zeit ist, könnt Ihr – auch im Vergleich zu den übrigen Staaten der Erde – Tab. 1 entnehmen.

Die Großmächte USA und Sowjetunion sind durch das Wettrüsten allmählich an die Grenzen ihrer Leistungsfähigkeit geraten, wie Abb. 1 anzudeuten versucht. Die gesamte Menschheit ist jedoch nicht nur durch militärische Auseinandersetzungen zwischen Ost und West gefährdet, nach Meinung vieler Wissenschaftler ist sie in gleicher Weise durch Hunger und Elend von Milliarden von Menschen in den Entwicklungsländern bedroht, durch das Knappwerden von Rohstoffen und Energie, durch Umweltgefährdung und durch soziale Konflikte im Zusammenleben der Völker.

Diese Probleme können jedoch nicht richtig erforscht werden, da dafür kaum Geld vorhanden ist. Am Beispiel der 1974 in der gesamten Welt geleisteten Entwicklungshilfe wird dies deutlich: Nur 35 Mrd. DM wurden für Entwicklungshilfe ausgegeben.

Verträge zur Friedenssicherung

Trotz der hohen Kosten für die Rüstung und trotz der Gefahren, die eine Kriegsverhütung durch Abschreckung in sich birgt, ist vorerst keine weltweite Friedensordnung möglich; zu groß sind die Gegensätze, und zu groß ist das gegenseitige Mißtrauen. Es ist vor allem deshalb so schwierig, den Rüstungswettlauf zu stoppen oder gar abzurüsten, weil die militärische Rüstung nur der äußere Ausdruck für den Gegensatz in den politischen Anschauungen und – damit verbunden – in den Plänen für das künftige Zusammenleben der Menschen ist.

Dennoch ist vielleicht ein erster Schritt auf dem Weg zum Frieden schon gemacht: Das System der Abschreckung wird durch ein System von Verträgen ergänzt:

– 1963: *Vertrag über das Verbot von Kernwaffenversuchen in der Atmosphäre, im Weltraum und unter Wasser.*
Vertragspartner sind: USA, Sowjetunion, Großbritannien und über 100 weitere Staaten, darunter auch die Bundesrepublik Deutschland.
Frankreich und die Volksrepublik China unterzeichneten diesen Vertrag nicht.

– 1966: *Vertrag über die friedliche Nutzung des Weltraums.*
Vertragspartner sind wiederum die USA, die Sowjetunion, Großbritannien, viele andere Staaten, u. a. die Bundesrepublik Deutschland.
Frankreich und die Volksrepublik China haben auch diesen Vertrag nicht unterzeichnet.

– 1968: *Vertrag über die Nichtweiterverbreitung von Kernwaffen – Atomwaffensperrvertrag.*
Dieser Vertrag wurde inzwischen von insgesamt 98 Staaten unterzeichnet, einschließlich der Bundesrepublik Deutschland.
Frankreich und die Volksrepublik China fehlen auch hier.

Tab. 2: Vertragsverhandlungen zu Abrüstung und Entspannung

Name	Abkürzung	Verhandlungsparteien	Verhandlungsziele	Zeit
Strategic Arms Limitation Talks	SALT	USA und UdSSR	Beschränkung von Atomwaffen, Trägerraketen Rüstungskontrolle Beendigung des Wettrüstens	ab 1969
Mutual Balances Force Reductions	MBFR	NATO und Warschauer Pakt	beiderseitige Truppenverminderung in Mitteleuropa	ab 1973
Konferenz für Sicherheit und Zusammenarbeit in Europa	KSZE	alle Staaten Europas (außer Albanien), USA, Kanada (35 Staaten)	(s. Name der Konferenz)	1975; 1. Folgekonferenz 1977/78; weitere geplant

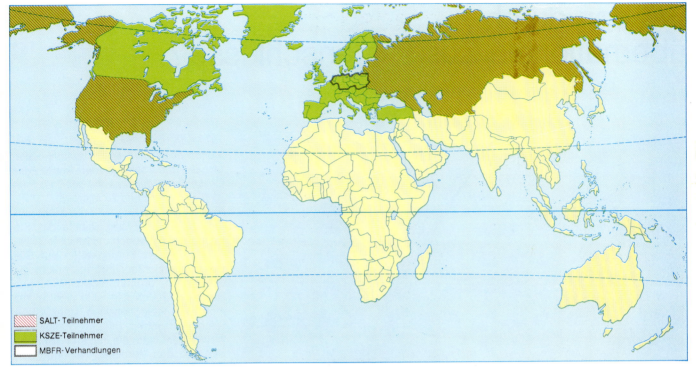

Abb. 2: Teilnehmerstaaten der KSZE-, SALT- und MBFR-Verhandlungen

Vertragsverhandlungen

Zur Zeit (1978) haben drei Vertragsverhandlungen eine besondere Bedeutung. Näheres könnt Ihr Tab. 2 und Abb. 2 entnehmen.
Obwohl diese Vertragsverhandlungen schon lange andauern und ihre Ziele noch lange nicht erreicht sind, erscheinen sie doch wichtig; denn solange die Gegner miteinander reden, ist die Kriegsgefahr geringer!
Lediglich die *Konferenz über Sicherheit und Zusammenarbeit in Europa (KSZE)* wurde 1973 in Helsinki abgeschlossen. Die *Schlußakte* der KSZE gilt jedoch nicht als völkerrechtlicher Vertrag. Sie ist eine gemeinsame Absichtserklärung, die in drei Abschnitten – sie werden von den Konferenzteilnehmern „Körbe" genannt – wichtige Fragen des Verhältnisses der Staaten untereinander behandelt. Die Verwirklichung dieser Schlußakte soll in *Folgekonferenzen* überprüft werden. Deren erste fand 1977/1978 in Belgrad statt (vgl. S. 119).

Grenzen bisheriger Vertragspolitik

Die bisherigen Maßnahmen zum Abbau der Spannungen zwischen Ost und West sollten vor allem das Vertrauen der Teilnehmerstaaten zueinander stärken. Wie weit dieses Ziel jedoch noch entfernt ist, versuchen Abb. 3 für SALT und MBFR, Abb. 4 für die KSZE zu verdeutlichen.

1 Welche Gefahren bedrohen die Menschheit, abgesehen von der Gefahr einer militärischen Auseinandersetzung zwischen Ost und West?
Überlegt, warum diese Gefahren durch hohe Rüstungsausgaben noch größer werden.

2 Die Beispiele für bereits abgeschlossene Verträge zwischen Ost und West zeigen, daß sie für noch nicht einmal alle Staaten beider Blöcke wirksam geworden sind.
Ermittelt mögliche Gründe!

D 3 In einem Kommentar zu den KSZE-Verhandlungen heißt es:
„Zusammenarbeit in humanitären und anderen Bereichen – hinter dieser nüchternen Überschrift verbirgt sich der umstrittenste Teil der KSZE-Verhandlungen."
Überlegt, ob sich diese Aussage begründen läßt und legt an diesem Beispiel die besondere Bedeutung und auch die Grenzen der KSZE-Verhandlungen dar.

D 4 Stellt mit Hilfe von Abb. 3 und 4 die Schwierigkeiten der gegenwärtigen Vertragsverhandlungen dar!

Abb. 3

Abb. 4

Frieden durch übernationale Zusammenschlüsse?

Abb. 1: „Blauhelme" im Libanon 1978

Ziele der Vereinten Nationen

Nach dem 2. Weltkrieg schlossen 51 Staaten aus allen Teilen der Welt 1945 einen Vertrag miteinander, in dem sie sich zu einer Zusammenarbeit verpflichteten, um den Weltfrieden zu erhalten und zu sichern. Mit diesem Vertrag wurden die *Vereinten Nationen* geschaffen (englisch: United Nations, abgekürzt UN oder *United Nations Organization,* abgekürzt *UNO*).
Im Vertragstext, der „Charta" genannt wird, heißt es im Artikel 1:
„Die Vereinten Nationen setzen sich folgende Ziele:
1. den Weltfrieden und die internationale Sicherheit zu wahren und zu diesem Zweck wirksame Kollektivmaßnahmen [gemeinsame Maßnahmen] zu treffen, um Bedrohungen des Friedens zu verhüten und zu beseitigen, Angriffshandlungen und andere Friedensbrüche zu unterdrücken und internationale Streitigkeiten oder Situationen, die zu einem Friedensbruch führen können, durch friedliche Mittel nach den Grundsätzen der Gerechtigkeit und des Völkerrechts zu bereinigen oder beizulegen;
2. freundschaftliche, auf der Achtung vor dem Grundsatz der Gleichberechtigung und Selbstbestimmung der Völker beruhende Beziehungen zwischen den Nationen zu entwickeln und andere geeignete Maßnahmen zur Festigung des Weltfriedens zu treffen;
3. eine internationale Zusammenarbeit herbeizuführen, um internationale Probleme wirtschaftlicher, sozialer, kultureller und humanitärer [wohltätiger] Art zu lösen und die Achtung vor den Menschenrechten und Grundfreiheiten für alle Unterschiede der Rasse, des Geschlechts, der Sprache oder der Religion zu fördern und zu festigen."
Alle Mitgliedstaaten sind gleichberechtigt und bleiben völlig selbständig. Sie haben sich jedoch verpflichtet, bei internationalen Streitigkeiten auf Gewalt zu verzichten und auch nicht mit Gewalt zu drohen. Darüber hinaus verpflichten sich alle, sich nicht in die inneren Angelegenheiten eines Staates einzumischen.
Inzwischen sind die meisten Staaten der Welt den Vereinten Nationen beigetreten. Damit haben sie sich verpflichtet, eine Politik nach den Grundsätzen der Vereinten Nationen zu betreiben.
Seit 1973 sind auch die Bundesrepublik Deutschland und die DDR UNO-Mitglieder.

Organisation der Vereinten Nationen

Was die Vereinten Nationen unternehmen können, um ihre Aufgaben aus der Charta zu erfüllen, wird besonders in der *Vollversammlung* und im *Sicherheitsrat* entschieden (vgl. Abb. 2). In der Vollversammlung hat jedes Mitglied einen Sitz und eine Stimme ohne Rücksicht auf Bevölkerungszahl und Größe des Staates. Die Rechte der Vollversammlung beschränken sich auf Diskussionen, Empfehlungen und Resolutionen. Resolutionen der Vereinten Nationen sind Beschlüsse, die mit einer Zweidrittel-Mehrheit zustande gekommen sind. Aber nur diejenigen Mitglieder müssen sich danach richten, die bei der Abstimmung zugestimmt haben.
Der Sicherheitsrat ist vor allem für die Regelung von Streitigkeiten zuständig und darf notfalls Gewalt anwenden. Ihm gehören fünf Staaten als ständige Mitglieder an und zehn als nicht-ständige Mitglieder. Zur Anwendung von Gewalt gegen ein Land bedarf es einer Zweidrittel-Mehrheit im Sicherheitsrat und alle fünf ständigen Mitglieder müssen zustimmen. Die Ablehnung auch nur eines einzigen ständigen Mitglieds – „Veto" (lateinisch: ich verbiete) genannt – blockiert jeden Beschluß.
Auf Empfehlung des Sicherheitsrates wählt die Vollversammlung den *Generalsekretär* der Vereinten Nationen für fünf Jahre. Er steht an der Spitze der

Tab. 1

UNO-Sonderorganisation	Abkürzung	Aufgabe
Erziehungs-, Wissenschafts- und Kulturorganisation	UNESCO	Verbesserung des Erziehungswesens Kampf gegen Analphabetentum Förderung von Wissenschaft und Forschung Schutz von Kulturen und Kulturdenkmälern
Organisation für Ernährung und Landwirtschaft	FAO	Steigerung der Nahrungsmittelerzeugung (moderne Anbaumethoden, besseres Saatgut, Schädlings-, Viehseuchenbekämpfung)
Weltgesundheitsorganisation	WHO	Seuchenbekämpfung, Senkung der Kindersterblichkeit, Hygieneverbesserung Kampf gegen Rauschgiftsucht

Organisation der UNO

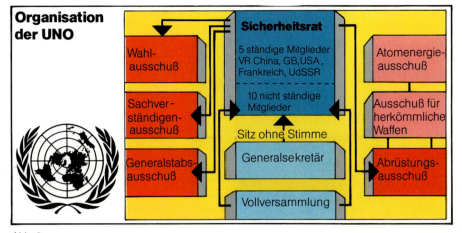

Abb. 2

einzelnen Organe und kann aufgrund eigener Vorstellungen in Konfliktfällen vermitteln.

Der Sitz aller UNO-Organe ist – außer für den *Internationalen Gerichtshof* – New York. Der Internationale Gerichtshof tagt in Den Haag. Er entscheidet bei zwischenstaatlichen Streitigkeiten. Für besondere Notlagen wurden von der Vollversammlung Sonderorganisationen eingerichtet. Besonders bekannt ist das *Welt-Kinderhilfswerk* (*United Nations International Childrens Emergency Fund,* abgekürzt *UNICEF*). Ein großer Teil der Arbeit der Vereinten Nationen wird in diesen Sonderorganisationen geleistet. Tab. 1 nennt einige wichtige weitere Beispiele.

Bewährung der Vereinten Nationen?

Seit 1945 haben die Vereinten Nationen nur etwa die Hälfte aller internationalen Konflikte überhaupt aufgegriffen und davon kaum ein Drittel gelöst. Besonders den langwierigen Krieg in Vietnam haben sie nicht beenden können. Ihre bisherigen Rollen im Nahost-Konflikt und am „Horn von Afrika" (Krieg zwischen Äthiopien und Somalia) waren nicht entscheidend für eine endgültige Lösung dieser Konflikte. Die Vereinten Nationen konnten bisher nur dort wirksam eingreifen, wo sich Ost- und Westmächte einig waren, und das war selten genug.

Aber immerhin:
– Eine Reihe von Kriegen konnte durch die Vereinten Nationen beendet werden.
– In der Vollversammlung können alle Staaten über alle Probleme diskutieren. Dadurch konnten und können Gegensätze gemildert und manchmal überwunden werden.
– Durch ihre Sonderorganisationen haben sie beträchtliche Erfolge im Kampf gegen Armut, Krankheit und Unwissenheit erzielt.

1 Abb. 1 zeigt eine Aufgabe der Vereinten Nationen.
Nennt weitere Aufgaben!

2 Sucht mit Hilfe von Geschichtsbüchern Beispiele für Versuche der Vereinten Nationen, Kriege zwischen einzelnen Staaten zu vermeiden oder zu beenden und informiert Euch über Erfolge und Mißerfolge.

D 3 Sucht Erklärungen für die Verschiedenartigkeit der Aufgaben, denen sich die Vereinten Nationen stellen. Tab. 1 und Abb. 1 lassen die Verschiedenartigkeit erkennen.

4 Der Ost-West-Gegensatz überschattet seit ihrer Gründung die Vereinten Nationen.
Stellt mit Hilfe der Aussagen über die Organisation von Vollversammlung und Sicherheitsrat fest, wie der Ost-West-Konflikt die Arbeit der Vereinten Nationen blockieren kann!

D 5 Informiert Euch in einem Geschichtsbuch oder in der Tagespresse über den Nahostkonflikt und versucht Abb. 3 zu deuten!

6 Sammelt Zeitungsmeldungen über einen aktuellen Konflikt und untersucht die Rolle der Vereinten Nationen!

D 7 Diskutiert darüber, ob der Sicherheitsrat seine Aufgaben besser erfüllen könnte, wenn das „Veto-Recht" der fünf ständigen Mitglieder abgeschafft würde!
Beurteilt auch die Chance, wie bei bestehendem Veto-Recht der Sicherheitsrat gegen ein ständiges Mitglied Gewaltmaßnahmen beschließen könnte.

8 Neben die beiden Machtblöcke „Ost" und „West" haben sich die Länder der „Dritten Welt" geschoben. Überlegt gemeinsam, ob dies ein Vorteil sein kann!

Abb. 3: „Drei Weise im Morgenland"

Wehrdienst und Zivildienst

Abb. 1: Wehrdienst

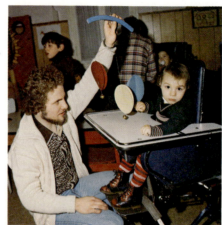

Abb. 2: Zivildienst

Wie die *Wehrpflichtigen* und *Zivildienstleistenden* auf Abb. 1 und 2 zu ihren unterschiedlichen Aufgaben gekommen sind, könnte vielleicht wie in folgendem Bericht für den einen oder anderen der Abgebildeten abgelaufen sein:

Eine 9. Klasse hatte den Jugendoffizier der benachbarten Bundeswehreinheit zu einem Gespräch eingeladen. Nicht nur die Jungen, die bereits absehen konnten, daß sie in wenigen Jahren den Musterungsbescheid für die *Bundeswehr* erhalten würden, waren interessiert; auch die Mädchen hatten eine Menge Fragen. Die Klasse wollte wissen, wozu ein *Wehrdienst* überhaupt heute noch sinnvoll ist, da es bei einem „großen Krieg" weder Sieger noch Besiegte geben würde, sondern nur ein paar Überlebende in einem atomar verseuchten Gebiet. Außerdem stand die Frage nach den hohen Kosten der Bundeswehr im Raum, zumal man das Geld dringend für Bildung und soziale Zwecke gebrauchen könnte.

Die Ergebnisse des Gesprächs und der anschließenden Diskussion sind in dem folgenden Text zusammengefaßt.

Aufgaben der Bundeswehr

Seit 1955 ist die Bundesrepublik Deutschland Mitglied der NATO. Seitdem hat die NATO den Schutz der Bevölkerung und des Gebietes der Bundesrepublik übernommen. Als Gegenleistung hat sich die Bundesrepublik verpflichtet, dem Bündnis Streitkräfte bis zu einer Gesamtstärke von 500 000 Soldaten zur Verfügung zu stellen. Seither gilt die Wehrpflicht. Im Artikel 12 a des Grundgesetzes heißt es:

„*Die Männer können vom vollendeten achtzehnten Lebensjahr an zum Dienst in den Streitkräften, im Bundesgrenzschutz oder in einem Zivilschutzverband verpflichtet werden. Wer aus Gewissensgründen den Dienst mit der Waffe verweigert, kann zu einem Ersatzdienst verpflichtet werden. Die Dauer des Ersatzdienstes darf die Dauer des Wehrdienstes nicht übersteigen.*"

Die Bundeswehr ist nur zur Verteidigung da und darf keinen Angriffskrieg führen. Das ist in den Artikeln 26 und 87a des Grundgesetzes ebenfalls ausdrücklich festgelegt. Der Verteidigungsauftrag bedeutet für die Bundeswehr und die NATO im Frieden hauptsächlich „Abschreckung". Um jedoch glaubwürdig abzuschrecken, reichen

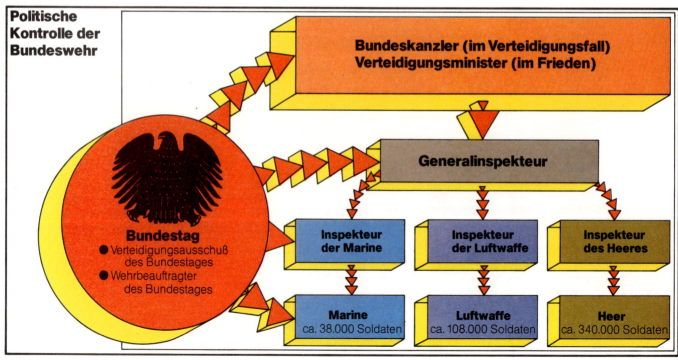

Abb. 3

Kernwaffen allein nicht aus. Ein Gegner könnte z. B. nur ein kleines Gebiet eines NATO-Landes in Europa mit Soldaten besetzen. Er könnte annehmen, daß der amerikanische Präsident, ohne den keine Atomwaffen eingesetzt werden können, deshalb keinen Atomkrieg beginnen würde; denn jeder Atomkrieg enthält die Gefahr, daß beide Seiten vollständig vernichtet werden. Deshalb hat sich die NATO auch für eine große Zahl herkömmlich bewaffneter Streitkräfte entschieden. Der Gegner weiß nachher nicht, wie die NATO bei einem Angriff reagieren wird, ob mit herkömmlichen Waffen oder mit Atomwaffen.

Eine weitere Aufgabe kommt der Bundeswehr zusammen mit den NATO-Partnern zu: Sie verhindert, daß die Regierung bei den Bemühungen um Entspannung unter Druck gesetzt oder gar erpreßt werden könnte. Das wäre nämlich möglich, wenn die NATO-Staaten als Zeichen guten Willens schon vor Verhandlungen um Entspannung bereits abgerüstet hätten, während die Staaten des Warschauer Pakts dies noch nicht getan haben.

Die Bundeswehr – eine Armee in einem demokratischen Staat

Durch zwei Forderungen an die Bundeswehr wollte der Gesetzgeber gewährleisten, daß unsere Armee unserer demokratischen Staatsform entspricht:

– Die Bundeswehr untersteht der Kontrolle des Bundestages. Dazu wurde der *Verteidigungsausschuß* des Bundestages eingerichtet und ein *Wehrbeauftragter* gewählt (vgl. Abb. 3). An den Wehrbeauftragten kann sich jeder Soldat – allerdings nur einzeln – mit Beschwerden wenden.

– Das Prinzip der *inneren Führung* soll Befehl und Gehorsam einer Armee mit dem „mündigen Staatsbürger" vereinbaren.

Das Grundrecht der Kriegsdienstverweigerung

Im Artikel 4 des Grundgesetzes heißt es:
„Niemand darf gegen sein Gewissen zum Kriegsdienst mit der Waffe gezwungen werden."

Wer Gewissensgründe hat, kann daher den Antrag stellen, vom Wehrdienst befreit zu werden. Ein eigens dafür eingesetzter Prüfungsausschuß entscheidet darüber. Aber es ist sehr schwer, eine Gewissensentscheidung nachzuprüfen, und das Anerkennungsverfahren wird daher immer unbefriedigend sein. Die freie Wahl zwischen

Abb. 4

Wehr- und Zivildienst wurde allerdings durch das Bundesverfassungsgericht verboten.

1 Ermittelt die Gründe, warum die NATO nicht allein mit Kernwaffen abschreckt und warum sie bei den derzeitigen Bemühungen um Entspannung nicht einseitig abzurüsten bereit ist!

D 2 Das Grundgesetz legt in Artikel 17a fest, daß für die Zeit des Wehr- oder Zivildienstes einige Grundrechte eingeschränkt sind.
Stellt fest, um welche Grundrechte es sich handelt und überlegt gemeinsam, ob diese Einschränkungen notwendig sind!

3 Die Bundeswehr hat einen politischen und keinen militärischen Oberbefehlshaber.
Stellt fest, was mit dieser Aussage gemeint ist! Überlegt, welche Vorteile dies hat!

4 Stellt die in diesem Kapitel genannten Artikel des Grundgesetzes über die Bundeswehr zusammen, ergänzt sie durch die Artikel 45a und b, 65a und 115b und haltet stichwortwartig ihren Inhalt fest!

D 5 Der Verteidigungshaushalt beträgt jährlich mehr als 30 Mrd. DM und umfaßt etwa ein Viertel der gesamten Ausgaben des Bundes.
Diskutiert über mögliche Probleme für den Frieden, wenn einzelne Wirtschaftszweige durch umfangreiche Lieferungen an die Bundeswehr vom Rüstungsgeschäft abhängig werden!

6 Abb. 4 zeigt Möglichkeiten, was wir – teils abhängig, teils unabhängig von Alter oder Geschlecht – zur Erhaltung des Friedens beitragen können.
Beurteilt die einzelnen Vorschläge und erweitert sie vielleicht.

Soziale Verteidigung

Abb. 1

„Prag, 21. August 1968 ... [Es] wird in dieser Phase ein Stück ‚gewaltloser Verteidigung' praktiziert: Die Panzer ... sind von der Bevölkerung umlagert, die mit den Besatzungen diskutiert. Wenige Tage später gab es allerdings keine Diskussionen mehr."
(Aus: Informationen zur politischen Bildung, Heft 149)

Der Gedanke der sozialen Verteidigung

Es gibt Friedensforscher, die glauben, durch gewaltlosen Widerstand einen Angreifer besiegen zu können. Sie gehen davon aus, daß die Besetzung eines Staatsgebietes letztlich wertlos sei, wenn der Angreifer nicht gleichzeitig auch die in Abb. 2 gezeigten und auch noch andere öffentliche Einrichtungen beherrsche. Das ist nach der Meinung dieser Friedensforscher jedoch dann nicht möglich, wenn die gesamte Bevölkerung des angegriffenen Staates von der Verteidigungswürdigkeit ihrer demokratischen Grundrechte so überzeugt ist, daß sich nicht genug fähige Leute finden lassen, die mit dem Angreifer zur Zusammenarbeit bereit sind. Diese Art der gewaltlosen Verteidigung wird *soziale Verteidigung* genannt. Sie funktioniert um so besser, je mehr Demokratie in einem Land verwirklicht ist. Theodor Ebert, der in Deutschland zu den Friedensforschern gehört, die soziale Verteidigung für denkbar und wünschenswert halten, schreibt:
„Die mit der sozialen Verteidigung befaßten Friedensforscher haben ... den Schluß gezogen, daß hierarchisch [hierarchisch = eine Rangordnung mit genau festgelegter Über- und Unterordnung; alle Anweisungen sind Befehle von oben nach unten] aufgebaute, zentralisierte Apparate sich für die Kontrolle durch eine Besatzungsmacht besonders gut eignen, da diese nur die Spitzenfunktionäre oder Spitzenmanager auszutauschen braucht, um sich des gesamten Apparates zu bemächtigen ... Die soziale Verteidigung verlangt also die partizipierende [teilnehmende] Demokratie, in der alle Bürger an den sie betreffenden Entscheidungen möglichst direkt beteiligt werden."

Grenzen der sozialen Verteidigung

Es gibt aber auch gegenteilige Meinungen: In seinem Aufsatz „Friedensforschung. Anfänge und erste Ergebnisse" sagt Rainer Kabel:

„Mir scheint das Konzept von Ebert, an dem ständig weitergearbeitet wird, noch nicht praktikabel zu sein ... Heute kann von einer allgemeinen staatsbürgerlichen Gesinnung als Voraussetzung ziviler Verteidigung wohl kaum die Rede sein. ... Wie will Ebert die Gleichgesinnung erreichen? Doch nicht durch eine umfassende staatliche Bildungsorganisation, durch Indoktrination [bewußtes Auslassen von Meinungen und Argumenten, die nicht zu den eigenen Vorstellungen passen] und durch den Schwur auf die freiheitlich-demokratische Lebensweise im westlichen Sinne als einzig mögliche Lebensweise des Menschen?"

1 Abb. 1 zeigt Bewohner der Tschechoslowakei, die – beim Einmarsch der Truppen des Warschauer Pakts zum Zweck der Absetzung der damaligen Regierung – soziale Verteidigung versuchten, indem sie mit den einmarschierenden Soldaten diskutierten.
Überlegt gemeinsam, welche Grenzen dieses Tun bei ähnlichen Vorfällen haben könnte! Informiert Euch über die Ereignisse in der Tschechoslowakei im August 1968 im Geschichtsbuch oder durch Befragung Eures Lehrers.

D 2 Diskutiert darüber, ob soziale Verteidigung auch dann aufrecht erhalten werden kann, wenn der Gegner die Bevölkerung dadurch unter Druck setzt, daß er die tägliche Zufuhr von Nahrung, Wasser, Strom oder Öl unterbricht!

3 Die Befürworter der sozialen Verteidigung halten ihr Modell auch dann für wirksam, wenn zum Beispiel durch einen Staatsstreich von innen ein Angriff auf den demokratischen Staat erfolgt.
Zeichnet ähnlich wie in Abb. 2 eine Skizze, die Ihr so verändert, daß die soziale Verteidigung bei diesem Sachverhalt veranschaulicht wird.

D 4 Vergleicht die Argumente und Gegenargumente von Theodor Ebert und Rainer Kabel.

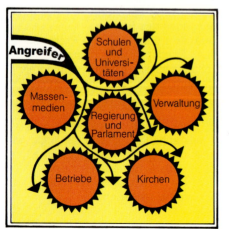

Abb. 2

Register

Abenteuerspielplatz 38
Abgeordnete 103
Abgeordnetenhaus 103
Abhängig Beschäftigte 123
Abonnementzeitung 68
Absolutismus 100
Aggressionen 125
Agrarmarkt, gemeinsamer 168
aktenkundig 125
Aktivitätsecken 42
Aktivspielplatz 38
Allgemeine Erklärung der
  Menschenrechte 119
Amnesty International 119
Amtsgericht 115 (117)
Anbieter 138
Anfrage 112
Angebotskurve 138
Angeklagter 115
Angestellte 123
Anklage 117
Anregung, musikalische 42
Apartheid 61
Arbeiter 123
Arbeitgeber 123
Arbeitnehmer 123
Arbeitsförderungsgesetz 130, 134
Arbeitsgruppen 22
Arbeitslosenversicherung 130
Arbeitslosigkeit 143 (130, 158)
Arbeitsproduktivität 143
Arbeitsteilung (internationale) 178
Atomenergie 56, 57
Atommüll 58
Atommülldeponie 58
Atomwaffensperrvertrag 192
Aufmacher 69
Ausschreibung (ausschreiben) 97
Außenzoll 167
Aussperrung 84
Autowrack 46

BAFöG 134
Ballungszentrum 45
Bauamt 95
Bauausschuß 95
Bauspielplatz 38
Beamte 123
Beklagter 115
Berliner Blockade 152
Berufungsgericht 117
Besatzungszonen 150
Betriebsrat 86
Betriebsverfassungsgesetz 86
Betriebsversammlung 86
Betr. VG 86
Bevölkerungsexplosion 44, 176
Bewegungsspiele 42
Bezugsperson 7
Blei 51
BMZ 181
Boulevardzeitung 68
Breitensport 39
Brennstäbe 57
Bruttosozialprodukt 165
Bummelstreik 85

Bundesausbildungsförderungs-
  gesetz 134
Bundeskartellamt 140
Bundesministerium für wirt-
  schaftliche Zusammenarbeit
  181
Bundesrat 112
Bundesstaat 164
Bundesverfassungsgericht
  114, 118
Bundes-
  Wasserhaushaltsgesetz 50
Bundeswehr 196
Bürgerinitiativen 38, 40, 111
Bürgermeister 91
Bürgerschaft 103

CDU 151
Chancengleichheit 123
Christlich-Demokratische Union
  151

Das Kapital 154
dB 54
Debatte 112
Demokratie 100
Deutscher Bundestag 103 (112)
Dezibel 54
Dienst nach Vorschrift 85
Diktator 150
Diktatur 150
Diktatur des Proletariats 155
Diskussionsleiter 23
Dreiklassenwahlrecht 103
Dritte Welt 174
Durchgangsverkehr 55

EG 166
Eigentum, sozialistisches 157
Einheitsliste 162
Einwegflasche 46
Energie, -träger, -verbrauch 56
Engels 154
Enteignung, enteignet 152, 155
Entspannung 153
Entwicklungshilfe 180
Entwicklungshilfe, öffentliche
  181
Entwicklungsländer 174
Entwicklungspolitik 175, 180
Erste Welt 174
Erststimme 104
Erweiterte Oberschule 160
Erwerbstätige 122
Europäische Gemeinschaft 166
Europäische Gemeinschaft für
  Kohle und Stahl 165
Europäische Kommission 171
Europäischer Fond für regionale
  Entwicklung 168
Europäisches Parlament 171
Europäische
  Verteidigungsgemeinschaft
  165
Europäische
  Wirtschaftsgemeinschaft 166
EVG 165
EWG 166
Exekutive 111

Familie 6
Faschismus 151
FDGB 158
FDJ 160
Föderalismus 112
Folgekonferenzen (KSZE) 193
Fragestunde 112
Freie Deutsche Jugend 160
Freier Deutscher
  Gewerkschaftsbund 158
freiheitlich demokratische
  Grundordnung 100
Freizeit 33
Freizeitbedürfnisse 35
Freizeitindustrie 37
Freizeitsport 39
Freizeitverhalten 33, 37
Frieden 189
Friedenspflicht 81
Führerstaat 100
Führung, innere 197
Führungszeugnis 116

Gehalt 123
Gemeinde 90
Gemeindedirektor 91
Gemeindeordnung 90
Gemeindeparlament 103
Gemeinderat 91
Generalsekretär (der Vereinten
  Nationen) 194
Gericht 117
Gerichte 111
Gesellschaft für Sport und
  Technik 160
Gesetzgebung 111
Gesetz gegen Wettbewerbs-
  beschränkungen 140
Gewaltenteilung 111
Gewalt, vollziehende 111
Gewerkschaften 78
Gewinn 123, 137 (157)
Glascontainer 47
Gleichgewicht des Schreckens
  191
Gleichgewichtspreis 140
Gleichheitsgrundsatz 114
Gleichheitsprinzip 148
Großfamilie 14
Grundgesetz der Bundes-
  republik Deutschland 152
Grundrechte 114, 118
Grundvertrag 153
GST 160

Haftbefehl 117
Haupt- und Finanzausschuß 97
Hausmüll 46
Heimatzeitung 69
Heimrat 31
Heranwachsende 116
Herrschaft, demokratische 101
Hilfe, humanitäre 180
Hilfe, technische 180
Hilfe zur Selbsthilfe 180

Illustrierte 76
Impressum 70
Industriegebiete 54

Industriemüll 46
Inflation 143
Informationsfreiheit 66
Informationsquellen 22
Internationaler Gerichtshof 195
Inversion 51

Judikative 111
Jugendamt 116
Jugendarbeitsschutzgesetz 8
Jugendfreizeitstätte 30
Jugendgerichtsgesetz 8, 116
Jugendinitiativen 31
Jugendkriminalität 117
Jugendvertretung 87
Jugendzentrumsbewegung 31
Junge Pioniere 160

Kanalbenutzungsgebühr 50
Kanalisation 50
Kapital 154, 155
Kapitalhilfe 180
Kapitalismus 155
Kapitalisten 122, 154
Kartelle 139, 140
Kaste, -ngesellschaft 122
Kernfamilie 14
Kernkraftwerk, Arbeitsweise 57
Kernkraftwerk, Umweltbelastung
  57
Kernspaltung 57
Kläger 115
Kläranlage 50
Klasse 122, 155
Klasse, bürgerliche 155
Klassengesellschaft 122
Klassenkampf 122, 155
Koalitionsfreiheit 78
Kohlenmonoxid 51
Kohlenwasserstoff 51
Kommentar 66
Kommune 91
Kommunismus 155
Kommunistische Partei der
  Sowjetunion 156
Kommunistische Partei
  Deutschlands 151
Kommunistisches Manifest 154
Konferenz über Sicherheit und
  Zusammenarbeit in Europa
  119, 193
Konjunkturabschwung 143
Konjunkturaufschwung 143
Konkurrenz 140
Konsumverhalten 37
konventionelles Kraftwerk 57
Konzerne 141
Kosten 137
KPD 151
KPdSU 156
Krankenversicherung 127
Krieg 189
Krieg, kalter 190
KSZE 193
Kühlturm 58
Kühlwasser 58

Landesparlament 103
Landfahrer 125

Landgericht 117
Landtag 103
Landwirtschaftliche Produktionsgenossenschaft 157
Lärm 54
Lärmschutzwall 55
LDPD 151
Lebensbedürfnisse 35
Legislative 111
Leichtlohngruppe 88
Leistungsprinzip 148
Leistungssport 39
Leitende Angestellte 123
Lenin 154
Liberal-Demokratische Partei Deutschlands 151
Lichtspiele 42
Liegenschaftsamt 95
Lohn 123
Lohnquote 148
Lohntarifvertrag 81
Lokalzeitung 69
LPG 157
Luftbrücke 152
Luxemburg, Rosa 162

Magistrat 91
Mandat 104
Mandat, freies 104
Manipulation 74
Manteltarifvertrag 81
Markt 138
Marktmacht 140
Marktpreis 138
Marktwirtschaft 138
Marktwirtschaft, soziale 139
Marx 154
Massenmedien 66
Massenorganisationen 162
Massenterror 156
Mehrheit 101
Mehrheitsherrschaft 111
Mehrheitswahlrecht 103
Mehrparteienprinzip 111
Meinungsfreiheit 66
Menschenrechte 118
Minderheit 101
Minderheitenschutz 111
Minderheitsrechte 111
Ministerrat (DDR) 162
Ministerrat (EG) 171
Mißtrauensvotum 101
Mitgliederpartei 109
Mithelfende Familienangehörige 123
Monokulturen 178
Montan-Union 165
Müll 46

Nachfrage 137
Nachfragekurve 138
Nachfrager 138
Nachricht 66
Nachrichtenagentur 74
Nation 153
Nationale Front 162
Nationale Volksarmee 153
Nationalstaat 164
Nationalsozialismus 151
NATO 190 (152)
Netz der sozialen Sicherheit 127
Neugliederung, kommunale 90
Nichtseßhafte 125
Nordatlantik-Pakt 190
NVA 153

Obdachlose 125
Oligopol 141

OPEC 185
Oppositionsfreiheit 111
Organisation erdölexportierender Länder 185
Ortsbesichtigung 95

Parlament 101, 103, 111
Partei 105
Parteiengesetz 109
Parteiprogramm 106
Pauschalangebote 36
Persönlichkeitswahl 105
PGH 157
Planbüro, Staatliches 136
Planwirtschaft, zentrale 157
Pluralität 110
Plutonium 58
Politik 100
Polytechnische Oberschule 160
Potsdamer Konferenz 150
Preis 137
Pressefreiheit 66
Produktionsgenossenschaft des Handwerks 157
Produktionsmittel 152, 154
Proletariat 154
Proletarier 122, 154
Protokollant 23
Prozeß, politischer 101

Radfahrernatur 64
Radioaktivität 58
Rahmentarifvertrag 81
Randgruppen 125
Rassentrennung 61
Rathaus 91
Rationalisierung 145
Reaktor 57
Reallohn 147
Rechtsfähigkeit 115
Rechtsprechung 111
Rechtsweg 114
Recycling 47
Redaktionsbeilage 72
Redaktionsgemeinschaft 70
Regierung 101, 111
Regierung, Verantwortlichkeit der 101
Rentenversicherung 127
Reservationen (Indianer) 61
Revisionsgericht 117
Revolution 155
Robinsonspielplatz 38
Rolle 11
Rollenkonflikt 11
Rüstungswettlauf 190

Sanktionen 11
Schallpegel 54
Schichten 123
Schichtung, soziale 123
Schlagzeile 69
Schlichtung 84
Schlußakte (von Helsinki) 119, 193
Schulordnung 16
Schulträger 92, 93
Schwefeldioxid 51
Schwerbehindertengesetz 126
SED 151, 162
Selbständige 123
Selbstreinigung (des Wassers) 50
Selbstverwaltung 31
Shredder 47
Sicherheitsrat 194
Sicherheit, soziale 127
Smog 53
Sockelbetrag 83

Sowjetunion 156
Sozialdemokratische Arbeiterpartei 156
Sozialdemokratische Partei Deutschlands 151, 156
Sozialhilfe 124
Sozialhilfegesetz 124
Sozialismus 155
Sozialistische Einheitspartei Deutschlands 151, 162
Sozialleistungen 148
Sozialpolitik 127
Sozialstaat 124
SPD 151, 156
Spielaktionen 42
Spielsport 39
Spitzensport 39
Staatliche Plankommission 157
Staatsanwalt 117
Stadt 90
Stadtdirektor 91
Stadtrat 91, 103
Stadtverordnetenversammlung 91, 103
Stadtverwaltung 91
Stalin 156
Stand (Stände) 122
Ständegesellschaft 122
Standortverlagerung 54
Stäube 51
Strafmündigkeit (strafmündig) 116
Strafprozeß 115
Strafunmündigkeit (strafunmündig) 116
Strahlenbelastung 58
Streik 79 (84)
Streikposten 84
Suggestivwerbung 142

Tanzspiele 42
Tarifautonomie 81
Tarifkommission 82
Tarifrunde 82
Tarifvertrag 81
Tarifvertragsparteien 81
Terms of Trade 183
Teufelskreis der Armut 176

Überhitzung 143
Umgehungsstraße 55
Umweltbelastung 44
Umweltschutz 44
UNCTAD 185
Unfallversicherung 127
UNICEF 195
United Nations International Childrens Emergency Fund 195
United Nations Organization 194
UNO 194
Unterentwicklung 174
Unternehmer 123
Untersuchungsausschuß 112
Untersuchungshaft 117
Urabstimmung 84

VEB 157
Vereinigte Staaten von Europa 172
Vereinte Nationen 194
Vereintes Europa 165
Verfassung der Deutschen Demokratischen Republik 152
Verhaltenserwartungen 11
Verhältniswahlrecht 103
Verkehrslärm 54
Vermögen 148
Verstädterung 45

Verteidigungsausschuß 197
Verteidigung, soziale 198
Vertrag über das Verbot von Kernwaffenversuchen in der Atmosphäre, im Weltraum und unter Wasser 192
Vertrag über die friedliche Nutzung des Weltraums 192
Vertrag über die Nichtweiterverbreitung von Kernwaffen 192
Verursacherprinzip 47
Verurteilung 116
Verwaltung 98, 111
Verwaltung, eingreifende 114
Verwaltung, leistende 114
Vetorecht 171
Vierte Welt 174
Volksbegehren 111
Volkseigene Betriebe 157
Volksentscheid 111
Volkskammer 162
Volkspartei 108
Volljährigkeit (volljährig) 115
Vollversammlung 194
Vorurteile 61

Wahl, allgemeine, unmittelbare, freie, gleiche, geheime 102
Wahlkreis 104
Wahlkreisabgeordneter 104
Wahlmänner 103
Wahlperiode 102
Wärmekraftwerk 57
Warnstreik 84
Warschauer Pakt 190
Wasserverbrauch 48
Wasserhaushaltsgesetz, (Bundes-) 50
Wehrbeauftragter 197
Wehrdienst 196
Wehrpflichtige 196
Weltbank 181
Welthandels- und Entwicklungskonferenz 185
Welt-Kinderhilfswerk 195
Weltmarkt, freier 183
Weltwirtschaftsordnung, neue 183
Werbung (informative) 142
Westmächte 152
Wettbewerb 140
Wettbewerbspolitik 140
Wirtschaftskrise 143
Wohlstandsmüll 46
Wohngebiete 54

Zeit, abhängige, freie, gebundene 33
Zeitung, überregionale 69
Zentralismus, demokratischer 162
Zentralverwaltungswirtschaft 136
Zivildienstleistende 196
Zivilprozeß 115
Zollunion 167
Zusammenschlußkontrolle 141
Zweite Welt 174